D1922996

Gerd Wolfgang Sievers

SCHNECKENKOCHBUCH

Stocker

Gerd Wolfgang Sievers

SCHNECKEN KOCHBUCH

Fotos: Ulrike Köb

Leopold Stocker Verlag
Graz – Stuttgart

Umschlaggestaltung: jkt&gg grafik design
Umschlagfotos Vorder- und Rückseite: Ulrike Köb

Bibliographische Information Der Deutschen Bibliothek
Die Deutsche Bibliothek verzeichnet diese Publikation in der Deutschen Nationalbibliografie; detaillierte bibliografische Daten sind im Internet unter http://dnb.ddb.de abrufbar.

Hinweis:
Dieses Buch wurde auf chlorfrei gebleichtem Papier gedruckt.
Die zum Schutz vor Verschmutzung verwendete Einschweissfolie ist aus Polyethylen chlor- und schwefelfrei hergestellt.
Diese umweltfreundliche Folie verhält sich grundwasserneutral, ist voll recyclingfähig und verbrennt in Müllverbrennungsanlagen völlig ungiftig.

ISBN 3-7020-1093-9
Alle Rechte der Verbreitung, auch durch Film, Funk und Fernsehen, fotomechanische Wiedergabe, Tonträger jeder Art, auszugsweisen Nachdruck oder Einspeicherung und Rückgewinnung in Datenverarbeitungsanlagen aller Art, sind vorbehalten.
Copyright by Leopold Stocker Verlag, Graz 2005
Layout: jkt&gg grafik design
Gesamtherstellung: Gorenjski Tisk, Kranj, Slowenien

Vorwort

„Ein Schneckenkochbuch?" Diese Frage, verbunden mit mehr oder weniger skeptischen Blicken, wurde während der Arbeit an diesem Buch häufiger gestellt. Zugegeben: Eine „alltägliche" Zutat in der Küche sind die Schnecken – zumindest in unseren Breiten – tatsächlich nicht mehr. Einerseits gelten sie als aufwendig zuzubereitende Delikatesse und werden in guten Restaurants als besonderer Leckerbissen gereicht, andere scheuen den Verzehr dieser delikaten Tierchen. In Frankreich, Spanien, Italien und insbesondere in Griechenland wird das anders gesehen. Hier gehören Schnecken in allen Variationen nach wie vor zu den geläufigsten Nahrungsmitteln.

Der bekannte österreichische Journalist und Buchautor Christof Wagner vertritt die Meinung, dass es gar nicht genug Kochbücher geben kann. Abgesehen davon, dass ich diese Ansicht voll und ganz teile, gab es zwei weitere Intentionen, dieses Buch zu schreiben. Zum Einen bin ich ein begeisterter Schneckenesser; denn kaum ein Lebensmittel lässt sich auf so viele verschiedene Arten zubereiten wie eben die Schnecke, vor allem die Weinbergschnecke. Bei nahezu allen großen Menüs serviere ich einen Schneckengang und auch bei „kleineren Anlässen", wie z. B. Vernissagen, haben Schnecken ihren Platz. Der zweite Grund ist, dass mir die ungeheure Vielfalt europäischer Regionalküchen ein Anliegen ist. Kaum ein anderer Lebensraum auf dieser Welt hat kulinarisch eine derartige Fülle von verschiedensten regionalen Spezialitäten und eine derartige Menge an unterschiedlichsten Rezepten und Zubereitungen vorzuweisen, wie der unsrige. Auf diese genussvolle Tradition kann und sollte Europa stolz sein; nur so wird diese auch bewahrt. Zu den traditionellsten aller Speisen gehören u. a. auch besagte Schnecken, die seit der frühen Antike einen festen Platz auf unseren Tellern eingenommen haben.

Somit kam ich schon vor vielen Jahren auf die Idee, ein „Schneckenkochbuch" zu veröffentlichen, was nun mit dem hier vorgelegten Buch endlich gelungen ist. In ihm sind zahlreiche Rezepte aus vielen unterschiedlichen Regionen Europas zusammengetragen, die für ihre Küche berühmt sind: Burgund, Elsass, Provence, Languedoc, Nordspanien, Baden, Piemont, Toskana, Friaul, Steiermark und Wien sind hierfür nur einige Beispiele. Zum Vergleich habe ich natürlich auch Rezepte aus Asien (z. B. aus China, Japan, Vietnam oder Malaysia), den USA und der Karibik angeführt, wodurch dieses Buch eine kleine kulinarische Weltreise darstellt. Last but not at least beinhaltet das Buch zahlreiche Rezepte von bekannten Köchen sowie etliche „Eigenkreationen".

Leider leben wir in einer Zeit, in der die Vielfalt oft zu kurz kommt. Einklang, Eintönigkeit, Gleichmacherei und industrielle Geschmacksvergewaltigungen in Form von nahezu künstlich erzeugten „Sattmachern", verbunden mit gedankenloser Geschäftemacherei, führten zum Raubbau an der Natur und zur Verkümmerung der Geschmacksnerven. Seit einigen Jahren zeichnet sich eine kleine Trendwende ab, sogar die Convenience-Industrie schließt sich diesem Trend (zögernd) an, doch ausreichend ist das noch lange nicht. Es würde mit der Kochkunst eines der wertvollsten Kulturgüter Europas (und Asiens) sterben, daher kann man gar nicht genug für sie und den mit ihr verbundenen Genuss leben und streben. Deshalb erlaube ich mir, an dieser Stelle Plato (427–348 v. Chr.) zu zitieren, der in seinem philosophischen Dialog Gorgias einen reizvollen Vergleich zwischen Musik und Kochkunst anstellte:

„Von den gleichen Noten stammen unterschiedliche Weisen, von den höheren, von den tieferen, alles Noten, doch jede hat einen anderen Klang. Die sich am wenigsten gleichen, verbinden sich am besten; die sich am wenigsten unterscheiden, klingen am übelsten; und wenn einer alles auf die selbe Note hin komponiert, erregt er am wenigsten Freude. Die kühnsten, die variantenreichsten Tonfolgen erwecken die größte Begeisterung. So ist es, wenn Köche Speisen und Getränke für uns bereiten, indem sie Gerichte aus unterschiedlichen und ähnlichen Ingredienzien erschaffen. Einmal variieren sie die Zutaten, dann bedienen sie sich derselben, aber mit neuer Wirkung. Wenn einer alles gleich macht, entsteht kein Essvergnügen, und wenn einer alle Ingredienzien demselben Gericht hinzufügt, ist es auch nicht recht. Die Noten in der Musik tönen manchmal hoch, manchmal tief. Die Zunge kostet die Speise, als wäre sie Musik; sie unterscheidet Missklang und Einklang in allem, womit sie in Berührung kommt. Wenn die Zunge den Einklang empfindet, dann macht diese Musik Freude, und wenn es daran fehlt, so bereitet es Schmerz."

In diesem Sinne bitte ich auch, dieses Buch zu betrachten. Rezepte sind kein Diktat, denn die angegebenen Mengenverhältnisse wollen bestenfalls als Richtlinie verstanden werden. Jeder Koch sollte seiner persönlichen Kreativität und seinem persönlichen Geschmack folgen. Der eine liebt volle Aromen mit zahlreichen Gewürzen und Kräutern oder auch reichlich Knoblauch (so wie ich; Knoblauch ist das „Schneckengewürz" schlechthin!), ein anderer bevorzugt dezentere Geschmacksbilder. Spielen sie mit den Zutaten, wie ein Musiker auf seinem Instrument, denn Kochen ist eine gefühlsmäßige Kunst und sollte daher nicht rein wissenschaftlich betrachtet werden. Produkte sind ebenfalls unterschiedlich und wollen entsprechend sorgfältig behandelt werden; eine sonnengereifte Tomate aus Italien schmeckt nun einmal intensiver, als eine aus dem Glashaus. Die unterschiedlichen Handschriften der Köche sind es, die dann die unterschiedlichsten Produkte zur Vollendung bringen, immer wieder neu interpretiert. Daher können und wollen die angegebenen Rezepte nicht den einzigen Weg zum Genuss darstellen.

Jetzt verbleibt mir nur noch, Ihnen viel Vergnügen beim Nachkochen und möglichst genussvolle Stunden zu wünschen!

INHALT

3.) OMELETTS UND EIERGERICHTE

4.) SALATE

5.) SUPPEN UND EINTÖPFE

6.) PASTETEN, DIVERSE RAGOUTS, POLENTA- UND GETREIDEGERICHTE

7.) VORSPEISEN

8.) NUDEL- UND REISGERICHTE

9.) HAUPTSPEISEN

Für Dr. Gerda Sievers und Josefine Gensbauer

- 1 Schnecke: LEICHT
- 2 Schnecken: GEHOBEN
- 3 Schnecken: ANSPRUCHSVOLL
- 4 Schnecken: AUFWENDIG

Einleitung

„Escargots sollten am Morgen gefangen werden. Man nehme die jungen, kleinen Schnecken mit den dunklen Häuschen von den Reben oder älteren Bäumen. Dann wasche man sie in so viel Wasser, bis sie keinen Schaum mehr von sich geben; dann wasche man sie einmal in Salz und Essig und lasse sie in siedendem Wasser köcheln. Dann muss man diese Schnecken mit einer spitzen Nadel aus dem Häuschen holen; und dann muss man ihren Schwanz abmachen, der schwarz ist, denn das sind die Eingeweide; und dann wasche man sie und koche sie in Wasser; und dann nehme man sie heraus und gebe sie in eine Schüssel, um sie mit Brot zu essen. Und einige sagen auch, es sei besser, sie in Öl und Zwiebel zu braten oder in irgendeiner anderen Flüssigkeit zu kochen, nachdem sie so, wie gesagt, zubereitet wurden. Und sie werden mit Gewürz gegessen und sind für reiche Leute."

Diese Handschrift aus dem Jahre 1394 beinhaltet bereits viel kulinarische Wahrheit über die Schnecken in der Küche, die zum großen Teil auch heute noch Gültigkeit besitzt. So fällt zunächst auf, dass den Landschnecken der Vorzug gegeben wird; hierbei insbesondere denjenigen, welche in Weinbergen gedeihen. Weiter bevorzugt der Verfasser die kleineren Exemplare mit dunkler Schale, also die Schneckenart, welche von den Franzosen als Petits gris (kleine gesprenkelte Weinbergschnecken) bezeichnet wird. Auch an der beschriebenen küchentechnischen Vorbereitung hat sich bis heute wenig geändert, und der Hinweis über ihre mannigfaltigen Zubereitungsmöglichkeiten, lässt Spielraum für allerlei geschmackliche Phantasien. Der Hinweis auf „Gewürze" und „reiche Leute" lässt vermuten, daß Schnecken schon damals zu den kulinarischen Leckerbissen gezählt wurden, denn Gewürze (welche sehr teuer waren) wurden nur für die erlesensten Speisen und Anlässe verwendet.

Dass diese Handschrift aus Frankreich stammt, mag zufällig sein. Unbestritten ist jedoch die Tatsache, dass die Weinbergschnecken zu den Inbegriffen der französischen Küche gezählt werden. Diesen Umstand haben sie allerdings nicht dem Verfasser dieser Handschrift zu verdanken, sondern Antonin Carême, dem Hofkoch Talleyrands. Jener Talleyrand war es, der als Diplomat im Dienste Napoleons schon früh erkannte, dass sich schwierige Verhandlungen bei großzügigen Gelagen einfacher gestalten ließen. Eines Tages ließ Talleyrand dem russischen Zaren Weinbergschnecken zubereiten, die jenem überaus gut gemundet haben sollen. So kam die Weinbergschnecke in ganz Frankreich wieder in Mode, nachdem sie zwischenzeitlich als Arzneimittel oder Fastenspeise der Mönche kulinarisch eher im Abseits gestanden war.

Frankreich hat seine kulinarische Vormachtstellung in Sachen Schnecken also keinem Geringeren als dem eigentlichen Begründer der großen französischen Kochkunst Antonin Carême zu verdanken, einem der besten und berühmtesten Köche aller Zeiten.

Heute sind Weinbergschnecken aus der französischen Küche nicht mehr wegzudenken; ein Umstand den sie auch sich selbst zu verdanken haben. Der Grund dafür hat im Wesentlichen drei Ursachen: 1. Das Fleisch der Weinbergschnecken ist von angenehmer Konsistenz und schmeckt meist nach den Kräutern, welche die Schnecke verzehrt hat. 2. Der unaufdringliche Geschmack lässt sich wunderbar mit vielen anderen Aromen (vor allem Kräutern, Pilzen, Gemüsen, Fleisch etc.) kombinieren und gibt viel Spielraum für kulinarische Phantasie. 3. Die Tierchen in ihren Häusern sehen sehr appetitlich aus.

Den Weinbergschnecken kam ihr kulinarischer Siegeszug verbunden mit ihrer Gefräßigkeit recht teuer zu stehen, standen sie doch kurz vor der Ausrottung. Bauern hassten die Schnecken, weil sie – vor allem in Weingärten – vorzugsweise über die jungen Triebe herfielen. Gourmets liebten sie wegen ihres zarten Fleisches. Somit war es nur eine Frage der Zeit, dass die Schnecke vom modischen Volksnahrungsmittel wieder zur Delikatesse wurde, denn die natürlichen Bestände gingen drastisch zurück.

„Escargotières" hieß das Zauberwort, das Rettung versprach und die Gourmetwelt aufatmen ließ. Man besann sich also wieder der uralten Tradition der Schneckenzucht, wie sie schon von den alten Römern praktiziert wurde und von den Italienern, welche Schnecken kulinarisch ebenfalls schätzen, nach wie vor betrieben wird.

Die alten Römer hatten bereits ausgetüftelte Zuchtanstalten in Form von so genannten Cochlearien ausgearbeitet, bei denen die Schnecken u. a. mit Kräutern, Wein, Milch oder Körnern gemästet wurden. Plinius der Ältere schreibt bereits im 1. Jhdt. v. Chr. in seiner „Naturgeschichte" von Schneckengärten und ihren gegrillten Leckerbissen, welche mit Wein genossen ein feiner Aperitif oder Imbiss seien. Bei Marcus Gaius Apicius finden wir zahlreiche Rezepte (siehe Rezeptteil: Diverse Kleingerichte, S. 61–62) und verschiedene Zuchtvorschläge. Umstände, die darauf schließen lassen, dass das Schneckenfleisch schon im Alten Rom sehr beliebt war. Wie sehr das Schneckenfleisch geschätzt wurde, verrät uns z. B. Lucius Lucinius Lucullus (röm. Feldherr und Konsul, berühmt für seine privaten Festgelage), der über die römischen Restaurants lästerte: „ ... hier gab es keine Austern, keine Schnecken, keine Muscheln und auch keinen Spargel ...". So waren es die Römer, welche nicht nur die erste Schneckengabel erfanden (ein schmales, gabelartiges Gebilde mit gebogener Zinke zum Herausziehen des Schneckenfleisches), sondern auch ihre Cochlearien nach und nach in ganz Europa verbreiteten; zunächst in Norditalien, dann in Gallien und später auch in Germanien.

Heute erhält man im Handel nahezu ausschließlich Weinbergschnecken aus Zuchtbetrieben, meist in Konserven abgefüllt oder tiefgefroren; mitunter findet man hierbei eine hervorragende Qualität und erspart sich das mühevolle Vorbereiten (siehe Anhang). Wer frische Schnecken bevorzugt, wird nicht darum herumkommen, sie selber – vorzugsweise am Wegesrand – nach einem Regenguss zu sammeln oder sie im Winter auszugraben, wie man es z. B. in Teilen Süddeutschlands und dem Elsass zu tun pflegt.

Nochmals zurück zu Antonin Carême. Er sorgte nicht nur dafür, dass die Weinbergschnecke zu kulinarischen Ehren kam, sondern präsentierte gleichzeitig das wohl berühmteste aller Schneckengerichte: *Escargots à la bourguignonne* (siehe Rezeptteil: Klassische Rezepte, S. 23). Die Weinbergschnecken werden im Haus zubereitet und mit jener aromatischen Butter veredelt, die in Frankreich sogar den Namen „Schneckenbutter" trägt. Diese Rezeptur wurden mit der Zeit so beliebt, dass man für sie spezielle, mit Vertiefungen versehene Teller und eine Zange erfand, mit der man ihre heißen Häuschen fest im Griff hatte. Es ist schon ein einzigartiges kulinarisches Erlebnis, wenn man die heißen Tierchen mitsamt der nach Knoblauch, Schalotten und Kräutern duftenden Butter aus dem Häuschen zieht und auf der Zunge zergehen lässt. Dazu ein frisch gebackenes Brot zum Tunken der köstlichen Sauce und ein guter Tropfen zum Nachspülen – einfach: Genuss pur! Für diese Köstlichkeit werden in der Regel die sehr großen hellfleischigen Weinbergschnecken verwendet, die

auch unter der Bezeichnung Burgunderschnecke bekannt geworden sind. Jene rar gewordenen Burgunderschnecken sind die aufgrund ihrer Seltenheit und wegen ihres feinen delikaten Fleisches oftmals zitierte teure Delikatesse.

Rein mengenmäßig gesehen sind aber nicht die Burgunder die größten Schneckenliebhaber, auch nicht die Elsässer. Meister im Schneckenessen sind die Südfranzosen und Nordspanier, insbesondere die Katalanen. Im Gegensatz zu den Elsässern, Burgundern oder den feinen Restaurants bevorzugen sie nicht die großen Burgunderschnecken, sondern ihre kleinen Verwandten, die Petits gris.

Dieses auch unter der Bezeichnung kleine graue südeuropäische Weinbergschnecke geläufige Weichtier ist in zahlreichen verwandten Arten im gesamten Mittelmeerraum bis nach Kleinasien verbreitet. Gestandene Katalanen können leicht 100 Stück davon verzehren, in Kalabrien oder Venezien werden sie als Imbiss gereicht, und in Griechenland liebt man sie gebraten als pikante Happen zum Wein. Wenig verwunderlich ist es da, dass man in den europäischen Küchen unzählige Rezepte für die Zubereitung von Petits gris kennt. Die bekanntesten Rezepte sind sicherlich die katalanische *Cargolade* (von *cargol*, dem katalanischen Wort für Schnecke) und die *Paella*, in deren ursprünglichem Rezept Schnecken obligatorisch sind.

Das archaischste aller europäischen Rezepte ist wahrscheinlich die *Cargolade*, bei der die gereinigten Schnecken, nachdem man sie 14 Tage hat fasten lassen, kräftig mit Thymian, Salz und Pfeffer gewürzt werden. Man gart sie einfach über der Glut von Weinruten im eigenen Saft.

Aufwendiger gestaltet sich da schon die Zubereitung einer *Paella*, dem Nationalgericht der Valencianos. Ursprünglich wurde hierfür nur Reis gegart, den man mit Schnecken und Gemüse verfeinerte. An besonderen Festtagen kamen auch noch Kaninchen und/oder Huhn hinzu.

In den Niederungen Nordspaniens, von Katalonien bis hin zum Baskenland, gelten die kleinen Weinbergschnecken seit jeher als besondere Delikatesse. In den Kochaufzeichnungen der Großmütter finden sich hunderte Rezepturen, eine unbezahlbare kulinarische Schatzkammer für Schneckenfreunde. Übrigens: In den höher gelegenen Pyrenäentälern war das Schneckenessen eher verpönt. Abfällig bezeichnete man die Nachbarn als „Schneckenfresser". Ausschlaggebend für diese Ablehnung war die Tatsache, dass vor allem ärmliche Bevölkerungsschichten Schnecken verzehrten, denn sie waren gratis zu ergattern. Die Bauern Nordspaniens waren heilfroh, dass die eifrigen Schneckensammler ihre Felder von den äußerst gefräßigen Weichtieren befreiten. So dauerte es nicht lange, bis die Schnecken (übrigens zusammen mit den Fröschen) den Beinamen „Fleisch der armen Leute" erhielten.

Während man in Spanien seit jeher um die verschiedenen Sorten kein großes Aufheben macht – meist kommen die Schnecken gemischt auf den Markt –, richtete man im spätmittelalterlichen Wien einen eigenen Schneckenmarkt ein. Dieser Schneckenmarkt befand sich etwa in der Gegend des heutigen Jungferngasserls hinter der Peterskirche. Hier boten die so genannten Schneckenweiber die Weinbergschnecken als „Austern des kleinen Mannes" an. Die Tierchen wurden dabei – je nach Größe und Qualität – in acht Preiskategorien eingeteilt. In Wien aß man die Schnecken am liebsten zum Weinkraut oder gekocht und gezuckert als Imbiss. Schnecken süß zu genießen, ist allerdings keine österreichische Spezialität, denn schon die alten Gallier genossen ihre Weinbergschnecken mit Honig gesüßt als Dessert.

Überhaupt waren Schnecken in der altösterreichischen Küche eine weit verbreitete und bodenständige Spezialität, wie sich an den mit *Schnecken gefüllten Wachauer-Laibchen*, *Schlamperte Schnecken* (siehe Rezeptteil: Salate, S. 85), *Schnecken auf Bauernart* oder den *Schnecken mit Weinkraut* (siehe Rezeptteil: Hauptspeisen, S. 207) erkennen lässt.

Da man seit Gedenken in Wien bei nahezu jeder Mahlzeit wesentlich mehr Fleisch (besonders Braten und Geflügel) verzehrte als anderswo üblich war, erklärt es sich von selbst, dass Fastenzeit und -tage als harte Prüfung empfunden wurden. Insbesondere die kulinarisch verwöhnten Mönche waren daher froh, dass Schneckenfleisch auch an Fastentagen erlaubt war und für Abwechslung sorgte. Ludwig Maria Plakolb schrieb hierzu: „In einem so stark von der Tradition des Katholizismus geprägten Land wie Österreich, das über weite Zeitläufe hin auch streng nach diesem Gebot regiert wurde, versteht es sich von selbst, dass gerade den Fastenspeisen in den Kochbüchern ein besonders großer Umfang eingeräumt wurde. Fischgerichte und Fastenspeisen..., füllen in den alten Kochbüchern durchschnittlich ein Fünftel des Angebots."

Dennoch waren auch damals die Fastentage recht erträglich, wie z. B. 1826 von Carl Julius Weber in seinen „Briefen eines in Deutschland reisenden Deutschen" berichtet wird: „... Er habe in Wien zur Fastenzeit sein Fleisch gekreuzigt mit ungarischen Edelkröten (Schildkröten), mit Hausen, Schlampeten, Makkaroni und eben mit den allseits beliebten Schnecken..."

Noch bei Olga und Adolf Hess finden wir im Werk „Wiener Küche. Sammlung von Kochrezepten der staatlichen Bildungsanstalt für Koch- und Haushaltungsschullehrerinnen und der Kochschule der Gastwirte in Wien" die Schnecken; angeführt im Kapitel „Lieblingsspeisen der Wiener (bzw. der Altwiener)" unter der Rubrik „Fische, Schalentiere usw."

Mehr noch als in Wien liebte die altösterreichische Landbevölkerung das zarte Schneckenfleisch und kreierte eigene regionaltypische Rezepturen. In der Steiermark gelangten sie durch die berühmte Katharina Prato (Edle von Scheiger) 1858 zu Ehren, denn in ihrem Kochbuch „Die Süddeutsche Küche" hat sie einige delikate Schneckenrezepte für die Nachwelt erhalten.

Zentrum der österreichischen Schneckenliebhaber war unbestritten Salzburg. Da Fische in der bäuerlichen Küche nahezu unbekannt waren, griff man – meist wieder während der Fastentage – gerne zu Schneckenfleisch. Anders in den Städten: Ähnlich wie in Wien gab es hier das ganze Jahr über Schnecken zu kaufen, teilweise sogar vorgekocht. Am schönen Wallersee befand sich früher einmal eine Sammelstelle für Schnecken (und Frösche), weil diese derart zahlreich gefunden werden konnten, dass man sie sogar als Leckerbissen ins Badische und ins Elsass exportierte.

Noch heute sind diese beiden letzt genannten, benachbarten Regionen für ihre Weinbergschnecken bekannt. Während man im Badischen traditionell die Winterschnecken in den Weinbergen ausgräbt, werden Schnecken im Elsass vielerorts gezüchtet, um die bestehende große Nachfrage befriedigen zu können. Eine Tradition, die von den elsässischen Kapuzinern eingeführt wurde, denn sie richteten sich in den Klöstern die ersten elsässischen Schneckenzuchten ein. Die Qualität ihrer Tierchen sprach sich schnell auch unter weltlichen Gourmets herum, die sich daraufhin regelmäßig bei den Mönchen mit Nachschub versorgten.

Den elsässischen Klöstern dürfte es übrigens auch zu verdanken sein, dass die Schnecken im Allgemeinen zu den

„Fischgerichten" gezählt werden. Spätestens seit der berühmte Abt Bernhard Buchinger im Jahre 1671 sein „Kochbuch so wol für Geistliche als auch für weltliche Haushaltungen ..." in Molsheim (liegt in der Nähe von Straßburg, wo heute noch die Schneckenzucht betrieben wird) veröffentlichte, wissen wir, dass die Mönche alles andere als Asketen waren. Ein Zeugnis hierfür ist das klassische Rezept *Escargots à l'alsacienne* (siehe Rezeptteil: Klassische Rezepte, S. 31), bei denen die schmackhaften Tierchen mit zahlreichen Zutaten gekocht werden und der Brühe ein Kalbsfuß und reichlich Wein (vorzugsweise ein Sylvaner) beigegeben wird, um sie „gehaltvoller" zu gestalten. Um so härter dürfte sie die Fastenzeit getroffen haben, was aber auch zur Folge hatte, dass die Phantasie der klösterlichen Küchenmeister angeregt wurde, denn Schneckenessen galt nicht als Sünde.

Die Mönche bewiesen fortan den größten Erfindergeist, wenn es um die Zubereitung von Schnecken ging. Zahlreiche überlieferte Rezepte aus den Klöstern Europas sind der lebende Beweis dafür, wie z. B. die berühmten *Escargots à la mode de l'Abbaye* (Schnecken nach Abtei-Art, siehe Rezeptteil: Vorspeisen, S. 146).

Doch nicht nur als Fastenspeise schätzte man die Weinbergschnecken, nein auch als Medizin kamen sie in Frage. So schreibt z.B. M. Plumeret im „Art de la cuisine française au XIXème siècle" von einer erfrischenden *Bronchialsuppe aus Schnecken* (siehe Rezeptteil: Suppen, S. 92). Bei gewissen (männlichen) Problemen sprach man ihnen sogar eine Art Wunderheilung zu, was wahrscheinlich darauf zurückzuführen ist, dass das Schneckenfleisch schon in der Antike als „Kraftspender" geschätzt wurde. Wenn man heute durch das Quartier Montorgueil unweit des ehemaligen Marktes von Paris schlendert, kann man erahnen, dass dies einst nicht gerade die feinste Gegend gewesen sein dürfte. Dennoch zog es alle Großen und Mächtigen des Königreichs an, denn im Jahre 1832 eröffnete hier das mittlerweile weltberühmte Lokal „L'Escargot d'Or". Unter den zahlreichen illustren Gästen vergnügte sich auch Heinrich IV. während er große Mengen an Schnecken verzehrte. Er suchte damit dem Schwinden gewisser Kräfte entgegenzuwirken und schätzte die stärkenden Eigenschaften des bürgerlichen Mahls. Später wurde das Lokal übrigens zu einem ausgesprochenem Künstlertreff: Mistinguett, Cocteau oder Dalí sind nur einige berühmte Stammgäste gewesen, die sich am verführerischen Duft der köstlichen Schneckenbutter erfreut haben.

Ganz im Gegensatz zu den Mönchen und Feinschmeckern Mitteleuropas und auch konträr zu unserer eingangs erwähnten Handschrift wurden und werden Schnecken in Italien und Griechenland behandelt. Hier sah man in ihnen weder eine Delikatesse noch ein heilsames Wundermittel. Schnecken waren ein ausgesprochenes Armeleute-Essen. Zwar schätzten die alten Griechen und Römer – wie bereits angesprochen – das delikate Schneckenfleisch hoch ein, doch schon im frühen Mittelalter änderten sich die Ansichten. In nahezu allen Aufzeichnungen findet man Schnecken unter der Titulierung „I piatti poveri": Speisen der Armen. So verdeutlicht uns z. B. Giampiero Rorato in seinem Buch „La Grande Cucina Veneziana" die kulinarische Geschichte der Schnecken in Venedig: „Auch die Schnecke gehört traditionell zur Küche der Armen, deshalb, weil die arme Bevölkerung es war, die bei langen Wanderungen die Schnecken im Frühling, wenn sie aus dem Winterschlaf erwachten, nach einem Regenfall oder Gewitter in Gräben sammelte, um Abwechslung in die tägliche einfache Kost zu bringen. Aber sie gefiel allen und in vielen dörflichen Festen ländlicher Pfarreien war es nicht schwierig, *Schnecken mit Polenta* vorzufinden. Es ist vorstellbar, denn um das kräftigende Essen, immer das der Armen, oder am Vorabend von Weihnachten in enthaltsamer Zeit zu finden, gräbt man lange in Gräben dort, wo sie eingeschlossen in ihre Häuser den Winter überdauern. ... Wurden sie in unseren Gefilden über Jahrhunderte als Speise der Armen angesehen, so werden sie heute auch in feinen Restaurants zubereitet und angeboten, verursacht durch die Franzosen."

Obwohl der Verzehr von Schnecken als Armeleute-Essen galt, erfreuen sie sich heute in ganz Italien allergrößter Beliebtheit. Selbstredend, dass man sie zu Pasta, Risotto, Polenta und sogar Pizza verwendet. Köstlich schmecken sie auch in diversen Ragouts, wie man sie in der südlichen Toskana und vor allem in der Gegend um Neapel zubereitet. *Marruzzelle al sugo* ist ein delikater Snack Kalabriens, bei dem die kleinen Schnecken in einer würzigen Tomatensauce gekocht und danach in großen Kesseln feilgeboten werden. Man saugt ihr delikates Fleisch einfach aus den Häusern – etwas archaisch, aber überaus schmackhaft!

Eine interessante Besonderheit ist, dass Landschnecken in italienischen Kochbüchern meist zu den Wildgerichten – nicht wie andernorts zu den Fischgerichten – gezählt werden.

Einleuchtender ist die Zuordnung bei den Griechen, denn sie zählen sie zumindest kulinarisch nach wie vor zu den

Schalentieren, wie es schon ihre Urahnen taten. Bei Ausgrabungen des minoischen Akrotíri auf Santorin fand man unter anderem zahllose „antike" Schneckenhäuser. Daraus haben Archäologen geschlossen, dass diese Weichtiere schon damals kulinarisch genutzt wurden. Hiervon gab auch der römische Arzt Galen (129–199 n. Chr.) Zeugnis ab, der die Vorliebe der Griechen für Schnecken erwähnte: „Die Griechen aber essen jeden Tag Schnecken. Diese haben festes Fleisch, sind aber gekocht äußerst nahrhaft!"

Weil die alten Griechen noch keine genauen wissenschaftlichen Abgrenzungen kannten, wurden Schnecken aufgrund ihres Hauses zu den Schalentieren gerechnet. Heute weiß man, dass die Schnecken mit den Tintenfischen viel mehr verbindet als z. B. mit Muscheln. Dennoch unterschied man bereits in der Antike verschiedenste Schneckenarten, und noch heute sind die Schnecken in vielen Spielarten wesentlicher Bestandteil der griechischen Küche, nicht nur zur Fastenzeit!

Vor allem auf den griechischen Inseln sind sie beliebt, aus kulinarischer Sicht haben sich hier die Kykladen und allen voran Kreta mit seinen zahllosen Rezepten hervorgetan. Kretische Schnecken gelten unter Feinschmeckern als die delikatesten überhaupt, denn sie ernähren sich im Hochland vorwiegend von wilden aromatischen Kräutern. Eckart Witzigmann äußerte sich geradezu euphorisch über Kreta und seine Schneckenrezepte: „Und dann gibt es da noch die Schnecken. Ein typisches Essen der Kreter, ganz besonders zur Fastenzeit vor dem traditionellen Osterfest. Schneckengerichte haben eine lange Tradition auf Kreta. Im Altertum waren sie die Speise für die Armen, da man die Zutaten ohne Mühe überall sammeln konnte. Aber auch die Wohlhabenden schätzten im Laufe der Zeit die schmackhaften Kriechtierchen als willkommenen Imbiss zu Wein, Ouzo oder Raki. Nirgendwo fand ich das Fleisch der Schnecken so würzig und aromatisch wie im bergigen Hochland von Kreta. Es gibt, so glaube ich, kein Fleckchen auf der Erde, wo es mehr unterschiedliche Schneckenrezepte gibt als auf Kreta ... und sie schmecken wirklich köstlich!"

Diese Euphorie können – und konnten – die Briten nicht wirklich teilen. Gut, die Britischen Inseln waren nie eine kulinarische Hochburg; dennoch verwundert es, dass selbst die Einflüsse großer französischer Köche nichts an der ablehnenden Haltung haben ändern können. Schnecken wurden und werden in ganz Britannien wegen der landwirtschaftlichen Schäden verabscheut und daher auch als Nahrung abgelehnt. Somit gibt es keine typischen Schneckenrezepte von der Insel, lediglich im Süden kennt man zwei oder drei Varianten französischer Rezepturen. Weder der begnadete Auguste Escoffier, welcher immerhin lange Jahre im legendären Savoy als Küchenchef wirkte, vermochte daran etwas zu ändern, noch der Autor Vincent M. Holt, der in seinem kuriosen Werk „Why not eat Insekts" aus dem Jahre 1885 immerhin zwölf Seiten den Schnecken widmete. Holt meinte, dass alle Schneckenarten essbar seien und wünschte sich, dass die Engländer dem Beispiel der Italiener, Franzosen und Spanier folgen und in ihren Gärten Schneckenzuchten anlegen sollten. Er stieß auf taube Ohren und verschlossene Küchen. Vielleicht mag es ja auch an der berühmten englischen Kochbuchautorin Mary Francis Kennedy gelegen haben, dass Schnecken in England verschmäht wurden, denn sie schrieb: „Ich habe alle möglichen seltsamen Dinge gegessen, seit ich zwölf war, und ich werde gerne gebratene Heuschrecken probieren und einen lebendigen Fisch verschlingen. Aber wenn ich mich nicht ganz und gar ändere, werde ich nie eine Nacktschnecke essen können. Schon beim Gedanken daran dreht sich mir der Magen um. ... Es hilft nichts. Tief in mir habe ich einen Horror vor allem vor ihnen. Nacktschnecken sind schrecklich, sie sind Dinge von den Rändern des Wahnsinns, und ich fürchte mich vor Nacktschnecken und all ihren Attributen. Aber ich mag Weinbergschnecken. Die meisten Menschen mögen Weinbergschnecken."

Während die Weinbergschnecke zu kulinarischen Höhenflügen ansetzte und auf den reich gedeckten Tafeln der Oberschicht Einzug hielt, blieben die Nacktschnecken kulinarisch weitgehend unbeachtet. Der Grund dafür mag vielleicht darin liegen, dass die gewöhnlichen Garten- und Meeresnacktschnecken nicht über die hübsche Häuschen verfügen, was sie vergleichsweise unattraktiv erscheinen lässt. Der einzige bedeutende Unterschied zwischen einer Schnecke und einer Nacktschnecke ist aber in der Tat nur das Haus. Ein Umstand, der die Asiaten weniger zu stören scheint, denn von China bis Japan liebt man jegliches Schneckenfleisch, auch das von Nacktschnecken. Bevorzugt werden vor allem in China die Meeresnacktschnecken, deren Fang eine große Tradition in Asien hat; dazu später mehr.

Doch auch in Europa erfreute man sich seit der Antike nicht nur an den berühmten Weinbergschnecken.

Historiker behaupten, dass Schnecken zu den ältesten

Nahrungsmitteln der Menschheit gehören. Prähistorische Funde in Höhlen sind Zeugnis dafür, dass Schnecken bereits in der Mittelsteinzeit als Nahrung dienten. Allerdings fand man keineswegs nur Häuser von Landschnecken, wie man meinen könnte. Vielmehr handelte es sich um die Schalenreste von verschiedensten Arten der Meeresschnecken.

Noch heute sind Strandschnecken, diverse Arten der Wellhornschnecke oder Napfschnecke fester Bestandteil nahezu aller mediterranen Küchen. Meeresschnecken zählen trotzdem nicht wie die Weinbergschnecke zu den erlesenen Delikatessen. Dafür könnten verschiedene Gründe ausschlaggebend sein, wie z .B.: 1. Das Fleisch der Meeresschnecken ist im Allgemeinen nicht so weich und zart wie das der delikaten Burgunderschnecken. 2. Die Klöster, welche die Schnecke zu einem kulinarischen Kleinod werden ließen, lagen meist im Land und hatten daher kaum Zugang zu Meeresschnecken. 3. Es liegt einfach daran, dass sie heute noch immer häufiger vorkommen als die rar gewordenen Burgunderschnecken (die seltenen Abalone zählen ja ebenfalls zu den begehrtesten und teuersten Delikatessen). Dennoch kennen vor allem die Küchen Italiens, Spaniens und Frankreichs unzählige Rezepte für verschiedenste Arten von Meeresschnecken, und Meeresschnecken sind hier ein fester Bestandteil etlicher Regionalküchen. Insbesondere die Wellhornschnecken werden in den jeweiligen Fanggebieten frisch verkauft, und auf spezialisierten Fischmärkten findet man sie ebenfalls. Hauptabnehmer sind die Franzosen und der französische Teil Kanadas.

Ein besonderes Schicksal mussten zwei sehr delikate Schneckenarten erleiden. Nicht nur, dass die Gourmets seit der Antike ihr delikates Fleisch schätzten, wurde ihnen auch noch ihre Hypobranchialdrüse zum Verhängnis. Die Rede ist natürlich von Herkuleskeule und Purpurschnecke. Purpur war in der Antike der kostbarste und teuerste Farbstoff und wurde zunächst ausschließlich für die Gewänder der römischen Kaiser erzeugt. Später durften sich auch reiche Patrizier und hohe Staatsbeamte mit purpurnen Gewändern dekorieren. Schließlich entdeckte die Kirche im Jahre 314 das Purpur für sich und Silvester I. war der erste Papst, welcher die edelste aller Farben in seine Roben aufnahm. In der Antike wurden geradezu absurde Preise für Purpur bezahlt. Grund genug, etwa 10.000 Schnecken zu töten, um gerade einmal 1 1/4 Gramm des begehrten Farbstoffes zu erhalten. Es waren das phönizische Tyrus und das apulische Taranto, welche um die Vormachtstellung bei der Purpurgewinnung stritten, schließlich konnten sich die Italiener durchsetzen. Purpur aus Taranto bestach durch eine einzigartige Farbbrillanz, die von verschiedenen Spielarten des Violett bis hin zu bordeauxfarbenem Weinrot reichen konnte. Horaz beschrieb Purpur als die vollkommene Nachahmung von Veilchen.

Ähnliches müssen heute leider die begehrten Abalone erleben. Gerade einmal eine gute Handvoll Meeresböden gibt es, auf denen Abalone gedeihen. Die meisten Bestände sind nahezu leergefischt, denn das Fleisch der Abalone ist nicht nur in weiten Teilen Südamerikas beliebt, sondern obendrein eine hochgeschätzte Delikatesse in Hongkong, Taiwan, weiten Teilen Japans und sogar in Kalifornien. In Südamerika nennt man die Abalone auch „loco“: verrückt, wahrscheinlich deshalb, weil man gnadenlos auf die Abalone einschlägt, um sie weich zu kriegen. Früher ist man so mit Geisteskranken verfahren. Obwohl es mehr als 100 verschiedene Arten gibt, sind freilebende Abalone noch gefährdet und stehen unter strengstem Naturschutz, was ihnen – ehrlich gesagt – in keiner Weise hilft. Denn nicht nur ihr schmackhaftes Fleisch wird hoch geschätzt, sie liefern auch das in der Modeschmuck-industrie beliebte Perlmutt. Einzig in kalifornischen Gewässern leben sie halbwegs sicher, denn hier sind die Gesetze besonders streng. Erstens brauchen die Fischer eine behördliche Genehmigung, die ihnen eine maximale Fangquote von zwei Abalone pro Tag gestattet. Zweitens darf ihr Fleisch nicht zu Konserven verarbeitet werden, und drittens dürfen sie weder frisch noch tiefgefroren oder gar getrocknet aus Kalifornien ausgeführt werden nicht einmal in andere US-Bundesstaaten.

Schlechter ergeht es ihnen da schon in Südafrika. Zwar gibt es auch hier „offiziell“ strengste Schutzmaßnahmen, doch besteht kaum eine wirksame Kontrolle. Korrupte Beamte lassen sich all zu gerne von asiatischen Banden bestechen, die illegal gefischte Abalone vornehmlich nach Hongkong exportieren; ein Millionengeschäft, das den Abalone zum Verhängnis geworden ist. Einzige Rettung könnten hier einmal mehr die gezüchteten Abalone aus australischen Meeresfarmen sein.

Dass solche Zuchtbetriebe durchaus den Gourmets und der Natur dienlich sein können und dabei sehr gute Erfolge erzielen, wird z. B. in einem anderen Teil der Welt bewiesen, nämlich auf der Karibik-Insel Pine Cay, welche zu der Inselgruppe Caicos gezählt wird. Conch oder Riesenflügelschnecken gehören seit je her zu den beliebtesten Speisen in der Karibik und Mittelamerika (in Mexiko konnten bei Ausgrabungen Spuren von gegrillten Schnecken nachgewiesen werden, die den ansässigen Indianern vor mehr als 12.000 Jahren als Nahrung dienten), was auch hier einmal mehr zur Folge hatte, dass sie gedankenlos überfischt wurden.

Mitte der sechziger Jahre des vergangenen Jahrhunderts waren die Conch (Riesenflügelschnecken) vom Aussterben bedroht. Ein gewisser Chuck Hesse wollte dem Raubbau an der Natur Einhalt gebieten und sie vor dem Aussterben bewahren. Er rief eine der ersten Meereszuchtstationen ins Leben und nannte sein Projekt PRIDE, stellvertretend für „Protektion of the Reefs and Islands from Degradation and Exploitation", zu deutsch: Schutz der Riffe und Inseln vor Degeneration und Ausbeutung.

Bald darauf setzte vor allem unter reichen Yachtbesitzern und Farmern ein gewisses Umdenken ein, Gelder flossen und PRIDE wurde zum Pionierprojekt für Meereszucht. Anfangs zu Forschungszwecken und Artenschutz eingerichtet, entwickelte sich das Projekt zu einer der größten Aquakulturen. Wie erfolgreich dieser Zuchtbetrieb heute arbeitet, ohne dabei die Umwelt übermäßig zu belasten, belegen folgende Zahlen: Während eine wilde Riesenflügelschnecke eine Überlebenschance von 1:500.000 je gelaichtem Ei hat, wachsen in dieser Farm pro Jahr etwa 1 bis 1,5 Millionen Schnecken heran. Genug, um den ungeheuren Bedarf an Conch zu decken. Auch die Träume vieler Karibikurlauber können befriedigt werden, denn die schmucken Gehäuse – von denen schon Columbus angetan war – sind ein begehrtes Souvenir. Ein Projekt also, das mehr als zukunftsweisend arbeitet und Schule machen sollte.

Während die Riesenflügelschnecken zu den reinen Vegetariern unter den Schneckenarten zählen, leben die in Japan und China begehrten Meeresnacktschnecken von Korallen, Aas und kleinem Getier im Meer. In Gegensatz zu den Landnacktschnecken ist es den Meeresnacktschnecken durchaus gelungen, eine große Anhängerschaft zu finden. Nicht nur die Asiaten lieben ihr Fleisch nein, auch die Eskimos im kalten Norden schätzen diese nahrhaften Tiere. Meeresnacktschnecken haben optisch nicht allzuviel mit ihren Verwandten an Land gemein. So gibt es Meeresnacktschnecken z. B. nicht in zahlreichen Farben und Formen; die meisten Arten sind schwarz oder grau. Allerdings sind diese Meeresbewohner richtige Staubsauger und leisten wertvolle Arbeit auf dem Meeresgrund. Ihre Gefräßigkeit führte wohl auch dazu, dass sie bis zu 1 kg schwer werden können. Der Umstand, dass sie bei der Auswahl ihrer Nahrung nicht sehr wählerisch sind, brachte ihnen in China den Beinamen „haishu" ein, was soviel wie Meeresratte bedeutet. Zeitweise waren die Meeresnacktschnecken in China derart beliebt, dass wegen ihnen sogar Kriege geführt wurden. Als der ceylonesische König es wagte, die chinesischen Sammeltrupps wegzuschicken und ihnen das Fischereirecht zu verweigern, schickte der chinesische Kaiser ein Heer nach Ceylon, nahm den aufsässigen König gefangen und ließ das Meer um Ceylon herum radikal leer fischen. Bis nach Afrika hin fuhren die Fangflotten der Chinesen, um die Meere abzuernten. Die Meeresschnecken wurden zum Konservieren einfach luftgetrocknet. Dieser Hintergrund erklärt möglicherweise die auch heute noch bestehende Vorliebe der Chinesen für getrocknetes Schneckenfleisch. Diese Vorliebe können aber weder die benachbarten Japaner und schon gar nicht wir Europäer nachvollziehen.

Doch einen Grund für die Vorliebe für Schneckenfleisch haben alle gemeinsam: Es soll sich positiv auf die männliche Potenz auswirken. Sowohl in der Karibik wie auch in weiten Teilen Amerikas, im guten alten Europa, in Asien sowieso, und nicht zuletzt bei vielen afrikanischen Stämmen haben Schnecken diesen guten Ruf. Warum dem so ist, weiß man nicht wirklich genau. Einer der Gründe mag vielleicht ihr muskulöser Körper sein, der bei Berührung anschwillt. Ein anderer Grund mag vielleicht darin liegen, dass Schnecken traditionell von Männern gejagt und gesammelt wurden. Tatsache ist hingegen, dass das Schneckenfleisch aus ernährungswissenschaftlicher Sichtweise durchaus empfehlenswert ist, aber nicht wegen irgendwelcher aphrodisierender Eigenschaften, sondern weil es fast fünfmal mehr Protein als Rindfleisch und dabei keinerlei Cholesterin enthält.

Rein kulinarisch gesehen haben die Schnecken in der heutigen Zeit des Überflusses an Nahrungsmitteln keine ernährungstechnische Funktion mehr, womit wahrscheinlich auch der drastische Konsumrückgang zumindest in der westlichen Welt zu erklären ist. Heutzutage schätzt man einige Schneckenarten wegen ihres delikaten Geschmacks und verwendet sie meist als kleine pikante Vorspeise in noblen Restaurants. Dennoch sollte man nicht vergessen, dass ihr Fleisch über viele Jahrtausende hinweg wesentlich zur Ernährung der Menschheit beigetragen hat; ein Umstand der heutzutage meist in Vergessenheit geraten ist.

Escargots de Bourgogne

Klassische Rezepte für Weinbergschnecken, im Haus zubereitet

(Frankreich)

Escargots de Bourgogne

(Schnecken nach Burgunder-Art)

Diese Zubereitung ist wohl das bekannteste Schneckenrezept überhaupt und erfreut sich nicht nur im Burgund grösster Beliebtheit. Antonin Carême kreierte dieses Rezept und sorgte mit ihm Anfang des 19. Jahrhunderts dafür, dass die Weinbergschnecke endgültig ihren gastronomischen Siegeszug antreten konnte. Wichtig ist, um den vollendeten Geschmack zu erzielen, dass dieses Rezept vorzugsweise aus frischen, also noch lebenden Schnecken zubereitet wird!

6 Dutzend lebende große Weinbergschnecken (Burgunderschnecken),
500 g grobes Meersalz, 1/8 l Weinessig,
1 Flasche guter weißer Burgunder (z. B. ein Mersault),
1 große Gemüsezwiebel mit 2–3 Nelken gespickt,
2 Karotten, 1 Stange Staudensellerie,
1 Bouquet garni (bestehend aus Lorbeerblatt, Petersilie, Thymian),
6 Knoblauchzehen, Salz und Pfefferkörner.

Für die Schneckenbutter:

500 g Butter, 8 EL feinst gehackte Petersilie,
6 Schalotten fein gehackt, 12–15 Knoblauchzehen fein gehackt, Salz und Pfeffer aus der Mühle

TIPP:

Einige Köche mengen der Schneckenbutter noch 1–2 EL Semmelbrösel bei.

Zuerst muss man die lebenden Schnecken 2–3 Tage fasten lassen, danach werden sie unter fließendem Wasser gewaschen und der Verschluss der Hausöffnung entfernt. Die gereinigten Schnecken in einen großen Topf füllen und (am besten über Nacht) in einer Mischung aus Meersalz und Weinessig einlegen, damit sich der Schleim löst. Danach werden die Schnecken ein zweites Mal gewaschen und anschließend 20–30 Minuten in siedendem Wasser vorgegart.

Jetzt kann man das Schneckenfleisch aus den Häusern lösen und den schwarzen Darm am Ende entfernen. Das Schneckenfleisch kurz unter fließendem Wasser abspülen. Aus dem Wein, 2–3 Litern Wasser, der Zwiebel, den Karotten, dem Staudensellerie, den Knoblauchzehen und den Gewürzen eine Brühe zubereiten und das Schneckenfleisch darin etwa 3 Stunden köcheln lassen. In der Zwischenzeit die Häuser in reichlich Wasser 1 Stunde kochen, auskühlen lassen und danach reinigen.

Für die Schneckenbutter lässt man die Butter bei Zimmertemperatur weich werden und vermengt sie mit den Würzzutaten. Schließlich gibt man das Schneckenfleisch in die Häuser zurück und verschließt die Häuser mit der Schneckenbutter. Die Schnecken auf ein mit reichlich Meersalz bestreutes Backblech setzten (das Salz verhindert das Kippen), und backen lassen, bis die Butter zu brodeln beginnt. Sofort mit Baguette servieren.

(Frankreich/Spanien)

Petits gris mit Kräutern

Dieses traditionelle Gericht aus dem katalanischen Süden Frankreichs ist eine einzigartige Delikatesse! Man sollte unbedingt darauf achten, dass die Schnecken später über glühender Holzkohle gegart werden, der Rauch gibt ihnen zusätzliches Aroma. Im Roussillon serviert man sie als Bestandteil der Cargolade, einem traditionellen Grillfest, das ursprünglich zu Ostern und Pfingsten abgehalten wurde. Der Name stammt vom katalanischen Wort cargol ab, was Schnecke bedeutet. Wenn man keine Gelegenheit hatte, die Schnecken selber zu sammeln, wende man sich an den Fischhändler seines Vertrauens und bestelle lebende Petits gris, also kleine Weinbergschnecken. Wichtig ist, dass sie leben!

Pro Person mindestens 50 Petits gris
(die Katalanen, von denen das Gericht stammt,
nehmen noch viel mehr – bis zu
100 Stück pro Person!),
Mehl,
Thymian,
Fenchelsamen

Für die Würze:
Salz,
Pfeffer,
Cayennepfeffer,
Thymian
und einige Scheiben dünn geschnittener Speck.

Zuerst lässt man die Schnecken in einem Jutesack bis zu 10 Tagen hungern, damit sie sich von eventuell verzehrten giftigen Blättern reinigen. Danach werden sie gewaschen und abgetrocknet. Jetzt kommen die Schnecken in einen großen Behälter zusammen mit einer Mischung aus Mehl, Thymian und gemahlenem Fenchel. Durch das Verzehren dieser Mischung erhält das Fleisch der Schnecken eine besonders feine Würznote. Der Topf wird mit einem Jutetuch abgedeckt, damit die Tierchen nicht entschwinden können. Nach weiteren 3–4 Tagen werden die Schnecken wieder gewaschen und der Verschluss entfernt, den die Schnecken gebildet haben, um sich vor dem Austrocknen zu schützen. Tote Exemplare aussortieren.

Aus Salz, gemahlenem Pfeffer, Cayennepfeffer und Thymian eine Würzmischung zubereiten und die Schnecken darin eintauchen; überschüssige Würzmischung abschütteln. Die Schnecken mit der Hausöffnung nach oben auf einem Grillrost anrichten, mit Speckscheiben belegen und bei nicht zu starker Glut über Holzkohle garen (am besten eignen sich glühende Weinruten, da diese eine gleichmäßige Hitze abgeben). Über der Glut sondern die Schnecken eine leicht schäumende Flüssigkeit ab, an deren Farbe man erkennen kann, ob die Schnecken gar sind: zuerst ist der Farbton weißlich, danach gelblich und schließlich dunkel kastanienrot. Ist dieses Stadium erreicht, können die Schnecken verzehrt werden. Man zieht das Schneckenfleisch mittels einer Nadel aus dem Gehäuse. Als Beilagen werden traditionell Aioli (siehe Anhang) und geröstetes Baguette (mit Olivenöl beträufelt) gereicht.

(Frankreich)

Escargots à la Chablisienne

(Weinbergschnecken nach Chabliser-Art)

48 küchenfertig vorbereitete Weinbergschnecken,
1 Flasche guter Chablis,
4 Schalotten feinst gehackt,
1–2 EL Glace (siehe Anhang),
reichlich Butter,
Salz und weißer Pfeffer

Den Weißwein zusammen mit den Schalotten in einen Topf geben und alles auf ein Drittel einreduzieren lassen. Dann die Zwiebel-Weinmischung durch ein Etamin ziehen und den Zwiebelsaft durch leichtes Drücken auspressen. Die so gewonnene Sauce wird mit der aufgewärmten Glace gewürzt und abgeschmeckt. Etwas von der Sauce in jedes Haus füllen, Schnecken hineinsetzen und die Häuser dick mit leicht gewürzter Butter verschließen. Auf ein mit Meersalz bestreutes Backblech setzen und im auf 200 Grad vorgeheizten Ofen braten, bis die Butter zu brodeln beginnt. Mit Weißbrot servieren.

(Frankreich)

Schnecken in Zitronenbutter

24 küchenfertig vorbereitete Weinbergschnecken,
250–300 g Butter, Saft von 1–2 Zitronen (je nach Geschmack auch mehr), 1 Bund Kerbel fein gehackt,
2 Schalotten, 3–4 Knoblauchzehen, 1 gute Prise Muskatnuss, Salz und weißer Pfeffer aus der Mühle

Die nach Burgunder-Art küchenfertig vorbereiteten Schnecken in ihre Häuser füllen. Butter weich werden lassen und mit den fein gehackten Würzzutaten, dem Zitronensaft sowie Salz, Pfeffer und Muskat würzen. Die Schneckenhäuser damit verschließen. Alles auf ein Backblech setzen und etwa 15–20 Minuten bei 200 Grad backen lassen. Baguette dazu reichen.

TIPP:

Eine Prise Cayennepfeffer verleiht der Butter zusätzliches Aroma.

(Italien)

Lumache con lardo e scamorza

(Schnecken mit Lardo und Scamorza-Käse)

In der Toskana sind die Schnecken sehr aromatisch. Können Sie diese nicht bekommen, so nehmen Sie nicht zu grosse Burgunderschnecken.

48 lebende Schnecken mittlerer Größe
(große Petits gris oder kleinere Weinbergschnecken),
2 Selleriestangen gesäubert und grob gehackt,
4 Schalotten geschält und halbiert,
2 Karotten grob gehackt,
1 Flasche leichter toskanischer Weißwein,
Wasser, Salz und einige Pfefferkörner

Für die Füllung:
250 g frische Bauernbutter,
250 g vorgegarter Schweinenacken (oder Schweinsbraten), 125 g Lardo mit Meersalz und evtl. auch Rosmarin aromatisiert (gewürzter und oft auch leicht geräucherter Schweinespeck, ähnlich dem „Grünen Speck"),
125 g Scamorza affumicato (hier geräucherte, italienische Käsespezialität ursprünglich aus den Abruzzen, milder Knetkäse ähnlich dem Mozzarella),
2–3 Knoblauchzehen, Salz und Pfeffer aus der Mühle

Als Erstes lässt man die Schnecken 1–2 Tage hungern, bevor man sie gründlich wäscht und säubert. In siedendem Wasser werden sie 30 Minuten vorgegart, dann abgegossen und das Fleisch aus den Häusern genommen; Darmende entfernen.

Das Schneckenfleisch in einen ausreichend großen Topf zusammen mit dem Wein, dem Sellerie, den Schalotten, Karotten und 2 l kaltem Wasser geben. Alles auf den Herd stellen, erhitzen und gut 4 Stunden köcheln lassen; gelegentlich nachsehen, ob etwas Wasser hinzugefügt werden muss. Häuser separat gründlich reinigen. Am Ende der Garzeit wird gesalzen und gepfeffert. Die Schnecken in ihrer Brühe erkalten lassen.

Für die Füllung die Butter zusammen mit dem grob geschnittenen Fleisch, dem gewürfelten Speck, dem grob geschnittenen Scamorza und dem Knoblauch in einen Cutter (oder Mixer) geben, alles zu einer homogenen Masse verarbeiten und mit wenig Schneckenbrühe, Salz und Pfeffer abschmecken.

Die gereinigten Häuser wie folgt füllen: zuerst etwas Scamorza-Masse, dann je eine Schnecke und letztlich mit etwas Füllung abschließen, wobei die Füllung nicht gänzlich bis an den Rand reichen sollte.

Ein Backblech mit grobem Meersalz bestreuen, die Schnecken mit der Öffnung nach oben auf das Blech setzen und etwa 25 Minuten im auf 200 Grad vorgeheizten Ofen gratinieren. Sofort sehr heiß servieren.

TIPP:

Eine Spur frischer Rosmarin macht die Fülle noch aromatischer.

(Frankreich)

Weinbergschnecken mit Orangen und Mandelbutter

36 küchenfertig vorbereitete Weinbergschnecken (nach Burgunder-Art) samt Häusern, 1 EL Butter, 1 Schalotte, Zeste von 1 unbehandelten Orange, 5 cl Orangenschnaps (oder Likör), Saft einer frisch gepressten Orange, Saft einer halben Zitrone, Salz, Pfeffer aus der Mühle

Für die Mandelbutter:

300 g Butter (auf Zimmertemperatur vorgewärmt), 75–100 g fein gemahlene Mandeln, 1 Knoblauchzehe fein gehackt, 1 Schalotte fein gehackt, etwas Meersalz (vorzugsweise fleur du sel), schwarzer Pfeffer aus der Mühle

TIPP:

Eine interessante Variante ergibt sich, wenn man dem Orangenfond noch 1 EL konzentrierten Kalbsfond beimengt.

Zuerst wird die Mandelbutter zubereitet: Dafür die weiche Butter schaumig schlagen und sehr gründlich mit den Mandeln, Schalotte und der Knoblauchzehe vermengen; mit Salz und Pfeffer abschmecken. Die Butter auf Alufolie geben, zu einer Rolle formen und einige Zeit im Kühlschrank durchziehen lassen.

In einer gusseisernen Pfanne wird Butter erwärmt, dann die Schalotte darin angedünstet und schließlich die Schnecken mitgebraten. Orangenzeste dazugeben, durchschwenken und alles mit Orangenschnaps ablöschen. Diesen etwas einkochen lassen, dann den Orangensaft dazugeben, ebenfalls etwas einkochen lassen und die Schnecken mit Zitronensaft, Salz und Pfeffer aus der Mühle abschmecken. Pfanne vom Herd nehmen.

Wenn die Schnecken erkaltet sind, werden die gereinigten Häuser zunächst mit etwas Orangenfond gefüllt, dann je eine Schnecke hineingesetzt und schließlich mit reichlich Mandelbutter verschlossen. Gefüllte Häuser auf ein mit grobem Meersalz ausgestreutes Backblech oder in eine Schneckenpfanne setzen und im vorgeheizten Ofen bei etwa 200 Grad backen, bis die Butter brodelt. Sofort servieren.

(Frankreich)

Schnecken mit würziger Haselnuss-Anchovisbutter

24 küchenfertig vorbereitete Weinbergschnecken, 250 g Butter, 2–6 Anchovisfilets (Menge nach Geschmack), 1–3 EL gemahlene Haselnüsse (ebenfalls nach Geschmack), die gehackten Blätter von einem sehr dicken Bund glatter Petersilie, 2 Schalotten fein gehackt, 3 Knoblauchzehen fein gehackt, Muskatnuss, Salz und schwarzer Pfeffer aus der Mühle

Aus der bei Zimmertemperatur weich gewordenen Butter und den Würzzutaten eine Butterzubereitung herstellen und diese mindestens 2 Stunden im Kühlschrank ziehen lassen, damit sich die Aromen vermengen. Danach noch einmal abschmecken, die Butter sollte sehr würzig sein. Die küchenfertig vorbereiteten Schnecken in ihre Häuser setzen und dick mit der Würzbutter verschließen. Auf einem mit Meersalz bestreutem Blech bei 180–200 Grad für 20–25 Minuten im vorgeheizten Ofen backen lassen, die Butter sollte brodeln. Mit Baguette servieren.

Weinbergschnecken mit Orangen und Mandelbutter

(Frankreich)

Weinbergschnecken in Trüffelbutter

48 küchenfertig vorbereitete Weinbergschnecken
(Burgunder-Art) mit Häusern,
1 EL Butter,
5 cl Cognac,
Salz, Pfeffer und Muskatnuss

Für die Trüffelbutter:
300 g frische ungesalzene(!) Butter,
75–100 g fein gehackte schwarze Perigord-Trüffel
(es eignen sich auch Trüffelabschnitte),
4–6 cl Cognac,
1 Prise Salz, etwas weißer Pfeffer aus der Mühle,
frisch geriebene Muskatnuss

TIPP:

Statt mit Cognac kann man dieses Gericht auch mit Madeira zubereiten.

Etwas Butter in einer weiten Pfanne erhitzen, dann die Schnecken darin warm werden lassen. Die Schnecken mit dem Cognac ablöschen, flambieren, sofort einen Deckel auflegen und vom Herd nehmen. Danach mit etwa 10 g der gehackten Trüffel, Salz, Pfeffer und Muskat würzen und die Schnecken in der Cognacbutter ziehen lassen.

In einer zweiten Pfanne die feingehackten Trüffeln in etwas Butter anschwitzen, mit Cognac ablöschen und diesen einkochen lassen, bis die Flüssigkeit sirupartig geworden ist. In der Zwischenzeit die Butter in einer Schüssel schaumig schlagen, bis sie an Volumen zugenommen hat und weiß geworden ist. Die gehackten Trüffeln samt der Flüssigkeit unter die Butter mengen und alles mit Salz, weißem Pfeffer sowie Muskat abschmecken; kalt stellen und etwas durchziehen lassen.

Die Häuser wie folgt füllen: zuerst etwas von der Schneckenflüssigkeit und je eine Schnecke in ein Haus setzen, danach mit der Trüffelbutter großzügig verschließen. Die Schnecken auf einem mit Meersalz bestreuten Backblech anrichten und bei 200 Grad im vorgeheizten Ofen garen, bis die Butter leicht zu brodeln beginnt. Sofort mit Weißbrot servieren.

(Frankreich)

Escargots à la provençale

(Provenzalische Schnecken)

Dies ist ein sehr klassisches und traditionsreiches Rezept, das den puren Geschmack frischer Weinbergschnecken gut zur Geltung kommen lässt.

24 küchenfertig vorbereitete Weinbergschnecken
mit gereinigten Häusern,
1/2 Bund Petersilie fein gehackt,
3 Champignons sehr fein gehackt,
3 fein gehackte Schalotten,
1 Knoblauchzehe mit dem Handballen angedrückt,
bestes Öl (Olivenöl),
1/2 grüne Pfefferoni,
Mehl zum Stauben,
200 ml trockener Weißwein,
3 Eidotter, etwas Sahne, Muskatnuss,
Salz, Pfeffer aus der Mühle,
Semmelbrösel, Olivenöl (oder Butter)
zum Vermengen der Brösel

In einer schweren Pfanne werden ohne Zugabe von Fett die Petersilie, Schalotten, Champignons und Knoblauchzehe bei mittlerer Hitze leicht angeröstet. Dann gibt man sehr gutes Olivenöl, die Pfefferoni, Salz und eine Prise Muskatnuss dazu, vermischt alles gründlich und schwenkt die Aromen einige Minuten durch. Salzen, pfeffern und mit Muskat abschmecken.

Alles mit etwas Mehl bestauben und den Wein angießen. Wenn der Wein aufkocht, kommen die abgetropften Schnecken in die Sauce und werden auf kleiner Flamme mitgegart, bis die Sauce eingedickt ist. Die Pfanne vom Herd nehmen, Eidotter mit wenig Sahne vermengen und die Sauce legieren.

In je ein Haus etwas Sauce, eine Schnecke und wieder etwas Sauce füllen. Häuser mit Semmelbrösel, die man mit etwas Öl oder Butter verknetet hat, verschließen. Die Schnecken auf ein mit Meersalz ausgestreutes Backblech setzen und bei 220 Grad im vorgeheizten Ofen garen bis die Brösel goldgelb sind. Sofort sehr heiß servieren.

(Frankreich)

Weinbergschnecken mit Estragonbutter

24 küchenfertig vorbereitete Weinbergschnecken,
250–300 g Butter,
Blätter von 12 Zweigen Estragon,
1 kleines Bund glatte Petersilie,
2 Schalotten,
4–5 Knoblauchzehen,
Salz

Die vorzugsweise nach Burgunder-Art küchenfertig vorbereiteten Weinbergschnecken (siehe Escargots de Bourgogne oder Anhang) mit einer Butterflocke belegt in die gereinigten Häuser füllen. Aus der bei Zimmertemperatur weich gewordenen Butter, den gehackten Blättern von Estragon und Petersilie, den feinst gehackten Schalotten und Knoblauchzehen sowie Salz und frisch gemahlenem Pfeffer eine Butterzubereitung herstellen, und mit dieser die Häuser großzügig schließen. Schnecken auf ein mit Meersalz bestreutes Backblech legen und bei 220 Grad backen, bis die Butter zu brodeln beginnt. Mit Baguette genießen.

(Frankreich)

Escargots à la Strassbourgeoise

(Weinbergschnecken nach Strassburger-Art)

Natürlich kann man sich auch bei diesem Rezept die aufwendige Arbeit des Schneckenkochens grundsätzlich sparen, wenn auf küchenfertig vorbereitete Dosenware (es gibt durchaus gute Qualität) zurückgegriffen wird. Einen wirklich authentischen Geschmack hat man dann allerdings nicht, da der typisch-charakteristische Geschmack des Kochsud, der doch entscheidend ist, fehlt. Deshalb an dieser Stelle das „Originalrezept“.

4 Dutzend lebende Weinbergschnecken,
grobes Salz, Essig

Für den Sud:
1 Flasche Sylvaner, 500 ml Fleischbrühe,
1 geputzte Petersilienwurzel grob gehackt,
1 Zwiebel geschält und halbiert,
1 großes Bouquet garni (bestehend aus Lorbeerblättern, Petersilienstängel und Thymianzweig), 1 EL Quatre épices (eine Würzmischung aus Pfeffer, Muskatnuss, Nelke und Ingwer),
Pfefferkörner, Salz

Für die Würzbutter:
250 g Butter, 2 Schalotten feinst gehackt,
6–8 Knoblauchzehen fein gehackt,
2 Bund glatte Petersilie fein gehackt,
Anissamen im Mörser zerstoßen (Menge nach Geschmack und gewünschter Intensität),
Salz und schwarzer Pfeffer aus der Mühle

Frische Weinbergschnecken eine Woche lang hungern lassen, danach in reichlich kaltem Wasser gründlich waschen. Schnecken in eine Schüssel füllen und mit grobem Salz und etwas Essig bestreuen, 3 Stunden darin auslaugen lassen. Erneut gründlich waschen und die Prozedur wiederholen. Die Schnecken unter kaltem Wasser abspülen, bevor sie in kochendem Wasser 10 Minuten blanchiert werden. Schnecken in einem Sieb abtropfen lassen und nochmals reinigen.

Mittels einer Nadel das Fleisch aus den Häusern ziehen und den dunklen Eingeweidesack entfernen. Die Häuser werden separat mindestens 30 Minuten ausgekocht und gründlich gereinigt, danach getrocknet.

Alle Zutaten für den Sud in einem Topf erhitzen, einmal aufkochen lassen. Schneckenfleisch hineingeben und im Sud gut 3 Stunden sanft garen (evtl. zwischendurch Brühe nachgießen, damit alles bedeckt bleibt). In der Zwischenzeit die Butter bei Zimmertemperatur weich werden lassen und mit den vorgesehenen Zutaten würzen. Die Butterzubereitung gut vermengt kalt stellen.

Wenn das Schneckenfleisch gar ist, dieses aus dem Sud nehmen. Den Sud selber auf etwa die Hälfte einkochen lassen. Nun in jedes vorbereitete Schneckenhaus knapp einen Teelöffel Schneckensud füllen und je eine Schnecke hineinsetzen. Schneckenhäuser großzügig mit der vorbereiteten Butter verschließen. Schneckenhäuser in Schneckenpfannen oder auf ein mit grobem Salz betreutes Backblech setzen. Im vorgeheizten Ofen bei 220 Grad gut 10 Minuten backen, bis die Butter stark brodelt. Sofort mit Weißbrot servieren.

Escargots à l'alsacienne

(Frankreich)

Escargots à l'alsacienne

(Weinbergschnecken nach elsässischer Art)

DIESES REZEPT KANN MAN NUR MIT FRISCHEN SCHNECKEN ORIGINAL ZUBEREITEN, DA DAS BESONDERE AN DIESEM REZEPT DER SPEZIELL ZUBEREITETE FOND IST. WIE IM ANHANG BESCHRIEBEN WIRD DEM KOCHSUD EIN KALBSFUSS BEIGEGEBEN. DER FUSS BEWIRKT, DASS DER SCHNECKENSUD BEIM ERKALTEN LEICHT AUSGELIERT UND EIN TYPISCH KRÄFTIGES AROMA ERHÄLT. UM DAS FEINE AROMA DER SORGFÄLTIG VORGEKOCHTEN SCHNECKEN SAMT SUD NICHT ZU ÜBERDECKEN, SOLLTE DIE SCHNECKENBUTTER RELATIV MILD SEIN. DIE KRÄUTER SOLLTEN DAFÜR ALLERFEINST GEHACKT WORDEN SEIN.

48 Weinbergschnecken nach elsässischer Art küchenfertig vorbereitet (siehe Anhang) samt gereinigten Häusern, 4 Knoblauchzehen fein gehackt, 1 Schalotte fein gehackt, 2–3 EL Petersilie fein gehackt, 1 EL Schnittlauch fein gehackt, Spritzer Weißwein oder Zitronensaft, 250–300 g Butter, Salz und Pfeffer aus der Mühle, Semmelbrösel

Die Butter mit gehacktem Knoblauch, Schalotten, Petersilie, Schnittlauch, Zitronensaft, Salz und Pfeffer würzig abschmecken, kalt stellen.

Zuerst etwas vom aromatischen Schneckensud (kalt ist er geleeartig) in jedes gereinigte Schneckenhaus füllen. Danach je eine Schnecke hineinsetzen und die Öffnungen mit Butter verschließen. Schneckenhäuser auf Schneckenpfannen setzen und die Öffnungen evtl. mit einigen Semmelbrösel bestreuen. Im vorgeheizten Ofen auf 220 Grad 8–10 Minuten backen und sofort servieren.

(Italien)

Lumache con Grana padano

(Schnecken mit Parmesanbutter)

48 küchenfertig vorbereitete Weinbergschnecken samt Häusern, 300 g frische Butter, 150–200 g frisch geriebener Grana padano (nicht zu verwechseln mit dem Parmigiano reggiano. Grana padano schmeckt harmonisch, nicht zu salzig, etwas pikant und hat eine leicht nussige Note. Besonders beliebt ist er als Parmesan [Reibkäse]), 100 g frisch geriebene Semmelbrösel, 250 ml Weißwein, 250 ml Panna (Sahne), Salz und weißer Pfeffer aus der Mühle

Die Sahne zusammen mit dem Weißwein aufkochen und auf die Hälfte reduzieren, abschmecken und beiseite stellen. In einer Küchenmaschine die Butter mit reichlich geriebenem Parmesan und Semmelbrösel vermengen, leicht mit Salz und Pfeffer würzen. In jedes Haus zuerst etwas von der Sahnesauce füllen, dann je eine Schnecke hineinsetzen und die Häuser mit reichlich Parmesanbutter verschließen. Im auf 220 Grad vorgeheizten Ofen backen, bis sich eine schöne goldbraune Kruste gebildet hat.

Weinbergschnecken mit Krenbutter

(Österreich)

24–36 nach Burgunder-Art küchenfertig vorbereitete Weinbergschnecken mit Häusern, 2 feinst gewiegte Schalotten, 1 EL fein gerissener Kren, 1 EL Petersilienwurzel feinst gehackt, 2 EL Butter, 2 EL Schneckenbrühe, 100 ml stark reduzierte Rindsuppe, Saft von Zitrone, Muskatnuss, Salz, Pfeffer aus der Mühle

Für die Butter:

200 g frische Bauernbutter auf Zimmertemperatur erwärmt, 2 EL fein gehackte glatte Petersilie, 3–4 EL fein gerissener Kren, etwas Zitronensaft, 2 EL feine Semmelbrösel, Muskatnuss, Cayennepfeffer, Salz und weißer Pfeffer aus der Mühle

In einer gusseisernen Pfanne erwärmt man Butter, bis sie leicht zu schäumen beginnt. Darin werden Schalotten, Kren und Petersilienwurzel angedünstet. Mit der Schneckenbrühe, Rindsuppe und etwas Zitronensaft ablöschen, salzen, pfeffern und mit Muskat würzen. Wenn das Gemüse weich zu werden beginnt, kommen die gut abgetropften Schnecken dazu und werden einige Minuten mitgegart, bis die Sauce schön reduziert ist.

In der Zwischenzeit wird die weiche Butter mit Petersilie, Kren, Zitronensaft, Semmelbrösel, Muskatnuss, Cayennepfeffer, Salz und Pfeffer gewürzt.

Die gut gereinigten Häuser zuerst mit etwas Sauce und dann mit je einer Schnecke füllen. Schließlich die Häuser mit reichlich Krenbutter verschließen und auf ein mit Meersalz bestreutes Backblech setzen. Im vorgeheizten Ofen bei 200 Grad etwa 20 Minuten backen. Sofort servieren.

Weinbergschnecken mit Sahne und grüner Butter

(Deutschland)

48 küchenfertig vorbereitete Weinbergschnecken samt gereinigten Häusern, 500 ml Sahne, 2 EL Butter, 1 Glas Weißwein, Salz

Für die Butter:

300 g frische Butter, 2 Bund Brunnenkresse, 2 Bund Blattspinat gesäubert verlesen und blanchiert, 1 großes Bund Schnittlauch gehackt, 1 EL gehackter Kerbel, 1 EL gehackte Estragonblätter, 1–2 EL Petersilie, 2 Knoblauchzehen gehackt, 1 Schalotte gehackt, 3 EL Salzkapern gewaschen und gehackt, 4 in Salz eingelegte Sardellenfilets gewaschen, etwas Olivenöl

Am Vortag die Butter zubereiten. Hierfür alle Kräuter samt Spinat, Knoblauch, Schalotten, Kapern und Sardellen in einen Mixer füllen und ein feines Püree herstellen. Diesem Püree etwas Olivenöl beimengen, damit es geschmeidig wird. Das Kräuterpüree wird langsam mit der weichen Butter vermengt. Sind alle Zutaten gut vermischt, füllt man die Butter auf Alufolie, formt eine Rolle und lässt sie über Nacht im Kühlschrank rasten.

Am nächsten Tag wird die Sahne um ein Drittel reduziert und die Schnecken in heißer Butter gebraten. Dann löscht man die Schnecken mit Weißwein ab. Den Wein vollkommen einkochen lassen, Schnecken leicht salzen. In jedes Haus zuerst etwas von der reduzierten Sahne (etwa 1/2–1 TL) geben, dann je eine Schnecke hineinsetzen. Häuser mit reichlich Butter verschließen. Schnecken auf ein mit Meersalz bestreutes Backblech setzen und im heißen Ofen bei 220 Grad garen, bis die Butter brodelt. Mit Weißbrot sofort servieren.

(Frankreich)

Escargots à la Dijonnaise

(Schnecken nach Dijon-Art)

60 nach Burgunder-Art küchenfertig vorbereitete Weinbergschnecken samt Häusern (ersatzweise beste Dosenware)

Für die Reduktion:

3 EL Schalotten fein gehackt, 500 ml guter Chablis

Für die Buttermischung:

250–300 g weiche Butter, gut 250 g frisches weißes Rindermark durchpassiert, Salz, Pfeffer aus der Mühle, 1–2 Messerspitzen scharfes Senfpulver (oder 1 EL Dijon-Senf), 2 EL gehackte Schalotten, 3 Knoblauchzehen fein gehackt, 1 EL schwarze Perigord-Trüffel fein gehackt

Aus Weißwein und Schalotten eine Reduktion herstellen, die nurmehr 1/3 des ursprünglichen Volumen hat. Masse durch ein Etamin ziehen und dabei den Zwiebelsaft ausdrücken.

Die Butter mit dem Rindermark verquirlen. Zu dieser Masse die Würzzutaten geben und alles kräftig mit Salz und Pfeffer abschmecken. Zuerst etwas von der Reduktion in jedes Schneckenhaus füllen, dann je eine Schnecke hineinsetzen und letztlich die Häuser mit der Butter verschließen. Schnecken auf ein mit grobem Meersalz bestreutes Backblech setzen und im vorgeheizten Ofen bei 220 Grad 15 Minuten garen.

(Frankreich)

Weinbergschnecken in Sauce Demi-glace

Ob Sie die Demi-glace für dieses Gericht mit Madeira oder Weisswein vollenden, ist Geschmacksache, die Variante mit Madeira schmeckt allerdings aromatischer. Jedenfalls sollte die Sauce aber eine dickliche, geschmeidige Konsistenz haben. Zugegeben, eine echte Demi-glace ist aufwendig, doch aller Mühe wert. Dieses Gericht schmeckt einfach sensationell und gehört zu meinen persönlichen Lieblingsrezepten!

48 nach Burgunder-Art küchenfertig vorbereitete Weinbergschnecken mit Häusern, etwa 500 ml echte Demi-glace (siehe Anhang), gut 300 g leicht gesalzene Butter, 1–2 EL gehackte schwarze Trüffel

Die vollendet zubereitete Demi-glace in eine weite Pfanne geben und sanft erwärmen, dann mit einem guten EL gehackter Trüffel verfeinern. Das vorgegarte Schneckenfleisch darin erwärmen und die Aromen annehmen lassen.

In jedes Schneckenhaus etwas von der Demi-glace füllen und je eine Schnecke hineinsetzen. Häuser mit gesalzener Butter verschließen. Schnecken im vorgeheizten Backofen bei 220 Grad garen, bis die Butter brodelt. Sofort mit frischem Baguette servieren; restliche Demi-glace in einer Saucière zum Dippen dazu reichen.

Lumache al radicchio rosso di Treviso

(Italien)

Lumache al radicchio rosso di Treviso

(Schnecken mit Radicchio)

60 nach italienischer Art küchenfertig vorbereitete Schnecken (siehe Anhang) samt gereinigten Häusern,
2 feinst gehackte Knoblauchzehen,
2 feinst gehackte Schalotten,
300 g Butter,
2–3 EL Semmelbrösel,
250 g Radicchio di Treviso,
Salz und weißer Pfeffer aus der Mühle

Zuerst die zimmerwarme Butter mit Knoblauch, Schalotten und Semmelbrösel vermengen; danach den gewaschenen und feinstgeschnittenen Radicchio dazugeben. Alles mit Salz und Pfeffer abschmecken.

Etwas von der Schneckenbrühe und ein wenig Radicchio-Butter in jedes Schneckenhaus füllen. Schnecken hineinsetzen und Häuschen mit der Butterzubereitung verschließen. Gefüllte Häuschen 1 Stunde in den Kühlschrank stellen, damit die Butter und die Schnecken das Radicchio-Aroma aufnehmen können.

Schnecken auf ein mit Meersalz betreutes Backblech legen und im auf 200 Grad vorgeheizten Ofen etwa 10-15 Minuten garen. Sehr heiß servieren.

(Frankreich)

Weinbergschnecken mit Knoblauchpüree

48 Weinbergschnecken nach Burgunder-Art küchenfertig vorbereitet (ersatzweise aus der Dose),
48 Schneckenhäuser,
etwas Schneckenbrühe (ersatzweise aus der Dose),
6–8 Knollen Knoblauch
(es sollte eine Sorte mit großen Zehen sein),
Butter oder Olivenöl,
Salz, weißer Pfeffer aus der Mühle

Backofen vorheizen. Die ungeschälten Knoblauchknollen köpfen, leicht salzen und an der Schnittstelle mit Öl oder Butter einfetten. Knollen mit der Schnittstelle nach oben in eine gefettete Auflaufform stellen und im Backofen auf 180 Grad 45–60 Minuten backen, bis die Zehen goldgelb geworden sind. Die Knoblauchzehen aus der Haut lösen und das Fruchtfleisch noch warm mit einer Gabel pürieren. Masse mit Butter (oder Olivenöl), Salz und wenig Pfeffer abschmecken. In jedes Schneckenhaus etwas Brühe füllen, dann eine Schnecke hineinsetzen und die Häuser großzügig mit der Knoblauchmasse verschließen. Im Ofen bei 220 Grad 10–12 Minuten backen, sofort heiß servieren.

Diverse Kleingerichte, Tapas und Imbisse

Knusprige Schnecken-Kürbistaschen

Für den Teig:
250 g gesiebtes Mehl,
60 ml bestes Olivenöl,
1 TL fleur du sel,
1 großes Ei,
125 ml Eiswasser

Für die Füllung:
20–25 küchenfertig vorbereitete Petits gris oder Bigorneaux (Strandschnecken),
1 kg frischer Kürbis entkernt und die groben Fasern entfernt,
75 ml Olivenöl,
etwa 100 g Arborioreis,
4 Stangen Lauch (nur das Weiße) fein gehackt,
2 große Eier,
etwa 200 g frisch geriebener Parmesan,
schwarzer Pfeffer aus der Mühle

Weiter:
Grobes Meersalz zum Bestreuen,
Erdnussöl zum Frittieren

Den Teig folgendermaßen zubereiten: Das Mehl mit Olivenöl und Meersalz in einer großen Schüssel vermengen, mit den Fingern solange vermengen, bis der Teig krümelig wird. Ei und Eiswasser dazugeben und weiterkneten, bis sich aus dem Teig ein geschmeidiger Ball formen lässt. Diesen Ball mit eingeölten Händen nochmals 1–2 Minuten durchkneten, in Klarsichtfolie wickeln und 1 Stunde rasten lassen.

Zwischenzeitlich die Füllung vorbereiten. Backofen auf 200 Grad vorheizen. Kürbis grob zerteilen und auf ein mit Olivenöl eingefettetes Backblech mit der Hautseite nach unten setzen. Mit Salz bestreut etwa 1 1/4 Stunden backen, bis das Fruchtfleisch sehr weich geworden ist. Kürbis auf dem Backblech auskühlen lassen, dann schälen und das Fruchtfleisch in einer Schüssel zu weichem Brei zerdrücken. Reis mit Salz in etwa 300 ml kochendem Wasser in knapp 10 Minuten halbgar kochen, abseihen und beiseite stellen. Lauch in etwas Olivenöl anschwitzen, bis er glasig ist. Lauch zum Kürbis geben, Reis, Eier und 100 g Parmesan hinzufügen, mit Salz und Pfeffer würzen. Alles gut vermengen, danach den restlichen Parmesan unterheben und nochmals abschmecken. Füllung beiseite stellen.

Mit einer Nudelmaschine den Teig 1mm dünn ausrollen und aus diesem gleichmäßige Rechtecke schneiden, jedes etwa 4 x 6 cm groß. Auf die untere Hälfte jedes Rechtecks jeweils einen Klecks Füllung setzen und auf diesen je eine kleine vorbereitete Schnecke; salzen und leicht pfeffern. Teig um die Füllung herum befeuchten und zusammenklappen (oder zweite Teigplatte darauflegen), die Kanten müssen genau übereinander liegen. Den Teig um die Füllung herum fest zusammendrücken, auf diese Weise erhält man etwa 20 Taschen. Ränder mit einer Teigzange oder Gabel zusammendrücken.

Erdnussöl auf 170 Grad erhitzen und jeweils max. 6 Taschen auf einmal darin frittieren. Auf Küchenkrepp abtropfen lassen und mit grobem Meersalz bestreuen.

Schnecken im Baguette mit Knoblauchbutter

(Frankreich)

1–2 Baguette, 24 küchenfertig vorbereitete Schnecken (Weinberg- oder Achatschnecken), 200 g Butter, 1 kleines Bund Schnittlauch fein gehackt, 6–10 Knoblauchzehen (je nach Geschmack), 1–2 TL gehackte Petersilie, Salz und weißer Pfeffer aus der Mühle

Die Baguette in relativ dicke Scheiben schneiden (jede etwa 5–7 cm dick). Die Butter bei Zimmertemperatur weich werden lassen und mit einem Schneebesen schaumig rühren. Dann in die weiche Butter die Würzzutaten einarbeiten und alles mit Salz und Pfeffer abschmecken. Butterzubereitung überkühlen. Die Schnecken in die Mitte einer jeden Baguettescheibe setzen und leicht in das Brot hineindrücken. Danach die Scheiben großzügig mit der Knoblauchbutter bestreichen, auf ein Backblechsetzen und im auf 200–220 Grad vorgeheizten Backofen bei Oberhitze gratinieren, bis die Butter leicht bräunlich geworden ist. Sofort servieren.

Schnecken-Pilz-Reibekuchen

(Deutschland)

1 kg alte Kartoffeln (weil diese weniger Wasser beinhalten), 150 g Pilze (Steinpilze, Champignons oder Pfifferlinge), 150 g küchenfertig vorbereitetes Schneckenfleisch (ersatzweise aus der Dose), 1 Knoblauchzehe feinst gehackt, 125 g Butter, 75 g geriebener Gryère oder Parmesan, Muskatnuss, Salz und Pfeffer aus der Mühle, Kerbel oder gehackte Petersilie als Garnitur

TIPP:

Der Kuchen darf nicht zu früh gewendet werden, da sonst die obere Schicht Kartoffeln zerfällt. Man sollte diese immer gut andrücken, damit die Stärkebindung einsetzen kann. Erst wenn alles halbwegs zusammenhält – ggfs. mit Hilfe eines Tellers – wenden. Ist keine Pfanne geeigneter Größe vorhanden so bäckt man 2–3 kleinere Kuchen.

Die Pilze putzen, klein schneiden und in etwas Butter anbraten. Schnecken grob hacken, zu den Pilzen geben und mitbraten. Die austretende Flüssigkeit weitestgehend verdampfen lassen, danach die Füllung mit feinstgehacktem Knoblauch, Salz, Pfeffer aus der Mühle und Muskatnuss würzen.

In der Zwischenzeit die Kartoffeln schälen und fein hobeln, salzen und pfeffern. Die Kartoffelspäne gut ausdrücken, damit möglichst viel Wasser entzogen wird, mit Muskat würzen und abschmecken.

Die restliche Butter in einer sehr weiten Pfanne (am besten eignen sich Gusseiserne oder Beschichtete) zerlassen, Kartoffeln nochmals ausdrücken und mit der Hälfte den Pfannenboden bedecken. Diese erste Schicht mit geriebenem Käse bestreuen, dann die Schnecken-Pilzmischung gleichmäßig darüber verteilen und alles nochmals nachwürzen. Mit den restlichen gehobelten Kartoffeln bedecken und das Ganze sehr fest zusammendrücken. Diesen Reibenkuchen nun bei mittlerer Hitze knusprig goldbraun braten, regelmäßig wenden und darauf achten, dass er nicht anbrennt. Fertigen Kuchen auf eine Servierplatte gleiten lassen, mit Kerbel garnieren und in Tortenstücke zerteilt als Imbiss zum Wein reichen.

VARIANTE:

Man kann der Schnecken-Pilzmasse etwas gehackte schwarze Trüffel beimengen, um das Aroma zu verfeinern.

Fabes con caracoles

(Spanien)

Fabes con caracoles

(Gebratene weisse Bohnen mit Schnecken)

400 g große getrocknete weiße Bohnen (ersatzweise küchenfertige aus der Dose, gut gewaschen und abgetropft), 250 g Weinbergschneckenfleisch küchenfertig vorbereitet, 1 Knolle junger Knoblauch oder 6–8 Knoblauchzehen, 2 Schalotten, 1 große Karotte mit dem Sparschäler oder Hobel in feine Streifen geschnitten, 2 EL fein gewürfelte geschälte und entkernte Tomaten (fakultativ), 2 unbehandelte Zitronen, 1 kleines Glas trockener Weißwein, gutes Olivenöl, 1 großer Bund Kerbel fein gehackt, Salz und Pfeffer aus der Mühle

Getrocknete weiße Bohnen über Nacht in kaltem Wasser einweichen. Am nächsten Tag in einen Topf füllen und nur mit einem Lorbeerblatt (ohne Salz) nahezu weich kochen. Bohnen abgießen und auskühlen lassen. Zwischenzeitlich die Schale von der Zitrone abhobeln und in etwas kochendem Wasser 1 Minute blanchieren, kalt abschrecken und beiseite stellen.

In einer weiten Pfanne reichlich Olivenöl erhitzen, fein gehackte Schalotten kurz darin anschwitzen, dann die Bohnen und das Schneckenfleisch dazugeben. Jungen Knoblauch schälen und die Enden abschneiden. Die ganze oder quer halbierte Knolle zu den Bohnen geben (man kann auch nur einige fein gehackte Knoblauchzehen dazugeben). Alles braten, bis die Bohnen leicht Farbe genommen haben.

Zitronenschale und Karottenstreifen (evtl. auch ein paar Tomatenwürfel) dazugeben und die Bohnen mit etwas Weißwein ablöschen. Den Weißwein vollkommen einkochen lassen. Dann das fertige Gericht mit reichlich Kerbel (oder Petersilie), Salz und Pfeffer würzen. Man kann die Bohnen warm genießen oder serviert sie kalt als Salat.

(Italien)

Bovoloni

1 kg frische lebende Schnecken (z. B. Petits gris), 125 ml bestes Olivenöl, 10 Knoblauchzehen, 1 großer Bund glatte Petersilie, 1 Chilischote, 250 ml guter trockener Weißwein, Salz und Pfeffer aus der Mühle

TIPP:

1. Statt Olivenöl kann auch Butter verwendet werden.
2. Kräuter verfeinern das Gericht.

Die Schnecken zunächst 6 Tage in Leinensäcke mit Kleie füllen, damit sie sich reinigen und anfressen. Dann die Schnecken gründlich waschen und 15 Minuten in heißem Wasser abkochen. Schnecken mit Hilfe einer Nadel aus den Häusern holen, das dunkle Ende und die Eingeweide entfernen. Das Schneckenfleisch in reichlich Maismehl wenden und gründlich von den verbliebenen Schleimresten befreien. Nochmals unter fließendem Wasser waschen.

Das Öl in einem tönernen Topf erhitzen und die ganzen Knoblauchzehen, die Chili und die grob gehackte Petersilie darin wenden. Abgetropfte Schnecken dazugeben, Deckel aufsetzen und im auf 140 Grad vorgeheizten Backofen etwa 4–5 Stunden garen lassen. Dabei immer wieder etwas Wein angießen. Kurz vor Ende der Garzeit den Saft abgießen und in einem Topf auf dem Herd einreduzieren. Saft wieder über die Schnecken gießen, abschmecken und servieren.

(Frankreich)

Schnecken im Blätterteig

24 küchenfertig vorbereitete Schnecken (siehe Anhang: nach Burgunder-Art), 24 kleine Blätterteig-Bouchées, 150–200 g Kräuterbutter 100 g grob gehackte Walnüsse

Jedes Bouchée mit einer Schnecke füllen und mit Kräuterbutter zuschmieren. Bouchées mit gehackten Nüssen bestreuen und im Ofen bei 180–200 Grad backen, bis die Butter geschmolzen ist. Heiß servieren.

(Frankreich)

Schnecken-Kugelhupf

Der Kugelhupf gehört zur Küche des Elsass, wie die Schnecken, der Wein, das Sauerkraut oder die „foie gras". Schon im 19. Jahrhundert kannte man dort neben der süssen auch die salzige Version des Kugelhupfs. Unklar ist allerdings, wann genau die Variante mit Schnecken „erfunden" worden ist. Man findet Schnecken-Kugelhupf seit Ende der 80er Jahre des vorigen Jahrhunderts wieder in einigen Boulangerien. Insbesondere in den Weinstuben wird er gerne gereicht, ist er doch eine passende Beigabe zum Aperitif oder zu einem Gläschen Wein.

500 g gesiebtes Mehl, 25 g Hefe,
250 ml frische Vollmilch, 200 g Butter, 1 TL Zucker,
1 Prise Salz, 1 Ei, 1 Gläschen Marc,
75 g Räucherspeck fein gewürfelt,
150 g Petits gris (nur das Fleisch) vorgekocht,
Handvoll Walnüsse oder Mandeln grob gehackt,
Pfeffer, Butter und Mehl für die Form

TIPP:

Hierzu schmeckt eine Kräuter-Crème fraîche oder Bibbeleskäs:

1. Crème fraîche (oder Sauerrahm) mit reichlich gehackten frischen Kräutern (z. B. Petersilie, Kerbel, Schnittlauch etc.), Knoblauch, fein gehackter Schalotte, Salz und Pfeffer vermengen.

2. 500 g Bibeleskäs (vom Bauern), mit 2 Schalotten, 4 Knoblauchzehen, reichlich Petersilie und Schnittlauch, 5 EL Crème double, sowie Pfeffer und Salz vermengen.

Zuerst brät man den Räucherspeck in einer gusseisernen Pfanne scharf an (nicht auslassen!), Schnecken dazugeben und kurz rösten; beides leicht salzen und pfeffern, dann abkühlen lassen und beiseite stellen.

Das gesiebte Mehl in eine Schüssel geben, die Butter bei Zimmertemperatur weich werden lassen. Die Hefe in lauwarmer Milch auflösen. Mehl, Butter, Zucker, Salz, Marc und das Ei miteinander zu einem Teig vermengen, diesen gründlich durchkneten. Ganz allmählich die Milch mit der Hefe untermengen. So lange kneten, bis der Teig sich leicht von der Schüssel löst. Jetzt den Speck, die Schnecken und die grob gemahlenen Nüsse in den Teig einarbeiten.

Eine Kugelhupfform aus Keramik mit Butter einfetten und leicht mehlen. Form zur Hälfte mit dem Teig füllen. An einem zugfreien, warmen Ort aufstellen und aufgehen lassen (das dauert je nach Zimmertemperatur mehr oder weniger lang). Ist der Kugelhupf-Teig schön aufgegangen wird er bei 180 Grad im vorgeheizten Backofen 50–60 Minuten gebacken. Danach etwas ruhen lassen und aus der Form stürzen. Auf einer Platte anrichten.

(Italien)

Schnecken-Salsicciaspiesse

36 küchenfertig vorbereitete Weinbergschnecken, etwa 300 g dünne Salsiccia (würzige Würste aus rohem Schweine-Hackfleisch) in kleine Stücke geschnitten, 36 dünne Scheiben mild geräucherter Pancetta (gewürzte, leicht geräucherte italienische Wurstware aus Bauchspeck vom Schwein), 36 Nadeln Rosmarin, Olivenöl, Meersalz

Die Rosmarinnadeln in etwas Olivenöl garen, Schneckenfleisch dazugeben und alles abkühlen lassen. Pancettascheiben auf einer Arbeitsplatte ausbreiten. Jede Scheibe mit etwas Bratöl bestreichen, je eine Rosmarinnadel und eine Schnecke darauflegen. Schnecken in die Pancettascheiben einrollen, mit einigen Körnern Meersalz würzen. Je 3 Salsicciastücke und 3 Schneckenröllchen abwechselnd auf gewässerte Holzspieße stecken, diese über Holzkohle grillen, bis der Speck schön knusprig ist.

(Mexiko)

Gegrillte Meeresschnecken mit Chili und Avocado-Salsa

Dieses typisch mexikanische Gericht erhält sein Aroma durch den Chipotle-Chili. Diese geräucherten Jalapeno-Chilis (besonders aromatische scharfe Chilisorte) erhält man in gut sortierten Mexiko-Läden. Getrocknete Chilis müssen vorher mit etwas kochendem Wasser übergossen und 30 Minuten eingeweicht werden (Einweichwasser abgiessen).

Für die Schnecken:

48 vorgekochte Wellhornschnecken (oder andere Meeresschnecken), 75 ml frisch gepresster Limettensaft, 75 ml frisch gepresster Orangensaft, 4–5 EL gutes Olivenöl, 1 Knoblauchzehe, 2–3 Chipotle-Chilis (mittelscharf, gibt es geräuchert oder in Dosen), je nach gewünschter Schärfe feingehackt, 5 EL frischer Koriander gehackt, Salz

Für die Salsa:

3 große reife Avocados geschält entkernt und sehr klein gewürfelt, 5 EL frisch gepresster Zitronensaft, 1 große rote Zwiebel sehr fein gehackt, 1–2 Chipotle-Chilis, 1 reife Tomate gehäutet entkernt und gehackt, 2 Knoblauchzehen mit Salz zerdrückt, Olivenöl, Salz und weißer Pfeffer

Zitronensaft, Orangensaft, Olivenöl und Chili in einem Mixer vermengen und mit Salz, Pfeffer sowie dem gehackten Koriander würzen. Schneckenfleisch in eine Glasschüssel füllen und mit der Marinade begießen. 1–1 1/2 Stunden ziehen lassen. Zwischenzeitlich die Salsa zubereiten. Alle Zutaten für die Salsa miteinander vermengen, mit Salz, Zitronensaft und weißem Pfeffer würzig abschmecken. Marinierte Meeresschnecken auf eingewässerte Holzspieße stecken und über glühender Holzkohle 2–3 Minuten bräunen. Dabei mit der Marinade einmal bepinseln. Schnecken auf Tellern anrichten, etwas Marinade darüberträufeln und mit der Salsa servieren.

(Griechenland)

Boubouristi

(Gebratene Schnecken)

1 kg frische Schnecken (kleine Weinbergschnecken oder Gemüseschnecken), 120 ml bestes Olivenöl (vorzugsweise griechisches), guter Weinessig nach Geschmack, 2 Knoblauchzehen feinblättrig geschnitten, 2 EL frische Kräuter fein gehackt (Rosmarin, Petersilie, Salbei etc.), Meersalz

TIPP:

Braten Sie die Schnecken ohne Häuser, dann nehmen diese die Kräuteraromen noch intensiver auf.

Die lebenden Schnecken einige Zeit in Wasser einlegen (siehe Anhang, nach griechischer Art) tote Schnecken aussortieren und wegwerfen. Die gereinigten Schnecken 5 Minuten in kochendem Salzwasser blanchieren, im Sud auskühlen lassen, dann abtropfen. Olivenöl in einem ausreichend großen Topf erhitzen, Knoblauch dazugeben. Schnecken im Öl-Knoblauchgemisch braten, bis der Knoblauch gebräunt ist. Die Kräuter dazugeben und alles mit Essig ablöschen, salzen. Lauwarm als Imbiss zu Wein oder Ouzo servieren.

(Spanien)

BUSANO

(HERKULESKEULEN)

1 kg lebende Herkuleskeulen (eine vorzüglich schmeckende Stachelschnecke), reichlich Meersalz, 500 ml Weißwein, 1/2 Zitrone, allerfeinstes Olivenöl extravergine, etwas fein gehackte glatte Petersilie, Zitronenschnitze

TIPP:

Man kann die Schnecken auch auf einen tiefen Teller legen und über Dampf garen, so bildet sich am Tellerboden ein aromatischer Sud.

Die Herkuleskeulen zeichnen sich durch ihr feines Aroma aus, deshalb wird diese Delikatesse wenig gewürzt und nur ganz sanft gegart obwohl ihr Fleisch relativ zäh ist.

Wasser in einem großen Topf zum Kochen bringen, Meersalz, 1/2 Zitrone und Weißwein dazugeben. Die unter kaltem Wasser gut abgespülten Stachelschnecken in der vorbereiteten Brühe garen; die Garzeit hängt vom persönlichen Geschmack ab, man rechnet 25–60 Minuten. Auf Tellern anrichten, evtl. etwas allerfeinstes Olivenöl darüber träufeln und mit gehackter Petersilie und etwas Meersalz bestreut servieren. Zitronenschnitze, Weißbrot und Aioli dazu reichen.

(Österreich)

SCHNECKEN NACH ALT-WIENER ART

WIE SEHR DIE ALT-WIENER KÜCHE EINFLÜSSE AUS DEN UNTERSCHIEDLICHSTEN EUROPÄISCHEN REGIONEN AUFGENOMMEN UND SICH EINVERLEIBT HAT, ZEIGT UNTER VIELEN AUCH DIESES REZEPT. ÄHNELT ES DOCH SEHR DEM ELSÄSSISCHEN REZEPT „SCHNECKEN-BEIGNETS" (SIEHE VORSPEISEN, S. 146).

24 küchenfertig vorbereitete Schnecken, 2–3 EL kräftig gewürzte Knoblauchbutter, 125 ml Bier, 180 g Mehl, Salz, 2 Eidotter, 2 geschlagene Eiklar, reichlich gehackter Schnittlauch, Salz, Schweineschmalz zum Ausbacken

Aus Bier, Mehl, Dotter und Salz einen dickflüssigen Backteig herstellen, der über Nacht rasten sollte. Kurz vor der Verwendung mit gehacktem Schnittlauch und Eiklar vollenden. Die vorgekochten Schnecken in Knoblauchbutter sautieren, danach in den Backteig tauchen und im heißen Fett schwimmend knusprig frittieren. Auf Küchenpapier abtropfen lassen und leicht gesalzen sofort verzehren.

(Spanien)

LAPAS CON MOJO

(NAPFSCHNECKEN IN PIKANTER SAUCE)

1 kg frische Napfschnecken im Gehäuse küchenfertig gesäubert, 8 Knoblauchzehen, 1 1/2 EL gehackte glatte Petersilie, gut 1/2 TL Meersalz, 1 TL Kreuzkümmel, 125 ml trockener Weißwein, 150 ml bestes Olivenöl, Semmelbrösel nach Bedarf

TIPP:

Napfschnecken kann man auch kochen und für Eintöpfe verwenden (siehe z. B. Rezept für Bigorneaux au pot (Gekochte Strandschnecken), S. 87)

Aus dem grob gehackten Knoblauch, der Petersilie, dem Kreuzkümmel und dem Salz im Mörser eine dicke Paste bereiten, in die man nach und nach den Wein und das Öl einarbeitet. Die entstandene Crème wird dann mit Semmelbrösel gebunden, bis die Sauce eine sehr dickflüssige Konsistenz hat. Schnecken abspülen und in jedes Haus etwas von der Würzpaste geben. Auf offenem Feuer, einer Grillplatte oder im Backofen garen, bis sich das Fleisch leicht aus den Häusern ziehen lässt. Sofort servieren.

Busano

Weinbergschnecken im Zwiebelconfit

(Frankreich)

DIES IST EINES DER ÄLTESTEN SCHNECKENGERICHTE ÜBERHAUPT, SEINE URSPRÜNGE REICHEN BIS INS FRÜHE MITTELALTER ZURÜCK. DAS ZWIEBELKONFIT, IN DEM DIE SCHNECKEN GESCHMORT WERDEN, SOLLTE EINE KONFITÜRENARTIGE KONSISTENZ HABEN. AM BESTEN GENIESSEN SIE ES MIT FRISCH GEBACKENEM WEISSBROT!

24 Weinbergschnecken küchenfertig vorbereitet,
1 kg Zwiebeln in feine Ringe geschnitten,
Olivenöl, gut 3 EL Butter,
1 Lorbeerblatt, 2 TL frische Thymianblätter,
1 TL frisches Bohnenkraut fein gehackt,
etwas Zucker, Meersalz, Pfeffer aus der Mühle

TIPP:
Man kann das Confit mit Essig und/oder Weißwein verfeinern.

Den Backofen auf etwa 150 Grad vorheizen. Eine große feuerfeste Auflaufform dick mit Butter einfetten. Eine Lage Zwiebeln hineinfüllen, Schnecken und Kräuter darüber verteilen, dann die restlichen Zwiebeln darauflegen. Alles mit Salz, Pfeffer und Zucker würzen und mit Olivenöl nach Geschmack begießen.

Auflaufform in den Ofen schieben und alles 1–2 Stunden garen, dabei das Confit alle 15 Minuten wenden. Das Gericht ist fertig, wenn die Zwiebeln eine schöne intensive goldbraune Farbe angenommen haben und sich ihr Volumen halbiert hat. Sofort mit Weißbrot servieren.

Schnecken-Auberginen-Spiesse

36 küchenfertig vorbereitete Achatschnecken,
1–2 Auberginen (je nach Größe) in 2 x 2 cm große Würfel geschnitten, 24 Kirschtomaten, Salz

Für die Marinade:
Schale und Saft von 2 unbehandelten Zitronen,
Schale und Saft von 1 Limette, 2 EL frischer Koriander fein gehackt, 2 Chilischoten fein gehackt,
Salz und Pfeffer aus der Mühle

Für die Sauce:
200 ml Jogurt (vorzusgweise aus Schafsmilch),
150 ml saure Sahne, 4 EL frisch gehackter Schnittlauch, 2 EL frisch gehackte Petersilie,
3 gehackte Knoblauchzehen,
Salz und Pfeffer aus der Mühle

Das Schneckenfleisch 2 Stunden in den Zutaten für die Marinade ziehen lassen. Dann auf 12 gewässerte Holzspießchen abwechselnd Schnecken, Auberginen und Tomaten stecken. Alles über Holzkohle grillen, dabei mit der Marinade bepinseln.

Zutaten für die Sauce vermischen und diese zu den fertigen Spießen reichen; dazu passt Fladenbrot.

(Portugal)

Canadilla en escabèche

(marinierte Purpurschnecken)

Die Escabèche stammt wahrscheinlich aus dem persischen Raum und wurde von den Mauren auf der iberischen Halbinsel eingeführt. Es handelt sich hierbei um eine scharf gewürzte Marinade, die ursprünglich wegen ihres Essig-Anteils auch zum Konservieren verwendet wurde.

1 kg Purpurschnecken (ersatzweise Wellhornschnecken) gereinigt, 300 ml Olivenöl, 300 ml guter Weinessig, 2 TL mildes Paprikapulver, 2–3 TL scharfes Paprikapulver, 3 Lorbeerblätter, gehackte Petersilie, Salz, grob gemahlener Pfeffer aus der Mühle

TIPP:

Das Fleisch der Pupurschnecken ist etwas fester, aber von sehr delikatem Geschmack.

Die Schnecken in kochendem Salzwasser 30–45 Minuten garen, bis das Fleisch weich ist. In der Zwischenzeit Öl, Essig, die beiden Paprikapulver, grobes Meersalz, Pfeffer, Lorbeerblätter und 125 ml vom Schneckenkochwasser in einer hohen Pfanne erhitzen; etwa 15 Minuten köcheln lassen. Sauce mit gehackter Petersilie vermengen und auskühlen lassen. Gegarte Schnecken aus den Häusern ziehen, unter fließendem Wasser abspülen und die Verschlusskappen entfernen. Schneckenfleisch in der Marinade über Nacht ziehen lassen. Zum Servieren die Schnecken evtl. wieder in die Häuser füllen.

(Spanien)

Coca con sobrasada y caracoles

(Coca mit Sobrasada und Schnecken)

Für den Teig:

500 g Mehl, gut 20 g frische Hefe, 1 Prise Zucker, etwa 1 TL Salz, gut 2 EL Olivenöl bester Qualität, 2 EL trockener Weißwein, Mehl für die Arbeitsfläche und Olivenöl zum Einfetten des Backblechs

Für den Belag:

12 etwa 2–3 cm dicke Scheiben Sobrasada (für ein Backblech), 48 kleine bis mittlere Schnecken gereinigt und 20 Minuten in Salzwasser vorgegart (ersatzweise Petits gris aus der Dose), 3 Knoblauchzehen fein gehackt und mit etwas Olivenöl, Meersalz und scharfem Paprikapulver vermischt

Die Hefe in etwas lauwarmen Wasser mit der Prise Zucker anrühren. Das Mehl in eine große Schüssel sieben und salzen. In die Mitte eine Mulde drücken und die angerührte Hefe hineingeben. Hefe mit etwas Mehl bestäuben und an einem warmen Ort zugedeckt 20 Minuten gehen lassen. Dann das Olivenöl, den Wein und etwa 1/4 l Wasser dazugeben und alles (am besten mit dem Knethaken einer Küchenmaschine) zu einem glatten Teig verkneten. Diesen Teig wieder zudecken und an einem warmen Ort um das Doppelte aufgehen lassen. Danach nochmals durchkneten, auf einer mit Mehl bestaubten Arbeitsfläche ausrollen und ein gut eingefettetes Backblech damit auslegen.

Mit einem Teigroller oder einer Gabel einstechen und erneut aufgehen lassen. Teigboden mit dem Knoblauch-Öl-Gemisch bestreichen, wenig salzen. Wurstscheiben und Schnecken (mit oder ohne Haus) dekorativ darüber verteilen und im vorgeheizten Backofen bei 200 Grad 25–30 Minuten backen. Coca mit einem Messer in Quadrate schneiden, warm oder kalt als Imbiss reichen.

VARIANTE:

Statt der Sobrasada kann man auch nur Schnecken und Kräuter als Belag nehmen oder sie mit Paprika, Spinat, Tomaten, Kräutern etc. kombinieren; der Phantasie sind hierbei keine Grenzen gesetzt.

(Spanien)

Caracoles al ajillo

(Schnecken mit Knoblauch)

1 kg Gemüseschnecken gereinigt und vorgekocht (oder küchenfertig vorbereitete Petits gris),
reichlich Olivenöl,
12–15 Knoblauchzehen in feine Scheiben geschnitten,
3 Chilischoten entkernt und fein gehackt,
etwas gehackte Petersilie,
Salz und Pfeffer aus der Mühle, Zitronenschnitze

Knoblauchscheiben in einer Pfanne mit etwas Olivenöl kurz anbraten. Abgetropfte Schnecken in eine Schüssel füllen. Chilischoten und angedünsteten Knoblauch darüber verteilen, leicht salzen und pfeffern. Alles gut vermengen, dann portionsweise in kleine feuerfeste Formen füllen und mit gutem Olivenöl begießen bis alles leicht bedeckt ist. Im vorgeheizten Backofen bei 200–220 Grad schmoren, bis das Öl zu brodeln beginnt. Gehackte Petersilie darüberstreuen. Leicht auskühlen lassen und mit Weißbrot servieren. Zitrone dazu reichen.

(Griechenland)

Salingária stotawá

(Schnecken im Tontopf gegart)

Der Tawá ist ein spezieller griechischer Tontopf, der sehr gerne für Schmorgerichte verwendet wird. Als Ersatz kann man hierfür einen Römertopf verwenden.

1 kg lebende kleine bis mittlere Schnecken (z. B. Petits gris),
1 l guter trockener Rotwein,
75 ml bestes Olivenöl,
12 Schalotten geschält und grob gehackt,
2 Lammstelzen,
Koriandersamen, 2 Zimtstangen, Kreuzkümmel,
Meersalz und schwarzer Pfeffer aus der Mühle

TIPP:

Man kann bei diesem Gericht herrlich mit den Gewürzen spielen, ein bisschen mehr Koriander – oder auch Kreuzkümmel – und schon erhält man neue Varianten. Man sollte allerdings mit dem Zimt aufpassen, dass er nicht zu dominant schmeckt.

Die Schnecken waschen und über Nacht in eine Schüssel mit Wasser füllen. Am nächsten Tag die toten Schnecken aussortieren, alle anderen in etwas Salzwasser aufkochen, abtropfen lassen und nochmals gut waschen. Schneckenfleisch herausziehen, Darmenden entfernen und das Fleisch wieder in die Häuser schieben. Die Häuser mit einem spitzen Werkzeug anbohren.

Die Lammstelzen in etwas Olivenöl scharf anbraten, dann die grob gehackten Schalotten dazugeben und mitbraten lassen. Alles mit den Gewürzen kräftig abschmecken. Schnecken dazugeben, Wein angießen (wer mag, kann auch etwas Rotweinessig dazugeben) und alles gut vermengen. Diese Mischung wird nun in besagten Tawá gefüllt und im vorgeheizten Backofen bei milder Hitze (etwa 140–150 Grad) gut 2–3 Stunden geschmort. Dabei immer wieder umrühren (alle 20–30 Minuten). Die Lammstelzen sollten nahezu verkocht sein und ihren Geschmack an den Saft abgegeben haben (Saft evtl. abgießen und in einem Topf auf dem Herd einreduzieren, abschmecken). Saft wieder über die Schnecken gießen. Alles im Tontopf servieren. Brot und Reis sind geeignete Beilagen. Nadeln dazureichen, um die Schnecken aus ihren Häusern zu ziehen.

Schnecken mit Kreuzkümmelsauce

Dieses historische Rezept wurde schon im antiken Griechenland sehr geschätzt. Man sollte die Schnecken unbedingt über glühender Holzkohle garen, nur so erhält dieses Gericht sein typisches Aroma. Wenn man keine Gelegenheit hatte, die Schnecken selber zu sammeln, wende man sich an den Fischhändler seines Vertrauens und bestelle lebende Petits gris, also kleine Weinbergschnecken. Wichtig ist, dass sie leben!

100 Petits gris (oder Meeresschnecken), Milch, Meersalz, weißer Pfeffer aus der Mühle, gestoßener Kreuzkümmel

Für die Sauce:

200 ml guter trockener Weißwein, 200 ml bester Weißweinessig, etwa 40 ml Liquamen (eine historische Fischsauce, man nimmt heute hierfür asiatische (vietnamesische) Fischsauce), gut 75 g Blüten- oder Akazienhonig, 2 Lorbeerblätter, gut 1 TL frische gehackte Minze, 1 EL frisch gehackte glatte Petersilie, 1/2 EL fein gehackter Liebstöckel, gemahlener Pfeffer aus der Mühle, im Mörser zerstoßener Kreuzkümmel nach Geschmack (etwa 2–3 TL)

TIPP:

Die Mengenangaben für die Sauce sind nur ein Richtwert! Bitte variieren Sie nach persönlichem Geschmack die Mengenverhältnisse! Variante: Vorgekochtes Schneckenfleisch in reichlich Olivenöl knusprig braten und mit der Sauce überzogen als Imbiss reichen.

Zuerst alle Petits gris in einem Jutesack je nach Größe 2–6 Tage hungern lassen, damit sie sich von eventuell verzehrten giftigen Blättern reinigen. Danach werden sie gewaschen und abgetrocknet. Dann gibt man sie in eine Schüssel mit Milch, deckt diese mit einem Jutetuch ab und lässt sie 2 Tage mästen. Schnecken nochmals waschen, tote Exemplare aussortieren, Schnecken beiseite legen.

Für die Sauce werden alle Zutaten in eine hohe Pfanne gefüllt und auf mittlerer Hitze wiederholt aufgekocht. Die Sauce ist fertig, wenn sie leicht eingedickt ist.

Aus Salz, gemahlenem Pfeffer und im Mörser zerstoßenem Kreuzkümmel eine Würzmischung herstellen und die Schnecken darin eintauchen. Überschüssige Würzmischung abschütteln. Die Schnecken mit der Hausöffnung nach oben auf einem Grillrost anrichten und bei nicht zu starker Glut über Holzkohle garen (am besten eignen sich glühende Weinruten, da diese eine gleichmäßige Hitze abgeben). Über der Glut sondern die Schnecken eine leicht schäumende Flüssigkeit ab, an deren Farbe man erkennen kann, ob die Schnecken gar sind: zuerst ist der Farbton weißlich, danach gelblich und schließlich dunkel kastanienrot. Ist dieses Stadium erreicht können die Schnecken verzehrt werden. Man zieht das Schneckenfleisch mittels einer Nadel aus dem Gehäuse und reicht die Kreuzkümmelsauce als Dip.

(Spanien)

Caracoles a la brasa

(Schnecken vom Grill)

Mindestens 1 1/2 kg Schnecken gereinigt (z. B. Petits gris, diese vorher hungern lassen), Meersalz, getrocknete Chilischoten, Thymian, gemahlener Pfeffer

Schnecken über Nacht in kaltes Wasser legen, am nächsten Tag sorgfältig unter fließendem Wasser waschen, tote Exemplare aussortieren. Aus Meersalz, zerriebenen Chilischoten, gemahlenem Pfeffer und gerebeltem Thymian eine sehr würzige Salzmischung herstellen. Schnecken mit der Öffnung darin eintauchen evtl. einen Tropfen Olivenöl daraufgeben und über Holzkohle grillen.

(Spanien)

Conejo e caracoles al ajillo

(Knoblauchkaninchen mit Schnecken)

Ein leicht zubereitetes Gericht, das in der Mancha gerne mit den Fingern (z. B. als Tapa) gegessen wird, ursprünglich aber aus der einfachen Bauern- und Hirtenküche stammt.

1 Kaninchen küchenfertig geputzt und in Stücke zerteilt, etwa 50 kleine Schnecken küchenfertig vorbereitet (samt Häusern), 300 ml bestes Olivenöl, 12 Knoblauchzehen in dünne Scheiben geschnitten, 125 ml trockener Weißwein, Salz und Pfeffer aus der Mühle

Die Kaninchenteile werden kräftig gewürzt, danach in reichlich Olivenöl portionsweise goldbraun gebraten. Knoblauch in reichlich Olivenöl hellgelb anschwitzen. Kaninchenfleisch in eine große feuerfeste Form schlichten, Knoblauch samt Olivenöl darüber verteilen. Weißwein angießen und alles zugedeckt im vorgeheizten Backofen bei 180 Grad 60 Minuten garen, dann die Schnecken dazugeben und bei 150–160 Grad weitere 30 Minuten schmoren lassen. Die Kaninchenteile sollen schön goldbraun sein. Dazu schmecken Mayonnaise und Weißbrot.

(Indonesien)

Frühlingsrollen mit Meeresschnecken nach indonesischer Art

250 g küchenfertig vorbereitetes Fleisch von Meeresschnecken grob gehackt (Wellhornschnecken oder Riesenflügelschnecken), 150 g Garnelenfleisch gehackt, 100 g Schweinehackfleisch, 5 Shiitake-Pilze getrocknet, 100 g Reis-Vermicelli, 4 Knoblauchzehen fein gehackt, 1 EL frischer Ingwer feinst gehackt, 1 Karotte in feinste „julienne“ (gleichmäßig dicke und lange Streifen) geschnitten, 10 Wasserkastanien feinst gehackt, 5 Frühlingszwiebeln in dünne Ringe geschnitten, 50 g Chinakohl fein gehackt, 200 g Sojasprossen, Erdnussöl, helle Sojasauce, 1 EL Austernsauce, Reiswein, süße Chilisauce, Salz, schwarzer Pfeffer, Stärkemehl, 24 große Teighüllen für Frühlingsrollen, Öl zum Frittieren

Die getrockneten Pilze in warmem Wasser 30 Minuten einweichen, dann gut ausdrücken, die Stiele entfernen und die Kappen in feine Streifen schneiden. Die Nudeln in kochendes Salzwasser geben und 6 Minuten garen, dann abtropfen und in etwa 5 cm lange Stücke schneiden.

Etwas Erdnussöl in einem Wok sehr stark erhitzen, Knoblauch und Ingwer darin 1 Minute anbraten. Danach das Schweinefleisch dazugeben, 3 Minuten braten, letztlich Garnelen und Schneckenfleisch untermischen, alles 1–2 Minuten unter Rühren braten. Chinakohl, Sojasprossen, Karottenstreifen, gehackte Wasserkastanien und die Frühlingszwiebeln dazugeben. Alles gut vermengen und mit Sojasauce, Austernsauce, Reiswein, süßer Chilisauce und mit etwas Salz und Pfeffer abschmecken. Masse auskühlen lassen.

Etwas Stärkemehl mit Wasser anrühren. Teighüllen unter einem feuchten Tuch beiseite halten. Eine Teighülle mit einer Ecke nach vorn (wie ein Karo) auf eine Arbeitsfläche legen und in die Mitte zwei gute Esslöffel Füllung setzen. Ränder mit dem angerührten Stärkemehl bepinseln. Erst das untere Ende und beide Seiten der Hülle einschlagen, dann aufrollen. Das Ende gut mit Paste bepinseln und Rolle schließen. Auf diese Weise alle Frühlingsrollen herstellen. Fertige Rollen mit einem feuchten Tuch bedecken, damit sie nicht austrocknen.

Wok zu einem Drittel mit Öl füllen, auf 160–180 Grad erhitzen und die Frühlingsrollen paarweise darin frittieren, bis sie goldbraun sind. Dabei immer wieder behutsam im Fett wenden. Die fertigen Rollen auf Küchenpapier abtropfen lassen und mit Sojasauce oder einem Dip servieren.

Conejo e caracoles al ajillo

(Spanien)

Caracoles con butifarra negra

(Schnecken mit Blutwurst geschmort)

1 kg Gartenschnecken oder Petits gris küchenfertig vorbereitet, 400–500 g nordspanische Blutwurst in dicke Scheiben geschnitten, Olivenöl, 3 Schalotten, 8 Knoblauchzehen, 2 Chili-Schoten, einige Zweige Thymian, Salz und Pfeffer aus der Mühle

Die blanchierten Schnecken abtropfen lassen. In einer Pfanne Olivenöl erwärmen, gehackte Schalotten zusammen mit den grob geschnittenen Chilischoten (die man ggfs. entkernt hat) andünsten, herausnehmen und beiseite stellen. In die selbe Pfanne noch etwas Öl geben, Knoblauchzehen mit der Schale leicht goldgelb anrösten, herausnehmen und ebenfalls beiseite stellen.

Im aromatisierten Olivenöl werden nun die Blutwurstscheiben vorsichtig auf beiden Seiten leicht knusprig angebraten. Schnecken, Blutwurstscheiben, Knoblauchzehen, Schalotten und Chili in eine große feuerfeste Form füllen, leicht Salzen und pfeffern. Thymianblätter abrebeln und darüber streuen. Alles vorsichtig vermengen, evtl. noch etwas Olivenöl darüber verteilen. Im vorgeheizten Backofen bei 180–200 Grad etwa 25 Minuten schmoren lassen, gelegentlich wenden. Heiß mit Weißbrot servieren.

(U.S.A.)

Cracked Conch with Creole Dip

(Riesenschneckenchips mit kreolischem Dip)

Für die Chips:

Fleisch von 3–4 Riesenflügelschnecken, reichlich Limettensaft, 2–3 scharfe Chilischoten entkernt und fein gehackt, Mehl, 3–4 Eier verquirlt, zerstoßene Salzcracker (ersatzweise Semmelbrösel), Salz, Pfeffer aus der Mühle, Öl zum Frittieren

Für den Dip:

250 g frische Mayonnaise (vorzugsweise selbst hergestellt, siehe Anhang), 125 ml gutes Tomatenketchup, 4 Schalotten, 6 Knoblauchzehen, evtl. etwas frischer Ingwer, Piment, Muskat, Kreuzkümmel, Rum, Worchestersauce, Limettensaft, Tabasco (oder eine scharfe Würzsauce), Salz, Pfeffer

TIPP:

Aufwendiger ist es, das Schneckenfleisch vorher weich zukochen, das Ergebnis wird aber zarter!

Zuerst den Dip zubereiten: Hierfür Mayonnaise, Ketchup, Schalotten, Knoblauchzehen und etwas Rum in eine Küchenmaschine füllen und fein pürieren. Dann die Sauce mit den Gewürzen, Limettensaft, Tabasco und noch etwas Rum sehr pikant abschmecken. Im Kühlschrank kalt stellen und durchziehen lassen.

Für die Cracker das Schneckenfleisch mit einem Fleischklopfer auf die doppelte Größe weich klopfen. Fleisch in eine Schüssel füllen und zur Gänze mit Limettensaft bedecken, Chili darüber verteilen und 1 Stunde marinieren lassen (nicht in den Kühlschrank stellen!). Fleisch in mundgerechte Stücke teilen, diese mit Salz und Pfeffer würzen, dann mit Mehl, Ei und zerstoßenen Salzcrackern panieren. In heißem Öl knusprig ausfrittieren, auf Küchenkrepp abtropfen lassen und mit dem zuvor bereiteten Dip servieren.

Grilled Conch

(Am Holzkohlengrill gegarte Riesenflügelschnecken)

Das Fleisch der Riesenflügelschnecken wird durch den Saft von Key-limes (einer speziellen Limettenart) besonders weich. Wenn keine Key-limes zu erhalten sind, sollte das Schneckenfleisch vorher weichgekocht werden.

1 kg Riesenflügelschneckenfleisch weichgeklopft, einige Key-limes, Chilischoten nach Geschmack, Salz und Pfeffer aus der Mühle

Für die Sauce:

200 g Butterschmalz, 8 Schalotten in einer Küchenmaschine feinst gehackt, 4–5 mit Meersalz zerdrückte Knoblauchzehen, 1 Mango fein püriert, 1 scharfe Chilischote entkernt und feinst gehackt, 75 ml Malzessig, 75 ml gutes Tomatenketchup, 150 ml Worchestersauce, gut 3 EL Tamarindenpüree (herbsäuerliche Würze, aus dem klebrigen Mark einer exotischen Hülsenfrucht gewonnen), 1/2 TL geriebener frischer Ingwer, Saft von 2 Limetten, 4–6 cl guter karibischer Rum, 2 EL brauner Rohrzucker, Nelkenpfeffer gemahlen nach Geschmack, 1 EL scharfer Senf, abgerebelte Thymianblätter (etwa 1–1 1/2 TL), Salz und gemahlener schwarzer Pfeffer nach Geschmack

TIPP:

Die angegebenen Mengen für die Sauce sollen nicht bindend sein, es handelt sich nur um Richtwerte. Da Produkte im Geschmack variieren können, schmecken Sie bitte sorgfältig ab.

Schneckenfleisch in mundgerechte Stücke schneiden, auf Spieße stecken und mit reichlich Limettensaft übergießen (das Fleisch sollte ganz bedeckt sein). Gehackte Chilischoten darüber verteilen und gut 1 Stunde marinieren lassen (nicht im Kühlschrank). Spieße langsam über Holzkohle garen, bis die Schnecken schön knusprig sind.

Dazu schmeckt am besten eine kreolische Barbecuesauce: Hierfür alle Zutaten in einen Topf geben und unter ständigem Rühren zum Kochen bringen. 15–30 Minuten kochen lassen, damit sich die Aromen gut verbinden. Abschmecken, auskühlen lassen, in Gläser füllen und im Kühlschrank aufbewahren.

(Frankreich)

Weinbergschnecken in Bleu de Bresse

DIESES „EINFACHE" SCHNECKENREZEPT BESTICHT DURCH SEINE SCHMACKHAFTE SAUCE, DIE IHR DELIKATES AROMA DEM EDLEN BLAUSCHIMMELKÄSE VERDANKT. WENN KEINE CREMIGE (FRANZÖSISCHE) CRÈME FRAÎCHE ZUR HAND IST, SO NIMMT MAN DIE FESTERE VARIANTE UND VERMISCHT DIESE MIT ETWAS MILCH ODER RAHM.

48 küchenfertig vorbereitete und vorgekochte Weinbergschnecken (ersatzweise aus der Dose, gut abgetropft),
3 EL frische Bauernbutter,
75–100 ml frische Crème fraîche,
200 g Bleu de Bresse oder Bleu d'Auvergne leicht zerbröselt,
2–3 EL Semmelbrösel,
reichlich frisch gemahlener Pfeffer aus der Mühle

Die vorzugsweise aus ökologischer Landwirtschaft stammende Weidebutter in einer schweren Pfanne erhitzen. Das gut abgetropfte und abgetrocknete Schneckenfleisch dazugeben und erwärmen. Dann die Crème fraîche und die Hälfte vom Käse dazugeben, diesen bei milder Hitze langsam schmelzen lassen. Alles gut pfeffern. Schnecken-Käsemasse in vier ausgebutterte Auflaufförmchen (Portionsförmchen) füllen. Restlichen Käse und einige Semmelbrösel darüber streuen. Im vorgeheizten Backofen bei 180–200 Grad (Oberhitze) etwa 15 Minuten backen, bis sich eine schöne goldbraune Kruste gebildet hat. Sofort mit Weißbrot servieren.

(Italien)

Chiocciole alla Salsiccia

(SCHNECKEN MIT SALSICCIA)

40 küchenfertig vorbereitete Weinbergschnecken vorzugsweise wild gesammelte (ersatzweise aus der Dose),
125 g Salsiccia gehäutet (italienische Form von Würsten aus rohem, gewürzten – mild bis scharf – Schweine-Hackfleisch),
3 EL Olivenöl extravergine,
1 kleine Zwiebel fein gehackt,
125 ml trockener Weißwein,
250 g Eiertomaten gehäutet und grob gehackt,
Saft von 1 Zitrone,
Salz und Pfeffer aus der Mühle,
1 EL frisch gehackte Kräuter (Petersilie, Kerbel, Salbei oder Basilikum)

In einer schweren Eisenpfanne das Olivenöl bei milder Hitze erwärmen. Salsiccia-Brät zerbröseln und zusammen mit der feingehackten Zwiebel darin andünsten. 5–10 Minuten sautieren, gelegentlich wenden. Danach das Schneckenfleisch, den Wein, Tomaten und den Zitronensaft dazugeben und unter ständigem Rühren 25 Minuten köcheln lassen. Mit Salz und Pfeffer würzen. Sehr heiß auf vorgewärmten Tellern anrichten und mit frischen Kräutern bestreut servieren.

Weinbergschnecken in Bleu de Bresse

(Spanien)

Croquetas de caracoles

(Schneckenkroketten)

Dieses Gericht können Sie heiss als Imbiss zum Wein reichen!

36–48 küchenfertig vorbereitete Petits gris
(ersatzweise aus der Dose),
250 g Serrano-Schinken (vorzugsweise aus Trevélez. Dieser fein-würzige Bergschinken zählt zu den besten spanischen Rohschinken!),
4 Eier,
3 EL Mehl,
2 EL Butter,
knapp 375 ml Milch,
Mehl zum Wenden,
Semmelbrösel,
Öl zum Frittieren,
Muskatnuss, Salz und Pfeffer aus der Mühle

Den Serrano-Schinken zuerst in sehr feine Streifen schneiden, danach die Schinkenstreifen mit 1 ganzen Ei und einem Eigelb vermischen. Butter in einer Kasserolle zerlassen, Mehl einrühren und einige Minuten anschwitzen, bis es hellgelb geworden ist. Mit einem Schneebesen die Milch in die Einbrenne mischen und alles auf kleiner Flamme zu einer dicken Béchamel verkochen (dauert etwa 10 Minuten).

Béchamel vom Herd nehmen und das Schinkengemisch einarbeiten, mit Muskatnuss, Salz und Pfeffer abschmecken. Für die Panier die restlichen Eier und Eiweiß vermengen, Mehl zum Wenden und reichlich Semmelbrösel vorbereiten. Mit einem nassen Esslöffel Nocken aus der Masse stechen, je eine Schnecke hineindrücken und zu einer runden oder ovalen Krokette formen. Diese in Mehl, verschlagenem Ei und Semmelbrösel panieren. Kroketten in heißem Fett potionsweise goldbraun frittieren, auf Küchenpapier abtropfen lassen.

(Österreich)

Gebackene Schnecken „Esterházy“

Für die Schnecken:
40–50 küchenfertig vorbereitete Weinbergschnecken
(ersatzweise aus der Dose),
1 EL mildes Paprikapulver,
1 EL scharfes Paprikapulver,
4–5 Knoblauchzehen feinst gehackt,
Salz und Pfeffer aus der Mühle,
125 g Butter,
Butterschmalz oder Fett zum Ausbacken

Für den Backteig:
125 g gesiebtes Mehl,
125 ml trockener Weißwein (vorzugsweise ein Grüner Veltliner oder Welschriesling),
2 Eidotter,
gut 3 EL Schnittlauch in kleine Röllchen geschnitten,
1 EL Öl, Salz,
1 Eiklar zu steifem Schnee geschlagen

Zuerst den Backteig vorbereiten. Hierfür Mehl, Weißwein, Salz, Eidotter, Öl und Schnittlauchröllchen vermengen und zu einem glatten Teig verrühren. Im Kühlschrank rasten lassen.

Die vorgekochten Schnecken werden gut abgetropft und abgetrocknet. Dann füllt man das Schneckenfleisch in eine gläserne Schüssel und würzt es kräftig mit mildem und scharfen Paprika, reichlich Knoblauch, Salz und Pfeffer. Die gewürzten Schnecken lässt man nun 3–4 Stunden marinieren (öfters umrühren). Die Butter in einer weiten Pfanne aufschäumen und die marinierten Schnecken (samt Marinade) darin sautieren. In der Butter erkalten lassen.

Backteig aus dem Kühlschrank nehmen und mit steif geschlagenem Eiweiß auflockern. Schnecken durch den Backteig ziehen und in heißem Fett goldgelb backen. Auf Küchenpapier abtropfen lassen und sofort als Imbiss zum Wein servieren.

(Italien)

Schneckenspiesse mit Pancetta

24 Schnecken,
etwa 300 g Pancetta (italienische Wurstware aus dem meist gerollten Bauchspeck vom Schwein mit mild-würzigem Aroma),
2–3 Knoblauchzehen, 8 feste Rosmarinzweige,
Olivenöl zum Braten,
schwarzer Pfeffer aus der Mühle

TIPP:
Als Beilage passt ein Ruccolasalat.

Die küchenfertig vorbereiteten Schnecken waschen und nach Größe sortieren. Den Pancetta zuerst in dickere Scheiben, dann in Würfel schneiden, die etwa die Größe der Schecken haben. Löcher jeweils in die Mitte der Schnecken und der Pancettawürfel mittels eines dickeren Metallspießes bohren.

4 Pancettawürfel und 3 Schnecken abwechselnd auf Rosmarinzweige spießen, dabei mit Pancetta beginnen und abschließen. Olivenöl in einer schweren Pfanne erhitzen, geschälte Knoblauchzehen dazugeben und die Spieße bei nicht zu starker Hitze rundherum braten, bis das Fleisch vom Pancetta knusprig ist. Mit schwarzem Pfeffer aus der Mühle würzen und mit Weißbrot servieren. Man kann sie auch noch mit etwas geriebenem Grana bestreuen.

(Österreich)

Gezuckerte Schnecken

Nein, es handelt sich hierbei nicht etwa um eine skurrile Nachspeise, sondern um einen Imbiss, der im Wien des 18. Jahrhunderts sehr beliebt war. Insbesondere am alten Schneckenmarkt (er dürfte sich in der Gegend hinter der Peterskirche befunden haben) wurde dieser Happen, der für den neumodischen Geschmack etwas fremdartig klingt, angeboten.

24 in Fleischbrühe vorgekochte Weinbergschnecken,
etwas Essig, Zucker, Prise Salz,
Zucker zum Bestreuen

Die frischen, gereinigten und blanchierten Schnecken werden hierfür zuerst in einer kräftigen Brühe weichgekocht und danach in eine süß-saure Marinade aus Essig, etwas Wasser, Zucker und Salz getaucht. Mit Zucker bestreut verzehren.

(Karibik)

West Indian Top-shell

Die westindischen Tigerschnecken gelten in der Karibik als sehr wirksames Aphrodisiakum und werden daher meist nur gereinigt und roh mit einem scharfen Dip verzehrt.

1 kg frische westindische Tigerschnecken,
Zitronen- oder Limettensaft, Chilisauce zum Dippen.

TIPP:
Das Fleisch dieser wohlschmeckenden Schnecken eignet sich auch hervorragend als Einlage für Chowder (siehe z. B. Rezept für Caribbean Conch Chowder [Karibischer Eintopf], S. 96).

Tigerschnecken gut reinigen und mit Zitrussaft marinieren. Roh mit dem Dip servieren.

Lumachine al Sugo

(Italien)

LUMACHINE AL SUGO

(SCHNECKEN IN TOMATENSUGO)

DIESES TRADITIONELLE GERICHT STAMMT AUS DER GEGEND UM NEAPEL, WO ES SICH BESONDERER BELIEBTHEIT ERFREUT. ORIGINAL WIRD ES MIT DEN KLEINEN LANDSCHNECKEN ZUBEREITET, WELCHE VORNEHMLICH ZUR HERBSTZEIT IN SÜDITALIEN GESAMMELT WERDEN. ES SCHMECKT AUCH MIT FRISCHEN MEERESSCHNECKEN ODER PETITS GRIS (WERDEN GROSSE SCHNECKEN VERWENDET, MÜSSEN SIE VORGEGART WERDEN) VORZÜGLICH!

1 1/2 kg lebende kleine Schnecken
(vorzugsweise noch geschlossen oder im Winterschlaf)
ersatzweise auch kleine Meeresschnecken,
6–8 Knoblauchzehen fein gehackt,
1–2 Chilischoten (nach Geschmack),
2 EL grob gehackte glatte Petersilie,
gut 600 ml Polpa di pomodoro,
einige Blätter frisches Basilikum, bestes Olivenöl,
Salz und schwarzen Pfeffer aus der Mühle

Zuerst reichlich Olivenöl in einem großen Topf erhitzen. Gehackten Knoblauch und Chili darin anschwitzen. Danach Petersilie, Polpa di pomodoro, Basilikumblätter sowie die gewaschenen und gereinigten Schnecken dazugeben. Zudecken und 45–60 Minuten leise köcheln lassen (größere Schnecken entsprechend länger). Nach Ende der Garzeit mit Salz und Pfeffer abschmecken, sofort mit Weißbrot und Zitronenschnitzen servieren. Nadeln oder Zahnstocher dazureichen, mit denen die Schnecken aus ihren Häusern gezogen werden können.

(Italien)

LUMACHE ALLA VENEXIANA

(SCHNECKEN NACH VENEZIANISCHER ART)

ÜBLICHERWEISE VERWENDET MAN HIERFÜR DIE IN VENETIEN VORKOMMENDEN THEBA PISANA, EINE KLEINE VERWANDTE DER PETITS GRIS ODER GEMISCHTE KLEINE MEERESSCHNECKEN. DIESES KLEINGERICHT SCHMECKT HERVORRAGEND ZU EINEM GLAS TOKAI FRIULANO ODER PINOT GRIGIO.

1 kg kleine Schnecken mit Haus, Wasser,
Zitronensaft, Pfeffer aus der Mühle, feines Meersalz,
3 feinstgehackte Knoblauchzehen, 1 Bund Petersilie
fein gehackt, bestes Olivenöl, 3 Zitronen

TIPP:

Statt Petersilie kann man auch Basilikum oder frische Minze verwenden.

Die frischen noch lebendigen Schnecken einige Stunden in mehrmals gewechseltem oder gar unter fließendem Wasser gründlich reinigen, danach in reichlich kochendem Wasser mit etwas Zitronensaft weich kochen. Unter fließendem Kaltwasser abspülen, in eine Auflaufform geben und mit Salz, Pfeffer, Knoblauch, gehackter Petersilie sowie bestem Olivenöl marinieren; für 1–2 Stunden kalt stellen. Mit Zitronenschnitzen und Weißbrot servieren.

Schnecken im Speckmantel auf schwarze Trüffeln

(Italien)

2–3 größere schwarze Sommertrüffeln,
24 küchenfertig vorbereitete Weinbergschnecken,
24 Scheiben geräucherter Bauchspeck oder Lardo,
einen Schuss Cognac,
Pfeffer aus der Mühle,
Butter,
Olivenöl für die Form,
Trüffelöl zum Verfeinern

Die Sommertrüffeln gut waschen und von allen Erdresten befreien, danach mit einem Messer in etwa 1/2 cm dicke Scheiben schneiden. Die Schnecken waschen und gut abtropfen lassen. Jede Schnecke mit einer Scheibe Speck oder Lardo umwickeln und mit einem Zahnstocher befestigen.

In der Zwischenzeit wurden die Trüffelscheiben in etwas Butter angebraten, damit sie ihr Aroma entfalten können. Die Trüffelscheiben mit etwas Cognac ablöschen und weiter dünsten, bis die Flüssigkeit nahezu verdampft ist.

Auf jede Trüffelscheibe eine Schnecke setzen und mit dem Zahnstocher befestigen. Eine Auflaufform mit wenig Olivenöl ausfetten und die Trüffelscheiben hineinsetzen. Bei 180 Grad im vorgeheizten Backofen braten, bis der Speck knusprig zu werden beginnt. Auf Tellern anrichten, Bratensatz darüberträufeln, mit schwarzem Pfeffer aus der Mühle und Trüffelöl nachwürzen.

Wellhornschnecken in Essig eingelegt

(Norwegen)

Das süßsaure Einlegen hat in allen skandinavischen Ländern eine lange Tradition. Bei diesem Gericht hat es nicht nur eine konservierende Wirkung, denn das Fleisch der Wellhornschnecken wird in der Marinade zarter und erhält eine ganz besondere Würze.

1 kg lebendfrische Wellhornschnecken,
guter Weißweinessig, Dillzweige, Senfkörner,
Zwiebelringe, Zucker,
Salz, Pfeffer

TIPP:

Alles in Einmachgläser füllen und sterilisieren.

Die Wellhornschnecken in reichlich Salzwasser gar kochen. Fleisch aus den Häusern ziehen und den Verschlussdeckel entfernen. Aus Essig, Dillzweigen, Senfkörnern, Zwiebelringen, Zucker, Salz und Pfefferkörnern eine Marinade zubereiten, diese evtl. mit etwas Wasser verdünnen. Marinade einmal aufkochen lassen. Das noch warme Schneckenfleisch in die Marinade geben und gut verschlossen mindestens 24 Stunden im Kühlschrank marinieren. Die so vorbereiteten Schnecken werden zu Omelett, Salaten oder als Snack gegessen.

Pimientos con caracoles y setas

(Mit Schnecken und Pilzen gefüllte Paprikaschoten)

Die würzigen „Pimientos del piquillo" sind eine Spezialität aus der spanischen Region Navarra. Sie werden nur 10 cm lang und sind tief rot. Roh werden sie kaum verzehrt, da sie etwas bitter sind; deshalb grillt man sie über Holzkohle, danach werden sie enthäutet, entkernt und eingelegt. Die rauchige Note dieser Delikatesse harmoniert sensationell mit Pilzen und Schnecken. Gefüllte Pimientos sind eine absolute Gaumenfreude!

12–16 ganze Pimientos del piquillo (aus der Dose) zum Befüllen

Für die Füllung:

48 küchenfertig vorbereitete Weinbergschnecken grob zerteilt (ersatzweise aus der Dose),
200–250 g frische Pilze (Champignons, Reizker, Ritterling und/oder Austernseitling),
1 Zwiebel fein gehackt,
4–5 Knoblauchzehen fein gehackt,
2 EL gehackte Petersilie,
75–100 g Serrano-Schinken fein gewürfelt,
1–2 Tomaten enthäutet und gewürfelt,
2–3 EL Semmelbrösel, Olivenöl,
Salz und Pfeffer aus der Mühle

Für die Sauce:

1 Zwiebel fein gehackt,
3 Knoblauchzehen fein gehackt, gut 100 ml Olivenöl,
4 Tomaten gehäutet und entkernt,
3 Pimientos del piquillo (aus der Dose),
2 Lorbeerblätter, 1 große Scheibe getrocknetes oder getoastetes Weißbrot in Würfel geschnitten,
Salz und Pfeffer

Für die Füllung erhitzt man zuerst etwas Olivenöl und schwitzt darin Zwiebel mit Schinkenwürfeln an. Die geputzten und grob geschnittenen Pilze dazugeben und mitbraten, leicht salzen. Wenn keine Flüssigkeit mehr austritt, kommen Schneckenfleisch und Knoblauch dazu. Alles gut vermischen, dann Tomaten und Petersilie hinzugeben. Masse mit (möglichst wenig) Semmelbrösel oder Mehl binden, einkochen lassen; mit Salz und Pfeffer abschmecken. Die fertige Masse etwas überkühlen und die Pimientos damit füllen (evtl. Öffnung mit einem Zahnstocher verschließen).

Die gefüllten Schoten in eine eingeölte Auflaufform (vorzugsweise aus Ton) schichten, evtl. mit Petersilie und Knoblauch bestreuen und bei milder Temperatur im Ofen erhitzen.

Man kann die gefüllten Pimientos als Tapa reichen oder serviert sie mit einer Sauce: Hierfür gehackte Zwiebel in reichlich Olivenöl dünsten, gehackten Knoblauch, geschälte Tomaten und einige Pimientos hinzufügen. Alles unter Rühren kurz braten, Lorbeerblätter und Brotwürfel dazugeben. Sauce 15 Minuten köcheln lassen, anschließend pürieren (Lorbeer vorher entfernen) und durch ein Sieb streichen. Mit Salz und Pfeffer abschmecken. Sauce auf eine vorgewärmte Platte geben, die gefüllten Pimientos darauf anrichten.

Schnecken-Artischokenspiesse mit Trüffeln

Gebratene Schnecken „Lukullus“

24 Weinbergschnecken küchenfertig vorbereitet, kaltgepresstes Olivenöl, Liquamen (man nehme hier vietnamesische Fischsauce oder noch besser eine Austernsauce), Kümmel (wahlweise eignet sich auch Kreuzkümmel), grob gemahlener schwarzer Pfeffer, etwas Honig

TIPP:

Statt Meersalz kann man auch Sojasauce nehmen.

Die Schnecken abseihen und trocken tupfen. Olivenöl in einer weiten Pfanne erhitzen und die Schnecken bei mittlerer Flamme etwa 10 Minuten braten lassen. Während des Bratens immer wieder mit Fisch- oder Austernsauce begießen. Gegen Ende der Garzeit mit Kümmel und schwarzem Pfeffer würzen. Zum Schluss wird der Bratensatz mit wenig Wasser abgelöscht und der Honig beigemengt. Mit schwarzem Pfeffer und etwas Meersalz abschmecken, vorzugsweise in kleine Terracotta-Schalen füllen und sofort servieren. Als Garnitur eignen sich getrocknete Datteln oder Pinienkerne.

(Frankreich/Belgien)

Schnecken-Artischokenspiesse mit Trüffeln

Für 12 Spieße:

36 Weinbergschnecken küchenfertig vorbereitet, 24 kleine schwarze Trüffeln gut gebürstet und einige Minuten in Butter vorgegart, 6 kleine Artischockenböden küchenfertig vorbereitet (evtl. eingelegt), 4 EL trockene Duxelles (siehe Anhang), Butter zum Braten, Eiweiß, Semmelbrösel, Salz und Pfeffer

Jeweils 3 Schnecken, 2 Artischockenstücke und 2 Trüffeln auf einen Holzspieß stecken. Spieße mit Eiweiß und Semmelbrösel à l'anglaise panieren, in nicht zu heißer Butter goldgelb backen. Auf Küchenpapier abtropfen lassen. Duxelles mit der Bratbutter von den Trüffeln vermengen, mit Salz und Pfeffer abschmecken und als Sauce zu den Spießen reichen.

VARIANTE:

Je eine Trüffel, Artischocke und Schnecke auf einen Holzspieß stecken und mit zerlassener Butter bepinseln. Spieße in eine gebutterte Auflaufform geben und mit etwas Rahm übergießen. Unter dem Grill des Backofens einige Minuten gratinieren.

(Spanien)

Schnecken nach katalonischer Art

24 küchenfertig vorbereitete Weinbergschnecken (siehe Anhang), 1 kleiner Schöpfer Schneckenbrühe (ersatzweise Abtropfwasser aus der Dose), 1 EL Mehl mit etwas Salz vermischt, 3 Zwiebeln fein gehackt, 6 Knoblauchzehen gehackt, 2 reife Fleischtomaten gehäutet und gewürfelt, 1 EL glatte Petersilie fein gehackt, 4 Scheiben Serrano-Schinken fein gewürfelt, 1 Glas trockener Weißwein, 1 Schuss Sherry-Essig, Olivenöl extravergine, Salz und Pfeffer aus der Mühle

Die fertig gegarten Schnecken abseihen, etwas von der Schneckenbrühe auffangen und beiseite stellen. Schnecken waschen, trocknen und in gesalzenem Mehl wenden. Über Nacht im Kühlschrank rasten lassen.

In einer schweren Pfanne das Olivenöl erhitzen, dann die Zwiebeln darin andünsten. Tomatenwürfel, Petersilie, Knoblauch und Schinkenwürfel dazugeben, alles anziehen lassen. Schließlich Schneckenbrühe, Wein, Essig und Schnecken hineinfüllen, mit Salz und Pfeffer abschmecken und 20–30 Minuten köcheln, bis die Sauce dicklich wird. Auf vorgewärmten Tellern heiß servieren.

(Griechenland)

Salingária pané

(Gebackene Schnecken)

48 küchenfertig vorbereitete Schnecken (vorzugsweise mittelgroße Weinbergschnecken), feiner Weizengrieß, 3 Eier leicht verschlagen, Olivenöl zum Braten, Salz, weißer Pfeffer aus der Mühle, gehackte glatte Petersilie, feinst gehackte Knoblauchzehen, Zitronenschnitze

Olivenöl in einer hohen Pfanne oder einer Friteuse erhitzen. Das küchenfertig vorbereitete Schneckenfleisch salzen, im Grieß wenden, dann in Ei tauchen und sofort im heißen Öl goldgelb ausbacken. Auf Küchenpapier abtropfen lassen, mit weißem Pfeffer aus der Mühle würzen und mit gehackter Petersilie und feingewiegtem Knoblauch bestreut heiß servieren. Zitrone dazu reichen

(Spanien)

Champinones y caracoles al ajillo

(Champignons und Schnecken mit Knoblauch)

48 küchenfertig vorbereitete Schnecken (Petits gris oder Gemüseschnecken), 500 g frische Champignons geviertelt, 125 ml Olivenöl, 8 Knoblauchzehen in dünne Scheiben geschnitten, scharfes Paprikapulver, 75 ml guter trockener Sherry, Meersalz, reichlich gehackte glatte Petersilie

Das Olivenöl in einer großen schweren Pfanne nicht zu stark erhitzen, Knoblauch darin leicht anbräunen. Champignons und gut abgetropfte Schnecken dazugeben und alles unter Rühren schmoren, bis die Garflüssigkeit verdampft ist. Mit scharfem Paprika, Sherry und Salz abschmecken, gehackte Petersilie darüber streuen und heiß servieren. Zahnstocher dazu reichen, um die Schnecken aus den Häusern zu ziehen.

Weinbergschnecken nach altrömischer Art

Sie sollten sich hier nicht streng an die Mengenangaben halten, sondern nach persönlichem Geschmack variieren!

24 Weinbergschnecken küchenfertig vorbereitet mit gereinigten Häusern, 4–5 EL bestes kaltgepresstes Olivenöl, 1–2 EL Asa foetida (Vorsicht: geschmacklich sehr intensives Gewürz mit feinem Knoblaucharoma!), einige Spritzer Liquamen (ist ursprünglich eine fermentierte Fischsauce, man kann hier als Ersatz z. B. die vietnamesische Fischsauce nehmen), grob gemahlener Pfeffer, evtl. etwas Meersalz

Die küchenfertig vorbereiteten Weinbergschnecken abtropfen lassen und in die sorgfältig gereinigten Häuser geben. Aus dem Olivenöl, dem Asa foetida und der Fischsauce eine Würzsauce zubereiten, diese mit grob gemahlenem Pfeffer und Meersalz abschmecken. Diese Mischung wird in die Schneckenhäuser geträufelt, danach etwa 30-60 Minuten einziehen lassen. Die Schnecken bei 200 Grad im vorgeheizten Backofen 15–20 Minuten backen lassen und sofort servieren.

TIPP:

Getrocknete Feigen und/oder Datteln eignen sich hervorragend als Beilage.

(Kanada)

Deep-fried common Whelk

(Frittierte Wellhornschnecken)

Ein sehr einfaches und doch wohlschmeckendes Gericht, das im französischsprachigen Teil Kanadas häufig anzutreffen ist.

1 kg frische Wellhornschnecken,
Mehl zum Wenden, Öl zum Frittieren, Salz, Pfeffer

HINWEIS:
Man findet in Kanada auch Varianten, bei denen das vorgekochte Schneckenfleisch durch einen Backteig gezogen wurde.

Die Wellhornschnecken werden zunächst in Salzwasser mit etwas Zitronensaft oder Essig weich gekocht. Danach wird das Fleisch aus den Häusern gezogen und der Deckel entfernt. Das erkaltete Schneckenfleisch wird auf Holzspieße gesteckt und in Mehl, das mit Salz und Pfeffer kräftig gewürzt wurde, gewendet. Schnecken in heißem Öl portionsweise frittieren, abtropfen lassen, etwas salzen und mit Zitronensaft oder einem Dip nach Wahl servieren.

(Deutschland)

Weinbergschnecken im Bierteig

48 küchenfertig vorbereitete Weinbergschnecken,
Salz, Pfeffer aus der Mühle,
250 g gesiebtes griffiges Mehl, 1/4 l Bier, 2 Eier, 40 g zerlassene Butter oder Öl,
Salz, Prise Zucker, Öl zum Ausbacken,
gebackene Petersilie als Garnitur

Schnecken salzen, pfeffern und beiseite stellen.

Für den Bierteig die Eier trennen. Aus Mehl, Bier, Eidotter, zerlassener Butter oder Öl und etwas Salz einen glatten Backteig herstellen. Ruhen lassen. Kurz vor der Verwendung die mit Zucker steifgeschlagenen Eiweiße unter den Teig heben. Schnecken sorgfältig durch den Teig ziehen und in heißem Öl nacheinander goldgelb ausbacken. Auf Küchenpapier abtropfen lassen und mit gebackener Petersilie garniert servieren. Einen grünen Salat mit Senfdressing dazu reichen.

(Spanien/Frankreich)

Schnecken mit Lamminnereien am Spiess

36 küchenfertig vorbereitete Weinbergschnecken,
6 Lammherzen,
6 Lammnieren,
Milch,
Thymian,
Oregano,
Salz und Pfeffer

Lammherzen und Nieren parieren, in 36 mundgerechte Happen (etwa die Größe der Schnecken) schneiden und zusammen mit dem Schneckenfleisch in Milch einlegen. Milch nach 30 Minuten wechseln, dann nochmals 30 Minuten ziehen lassen. Schneckenfleisch und Innereien abwechselnd auf gewässerte Holzspieße stecken, leicht salzen und über Holzkohle grillen (die Nieren sollten innen leicht rosa bleiben). Während des Grillens immer wieder mit etwas Milch bepinseln. Mit getrocknetem Thymian, Oregano, Salz und Pfeffer würzen.

Ntolmadákia

(Gefüllte Weinblätter)

Unbestritten gehören die gefüllten Weinblätter zu den bekanntesten Gerichten der griechischen Küche. Die Füllung variiert von Region zu Region und richtet sich meist nach dem, was das „Herz“ begehrt. Nachfolgendes Rezept verströmt ein Aroma von frischen Kräutern und Sommer, dass einem buchstäblich das Wasser im Munde zusammenläuft während man diese köstliche Speise zubereitet. Sie schmeckt übrigens warm oder kalt gleich gut!

1 kg in Öl-Lake eingelegte frische Weinblätter,
500 g Reis,
etwa 150–200 g küchenfertig vorbereitetes Schneckenfleisch grob gehackt (vorgekocht),
1 Zwiebel feinst gehackt,
1 Bund Frühlingszwiebeln fein gehackt,
1 kleines Bund glatte Petersilie,
2 Bund Dill und/oder Minze,
Saft von 3 Zitronen,
bestes Olivenöl extra (vorzugsweise griechisches),
Meersalz und frisch gemahlener schwarzer Pfeffer

TIPP:

Fügen Sie der Fülle auch noch 2–3 EL kurz vorgebratenes Lamm- und/oder Kalbfleisch hinzu!

Vom Petersil und den anderen Kräutern die Blätter von den Stängeln zupfen und diese fein hacken, Stängel beiseite legen. Den Reis waschen, in einen Topf füllen, Schneckenfleisch, Zitronensaft, 3–4 EL Olivenöl, gehackte Zwiebel und Frühlingszwiebel sowie die gewiegten Kräuter dazugeben. Alles mit Salz und Pfeffer kräftig würzen, vermengen und gut 3 Stunden durchziehen lassen. Zwischenzeitlich die Weinblätter kurz in heißem Wasser blanchieren, dabei vorsichtig agieren, damit die Blätter möglichst unbeschädigt bleiben. Beschädigte Weinblätter aussortieren. Die nunmehr weichen (unbeschädigten) Weinblätter mit der glatten, leicht glänzenden Seite nach unten auf einer Arbeitsfläche ausbreiten. Jeweils am Stielansatz eine kleine Portion Reis (etwa 1 EL) setzen. Stiel darüber schlagen, so dass der Reis bedeckt ist. Danach den Reis eine volle Umdrehung fest in das Blatt einrollen, bis er ganz eingewickelt ist. Die seitlich abstehenden „Blattfinger“ nach innen schlagen und den Reis weiter bis zum Blattende aufrollen, so dass man eine geschlossene Rolle erhalten hat. Alle Weinblätter derart füllen.

Einen großen und weiten Topf mit den zurückbehaltenen Kräuterstängeln auslegen, aussortierte Weinblätter darauf legen. Danach die gefüllten Weinblätter dicht an dicht in den Topf schichten, die offenen Blattenden sollten nach unten zeigen. Alles gut salzen und pfeffern, evtl. noch etwas Zitronensaft darüber träufeln, die gefüllten Blätter mit weiteren aussortierten Weinblättern abdecken, soweit noch welche vorhanden sind. Eine kleine Tasse bestes Olivenöl und knapp 1 l Wasser angießen und die Weinblätter mit Tellern beschweren (besser wäre noch ein rundes Brett in passender Topfgröße, dass mit einem Gewicht beschwert wird), so wird ein Aufgehen der Blätter während des Kochens verhindert. Topf auf den Herd setzen und bei mittlerer Flamme so lange garen, bis der Reis gar ist und ganz das Wasser aufgesogen hat. Man kann die Weinblätter nun warm mit frischem Weißbrot servieren oder lässt sie erkalten. Kalt reicht man sie als Vorspeise oder Imbiss zum Wein.

VARIANTE:

Man kann die Weinblätter auch warm mit einer Béchamel, welche mit etwas Zitronensaft gewürzt wurde, servieren.

(Frankreich)

Schnecken mit Hühnerherzen

36 große Weinbergschnecken nach Burgunder-Art küchenfertig vorbereitet (ersatzweise Achatschnecken aus der Dose), 6–8 große Hühnerherzen, 250 ml aromatische Hühnerbrühe, 2 EL Entenschmalz, 1 TL getrockneter Thymian, 1 TL getrocknetes Oregano, Salz und Pfeffer aus der Mühle

HINWEIS:

Man kann die Herzen auch natur braten, ohne sie vorher zu dünsten.

Die Hühnerherzen parieren, Adern und Venen entfernen. Herzen in 36 gleich große Stücke (etwa die Größe der Schnecken) schneiden. Herzen in heißer Brühe mit 1 EL Entenschmalz weich dünsten. Auf gewässerte Holzspieße je 3 Schnecken und 3 Stück Hühnerherz stecken. Spieße über Holzkohle grillen, dabei mit flüssigem Entenfett einpinseln. Auf einer großen Platte anrichten, Kräuter darüber streuen und kräftig gewürzt als Fingerfood reichen.

(Laos)

Apfelschnecken nach laotischer Art

Pro Person:

24 Apfelschnecken, Fischsauce

Für den Dip:

12 Knoblauchzehen feinst gehackt, 3 rote Chilischoten entkernt und fein gehackt, 2 grüne Chilischoten gehackt, 1 Bund Koriander fein gehackt, etwas helle Sojasauce, Fischsauce zum Abschmecken

Die Schnecken gründlich waschen, dann in kochendes Wasser geben, Fischsauce hinzufügen und die Schnecken weichkochen. In der Zwischenzeit alle Zutaten für den Dip vermengen, evtl. etwas Wasser dazugeben. Schnecken abtropfen lassen und mit dem Dip servieren, Klebereis dazu reichen.

VARIANTE:

Die „einfache" Sauce lässt sich gut mit weiteren Gewürzen und Aromen verfeinern, wie z. B. Galgant, Ingwer, Frühlingszwiebeln, Limetten und/oder Palmzucker.

(USA)

Conch friters

(Frittierte Riesenschneckenküchlein)

500 g Riesenflügelschneckenfleisch, 400 g Mehl, 1 Päckchen Backpulver, 1 großes Ei verquirlt, 2 Zwiebeln feinst gehackt, 2 Stangen Staudensellerie fein gehackt, 2 Paprikaschoten fein gehackt, Tabasco, Worchestersauce, Salz, Pfeffer, Öl zum Frittieren

TIPP:

Wer die Küchlein zarter mag, kocht das Schneckenfleisch vorher 2–3 Stunden weich.

Das Schneckenfleisch weichklopfen, dann mit einer Küchenmaschine fein hacken. Aus Mehl, Backpulver, Ei und Wasser nach Bedarf einen Teig herstellen, in den dann das Schneckenfleisch und die Gemüse eingearbeitet werden. Mit den Gewürzen kräftig abschmecken. Masse 20 Minuten rasten lassen, dann nochmals durchkneten. Dann kleine Küchlein formen und diese in heißem Öl goldbraun frittieren. Auf Küchenpapier abtropfen lassen und sofort servieren. Salz, Tabasco und Zitronensaft zum Nachwürzen dazu reichen.

VARIANTE:

Eine Knoblauchmayonnaise oder französisches Rouille schmecken gut dazu!

Kräutereier mit Schnecken

Omeletts und Eiergerichte

(Italien) Kräutereier mit Schnecken

Ein schmackhaftes Gericht aus Sizilien.

10 frische Eier
(vorzugsweise aus ökologischer Landwirtschaft),
150 g vorgekochtes Schneckenfleisch ausgelöst
(vorzugsweise von Gartenschnecken oder Petits gris),
3–4 EL Butterschmalz,
2 Stangen Lauch (nur das Weiße),
200 g frischer junger Spinat,
1 Bund Frühlingszwiebeln, 4 Knoblauchzehen,
1/4 Eisbergsalat, 2 EL Schnittlauch fein gehackt,
1 EL Koriander fein gehackt,
1 1/2 EL glatte Petersilie fein gehackt,
1 TL gemahlener Safran (Safranpulver),
Meersalz (vorzugsweise fleur du sel),
frisch gemahlener schwarzer Pfeffer

Knoblauch schälen und fein hacken. Lauch, Spinat und Salat putzen, waschen, evtl. verlesen, dann hacken. Eier in eine Schüssel schlagen. Abgetropftes Schneckenfleisch, gehacktes Gemüse und die Kräuter dazugeben, gut vermengen. Eimasse mit Safran, Salz und Pfeffer kräftig würzen. Das Butterschmalz in einer feuerfesten Form schmelzen. Eimasse in die Auflaufform geben und mit dem Schmalz etwas vermengen. Butterflocken aufsetzen und im vorgeheizten Backofen bei 180 Grad gut 35 Minuten backen. Frisches Brot (vorzugsweise Fladenbrot) dazu reichen.

(Frankreich) Provenzalisches Schnecken-Gemüse-Omelett

4–5 Eier, 24 küchenfertig vorbereitete Petits gris,
1 Zwiebel fein gehackt,
3 Knoblauchzehen fein gehackt,
125 g luftgetrockneter Schinken in feine Streifen geschnitten (vorzugsweise Bayoner, zart-milder Geschmack, saftig und ganz leicht süßlich),
1 rote Paprikaschote entkernt und fein gewürfelt,
1 grüne Paprikaschote entkernt und fein gewürfelt,
4–5 reife Tomaten (je nach Größe) enthäutet und gewürfelt, 1 EL gemischte Kräuter (Thymian, Rosmarin, Oregano etc.), Olivenöl, Salz und Pfeffer

In einer großen Pfanne etwa 6 EL Olivenöl erhitzen, Zwiebel, Knoblauch und Schinken darin glasig dünsten. Paprikawürfel hinzugeben und anschmoren, dann die Tomaten und das Schneckenfleisch dazugeben. Alles garen, bis das Gemüse fast weich ist, danach mit der Hälfte der Kräuter, Salz und Pfeffer würzen. Die Eier mit einer Gabel leicht verschlagen und lose in die Pfanne gießen, nicht unterrühren. Ei auf kleiner Flamme stocken lassen, währenddessen einige Kräuter darüber streuen. Omelett auf eine Anrichteplatte gleiten lassen.

(Italien)

Crostini con lumache e frittata ai tartufi

(Geröstete Brotscheiben mit Schnecken und getrüffeltem Omelett)

In einer kleinen Trattoria in der Nähe von Norcia servierte man uns diese wirklich interessante Kreation. Die Gegend um Norcia ist nicht nur berühmt für ihre schwarzen Trüffeln, sondern auch für ihre excellente Küche.

24 nach italienischer Art (siehe Anhang) küchenfertig vorbereitete Schnecken (ersatzweise aus der Dose),
12 große Scheiben Weißbrot (für Crostini),
bestes Olivenöl,
2 Knoblauchzehen halbiert,
Salz und Pfeffer aus der Mühle

Für die Frittata:
6–8 Eier (je nach Größe), 5 EL frische Sahne,
2 mittlere Norcia- oder Périgord-Trüffeln,
Salz und Pfeffer aus der Mühle,
Olivenöl zum Braten,
Zitronensaft zum Beträufeln

TIPP:

Petersilienblätter sind nicht nur eine schöne Verzierung, sondern harmonieren gut mit diesem Gericht.

Die Brotscheiben werden in Olivenöl kurz auf einer Seite angeröstet, dann drückt man auf der nicht angerösteten Seite je zwei Schnecken pro Scheibe in das Brot und würzt mit Salz und Pfeffer. Danach die Brotscheiben gut mit Olivenöl beträufeln und unter den Grill des Backofens schieben. Bei nicht zu starker Hitze rösten lassen.

In der Zwischenzeit bereitet man die Frittata zu: Dafür werden die gut abgebürsteten Trüffeln nochmals kontrolliert, ob sie von allen Erdresten befreit sind, dann schneidet man sie mit einem Messer in feine Scheiben. Die vier schönsten Scheiben sucht man sich heraus, die restlichen werden fein gehackt.

Die Eier zusammen mit der Sahne, Salz und Pfeffer aus der Mühle sowie der gehackten Trüffeln leicht verschlagen. Olivenöl in einer eisernen Omelettpfanne erhitzen und die Masse darin nur auf einer Seite bei nicht zu starker Hitze garen, bis sie gestockt, aber noch leicht flüssig ist. Die fertig gerösteten, nunmehr goldgelben Crostini aus dem Ofen nehmen und mit der Schnittfläche des halbierten Knoblauchs parfümieren. Die Fritatta in grobe Stücke zerteilen, auf die Brotscheiben platzieren, die zurückbehaltenen Trüffelscheiben dritteln und damit die Crostini garnieren. Je 3 Crostini auf einem Teller anrichten, noch etwas schwarzen Pfeffer darüber mahlen und mit wenig Zitronensaft beträufelt servieren.

(Frankreich)

Rühreier mit Schnecken, Hahnenkämmen und Saubohnen

24 küchenfertig vorbereitete Weinbergschnecken halbiert,
24 Hahnenkämme gehäutet und in Hühnerbrühe weichgekocht (etwa 45 Minuten),
750 g junge Saubohnen, 2 Knoblauchzehen,
8–10 vollfrische Eier, 2–3 EL Crème fraîche,
Butter, Salz und Pfeffer aus der Mühle

Schneckenfleisch zusammen mit grob zerteilten Hahnenkämmen in einer großen Pfanne mit Butter und Knoblauch anrösten. Salzen, pfeffern und die gehäuteten Saubohnen dazugeben, alles einige Minuten garen lassen. Eier mit Crème fraîche verquirlen, würzen und unter ständigem Rühren dazugeben. Masse auf milder Hitze stocken lassen, danach abschmecken. Man kann dieses Gericht sofort warm servieren oder als kalte Vorspeise reichen.

(Griechenland)

Omelett mit Schnecken, Kartoffeln, Zucchini und Oliven

10 frische Freilandeier (vorzugsweise aus ökologischer Landwirtschaft), 250 g vorgekochtes Schneckenfleisch, 3 kleinere Zucchini, 250 g in der Schale vorgekochte Kartoffeln, 2 Schalotten, 2–3 Knoblauchzehen, 50 g kleine grüne Oliven, 1 TL frischer Thymian und Oregano gemischt, Salz und frisch gemahlener Pfeffer, gehackte Petersilie oder Fenchelgrün als Garnitur

TIPP:

Man kann auch noch eine gehäutete und kleingewürfelte Fleischtomate im Omelett mitbacken. Das Omelett wird besonders locker, wenn man etwas Sodawasser unter das verquirlte Ei mengt.

Die Eier in einer Schüssel verquirlen, etwas salzen und pfeffern. Kartoffeln schälen, halbieren und in Scheiben schneiden. Zucchini waschen, in Scheiben schneiden. Zwiebel in feine Ringe schneiden, Knoblauch feinblättrig. Olivenöl in einer ofenfesten Pfanne erhitzen, Kartoffelscheiben darin auf guter Flamme goldgelb rösten. Kartoffeln aus der Pfanne nehmen, Zwiebel und Knoblauch darin andünsten. Danach das Schneckenfleisch unter Wenden darin mitbraten. Alles aus der Pfanne nehmen und unter die Kartoffeln mischen. Neues Olivenöl erhitzen, die Zucchinischeiben goldgelb rösten. Schließlich das Kartoffelgemisch dazugeben und mit Thymian-Oregano-Mischung würzen. Salzen, pfeffern und gut vermengen. Die verschlagenen Eier darübergießen, Oliven dekorativ darauflegen und im auf 200 Grad vorgeheizten Backofen in etwa 10–15 Minuten garen. Omelett auf eine große Platte gleiten lassen, Olivenöl darüberträufeln, nachpfeffern und mit gehackter Petersilie oder Fenchelgrün garniert servieren.

(Frankreich)

Omelett mit Weinbergschnecken und Hopfensprossen

Wie so viele schmackhafte Schneckenrezepte, stammt auch dieses aus Frankreich, genauer aus dem Elsass. Hier wird vor allem im Westen und Nordwesten von Strassburg Hopfen angepflanzt, der – wie man sieht – nicht nur zum Bierbrauen Verwendung findet.

150 g küchenfertig vorbereitetes Fleisch von Petits gris (evtl. aus der Dose), 200 g frische Hopfensprossen (junge Triebe vom Hopfen), 1/2 Zitrone, 8–10 Eier (je nach Größe), 125 ml Milch, Butter, Salz, schwarzer Pfeffer aus der Mühle

Zuerst die Hopfensprossen in reichlich Salzwasser zusammen mit einer halben Zitrone etwa 15–20 Minuten kochen. Gleichzeitig die gut abgetropften Petits gris in etwas Butter scharf anbraten, bis sie leicht knusprig werden, dann beiseite stellen und abkühlen lassen. Fertig gegarte Hopfensprossen abgießen und abtropfen. Die Eier mit Milch (oder wer es gehaltvoller mag mit Crème) verschlagen, salzen und pfeffern. Danach die abgetropften Sprossen sowie die Schnecken untermischen, evtl. mit Muskat abschmecken. Diese Masse in einer sehr großen Pfanne mit reichlich Butter wie ein Omelett braten; nur auf einer Seite und das Omelett zusammenklappen, solange die Oberfläche noch leicht flüssig ist. Omelett aus der Pfanne auf eine Anrichteplatte gleiten lassen. Einen großen Butterflocken mit einem Messer aufspießen und die Oberfläche damit bestreichen. Leicht mit Salz und Pfeffer bestreuen und mit Petersilie garniert servieren.

(Frankreich)

Brennnessel-Omelett mit Petits gris

8 frische Eier aus ökologischer Landwirtschaft,
250 g Petits gris vorgekocht und ohne Häuser,
20 Zweige Brennnessel,
2 Knoblauchzehen fein gehackt,
2 Schalotten in feine Ringe geschnitten,
Olivenöl,
Salz und Pfeffer,
etwas kalte Butter

Schnecken abtropfen lassen und trocknen. Die Brennnesselzweige unter kaltem Wasser abspülen, die Blätter abzupfen und die Stängel wegwerfen. Blätter gründlich waschen, dann trocken tupfen und grob hacken.

Olivenöl in einer großen Omelettpfanne erhitzen, die in Ringe geschnittene Schalotte darin bei milder Hitze goldgelb dünsten. Brennnesselblätter, Knoblauch und Schneckenfleisch dazugeben. Alles mit Salz und frisch gemahlenem Pfeffer würzen, Hitze erhöhen und unter ständigem Rühren garen, bis die Brennnesselblätter ganz weich sind und in sich zusammenfallen. Pfanne vom Herd nehmen. Eier in einer Schüssel verquirlen, würzen und die vorbereitete Masse (leicht abgekühlt) dazugeben. Gut vermengt in die Pfanne (noch etwas Olivenöl nachgeben) gießen und langsam garen. Kurz vor Ende der Garzeit zusammenklappen, so dass es innen noch etwas flüssig bleibt. Omelett auf eine große Platte gleiten lassen. Butterflocken auf eine Messerspitze spießen und das Omelett damit überglänzen. Salzen, pfeffern und sofort servieren.

(Spanien)

Tortilla de caracoles

(Omelett mit Schnecken)

6–8 Eier,
150–200 g küchenfertig vorbereitetes
Schneckenfleisch, Olivenöl,
1 gehackte Knoblauchzehe,
Salz, Pfeffer aus der Mühle,
gemischte Kräuter (z. B. Thymian,
Estragon, Petersilie etc.) fein gehackt

TIPP:

Wer leicht flüssige Tortilla bevorzugt, gart nur eine Seite (die Tortilla also nicht wenden).

Reichlich Olivenöl in einer großen Pfanne erhitzen, das Schneckenfleisch zusammen mit dem gehackten Knoblauch darin leicht knusprig anbraten. Eier verquirlen, salzen, pfeffern und über die Schnecken gießen. Alles vorsichtig vermengen, dann das Ganze anbacken lassen. Ist die eine Seite fertig kann die Tortilla mit Hilfe eines Tellers gewendet werden. Zweite Seite bräunen, mit gehackten Kräutern bestreuen und warm oder kalt servieren.

Varianten:

Man kann die Tortilla mit vielen verschiedenen weiteren Zutaten veredeln z. B. mit gemischten Pilzen oder blanchiertem Blattspinat, Paprikawürfeln, wildem Spargel, gemischtem Gartengemüse, Bohnen, Chorizo (spanische Hartwurst, obligat mit Paprika und je nach Herkunft mild, scharf, mit Knoblauch oder Fenchel gewürzt) etc.

Tortilla de caracoles

(Frankreich)

Omelett mit Schnecken und Pilzen

Pro Person:

2 Eier,
6 küchenfertig vorbereitete Petits gris (ausgelöst),
1 großen Champignon geputzt,
1 kleine schwarze Trüffel,
1 TL gehackte Petersilie,
1/2 Knoblauchzehe fein gehackt,
Sahne, Muskatnuss,
Butter,
Salz,
Pfeffer aus der Mühle

TIPP:

Dieses Gericht schmeckt ebenfalls ausgezeichnet, wenn statt Sahne eine Fleisch-Glace oder konzentrierter Madeira-Jus verwendet wird!

Die schwarze Trüffel schälen, Schalen für eine spätere Verwendung aufheben. Das Trüffelfleisch fein hacken. Champignonkopf vom Stiel abtrennen und feinblättrig schneiden, den Stiel fein hacken.

Zuerst die Sauce zubereiten: Hierfür 1 EL Butter in einer Pfanne erhitzen, feingehackten Knoblauch darin andünsten. Champignonköpfe und 1/3 vom Trüffelfleisch sowie die Schnecken dazugeben. Bei stärkerer Hitze dünsten, bis die austretende Flüssigkeit nahezu verdampft ist. Mit etwas Sahne ablöschen und alles köcheln, bis die Sauce sehr dickflüssig ist. Sauce mit Muskat, Salz und Pfeffer abschmecken.

Für das Omelett die Eier mit gehackter Petersilie, restlicher Trüffel, Salz und Pfeffer verschlagen. Butter in einer Omelettpfanne leicht braun werden lassen, dann darin ein Omelett zubereiten, nur auf einer Seite braten. Wenn die Oberfläche noch ganz leicht flüssig ist, lässt man das Omelett auf einen vorgewärmten Teller gleiten, gibt das Pilzragout in die Mitte und klappt das Omelett zusammen. Oberseite mit Butter bestreichen, evtl. etwas frischen Pfeffer darüber mahlen und sofort servieren.

(Italien)

Revuelto de espárragos trigueros y caracoles

(Rühreier mit Wildspargel und Schnecken)

8 frische Eier, 300 g wilder Spargel
(ersatzweise grüner Spargel),
150–200 g kleine Schnecken küchenfertig vorbereitet
(Petits gris, Garten-, oder Gemüseschnecken),
3-4 EL Olivenöl oder Butter,
3 Knoblauchzehen feinst gehackt,
Prise scharfes Paprikapulver,
Salz und Pfeffer aus der Mühle

Den Spargel waschen, Enden abschneiden und in reichlich Salzwasser blanchieren. Gut abtropfen lassen, dann in Stücke schneiden. Olivenöl oder Butter in einer großen Omelettpfanne erhitzen und den Knoblauch darin glasig dünsten. Schnecken dazugeben, einige Zeit erhitzen, Spargel hinzufügen und ebenfalls leicht anbraten. Zwischenzeitlich die Eier verquirlen. Eimasse salzen, mit etwas Paprikapulver pikant abschmecken und über die Schnecken-Spargel-Mischung gießen. Bei kleiner Hitze unter ständigem Rühren stocken lassen. Auf vorgewärmten Tellern anrichten, etwas nachsalzen, schwarzen Pfeffer darüber mahlen und sofort servieren.

VARIANTE:

Man kann auch 250 g Wildspargel, 50–75 g gehackte schwarze Trüffel ohne Schale (oder Waldpilze, Champignons etc.) und 150 g Schnecken nehmen.

(Italien)

Frittata con le erbe e lumache

(Frittata mit Kräutern und Schnecken)

In Italien gibt es wahrscheinlich so viele Frittata-Variationen wie Köche/innen. Frittata mit Kräutern und Schnecken ist ein Leckerbissen, den man in norditalienischen Ostarien (z. B. Veneto, Friaul, Trentino) findet.

6 Eier,
125 g küchenfertig vorbereitete kleine Schnecken
(vorgekocht und ausgelöst,
ersatzweise Petits gris aus der Dose),
4 EL frische Kräuter gemischt
(z. B. Petersilie, Schnittlauch, Minze, Löwenzahn,
Fenchelgrün, Majoran, Bärlauch etc.),
75 g Butter, 4 EL Milch,
1 gehäufter EL Mehl,
Salz und Pfeffer,
evtl. 1–2 EL geriebener Montasio-stravecchio
(sehr alt, gereift, würzig-aromatisch)

Die Kräuter gut waschen, dann harte Stiele entfernen und fein hacken. Die Schnecken abtropfen lassen und sorgfältig trocken tupfen. In einer großen (Omelett-)Pfanne die Butter zergehen lassen, dann die Kräuter kurz darin andünsten. Schnecken dazugeben und bei nicht zu starker Hitze sautieren.

In der Zwischenzeit die Eier verschlagen, mit Salz und Pfeffer würzen und geriebenen Montasio einarbeiten. Zum Schluss das Mehl mit der Milch glatt rühren, dann unter die Eimasse mischen. Die Eimasse sollte möglichst glatt sein. Eimasse in die Pfanne gießen und leicht mit den anderen Zutaten vermengen. Braten lassen, bis sich auf der Unterseite eine goldgelbe Kruste gebildet hat. Mit Hilfe eines Tellers wenden und auch die zweite Seite knusprig braten. Fertige Frittata auf eine Servierplatte gleiten lassen und wie einen Kuchen aufgeschnitten (kalt oder warm) als Happen zum Wein reichen.

(Frankreich)

Omelette bourguignonne

(Burgunder-Omelett)

150 g küchenfertig vorbereitete Weinbergschnecken,
6 frische Eier
(vorzugsweise aus ökologischer Landwirtschaft),
60 g Butter, 2 Knoblauchzehen mit etwas grobem
Meersalz zerdrückt, 35 g Walnüsse grob gehackt,
2 EL glatte Petersilie in feine Streifen geschnitten,
einige Tropfen Walnussöl,
Salz und Pfeffer aus der Mühle

TIPP:

Dem Ragout eine Prise Muskat hinzufügen.

Schnecken abtropfen lassen und halbieren. Die Hälfte der Butter in einer Pfanne erhitzen, Schnecken samt Knoblauch, Salz und Pfeffer darin 5 Minuten sautieren. Pfanne vom Herd nehmen, Walnüsse und Petersilie einarbeiten. In einer großen Omelettpfanne die restliche Butter erwärmen, bis sie zu schäumen beginnt. Eier verquirlen, würzen und in die schäumende Butter geben. Schnell umrühren, Schneckenmasse dazugeben, Omelett am Boden stocken lassen, bis die Masse fest zu werden beginnt und unten eine leichte Bräune erhält. Omelett zusammenklappen und auf eine vorgewärmte Servierplatte gleiten lassen, etwas Butter darüber zerschmelzen und mit etwas Walnussöl beträufelt auftragen.

(China)

Gebackene Eier mit Meeresschnecken

100 g küchenfertig vorbereitetes Fleisch
von kleinen Meeresschnecken, 4 Eier,
50 g chinesischer Schinken fein gehackt,
1 Tasse chinesische Suppenbrühe, etwas Reiswein, Salz

Die Eier verschlagen, mit Suppe, Reiswein und Salz würzen. Mischung in eine feuerfeste Form gießen und das Schneckenfleisch darüber verteilen. 15 Minuten im Ofen bei 140 Grad backen, dann den Schinken darüber verteilen, weitere 1–2 Minuten backen. Sofort servieren.

Omelette aux truffes et escargots

(Italien)

Lumache alla fiorentina

(Schnecken nach florentinischer Art)

24 Weinbergschnecken küchenfertig vorbereitet,
etwa 300 g frischer Blattspinat,
250 ml dicke Sauce Béchamel (siehe Anhang),
etwa 50 g geriebener Parmesan,
etwa 50 g geriebener Schweizer Käse,
2–3 Knoblauchzehen, Muskat,
4 große Eier
(vorzugsweise aus ökologischer Landwirtschaft),
Essig,
Butter,
Salz,
Pfeffer aus der Mühle

Schneckenfleisch zusammen mit etwas Butter und dem feingehackten Knoblauch in einer Pfanne sautieren, würzen.

Blattspinat waschen, verlesen und in Salzwasser blanchieren, kalt abschrecken und abtropfen lassen. Kurz in heißer Butter schwenken, mit Muskat, Salz und Pfeffer verfeinern.

Für die Sauce Mornay: Sauce Béchamel erwärmen, Käse darin schmelzen, mit Butter, Muskat, Salz und Pfeffer abschmecken.

Wasser in einem Topf erhitzen, Spritzer Essig hineingeben. Wenn das Wasser kocht, dieses mit einem Löffel versprudeln. In das sich drehende Wasser die Eier hineingleiten lassen und kurz pochieren, so dass man „pochierte Eier" erhält. Auf Küchenpapier abtropfen lassen.

Vier Portionsförmchen gut ausbuttern. Dann zuerst eine Lage Blattspinat hineingeben, 3 Schnecken darauf setzen und mit einem guten EL Sauce Mornay bedecken. Verlorene Eier als nächstes hineinschlichten und mit Blattspinat bedecken, auf den man wieder 3 Schnecken setzt und diese erneut mit Sauce Mornay bedeckt. Schließlich noch eine Schicht Blattspinat und mit reichlich Mornay abschließen. Förmchen mit einem Deckel oder Alufolie abdecken und im Wasserbad 3–4 Minuten fertig garen. Mit Toast oder Weißbrot servieren.

(Frankreich)

Omelette aux truffes et escargots

(Omelett mit Trüffeln und Schnecken)

Je Omelett:
1 kleine schwarze Périgord-Trüffel in
kleine Würfel geschnitten (etwa 1/2 EL),
6 Petits gris küchenfertig vorbereitet
(ersatzweise aus der Dose) grob gehackt,
1/2 EL Madeira,
2 Eier (vorzugsweise aus ökologischer Landwirtschaft),
Salz (vorzugsweise fleur du sel),
gut 10 g Butter zum Braten,
eine eiskalte Butterflocke zum Überglänzen

Die Eier erst kurz vor der Zubereitung sanft mit einer Gabel verschlagen, so dass Eigelb und Eiweiß gerade einmal vermengt sind (nicht verquirlen!); Eimasse leicht salzen.

Butter in einer Pfanne erhitzen, bis sie leicht braun zu werden beginnt. In der heißen Butter werden die kleinen Trüffelwürfel zusammen mit dem Schneckenfleisch schnell erhitzt, dann alles mit Madeira abgelöscht. Den Madeirawein vollkommen einkochen lassen. Eimasse darübergießen und zu einem Omelett garen, bis die gewünschte Konsistenz erreicht ist. Omelett zusammenklappen und auf einen vorgewärmten Teller gleiten lassen. Butterflocken auf eine Messerspitze setzen und das Omelett damit überglänzen. Leicht mit Pfeffer bestreut servieren.

Salate

Salat von frischen Frühlingskräutern mit Schnecken auf Petersilienbutter

(Frankreich)

Für den Salat:

1 Bund frischer Löwenzahn (nur die jungen Blätter),
1 Bund junge Brennnesseln kalt abgespült oder kurz blanchiert, 1 Bund Bärlauch oder junger Blattspinat,
1 Bund Sauerampfer,
1 Bund glatte Petersilie, 1 Apfel,
Saft von 1–2 Zitronen
(je nach gewünschter Intensität),
bestes kaltgepresstes Öl (z. B. Traubenkernöl),
Salz und Pfeffer aus der Mühle

Für die Schnecken:

Pro Person 6–12 Petits gris küchenfertig vorbereitet,
200 ml Kochsud von den Schnecken (ersatzweise Brühe von sehr guter Dosenware),
1 Glas guter trockener Weißwein,
350 g frische Blattpetersilie, 1–2 Knoblauchzehen,
125 g kalte Butter in Flocken zerteilt, Muskatnuss,
Salz und Pfeffer aus der Mühle

Weiter:

Gänseblümchen, Veilchen, frische Farnknospen mit Biss in kochendem Salzwasser blanchiert

TIPP:

Zu diesem Salat kann man auch klassische Burgunderschnecken servieren.

Die Frühlingskräuter gut waschen und sorgfältig trocken schleudern. Kräuter ganz lassen oder grob hacken. Apfel waschen, trocken tupfen und in kleine Schnitze scheiden. Zitronensaft mit Öl verquirlen. Apfelscheiben darin marinieren. Kräuter in eine Schüssel füllen und ebenfalls mit etwas Zitronensaft und gutem Öl marinieren, salzen und pfeffern.

Die (vorzugsweise nach Burgunder-Art, siehe Anhang) vorgegarten Schnecken abgießen, von der Kochbrühe 200 ml abmessen, die Schnecken in der verbliebenen Brühe warm halten (bei Dosenware, die Schnecken abgießen und die Brühe auffangen, ggfs. mit Geflügelbrühe strecken, Schnecken in Brühe erwärmen).

Die abgemessene Brühe zusammen mit dem Weißwein aufkochen, den Knoblauch schälen und mit dem Handballen andrücken. Knoblauch in die Brühe geben und alles mindestens auf die Hälfte reduzieren lassen.

In der Zwischenzeit werden die Petersilienblätter von den Stängeln abgezupft, gewaschen und in siedendem Salzwasser aufgekocht, sobald das Wasser zu kochen begonnen hat, Petersilie vom Herd nehmen; sofort abschütten und kalt abschrecken. Mit einem Mixer pürieren und durch ein feines Sieb streichen. Das so zubereitete Petersilienpüree wird nun in die Wein-Brühe-Reduktion gerührt und wieder etwas eingekocht. Sauce mit den Butterflocken aufschlagen, mit Muskat, Salz und Pfeffer abschmecken.

In die Mitte von großen Tellern ein Apfelbett richten. Auf dieses eine schöne Portion Frühlingskräuter legen. Um den Salat herum 6 Tupfen Petersiliensauce anrichten, auf jeden 1 (bzw. 2) gewärmte Schnecke(n) setzen. Salat mit den Blüten und Farnknospen ausdekorieren, alles mit grob gemahlenem Pfeffer bestreuen und sofort servieren.

(Österreich)

Schneckeneier

In alten Klosterküchen waren Schnecken seit je her eine beliebte Delikatesse. Diese Variante der bekannten gefüllten Eier diente aber nicht nur Mönchen als „Stärkung“, sondern wurde in zahlreichen „Wiener Beiseln“ als Vorspeise oder Imbiss angeboten. Leider ist dieses Rezept – wie so viele andere auch – stark in Vergessenheit geraten.

6 hartgekochte Bio-Eier,
12 küchenfertig vorbereitete Weinbergschnecken,
Sardellenpaste oder eingelegte Sardellen,
2 feinst gehackte Schalotten, 1–2 EL gehackte Kapern, Spritzer von Essig und Öl,
Salz und Pfeffer aus der Mühle,
etwas Mayonnaise (siehe Anhang),
Schnittlauchröllchen

Die gekochten Eier werden halbiert und die Dotter entfernt. Eiweißhälften auf einer Servierplatte anrichten und in die Dottermulden jeweils eine Schnecke setzen. Hartgekochte Dotter in eine Schüssel füllen und mit gehackter Schalotte, Kapern und Sardellenpaste vermengen. Etwas Essig und Öl dazugeben und eine sämige homogene Masse herstellen, die mit Salz und Pfeffer würzig abgeschmeckt wird. Jeweils einen TL von dieser Masse auf die Schnecken setzen und andrücken, so dass die Schnecken umhüllt sind. Je einen Tupf Mayonnaise anrichten und mit Schnittlauchröllchen ausgarnieren.

(USA)

Abalone-Sashimi with Tofu-Salad and Daikon

(Sashimi von der Abalone mit Tofu-Salat und Daikon)

Dieses Gericht stammt aus Kalifornien und verdeutlicht, wie sehr die Küche dieses Landes von asiatischen Einflüssen geprägt worden ist.

4 fangfrische Abalone, Meersalz,
500 g chinesischer Tofu gepresst,
1 Bund Frühlingszwiebeln, 1 Daikon (jap. Rettich von leicht bitterem Geschmack mit süßlichem Nachgeschmack, ideal als harmonische Ergänzung zu rohem Fisch und Meeresfrüchten),
1 Bund frischer Koriander

Für die Salatsauce:
125 ml heller chinesischer Reisessig, gut 4 EL Sojaöl,
3 EL helle Sojasauce, 2 EL Rohrzucker oder Honig,
1 EL Kresse (vorzugsweise Daikon-Kresse, ersatzweise Gartenkresse), 1 EL Senfkörner im Mörser zerstoßen,
1 TL frischer Ingwer feinst gehackt,
Pfeffer aus der Mühle

Hinweis:

Wenn keine Möglichkeit besteht, lebendfrische Abalone zu erhalten, sollten diese nur gekocht (3–4 Stunden) verzehrt werden.

Die Abalone mit Salz einreiben. Wenn das Fleisch fest geworden ist, dieses aus den Schalen lösen und in feine Scheiben schneiden (siehe Vorspeisen: Abalone-Sashimi, S. 139).

Für den Salat wird zuerst der Daikon-Rettich geschält und in 10 cm lange Stücke geschnitten. Von diesen möglichst lange, hauchdünne Blätter abschälen, diese danach in lange dünne Streifen schneiden. Streifen in eiskaltes Wasser legen. Den Tofu-Block in gleichmäßige, etwa 4 cm lange Streifen schneiden. Frühlingszwiebel schälen, halbieren und in dünne Ringe hacken. Die Kresse waschen, Stiele entfernen. Für die Sauce Essig und Öl vermengen. Zucker (oder Honig) in Sojasauce auflösen und zum Essig-Öl-Gemisch geben. Nun die Sauce mit Senfkörnern, Kresse, Ingwer und schwarzem Pfeffer würzen. Die Hälfte vom gewaschenen Koriandergrün fein hacken und untermischen. Frühlingszwiebeln, Tofu-Streifen und gut abgetropften Daikon zum Dressing geben. Alles gut miteinander vermengen und einige Minuten marinieren lassen. Salat auf Tellern anrichten und das Abalone-Sashimi daran anrichten. Mit restlicher Marinade beträufeln und mit Korianderblättern ausdekoriert servieren.

Marinierte Schnecken mit Sojasprossensalat

(Japan)

Marinierte Schnecken mit Sojasprossensalat

OB DIESES GERICHT WIRKLICH AUS DER KLASSISCHEN JAPANISCHEN KÜCHE STAMMT SCHEINT FRAGLICH, DENN DIE VERWENDUNG DERART VIELER GEWÜRZE UND AROMEN IST AN UND FÜR SICH IN JAPAN KAUM ÜBLICH. TATSÄCHLICH STAMMT DIESES REZEPT ABER VON EINEM BEFREUNDETEN JAPANISCHEN KOCH UND SCHMECKT AUSGEZEICHNET!

Für die Schnecken:

48 Stück frische Turbanschnecken gereinigt (ersatzweise in Sojasauce eingelegtes Turbanschneckenfleisch aus der Dose) oder küchenfertig vorbereitete Achatschnecken (Dosenware) in Sojasauce eingelegt, 500 ml beste japanische Sojasauce, 1 Stück Ingwer, 2 Chilischoten, 2 Knoblauchzehen zerdrückt

Für den Salat:

400 g frische Sojasprossen, 2 EL Rohrzucker, 50 ml japanische Sojasauce, 50 ml japanischer Reisessig, 1–2 EL Mirin (leicht süßlicher, japanischer Reiswein von klarer Textur, der als Gewürz zum Kochen verwendet wird), 2 Chilischoten entkernt und fein gehackt, 1 Frühlingszwiebel fein gehackt, 1 großes Stück Ingwer fein gerieben, japanische weiße Sesamsamen

Die Turbanschnecken reinigen und in reichlich Salzwasser weich kochen. Danach das Fleisch aus den Häusern ziehen und die Verschlusskappen entfernen. Das noch warme Schneckenfleisch mit der Sojasauce übergießen, geriebenen Ingwer, gehackte Chili und zerdrückten Knoblauch dazugeben. Einige Stunden – besser über Nacht – kühl marinieren lassen. Für den Salat die Sojasprossen mit Sojasauce, Reisessig, Rohrzucker, etwas Mirin, Chili, geriebenem Ingwer sowie dem Weißen einer Frühlingszwiebel vermischen, mindestens 1 Stunde unter mehrmaligem Umrühren marinieren. Salat abgetropft auf Tellern anrichten und mit Sesamkörnern bestreuen. Schnecken (ohne Marinade) halbiert oder ganz dazu anrichten. Mit etwas Grün von der Frühlingszwiebel garniert servieren.

(USA)

Conch Salad

(SALAT AUS RIESENFLÜGELSCHNECKEN)

500 g Fleisch von Riesenflügelschnecken, 4 große Fleischtomaten, 8–10 Schalotten, 4 Knoblauchzehen, 1 rote Paprikaschote, eine grüne Paprikaschote, 2 scharfe Chilischoten, 1 Bund glatte Petersilie fein gehackt, Saft von 4–5 Limetten, Oregano, Olivenöl extravergine, Salz und weißer Pfeffer aus der Mühle, Salatblätter zum Anrichten

Das Schneckenfleisch mit einem Holzhammer oder Fleischklopfer bearbeiten, bis es sich auf die doppelte Breite vergrößert hat. Die Sehnen zerteilen und das Fleisch in kleine Würfel schneiden. Schneckenfleisch in einen Topf füllen und mit kaltem Wasser bedecken. Topf auf den Herd setzen und alles aufkochen lassen, dann Hitze zurückdrehen und das Fleisch in 2–3 Stunden sehr weich kochen. Im Sud abkühlen lassen. In der Zwischenzeit das Gemüse putzen und klein würfeln. Alle Zutaten in einer Schüssel vermischen, mit Limettensaft, Olivenöl, Oregano, Salz und Pfeffer würzig abschmecken und mindestens 1 Stunde marinieren lassen. In Salatblätter füllen und mit Toast als Imbiss oder Vorspeise servieren.

TIPP:

Man kann dem Salat auch noch etwas Mayonnaise beimengen.

VARIANTE:

Statt mit Riesenflügelschnecken lässt sich dieser Salat auch hervorragend mit Abalone zubereitet.

(*Frankreich*)

Petits gris mit Sauce-Vinaigrette

1 kg lebende Petits gris (einige Tage ausgehungert),
grobes Meersalz, guter Weinessig,
2 l Courtbouillon (siehe Anhang),
2 Zweige Thymian, 2 Lorbeerblätter,
1 Zwiebel, 2–3 Gewürznelken,
Salz und Pfeffer aus der Mühle,
grüner Salat zum Anrichten

Für die klassische" Sauce Vinaigrette:
„ 4 EL guter Weinessig,
4 EL erstklassiger Dijon-Senf, 12 EL Olivenöl
extravergine oder kaltgepresstes Sonnenblumenöl,
Prise Zucker (fakultativ),
Salz, Pfeffer aus der Mühle,
1 EL gehackte Petersilie

Die Schnecken gründlich waschen, in eine Schüssel legen und mit grobem Meersalz bestreuen. Im Salz wenden und 5 Minuten entschleimen lassen. Danach mit Essigwasser waschen und den Vorgang 3mal wiederholen. In einem ausreichend großen Topf die Courtbouillon erhitzen und mit Thymian, Lorbeer, einer mit Nelken gespickten Zwiebel sowie Salz und Pfeffer aus der Mühle würzen. In dieser Courtbouillon werden die Schnecken weich gekocht (3–4 Stunden, siehe Anhang).

In der Zwischenzeit die Vinaigrette zubereiten. Essig mit Dijon-Senf in einer Schüssel verrühren, bis die Mischung schön andickt. Das Öl unter ständigem Rühren langsam nach und nach einfließen lassen, bis man eine glatte, homogene Mischung hat. Die Vinaigrette mit einer Prise Zucker (fakultativ), Salz, Pfeffer und einem Esslöffel gehackter Petersilie würzen.

Die Schnecken abtropfen lassen, mit etwas Vinaigrette vermengen und auf grünem Salat anrichten. Mit der restlichen Vinaigrette überzogen servieren. Die Schnecken können sowohl lauwarm, wie auch kalt serviert werden.

(*Frankreich*)

Petits gris mit Trüffel-Vinaigrette

1 kg Petits gris vorbereitet wie
im Rezept „ ... mit Sauce-Vinaigrette", grüner Salat

Für die Trüffelvinaigrette:
125 g fein gehackte schwarze Trüffel,
1/2 Schalotte fein gehackt, 6 cl roter Portwein,
3–4 EL guter (alter) Aceto Balsamico,
100 ml guter Rotweinessig,
75 ml bestes Olivenöl extravergine,
100 ml Sonnenblumenöl kaltgepresst,
etwas Trüffelöl, Prise Zucker, Salz,
schwarzer Pfeffer aus der Mühle

TIPP:

Die Trüffelvinaigrette sollte über Nacht ziehen und lauwarm serviert werden, dann wird sie besonders aromatisch.

Die Schnecken gründlich waschen und wie im Rezept „Petits gris mit Sauce-Vinaigrette" beschrieben vorbereiten.

Trüffelvinaigrette: In gut 3 EL Sonnenblumenöl die fein gehackten Abschnitte von schwarzer Trüffel zusammen mit sehr fein gehackter Schalotte anschwitzen. Alles mit Portwein ablöschen und diesen einkochen lassen. Gewürzt wird mit einer Prise Zucker, Salz und Pfeffer aus der Mühle. Danach gibt man unter ständigem Rühren die beiden Essige dazu. Dieses Gemisch in eine Schüssel füllen und unter ständigem Rühren die beiden Öle langsam einfließen lassen. Mit dem Trüffelöl vollenden und rasten lassen.

(U.S.A.)

Avocadosalat mit Abalone

400 g Fleisch von Abalone vorgekocht oder aus der Dose, einige große Salatblätter,
2 große, reife Avocados, 1 große Papaya,
2 EL geröstete Pistazien, 2 Frühlingszwiebeln,
Saft von 1 Zitrone

Für das Dressing:
100 g Mayonnaise,
3 TL Dijon-Senf (man kann zusätzlich einen TL grob gemahlenen Senf dazugeben),
Saft von 2–3 Limetten,
100 ml Sahne steif geschlagen,
Salz und weißer Pfeffer aus der Mühle

Mit dem Dressing beginnen; hierfür Mayonnaise mit Senf und Limettensaft verrühren. Steif geschlagene Sahne unterheben, mit Salz und Pfeffer abschmecken. 2–3 Stunden im Kühlschrank durchziehen lassen. Zwischenzeitlich das weichgekochte Abalone-Fleisch in dünne Scheiben schneiden. Salat waschen und trocknen. Papaya und Avocados schälen. In dünne Schnitze schneiden; Avocado mit Zitronensaft marinieren und leicht salzen.

Salat mit Papaya und Avocado dekorativ auf großen Salattellern anrichten. Abalonescheiben darauf legen und mit den gehackten Frühlingszwiebeln bestreuen. Dressing anlegen und mit frisch gebackenem Weißbrot servieren.

(U.S.A.)

Snail-Salad with Fruits

(Salat von Meeresschnecken mit Früchten)

500 g küchenfertig vorbereitetes Fleisch von Abalone oder Riesenflügelschnecken (ersatzweise aus der Dose),
250 g magerer gekochter Schinken,
4 Grapefruits,
3 Mandarinen (ersatzweise aus der Dose),
1 Ananas, 2–3 Orangen,
1/2 Honigmelone, 2 Äpfel,
Kokosflocken oder frisches Kokosnussfleisch gehackt.

Für die Marinade:
Saft von 4 Key-limes,
200 ml frisch gepresster Orangensaft,
2 feingehackte Schalotten, etwas Zucker,
1 entkernte Chili feinst gehackt,
1 TL frischer Ingwer gerieben,
Tabasco, Salz, evtl. etwas Sauerrahm

Zuerst wird das Schneckenfleisch mit dem Limettensaft übergossen (Enzyme der Key-limes machen das Schneckenfleisch zart), mit etwas Chili bestreut und darin mariniert; nicht kalt stellen.

Für die Marinade: Orangensaft, Schalotten, Zucker, restliche Chilischote, Ingwer, einige Spritzer Tabasco, etwas Salz und Sauerrahm nach Wunsch miteinander vermengen. Ananas schälen und das Fruchtfleisch mundgerecht würfeln. Orangen und Mandarinen filetieren, Honigmelone entkernen und ebenfalls würfeln. Äpfel entkernen und schälen, dann in mundgerechte Stücke schneiden. Schinken in feine Streifen schneiden. Alle Früchte miteinander vermengen und das Schneckenfleisch samt Marinade dazugeben. Mit der Salatsauce übergießen und alles gut vermischen, mit gehackten Kokosflocken bestreut servieren.

Caribbean Conch Salad

(Karibik)

Caribbean Conch Salad

(Karibischer Riesenflügelschneckensalat)

4 Riesenflügelschnecken weich geklopft (ersatzweise Abalone), Saft von 3 Limetten, etwas Essig, Olivenöl, 1 Karotte geputzt und fein gewürfelt, 3–4 Knoblauchzehen fein gehackt, 3 Selleriestangen fein gewürfelt, 2 Zwiebeln fein gehackt, 5 vollreife Tomaten gehäutet und fein gewürfelt, 1 grüne und eine gelbe Paprikaschote gewürfelt, 1 scharfe Chilischote entkernt und fein gehackt, 2 EL gehackter Koriander, Salz und Pfeffer aus der Mühle

Die Schnecken zusammen mit etwas Salz und einigen Pfefferkörnern in einem Topf mit Wasser aufkochen, dann gut 3 Stunden weich köcheln lassen. Schneckenfleisch im Sud auskühlen lassen, herausnehmen und in feine Streifen oder Würfel schneiden. Mit den übrigen Zutaten vermischen. Den Salat für einige Stunden (besser über Nacht) kühl stellen. Nochmals pikant abschmecken und mit Salatblättern dekoriert als Imbiss oder Vorspeise servieren.

(Spanien)

Maurischer Gemüsesalat mit Schnecken

Dieses aromatische Gericht verdeutlicht die kulinarische Verbindung des spanischen Südens mit Marokko, bzw. dem arabischen Raum. Das erfrischende Aroma der Salzzitronen geben diesem Salat eine ganz besondere und spezielle Note.

Für die Salzzitronen:
2 kg unbehandelte Zitronen (vorzugsweise Große mit dicker Schale oder kleine Früchte mit dünner Schale), 1 kg grobes Salz (vorzugsweise Meersalz), etwa 200 ml gutes Pflanzenöl

Für den Salat:
200 g vorgekochtes Schneckenfleisch (Petits gris oder Gartenschnecken), 3 grüne Paprikaschoten, 2 Auberginen, 2 Eier, 1 EL milder Essig (vorzugsweise Obstessig), 150 ml gutes Pflanzenöl, 1/2–1 eingelegte Salzzitrone, 200 g grüne Oliven entkernt, 3–4 EL bestes Olivenöl extravergine, Saft von 1 Zitrone, gehackte glatte Petersilie, Meersalz, frisch gemahlener Pfeffer

Da Salzzitronen nur selten erhältlich sind, sei vorab das Rezept für ihre Zubereitung angegeben: Zitronen heiß abwaschen, trocknen, längs einschneiden (dabei aber nicht durchtrennen). Zitronenhälften etwas aufklappen und die Zitronen innen gut salzen. Einmachgläser heiß ausspülen, Zitronen hineinschichten, gut zusammendrücken und beschweren. Nach 3–4 Tagen sind die Zitronen gänzlich mit Saft überzogen. Die Gläser werden verschlossen und der Inhalt gut durchgeschüttelt, damit sich der Saft verteilt. Nun das Öl auf die Oberfläche gießen, bis alles gut bedeckt ist. Gläser wieder verschließen und die Salzzitronen mindestens 3 Wochen an einem kühlen und dunklen Ort ziehen lassen.

Für den Salat zuerst den Backofen auf 200 Grad vorheizen, Paprika darin backen bis die Schale schwarz wird und Blasen wirft. Paprika herausnehmen, in kaltem Wasser abschrecken und häuten. Kerne entfernen, Paprika klein würfeln. Auberginen putzen, waschen und trocknen, danach in kleine Würfel schneiden. Eier trennen und die Eiweiße mit dem Essig und etwas Salz verquirlen. Auberginenwürfel darin wälzen und in heißem Pflanzenöl ausbacken. Auf Küchenpapier abtropfen lassen. Die Salzzitronen schälen, Schale gut waschen und trocken tupfen. Zitronenschale in kleine Würfel schneiden. Schnecken leicht salzen und im Zitronensaft marinieren. Paprikawürfel, Auberginen, Zitronenschale und Oliven in einer Schüssel vermengen. Aus Olivenöl, dem Zitronensaft von den Schnecken, Salz und frisch gemahlenem Pfeffer eine Marinade herstellen, über den Salat geben. Schnecken darauf anrichten, nachwürzen und mit frisch gehackter Petersilie bestreut servieren.

(*China*)

Salat von Ohrenschnecken mit Sellerie

2 Ohrenschnecken (Abalone) von je 150 g,
4 Stangen Staudensellerie,
1 Tomate,
etwas Backpulver,
wenig Fleischzartmacher (Glutamat),
Sesamöl,
1 TL Chiliöl,
Zucker,
1–2 TL Wein (Reiswein),
etwas chinesische Suppenbrühe (siehe Anhang),
Salz

Zuerst die Ohrenschnecken in dünne Scheiben schneiden. Diese mit etwas Backpulver bestreuen (macht das Fleisch zarter) und 20–30 Minuten beiseite stellen. Danach für weitere 20 Minuten in kaltes Wasser legen. Das Schneckenfleisch herausheben, gut abtropfen lassen und abtupfen, mit wenig Fleischzartmacher und 2–3 EL Sesamöl vermischen und damit 15 Minuten marinieren.

In der Zwischenzeit die Selleriestangen waschen und die holzigen Fäden abziehen. Stangen in 5 cm lange Stück schneiden. Die Tomate vierteln. Ohrenschnecken in einem Topf mit kochendem Wasser 30–40 Sekunden blanchieren, herausnehmen und im selben Wasser den Sellerie 1 Minute blanchieren. Beides kalt abschrecken.

Schnecken und Sellerie mit Salz, Zucker, etwas Wein, Sesamöl und Chiliöl marinieren. Mit den Selleriescheiben auf einer Servierplatte ein „Bett" richten, Ohrenschnecken darauf dekorativ anrichten. Marinade mit etwas Suppenbrühe vermengen und über den Salat gießen, nochmals leicht salzen und mit Tomatenvierteln ausdekoriert servieren.

(*Deutschland*)

Weinbergschneckensalat

48 vorgekochte Weinbergschnecken (aus der Dose),
1 EL Butter, 1 Knoblauchzehe fein gehackt,
4 Schalotten in dünne Streifen geschnitten,
4 hartgekochte Eier grob gehackt, 2–3 El Mayonnaise, 8 eingelegte Sardellenfilets, 1 Kopfsalat,
Essig, Öl, Salz und Pfeffer aus der Mühle

TIPP:

Einige gewaschene Salzkapern geben dem Salat eine pikante Note.

Kopfsalat zerteilen, waschen und trocknen. Butter zerlassen, Knoblauch dazugeben und die gut abgetropften Schnecken darin einige Minuten sautieren. Salzen und pfeffern, dann auskühlen lassen. In einer Schüssel Essig, Öl, Salz und Pfeffer vermischen, Blattsalat damit marinieren und auf vier Tellern ein Salatbett anrichten. Darauf die mit Salz, Pfeffer und etwas Mayonnaise gewürzten Eier anrichten. Schnecken dekorativ darauf setzen. Schalotten mit der Salatmarinade würzen und darüber verteilen, restliche Marinade darübergießen. Mit je zwei Sardellenfilets ausdekoriert servieren.

(*Karibik*)

Lambie Souse

(Salat aus Riesenflügelschnecken))

400 g Riesenflügelschneckenfleisch,
1 Gurke klein gewürfelt,
6 Schalotten fein gehackt,
1 grüne Paprikaschote fein gewürfelt,
1 rote Paprikaschoten fein gewürfelt,
1 gelbe Paprikaschote fein gewürfelt,

Das Schneckenfleisch mit einem Holzhammer oder Fleischklopfer bearbeiten, bis es sich auf die doppelte Breite vergrößert hat. Die Sehnen zerteilen und das Fleisch in kleine Würfel schneiden. Schneckenfleisch in einen Topf füllen und mit kaltem Wasser bedecken. Topf auf den Herd setzen und alles aufkochen lassen, dann Hitze zurückdrehen und das Fleisch in 2–3 Stunden sehr weich kochen. Im Sud abkühlen lassen.

1 scharfe Chilischote entkernt und gehackt,
Saft von 3–4 Limetten,
1 Bund glatte Petersilie fein gehackt,
Salz, weißer Pfeffer aus der Mühle,
evtl. etwas Olivenöl

Das Gemüse, Limettensaft, Salz und Pfeffer vermengen, dann das Schneckenfleisch und die gehackte Petersilie unterheben. 1 1/2 Stunden im Kühlschrank marinieren lassen. Nochmals mit Salz, Pfeffer und Limettensaft abschmecken, evtl. etwas gutes Öl darübergeben und mit Toast oder Baguette servieren.

(Griechenland)

Süsssaurer Okra-Schneckensalat

500 g kleine frische Okraschoten (hell- bis dunkelgrüne, unreife faserige Kaspel eines Malvengewächses, nach dem Kochen von etwas schleimiger Konsistenz, doch mit gutem mild herb-würzigem Geschmack von etwas säuerlich-pikanter Note),
200 g vorgekochtes Schneckenfleisch (vorzugsweise nach griechischer Art, siehe Anhang),
Saft von 2 Zitronen, 125 ml kräftige Gemüsebrühe (siehe Anhang), 100 ml bestes Olivenöl extra,
1–2 EL Zucker (je nach Geschmack),
Salz und frisch gemahlener Pfeffer

Okras putzen, Stielansätze entfernen und mit einem kleinen Messer den äußeren Flaum etwas abschaben. Okras waschen und abtropfen lassen. Schnecken abtropfen und trocken tupfen. Okras in eine säurefeste Schüssel füllen und mit Zitronensaft marinieren. Nach etwa 5 Minuten die Okras aus der Marinade nehmen, diese aufbewahren.

Olivenöl in einer weiten Pfanne erhitzen, Schnecken darin kurz schmoren. Okras dazugeben und unter ständigem Rühren etwa 5 Minuten braten. Zucker und Marinade dazugeben, alles vermengen. Salzen, pfeffern und mit der Gemüsebrühe aufgießen. Köcheln, bis die Gemüsebrühe beinahe verkocht ist und der Zucker karamellisiert. Diesen Salat kann man warm oder kalt genießen.

(Österreich)

„Schlamperte Schnecken“

DIESES ALT-WIENER REZEPT ERFREUTE SICH FRÜHER NEBEN DEN WEINBERGSCHNECKEN MIT WEINKRAUT (SIEHE HAUPTSPEISEN, S. 207) ALLERGRÖSSTER BELIEBTHEIT.

40 vorgekochte Weinbergschnecken,
2–3 hartgekochte Eier, Pflanzenöl, Essig,
2–3 Schalotten feinst gehackt,
ein großes Stück Kren frisch gerissen,
Salz und Pfeffer aus der Mühle, einige Salatblätter und etwas Petersilie oder Schnittlauch zum Garnieren

HINWEIS:

In alten Aufzeichnungen sind auch Rezepte zu finden, bei denen dieser Salat zusätzlich mit Zucker gesüßt wird.

Aus Essig, Öl, feingehackten Eiern, Schalotten und reichlich frisch gerissenem Kren eine Marinade herstellen, diese mit Salz und Pfeffer abschmecken. Schnecken nudelig schneiden und mit dieser Sauce vermengen. Schneckensalat auf Salatblättern anrichten. Mit Petersilie garnieren.

VARIANTE:

Statt Kren werden eingelegte Sardellen verwendet.

Bigorneaux au pot

Suppen und Eintöpfe

(Frankreich)

Bigorneaux au pot

(Gekochte Strandschnecken)

Ein sehr einfaches Gericht, das aber hervorragend schmeckt vorausgesetzt die Strandschnecken sind lebend frisch!

Etwa 1 kg lebende Bigorneaux,
1/2 l Weißwein, 1/2 Zitrone,
1 Karotte geputzt, 1 gelbe Rübe geputzt,
1 geschälte Zwiebel, 2–3 Knoblauchzehen,
3-4 Zweige Petersilie, 1 TL Meersalz

Aus etwa 1 1/2 Liter Wasser, dem Wein, Gewürzen und Aromaten eine Courtbouillon zubereiten. Die gewaschenen Bigorneaux darin knapp 20 Minuten kochen lassen. Entweder warm oder auch kalt – mit Olivenöl und Zitronensaft mariniert – servieren. Aioli (siehe Anhang), Mayonnaise, Brot und Butter dazu reichen.

(Spanien)

Caracoles con jamón y sobrasada

(Gartenschnecken mit Schinken und Sobrasada)

Dieser deftige Eintopf gehört sicherlich zu den Klassikern der balearischen Küche, wenn gleich man ihn in den touristischen Zentren nur schwer findet. Im Landesinneren (hier vor allem auf Mallorca) hingegen wird er in zahlreichen Bars und Bodegas angeboten.

1 kg lebende kleine bis mittlere Petits gris,
Garten- oder Gemüseschnecken,
2 l Courtbouillon (siehe Anhang)
oder Wasser mit Meersalz,
200 g Serrano-Schinken (fein-würziger, eingepökelter und luftgetrockneter span. Rohschinken) in feine Streifen geschnitten,
250–300g Sobrasada (Wurst) gewürfelt,
1 große Zwiebel fein gehackt,
6–10 Knoblauchzehen fein gehackt,
6 Tomaten enthäutet und entkernt,
1 TL Zucker, 1/2–1 TL scharfes Paprikapulver,
gut 250 ml trockener Weißwein,
4–6 cl feiner spanischer Brandy,
Meersalz und Pfeffer aus der Mühle,
gehackte Petersilie oder Thymianblätter als Garnitur

Die Schnecken gründlich waschen, dann etwa 20–30 Minuten in der Courtbouillon (oder in Salzwasser) kochen, abspülen und abtropfen lassen. Olivenöl in einer Kasserolle erhitzen und die gehackte Zwiebel darin glasig dünsten. Tomaten in Würfel schneiden, zusammen mit gehacktem Knoblauch und Schinkenstreifen in die Kasserolle geben. Alles mit Salz, Pfeffer, Paprikapulver und Zucker würzen, mit dem Weißwein aufgießen und gut 20 Minuten einkochen lassen. Wenn die Sauce schön eingedickt ist, den Brandy und die gewürfelte Sobrasada dazugeben, nochmals abschmecken und einige Minuten köcheln. Die abgetropften Schnecken beimengen und den Eintopf bei milder Hitze ziehen lassen, damit sich die Aromen gut vermengen (nicht mehr kochen!). In vorgewärmte Tonschalen füllen und mit gehackter Petersilie oder frischen Thymianblättern garniert heiß servieren. Geröstetes Weiß- oder Knoblauchbrot dazu reichen.

(Italien)

Minestra d´orzo e lumache

(Suppe mit Rollgerste und Schnecken)

Rollgerste und Schnecken sind in der norditalienischen Küche – hier insbesondere im Friaul, Veneto und Trentino – recht beliebt und werden vor allem in traditionellen Osterien und Trattorien häufig angeboten. Diese Variante haben wir als besonders gut empfunden.

300 g Orzo (Perlgraupen),
750 ml aromatische Fleischbrühe (am besten selbst angesetzte, siehe Anhang) oder 500 ml Fleischbrühe und 250 ml Schneckenbrühe (wenn vorhanden),
das Fleisch von 4 Dutzend küchenfertig vorbereiteten Weinbergschnecken (ersatzweise aus der Dose),
2 Gemüsezwiebeln fein gehackt,
1 Knoblauchzehe fein gehackt,
2 Möhren fein gewürfelt,
1 große Stange Staudensellerie fein gewürfelt,
200 g Bauchspeck (vorzugsweise aus dem Trentino),
75 g Butter, Salz und Pfeffer aus der Mühle

TIPP:

Geriebener Montasio-stravecchio und/oder einige Tropfen bestes Olivenöl vollenden das Gericht.

Zunächst die Perlgraupen in kaltem Wasser 1 1/2 Stunden wässern, wenn Dosenschnecken verwendet werden, diese abtropfen lassen und die Brühe auffangen. Nach dem Wässern gießt man die Graupen ab und gibt sie zusammen mit der Fleischbrühe (oder mit einer Mischung aus Fleisch- und Schneckenbrühe) in einen ausreichend großen Topf, bei niedriger Hitze werden sie nun etwa 1 Stunde gekocht.

Kurz vor Ende der Garzeit erwärmt man in einem zweiten großen Topf die Butter und lässt in ihr den Speck aus. Dann gibt man gehackte Zwiebel dazu und lässt sie glasig werden. In der Zwiebel-Speck-Mischung werden Knoblauch, Karotte und Sellerie angebraten, bevor man die Perlgraupen – samt der Kochbrühe – ebenfalls dazugibt. Unter Rühren nun weitere 20 Minuten leise kochen lassen, die Schnecken dazugeben und etwa 10 Minuten mitgaren. Die Suppe mit Salz und Pfeffer abschmecken, in tönerne Schalen füllen und heiß servieren.

(Frankreich)

Dicke Bohnensuppe mit Petits gris

Im Süden Frankreichs isst man traditionell gerne Schnecken und liebt würzig-aromatische Gerichte. Das relativ scharfe Gericht erhält seine exotische Note durch die arabische Gewürzmischung Harissa. Wer sich vor Schärfe scheut, sollte weniger Harissa nehmen als angegeben.

2 kg frische dicke grüne Bohnen,
gut 200 g vorgekochte und ausgelöste Petits gris (ersatzweise aus der Dose),
6 Knoblauchzehen grob gehackt,
1/2–1 TL Kümmel (man kann auch Kreuzkümmel nehmen),
knapp 1 TL Harissa,
75 ml bestes Olivenöl extravergine,
Saft von 1/2 Zitrone oder Zitronenessig,
3 Scheiben altbackenes Weißbrot,
2 EL Butterschmalz, Salz

Die Bohnen von den Schoten befreien und abspülen. Grüne Bohnenkerne in 500 ml ungesalzenem Wasser etwa 30 Minuten kochen. Etwas Olivenöl in einem frischen Topf erhitzen, gehackten Knoblauch zusammen mit Kümmel (oder Kreuzkümmel) und Harissa kurz andünsten. Bohnen samt Kochwasser dazugeben und alles mit 750 ml Wasser aufgießen. Schneckenfleisch dazugeben und die Suppe auf kleiner Flamme weiterköcheln lassen. Zwischenzeitlich das Weißbrot würfeln und im Butterschmalz goldgelb rösten. Suppe in vorgewärmte Teller füllen und mit Croutons bestreuen.

Caldereta de langosta y bigaro

(Langusteneintopf mit Strand- und Purpurschnecken)

Ursprünglich stammt dieser Eintopf wohl von den balearischen Inseln, die berühmt sind für ihre Langusten. Purpurschnecken wurden schon in der Antike wegen ihres guten Geschmacks geschätzt. Wenn Sie keine Purpurschnecken erhalten können, greifen Sie zu Wellhornschnecken.

2 große Langusten (etwa 500– 600 g) vorzugsweise europäische Langusten, 500 g Strandschnecken, 500 g Purpurschnecken, 125 ml Olivenöl, 10 Schalotten fein gehackt, 6–8 Knoblauchzehen fein gehackt, 1 kg schöne reife Tomaten enthäutet entkernt und in Würfel geschnitten, 1 l Fischfond oder Fumet (siehe Anhang), 2–3 Lorbeerblätter, 1 großes Bouquet garni (Petersilie, Kerbel, Thymian, Estragon), gut 8 cl feiner spanischer Brandy, etwas Zucker, Kreuzkümmel, Meersalz und Pfeffer aus der Mühle, einige Scheiben Baguette oder Weißbrot, gehackte glatte Petersilie als Garnitur

TIPP:

Besonders delikat wird der Eintopf, wenn man Langustenweibchen verwendet, die im Frühjahr ihren Rogen tragen. Der Corail der Langusten gibt der Sauce einen exzellenten Geschmack!

Die lebenden Langusten in reichlich kochendem Salzwasser etwa 7 Minuten blanchieren, auskühlen lassen und in Portionsstücke schneiden, das austretende Wasser dabei auffangen. Die beiden Schneckensorten gründlich (getrennt) waschen, Purpurschnecken 30 Minuten im Wasser von den Langusten kochen, abtropfen und ggfs. von verbliebenen Sandresten befreien.

Strandschnecken nur 5 Minuten im kochenden Salzwasser blanchieren, abspülen und abtropfen lassen. Olivenöl in einer schweren Kasserolle erhitzen, die gehackten Schalotten und den Knoblauch darin leicht goldbraun anschwitzen. Tomatenwürfel dazugeben und kurz mitschmoren. Alles mit dem Fischfond aufgießen, dann Brandy, Lorbeerblätter, Bouquet garni, Salz, Pfeffer und nach Geschmack Kreuzkümmel dazugeben.

Purpurschnecken einfüllen und die Sauce bei mittlerer Hitze sehr dickflüssig einkochen lassen (die Purpurschnecken sollten etwa 20–30 Minuten mitkochen). Wenn die Sauce schön eingedickt ist, entfernt man das Kräutersträußchen und legt die Langustenstücke samt der ausgetretenen Flüssigkeit in die Sauce, fügt die Strandschnecken hinzu und schmeckt mit Salz, Pfeffer und Zucker ab.

Den Eintopf bei Mittelhitze ziehen lassen, bis die Sauce wieder etwas eingedickt ist (der Eintopf darf hierbei nicht kochen, da sonst das Langustenfleisch zäh werden könnte). Weißbrot anrösten und mit der Schnittfläche einer Knoblauchzehe einreiben. Man kann diese Weißbrotscheiben separat als Beilage reichen oder in Suppenteller legen und den Eintopf darüber verteilen. Langusten-Schneckentopf heiß mit gehackter Petersilie bestreut servieren.

VARIANTE:

Kreuzkümmel ist nicht jedermanns Geschmack und sehr intensiv. Man kann dieses herrliche Gericht auch mit etwas Chili oder Cayennepfeffer pikant abschmecken.

(Deutschland)

Grüne Linsen mit Schnecken und Kalbszunge

Ein rustikaler Eintopf, der besonders gut an kalten Wintertagen schmeckt. Man kann ihn 2–3 Tage im Kühlschrank aufbewahren, doch sollte er unbedingt sehr heiss serviert werden. Eine Nadel oder Zahnstocher dazu reichen, damit man die Schnecken leichter aus ihren Häusern ziehen kann.

1 kg lebende Petits gris (2 Tage hungern lassen),
grobes Meersalz,
Essig,
2 l Courtbouillon (siehe Anhang),
2 Lorbeerblätter,
2 Zweige Thymian,
1 mit 5 Gewürznelken gespickte Zwiebel;
1 Kalbszunge,
500 g getrocknete grüne Linsen,
8 Knoblauchzehen, 4 Karotten,
1 kleines Stück Knollensellerie,
6 Schalotten,
200 g Butter,
1 gr. Bouquet garni (Lorbeer, Thymian, Petersilie),
Rindsuppe, Salz, Pfeffer aus der Mühle,
gehackte Petersilie

TIPP:

Bei Hülsenfrüchten sollte immer erst zum Schluss gesalzen werden, damit sie nicht hart werden.

Zuerst müssen die Schnecken entschleimt werden. Hierfür werden sie gewaschen, in eine Schüssel gelegt und großzügig mit Meersalz bestreut. Im Meersalz wenden und etwa 5 Minuten einwirken lassen. Dann die Schnecken gründlich mit Essigwasser waschen. Diesen Vorgang mindestens 3mal wiederholen. Die Courtbouillon erhitzen und mit Lorbeer, Thymian sowie gespickter Zwiebel verfeinern. Die Schnecken darin etwa 45 Minuten garen.

In der Zwischenzeit die Linsen in kaltem Wasser einweichen und die Kalbszunge etwa 30 Minuten in leicht gesalzenem Wasser blanchieren. Knoblauch und Schalotten schälen, Sellerie putzen, alles klein hacken. Die Karotten putzen und in dünne Ringe oder kleine Würfel schneiden.

Die Butter in einem großen Topf zerlassen und darin Schalotten, Karotten und das Bouquet garni leicht anschwitzen, bis die Schalotten glasig sind. Danach kommen die abgetropften Linsen (Einweichwasser evtl. aufheben) in den Topf und werden ebenfalls etwas angedünstet. Die Kalbszunge häuten und in mundgerechte Würfel schneiden, zusammen mit dem Knoblauch in den Topf geben und anbraten. Das Ganze mit Rindsuppe oder Wasser (man kann auch etwas Einweichwasser dazugeben) aufgießen, bis alles gerademal bedeckt ist. Schnecken abtropfen lassen und ohne Courtbouillon dazugeben. Alles weitere 30-40 Minuten köcheln lassen, die Linsen sollten weich aber etwas bissfest sein. Erst zum Schluss mit Salz und Pfeffer würzen. Linseneintopf in vorgewärmte Teller füllen und mit gehackter Petersilie bestreut servieren.

(Deutschland)

Sauerampfersuppe mit Schnecken

24 küchenfertig vorbereitete Schnecken,
250–300 g frischer Sauerampfer, 1 1/2 EL Butter,
1 l Rindsbrühe, 250 ml Rahm, 2 Eigelb,
Salz und Pfeffer aus der Mühle

Die Blätter des Sauerampfer von den Stielen trennen, gründlich waschen und tropfnass in einem Topf mit etwas Butter und einer Prise Salz weich dünsten. Den Sauerampfer mit einem Mixer pürieren und durch ein Sieb streichen.

Die Rinderbrühe zusammen mit den halbierten Schnecken zum Kochen bringen, das Sauerampferpüree einrühren und die Suppe vom Herd ziehen. Eigelb mit Rahm vermengen und die Suppe damit legieren. Sauerampfersuppe mit Salz und Pfeffer abschmecken, sofort servieren.

VARIANTE:

Statt Sauerampfer, frischen Bärlauch (500 g) verwenden.

Grüne Linsen mit Schnecken und Kalbszunge

Bronchialsuppe aus Schnecken

Noch im 19. Jahrhundert schrieb man den Schnecken heilende Wirkung zu und servierte Lungenkranken diverse Schneckensuppen zur Heilung. Die Konsistenz nachstehender Suppe ähnelt gängigen Schleimsuppen. Heutzutage wird dieses Rezept wohl kaum Anklang finden, da die Schnecken nicht überbrüht werden, weil sonst der Leim verloren ginge, der für dieses Rezept erwünscht ist.

12 lebende große Weinbergschnecken,
1 Salatkopf geviertelt,
1 EL Kerbel grob gehackt,
1 EL grob gehackter Sauerampfer,
3 Datteln,
4 Brustbeeren (Jujube),
Salz,
2 Unzen Gummi arabicum

Die Schnecken werden 2 Tage in einen Leinensack gebunden, um sie aushungern zu lassen. Dann werden sie gründlich gereinigt und über Nacht in kaltes Wasser gelegt. Am nächsten Tag bricht man die Häuser auf, entnimmt das Schneckenfleisch (nicht überbrüht!) und legt dieses zusammen mit dem Salatkopf, den Datteln, Brustbeeren, Kerbel und Sauerampfer in eine schwere Kasserolle. Alles mit etwa 1 l Wasser bedecken und wenig salzen. Danach lässt man die Suppe auf mittlerer Flamme aufkochen, währenddessen wird der auftretende Schaum regelmäßig abgeschöpft. Wenn die Suppe aufgekocht ist, dreht man die Hitze zurück und lässt sie zugedeckt auf kleiner Flamme 3 1/2 Stunde leise köcheln, ab und an umrühren. Die Suppe sollte um etwa 1/3 reduziert werden. Das Gummi arabicum wird in lauwarmem Wasser aufgelöst und in die eingekochte Suppe gegossen, die danach durch ein Etamin passiert wird. Lauwarm servieren.

(Deutschland)

Erbsensuppe mit Schneckenhaschee auf Semmelschnitten

Für die Erbsensuppe:
500 g frische grüne Erbsen, 1 TL gehackter Kerbel,
2 feingehackte Schalotten, 1 l kräftige Rindsuppe,
3 EL Butter, 1 EL Mehl, Salz, Pfeffer,
Muskat (fakultativ), 125 ml Rahm

Für die Schneckenschnitten:
24 mittelgroße vorgekochte Weinbergschnecken
gehackt (aus der Dose), 1–2 EL Butter,
1 1/2 EL Semmelbrösel, 1 EL Petersilie fein gehackt,
2–3 Schalotten fein gehackt,
1 TL Zitronenzeste (von unbehandelten Zitronen),
125 ml Sauerrahm, 2 Eidotter, Salz und Pfeffer,
2 Semmeln in Scheiben geschnitten

TIPP:

Die Schnecken-Semmelschnitten passen auch hervorragend zu Sauerkraut.

Zuerst die Suppe zubereiten. Hierfür die Erbsen in der Rindsuppe weichkochen. Erbsen herausnehmen und mit etwas Suppe pürieren (das Püree solle dünnflüssig sein). Restliche Suppe beiseite stellen, warm halten. Butter in einem Topf zerlassen, Schalotten und Kerbel darin andünsten. Mit Mehl bestauben und eine lichte Einbrenne (Mehlschwitze) herstellen. In diese das Erbspüree einrühren. Mit soviel Suppe aufgießen, bis die gewünschte Konsistenz erreicht ist. Salzen und pfeffern, nach Geschmack Muskat hinzufügen. Suppe durch ein feinmaschiges Sieb ziehen, den Rahm einrühren, nochmals abschmecken und warm halten.

Für die Schneckenschnitten die Butter zerlassen und darin die Semmelbrösel abrösten. In diese Mischung gibt man dann die gehackten Schnecken, Petersilie, Schalotten, Zitronenzeste und 100 ml Sauerrahm. Alles aufkochen lassen. Restlichen Rahm mit Dotter verquirlen, Masse damit binden und vom Herd nehmen. Mit Salz und Pfeffer abschmecken, nicht mehr aufkochen lassen. Semmelscheiben in einer Pfanne mit Butter rösten oder toasten. Geröstete Brotscheiben mit der Schneckenmasse bestreichen. Suppe in vier vorgewärmte Teller füllen und die Semmelschnitten dazu reichen.

Weisse Bohnen mit Schnecken und Räucherspeck

500 g getrocknete weiße Bohnen,
48 küchenfertig vorbereitete Weinbergschnecken,
100 ml Schneckensud (ggfs. aus der Dose),
2 Zwiebel fein gehackt,
1 mit 5 Nelken gespickte Zwiebel,
1 großes Bouquet garni (Petersilie, Lorbeer, Thymian),
4 Karotten, 4 Tomaten gehäutet und entkernt,
5 Knoblauchzehen,
200 g geräucherter Speck samt Schwarte,
2 gr. EL Butter, 500 ml Rindsuppe,
Salz und Pfeffer aus der Mühle

Die Bohnen über Nacht in kaltem Wasser einweichen. Die gehackten Zwiebeln auf kleiner Flamme in Butter hell andünsten. In der Zwischenzeit die Karotten schälen und sehr klein würfeln, dann zu den Zwiebeln geben und mitdünsten. Die gehäuteten und entkernten Tomaten grob würfeln und ebenfalls mitdünsten. Dann den geräucherten Speck klein würfeln und mit der Schwarte (im Ganzen lassen), dem Bouquet garni und der gespickten Zwiebel in den Topf geben. Alles leicht anrösten, die eingeweichten Bohnen (ohne Einweichwasser) und den gehackten Knoblauch dazugeben. Mit Rindsuppe, Schneckensud und etwa 500 ml Wasser aufgießen, 45 Minuten bei schwacher Hitze kochen. Schnecken dazugeben, würzen und weitere 20 Minuten garen, bis die Bohnen weich sind. Mit Baguette servieren.

(Spanien)

Patacó tarragoní

(Thunfischeintopf mit Wellhornschnecken)

750 g frisches Thunfischfilet in mundgerechte Stücke geschnitten, 750 g Wellhornschnecken in Salzwasser vorgekocht (ersatzweise küchenfertige Petits gris),
150 ml Olivenöl, 2 Zwiebeln fein gehackt,
3 schöne Fleischtomaten enthäutet und gewürfelt,
4 geschälte Kartoffeln in Würfel geschnitten,
3 Zucchini in Scheiben, 200 ml Rancio-Wein („Rancio" kann mit ranzig übersetzt werden und charakterisiert die kräftige, an Nüsse oder zerlassene Butter erinnernde Note. Wegen seines Aromas harmoniert Rancio-Wein besonders gut mit fülligen Käsesorten und wird von Südfrankreich bis Nordspanien gerne als feines Aroma in Saucen und Eintöpfe verwendet. Ersatzweise 150 ml Sherry),
350 ml Fisch-Fumet (siehe Anhang),
gut 1 TL Paprikapulver edelsüß,
scharfes Paprikapulver nach Geschmack,
2 Lorbeerblätter, 4–5 Gewürznelken, Meersalz,
Pfeffer aus der Mühle

Weiter:

12 Knoblauchzehen, 3 EL geröstete enthäutete Mandeln, einige Fäden Safran,
3 EL fein gehackte glatte Petersilie, Olivenöl

In einer schweren Kasserolle das Olivenöl erhitzen und die Zwiebeln darin andünsten. Tomaten- und Kartoffelwürfel dazugeben und etwas anschmoren lassen, danach die Zucchinischeiben untermischen. Das Gemüse mit dem Wein (oder Sherry) ablöschen, diesen etwas einkochen, dann mit Fischfumet aufgießen. Alles mit edelsüßem und scharfen Paprikapulver, Meersalz, Pfeffer aus der Mühle, Lorbeerblättern und Nelken kräftig würzen und zugedeckt etwa 20 Minuten köcheln lassen.

Die Thunfischwürfel und Schnecken dazugeben, evtl. etwas Wasser nachfüllen und den Eintopf weitere 15–20 Min. bei milder Hitze garziehen lassen. Wenig umrühren, damit der Fisch nicht zerfällt. In der Zwischenzeit die 12 Knoblauchzehen mit den Mandeln, Safran, Petersilie und etwas Brühe vom Eintopf (etwa 2 EL) zu einer dicken Paste verarbeiten. Gut die Hälfte davon kurz vor dem Servieren in den Eintopf rühren, den Rest mit etwas Salz und Olivenöl abgeschmeckt auf geröstetes Weißbrot streichen und dazu reichen.

(Deutschland)

Estragon-Schneckensüppchen

24 küchenfertig vorbereitete Schnecken,
100 ml frischer Schneckensud
(oder den Sud von Dosenware),
3 Schalotten fein gehackt,
1 Knoblauchzehe fein gehackt,
2 EL Butter,
250 ml guter badischer Wein,
750 ml Hühner- oder Kalbsbrühe,
1 Bund Estragon,
1 EL Dijon-Senf,
250 ml frischer Rahm,
2 Eigelb,
Salz
und weißer Pfeffer aus der Mühle

Bei Dosenware werden die Schnecken abgetropft und der Sud aufgefangen, hat man Frischware zur Hand, misst man vom Sud etwa 75–100 ml ab. Den Weißwein zusammen mit den Schalotten und den Knoblauch in einen Topf geben und alles auf die Hälfte einreduzieren. Dann die Zwiebel-Weinmischung durch ein Etamin ziehen und den Zwiebelsaft durch leichtes Drücken auspressen. Die Butter in einem Topf erwärmen, die Hälfte der Schnecken hacken und dazugeben. Mit der Weinreduktion ablöschen, dann Schneckensud und Brühe dazugeben. Alles etwa 15 Minuten verkochen lassen. Die restlichen Schnecken sowie etwas Senf und einige gehackte Estragonblätter dazugeben. Weitere 10 Minuten auf kleiner Flamme mitgaren, dann den Topf vom Herd nehmen und gut 1 EL grob gehackten Estragon untermengen. Den Rahm mit den Eigelben verquirlen, die nun nicht mehr kochende Suppe damit legieren (sie darf nicht mehr aufkochen!), abschmecken und sofort in vorgewärmten Tellern angerichtet servieren.

(Spanien)

Sopa Burgalesa

(Lammsuppe mit Schnecken und Flusskrebsen)

Im spanischen Kastilien liebt man insbesonders den deftigen Eintopf und die sogenannte feine Küche hat sich hier bis heute kaum durchsetzen können. Vor allem Lammfleisch, Flusskrebse und natürlich Schnecken (wie in ganz Nordspanien) werden gerne gegessen. Man kombiniert sie meist mit Hülsenfrüchten zu schmackhaften Suppen und Eintöpfen. Die „Sopa Burgalesa“ ist ein Klassiker aus der Suppenküche Kastiliens, wenngleich die Kombination von Lamm und Flusskrebsen recht ungewöhnlich scheint.

500 g Lammfleisch
(nicht zu fett) feinnudelig geschnitten,
24 Flusskrebse vorgekocht und geschält,
24–36 Weinbergschnecken küchenfertig vorbereitet,
4 EL Schweineschmalz,
1 große Zwiebel fein gehackt,
2 Knoblauchzehen fein gehackt,
2 Lorbeerblätter,
1–2 EL Mehl (je nach gewünschter Bindung),
gut 1 l kräftige Fleischbrühe (siehe Anhang),
Salz, Pfeffer aus der Mühle,
gehackte Petersilie zum Garnieren

Das Schweineschmalz in einer schweren Kasserolle erhitzen und die Lammfleischstreifen scharf darin anbraten. Gehackte Zwiebel und Knoblauch dazugeben und leicht goldgelb dünsten. Alles mit Mehl bestauben und dieses mitrösten, bis es leicht Farbe genommen hat.

Fleischbrühe unter Rühren dazugeben, Lorbeer einlegen und alles zum Kochen bringen. Gut 20 Minuten köcheln lassen. Krebsschwänze und Schneckenfleisch in die Suppe geben und darin erhitzen, nicht mehr kochen lassen. Die fertige Suppe mit Salz und Pfeffer abschmecken, mit gehackter Petersilie garnieren.

(Spanien)

CARACOLES A LA RIOJANA

(SCHNECKEN NACH RIOJA-ART)

1 kg kleine Schnecken gesäubert und ggfs. entschleimt,
5 getrocknete rote Paprikaschoten,
2 frische grüne Paprikaschoten gewürfelt,
4 kleine Gemüsezwiebeln fein gehackt,
8 Knoblauchzehen fein gehackt,
3 Fleischtomaten gehäutet und gewürfelt,
2 Lorbeerblätter, gut 1/8 l Olivenöl, 2 Lorbeerblätter,
250 ml guter trockener Weißwein,
scharfes Paprikapulver nach Geschmack,
Salz und Pfeffer aus der Mühle

TIPP:

Gehaltvoller wird der Eintopf, wenn man noch 500 g klein gewürfelte Kartoffeln (zusammen mit den Schnecken) hinzufügt.

Gesäuberte Schnecken in einem Topf mit reichlich Wasser und Lorbeer aufsetzen, aufkochen lassen, dann auf kleiner Flamme 10 Minuten köcheln. Schnecken abtropfen lassen und beiseite stellen.

In einer Kasserolle das Olivenöl erhitzen und die Zwiebeln zusammen mit der gewürfelten grünen Paprikaschote darin anbraten. Schnecken, Knoblauch, Lorbeerblätter, getrocknete Paprikaschoten hinzufügen, mit dem Wein aufgießen und noch Wasser hinzufügen, bis alles knapp bedeckt ist. Salzen, pfeffern und mit Paprikapulver würzen, zum Kochen bringen und bei mittlerer Hitze gut 30 Minuten köcheln, bis die Schnecken und Kartoffeln gar sind. Rote Paprikaschoten aus dem Topf nehmen und klein schneiden, dann wieder unter die Schnecken mischen. Eintopf nochmals abschmecken und servieren.

(Griechenland)

JÍGANTES PLAKÍ ME SALINGÁRIA

(GEBACKENE RIESENBOHNEN MIT SCHNECKEN)

250–300 g küchenfertig vorbereitetes Schneckenfleisch
(Weinbergschnecken oder Achatschnecken aus der Dose),
500 g getrocknete große weiße Bohnen
(z. B. Limabohnen),
1 große Zwiebel fein gehackt,
3–4 Knoblauchzehen in feine Scheiben geschnitten,
5 Fleischtomaten gehäutet und fein gehackt
(evtl. durch ein Sieb gestrichen, Saft auffangen!),
200 ml bestes Olivenöl,
1 Zweig Rosmarin oder 5 Zweige Thymian
(oder gemischt),
1 Lorbeerblatt,
1 großes Bund glatte Petersilie fein gehackt,
kräftige Lamm- oder Kalbsbrühe,
Salz und Pfeffer aus der Mühle

Die Bohnen über Nacht in kaltem Wasser einweichen. Am nächsten Tag gut spülen und in einem Topf mit Wasser (ohne Zugabe von Salz) zum Kochen bringen, 5 Minuten kochen lassen. Bohnen abseihen und nochmals spülen. Bohnen mit frischem Wasser aufsetzen, erneut zum Kochen bringen und danach bei mittlerer Hitze leise köcheln lassen, bis sie weich sind. Die Bohnen abgießen und abtropfen lassen. Eine große Auflaufform mit den Bohnen, Schneckenfleisch, Tomaten(-püree), Kräutern und Olivenöl füllen, alles mit Salz und Pfeffer kräftig abschmecken und vermengen. Gut einreduzierte Brühe (nicht zuviel!) darübergießen und im vorgeheizten Backofen bei 200 Grad etwa 1 Stunde backen lassen, bis die Bohnen sehr weich sind und die Flüssigkeit nahezu verdampft ist. Nochmals mit Salz und Pfeffer abschmecken, Kräuterzweige sowie Lorbeerblatt entfernen und heiß servieren.

(Karibik/Curaçao) 🐌🐌🐌

Curaçao Kadushi Chowder

(Kaktussuppe)

Dies ist ein sehr traditionelles Gericht von der Karibikinsel Curaçao und ein wirklich herzhafter Genuss mit einzigartigem Aroma. Die Nachfrage ist dort so gross, dass die in den Restaurants angebotene Suppe meist in wenigen Augenblicken ausverkauft ist. Sie nachzukochen dürfte ausserhalb dieser Inseln sehr schwierig sein, da man den speziellen Kaktus kaum erhalten kann.

1 kg Riesenflügelschneckenfleisch gehäutet weichgeklopft und in 4 x 4 cm große Stücke geschnitten (man kann es auch 2 Stunden vorkochen),
1 1/2 kg gemischte Meeresschnecken (Wellhornschnecken, Strandschnecken etc.) gereinigt,
1 kg Königsmakrele küchenfertig vorbereitet,
750 g Garnelen,
1 großes Stück Kadushi (eine Kaktusart, die nur auf Aruba, Bonaire und Curaçao wächst),
250 g gepökeltes Schweinefleisch,
1 eingesalzener Schweineschwanz,
1 große Gemüsezwiebel fein gehackt,
1 grüne Paprikaschote entkernt und fein gewürfelt,
1 kleines Bund glatte Petersilie fein gehackt,
1–2 scharfe Chilischoten entkernt und fein gehackt,
2 1/2 l kräftige Hühnerbrühe, Meersalz

Die Hühnerbrühe in einem großen Topf aufkochen, die Makrelen darin garziehen lassen. Makrelen herausnehmen, häuten und entgräten, dann beiseite stellen. Pökelfleisch in einem zweiten Topf zwei- bis dreimal aufkochen, dabei jedes Mal das Wasser wechseln; Fleisch kleinschneiden und beiseite stellen. Den Kaktus schälen und in kleine Stücke hacken. Das Fruchtfleisch mit einem Holzhammer weich klopfen, dabei nahezu pürieren. Die Hühnerbrühe erneut aufkochen, den Kaktusbrei hineinrühren und eine Stunde kochen. Danach alle anderen Zutaten (bis auf das Makrelenfleisch) in den Topf geben, salzen und alles eine gute weitere Stunde kochen lassen. Kurz vor dem Servieren das Makrelenfleisch unterheben, abschmecken und im Topf auftragen.

(Karibik) 🐌

Caribbean Conch Chowder

(Karibischer Eintopf mit Riesenflügelschnecken)

6–8 Riesenflügelschnecken weichgeklopft und in Würfel geschnitten, 75 g gepökelter Speck gewürfelt,
3 fein gehackte Zwiebeln,
2–3 Knoblauchzehen gehackt,
1 grüne Paprikaschote gewürfelt,
1 rote Paprikaschote gewürfelt,
2–3 Stangen Staudensellerie fein gewürfelt,
5 reife Tomaten gehäutet und gewürfelt,
75 g bestes Tomatenmark,
4 Kartoffeln klein gewürfelt,
600 ml Wasser, etwas Öl,
einige Zweige Thymian,
Sherry, Cayennepfeffer,
Salz und Pfeffer aus der Mühle

In einem ausreichend großen Topf den feingewürfelten Speck in etwas Öl auslassen. Danach Zwiebel, Knoblauch, Paprika, Sellerie und Thymianzweige dazugeben und das Gemüse bissfest dünsten. Gewürfeltes Schneckenfleisch, Tomatenwürfel und Tomatenmark dazugeben, alles vermengen, Wasser angießen aufkochen und 2 1/2 Stunden köcheln lassen. Dann die Kartoffelwürfel dazugeben und soviel Wasser aufgießen, dass der Eintopf gerade bedeckt ist. Den Chowder weitere 30 Minuten kochen lassen, bis die Kartoffeln weich sind. Chowder mit Cayennepfeffer, Sherry, Salz und Pfeffer aus der Mühle abschmecken, mit Weißbrot servieren.

(U.S.A)

Creole Conch Chowder

(Kreolischer Riesenflügelschnecken-Eintopf)

Auf den ersten Blick ähnelt dieser Chowder sehr der karibischen Variante und doch schmeckt er ganz anders. Das „Geheimnis" bei diesem Rezept ist, dass eine grosse Menge zubereitet wird – laden Sie also viele Freunde ein. Wenn man keine Riesenflügelschnecken erhält, so kann der Eintopf auch mit Abalone zubereitet werden.

8–10 Riesenflügelschnecken,
150 g geräucherter Bauchspeck, 10 Kartoffeln,
3 Zwiebeln, 8 Knoblauchzehen,
2 Stangen Staudensellerie,
1 grüne Paprikaschote, 1 rote Paprikaschote,
500 g geschälte Tomaten,
200 g gutes Tomatenmark,
Olivenöl oder Butter,
2–2 1/2 l kräftige Hühnerbrühe,
3–4 EL Barbecuesauce (siehe Diverse Kleingerichte, Grilled Conch, S. 51) oder Fertigprodukt,
4–6 cl Bourbon,
1 EL Cajun-Gewürzmischung (im creolischen Raum häufig verwendet),
1 kleine Chilischote entkernt, 6 Lorbeerblätter, Essig,
Tabasco, gut 1 EL Oregano,
Salz und Pfeffer aus der Mühle,
gehackte Minze oder Blattpetersilie als Garnitur

Zwiebeln schälen und sehr klein hacken, Knoblauch fein hacken und mit etwas Meersalz zerdrücken. Den Sellerie und Paprika würfeln. Speck in kleine Würfel schneiden, Schnecken mit einem Holzhammer weich klopfen, dann grob hacken. Die Kartoffeln schälen und in Scheiben oder kleine Würfel schneiden. In einem ausreichend großen Topf den Speck in etwas Olivenöl oder Butter auslassen, dann Zwiebeln, Knoblauch, Sellerie und Paprika mitbraten, aber nicht braun werden lassen. Tomatenmark einrühren, etwas mitrösten, dann die grob zerteilten geschälten Tomaten dazugeben. Alles mit Geflügelbrühe aufgießen, anschließend mit Cajun-Gewürzmischung würzen. Bei milder Hitze 30 Minuten köcheln lassen.

Das gehackte Schneckenfleisch, Barbecuesauce, Bourbon, fein gehackte Chilischote, Lorbeerblätter, Oregano, etwas Essig, Salz und schwarzen Pfeffer hinzufügen und mindestens 2 Stunden leise köcheln lassen, dabei ab und an umrühren. Gut 20 Minuten vor Ende der Garzeit die gewürfelten Kartoffeln unterheben und mitgaren, bis sie weich sind. Kurz vor dem Servieren den Chowder mit Tabasco, Salz und Pfeffer pikant-würzig abschmecken. In vorgewärmte Teller füllen und mit gehackter Minze oder Petersilie bestreut servieren. Limettensaft zum Abschmecken dazu reichen.

(Belgien)

Wellhornschnecken im Sud

2 kg frische lebende Wellhornschnecken,
500 ml trockener Weißwein,
250 ml Fischfumet (siehe Anhang),
3 Zwiebeln klein gewürfelt,
2 Karotten fein gewürfelt,
1/4 Knolle Sellerie fein gewürfelt,
2 Stangen Lauch in feine Ringe geschnitten (nur das Weiße),
1 Bund glatte Petersilie,
Meersalz,
schwarzer Pfeffer aus der Mühle

Die Wellhornschnecken unter fließendem kalten Wasser gründlich reinigen, in Salzwasser vorkochen. Gemüse in einem großen Topf ohne Beigaben von Fett etwas andünsten lassen, dann mit Weißwein ablöschen. Warme Schnecken (ohne Kochwasser) samt Fischfond dazugeben und alles mit soviel Wasser aufgießen, dass die Schnecken gut bedeckt sind. Die Schnecken aufkochen lassen, Deckel auflegen und bei Mittelhitze knapp 60 Minuten garen. Topf vom Herd nehmen, Petersilienbund entfernen und das Gericht mit Salz und Pfeffer abschmecken. Mit Weißbrot, Knoblauchmayonnaise und Butter servieren.

Variante:

Man kann dem Sud noch 250 ml Rahm oder Crème fraîche hinzufügen.

Badisches Schneckensüppchen

(Deutschland)

Badisches Schneckensüppchen

24 küchenfertig vorbereitete Weinbergschnecken, 250 ml Schneckenbrühe (sollte Dosenware verwendet werden, kann man den Sud nehmen, muss aber mehr Fleischbrühe verwenden, insgesamt braucht man etwa 1 l Brühe), 4 feinst gehackte Schalotten, 50 g Butter, gut 1/4 l trockener badischer Wein (z. B. Riesling), knapp 750 ml Fleischbrühe (vorzugsweise Kalbsfond), 30 g Gemüsejulienne (gleichmäßig geschnittene, dünne Streifen von Karotten, Porree und Sellerieknolle), 250 ml Rahm oder Crème double, 2 Eigelb, Salz und Pfeffer aus der Mühle, etwas gehackte glatte Petersilie

Die Hälfte der Schnecken grob hacken, die schönsten Exemplare nur halbieren. Die feingehackten Schnecken zusammen mit den gehackten Schalotten in Butter anschwitzen, mit einer Prise Salz würzen und mit Weißwein ablöschen. Schneckenfond und Fleischbrühe dazugießen, alles aufkochen lassen, dann die restlichen Schnecken und das Gemüse dazugeben. 10 Minuten auf kleiner Flamme sanft köcheln lassen. Kurz vor dem Servieren die Eidotter mit der Sahne verrühren und die nicht mehr kochende Suppe damit legieren. Suppe mit Salz und Pfeffer abschmecken, in vorgewärmte Teller füllen und mit gehackter Petersilie bestreut sofort servieren.

(USA)

Garlic Soup with snails

(Knoblauchsuppe mit Schnecken)

Dieses Rezept haben wir in Gilroy (Californien) kennen gelernt, es wurde zum traditionellen „Garlic festival“ serviert. Schneckengerichte sind in den USA eher selten zu finden, wenn dann meist nur die klassische Zubereitung mit Kräuterbutter oder Meeresschnecken. Doch dieses Gericht kann durch seinen typischen und aromatischen Geschmack durchaus überzeugen.

60 küchenfertig vorbereitete Weinbergschnecken ohne Haus (ersatzweise aus der Dose),
mind. 24 frische Knoblauchzehen geschält,
800 g frische Wiesenchampignons,
3 EL feinstes Olivenöl,
1–2 EL Butter, 200–250 g Semmelbrösel,
1 Bund glatte Petersilie fein gehackt,
gut 2 1/2 l kräftige Hühnerbrühe,
Tabasco,
trockener Sherry,
Salz und Pfeffer aus der Mühle

Die Hälfte der Schnecken grob hacken, zusammen mit den restlichen beiseite legen. 300 g Champignons in feine Scheiben schneiden und ebenfalls beiseite legen. In einer Küchenmaschine die restlichen Pilze zusammen mit den Knoblauchzehen fein hacken, nahezu pürieren. Diese Mischung in einem großen Topf mit Olivenöl gut 3–5 Minuten sautieren, dann aus der Pfanne heben. Im selben Topf nun die Butter zerlassen und darin die Semmelbrösel anrösten. Die Knoblauch-Pilzmischung wieder dazugeben, gehackte Petersilie einarbeiten und alles 5 Minuten garen. Mit der Hühnerbrühe aufgießen, Schnecken und zurückbehaltene Pilze hinzufügen, alles aufkochen lassen, dann Hitze zurückdrehen. Suppe weitere 20 Minuten köcheln lassen. Mit Tabasco, Sherry, Salz und Pfeffer aus der Mühle würzig abschmecken und in vorgewärmten Tellern servieren.

(England)

Snails and carotts soup

(Schnecken-Karottensuppe)

In der Grundessenz ähnelt diese Suppe der klassischen „Purée crécy", jener berühmten Karottensuppe aus Frankreich. Doch diese Variante, welche wir im Süden Englands verkostet haben, ist ein gutes Beispiel für gelungene „Abwandlung", wobei anzumerken ist, dass Schnecken in der englischen Küche nahezu keine Rolle spielen.

36 küchenfertig vorbereitete Schnecken (Weinbergschnecken oder Achatschnecken aus der Dose, es können auch vorgekochte Wellhornschnecken verwendet werden), 1 1/2 kg Karotten, 125 g magerer gekochter Schinken, 1 Zwiebel, 2 l Rinder- oder Hühnerbrühe, 250 ml Schneckensud (ersatzweise Abtropfwasser von Dosenschnecken), 150 ml Crème double, etwas Butter, Muskatnuss, Cayennepfeffer, Kreuzkümmel, Salz und Pfeffer aus der Mühle, gehackte Minze als Garnitur

Den Schinken und die Zwiebel fein-würfelig schneiden. Karotten putzen und in dünne Scheiben schneiden, das Schneckenfleisch grob hacken. In einem Topf den Schinken zusammen mit der Zwiebel in etwas Butter andünsten, dann die Karottenscheiben dazugeben und alles gut 10 Minuten garen lassen. Danach das Gemüse mit der Suppe und Schneckenbrühe aufgießen, einen Deckel auflegen und 1 Stunde kochen, dabei ab und an umrühren. Wenn die Karotten schön weichgekocht sind, wird die Suppe mit einem Mixer püriert und durch ein Sieb gestrichen. Suppe wieder auf den Herd stellen, Schnecken dazugeben und mit den Gewürzen pikant abschmecken. Alles weitere 10–15 Minuten köcheln. Kurz vor dem Servieren die Crème double einrühren und mit gehackter Minze bestreut auftragen.

(Österreich)

Gesäuerte Einbrennsuppe mit Schnecken und Fröschen

In der altösterreichischen Küche waren nicht nur Schnecken sehr beliebt, sondern auch Flusskrebse und Frösche. Insbesondere in Tirol schätzte man diese Suppe, die eine gehaltvolle Abwandlung der klassischen „Froschsuppe" sein dürfte.

2–3 EL Schweineschmalz (ersatzweise Butter), 6–7 EL Mehl, 150 ml kräftige Rindsuppe, gewürfeltes oder julienne-geschnittenes Wurzelwerk (2 große Karotten, 1 gelbe Rübe, 1 Stange Lauch (nur das Weiße), 1 kleines Stück Sellerie in gleichmäßig dünnen Streifen), 3 Stängel Petersilie, 1 große Zwiebel in feine Ringe geschnitten, Nelke, Lorbeer, Muskatnuss, Essig, Salz und Pfeffer, 24 vorgekochte Weinbergschnecken grob gehackt, 24 Paar Froschschenkel, 4 gebähte Brotscheiben, 4 EL Sauerrahm

Das Mehl in heißem Schweineschmalz anrösten, mit Brühe ablöschen und das Wurzelgemüse samt Petersilie dazugeben. Mit gut 1 l Wasser aufgießen und die Gewürze in den Topf geben. Alles bei milder Flamme 2 Stunden langsam sieden lassen, 20 Minuten vor Ende der Garzeit die Froschschenkel dazugeben.

Suppe passieren und erneut auf den Herd stellen, warm halten. Schneckenfleisch in etwas Butter oder Schmalz sautieren. Suppenteller mit gebähten Brotscheiben auslegen und die Schnecken darauf anrichten. Suppe mit Salz, Pfeffer und Essig abgeschmeckt darüber gießen. Je einen Esslöffel Sauerrahm dazugeben und die Suppe heiß genießen.

Variante:

Wer das Froschfleisch sautiert bevorzugt, kocht diese nicht mit, sondern brät die Schenkel in Butter an. Sie werden dann goldbraun gebraten als Suppeneinlage verwendet.

Taiwanesische Verführung

Das Rezept ist ein „Klassiker" der taiwanesischen Festtags-Küche. Die als überaus gastfreundlich geltenden Taiwanesen lieben Bankette über alles und bereiten dafür Speisen in Hülle und Fülle zu. Meeresfrüchte spielen hier eine ganz besondere Rolle, da die taiwanesische Küche ihren Ursprung in den Küstengebieten von Fukien hat. Dieses in Taiwan auch unter der Bezeichnung „Buddhas Versuchung" bekannte Gericht ist für den europäischen Gaumen sicherlich ungewohnt. Vollendet zubereitet schmeckt es aber wahrhaft köstlich und ist mehr als nur eine Versuchung wert. Bitte verurteilen Sie dieses Rezept nicht aus Gründen des Artenschutzes; wir haben es aufgenommen, um landestypische Speisen vorzustellen.

16 getrocknete Abalone (aus Naturschutzgründen empfehlen wir Zucht-Abalone in Dosen, die auch nicht tagelang gewässert werden müssen),
1 große Haifischflosse mit Haut
(alternativ: Reisnudeln), 12 Kammmuscheln,
750 g Auerhahn
(alternativ: Wachteln oder Rebhuhn),
1 Huhn (etwa 1,2 kg),
100 g chinesischer Schinken (von salzigem Geschmack; wird als Gewürz zum Kochen verwendet, sein Geruch erinnert teilweise an Sojasauce),
50 g Bambuspilze,
150 g Yams (trop. Wurzel, bis zu 60 kg schwer, wird in der karibischen und asiatischen Küche wegen ihres hohen Stärkegehalts wie Kartoffeln verwendet, erinnert geschmacklich an Süßkartoffeln),
50 g Mispelfrucht, 1 große Frühlingszwiebel,
Reiswein, 2 EL Zucker,
50 ml Sojasauce, weißer Pfeffer

HINWEIS:

Der Auerhahn steht bei uns unter Naturschutz, deshalb verwenden wir Wachteln oder Rebhühner, was dem Gericht nicht schadet. Wer keine Haifischflossen verwenden mag, der greife zu Reisnudeln, die sind von der Konsistenz her ähnlich und man spart Zeit (man kann im China-Laden auch bereits gehäutete und vorgegarte Haifischflossen kaufen, die sind in etwa 2 Stunden gebrauchsfertig).

Hier die schrittweise Anleitung für das Original:

1. Die Haifischflosse in einen großen Topf mit Wasser geben und bei starker Hitze 30 Minuten kochen. Herausnehmen und mit kaltem Wasser abschrecken. Unter fließendem Wasser gründlich spülen. Dann in kaltes Wasser einlegen und über Nacht stehen lassen. Am nächsten Tag wieder 30 Minuten kochen und erneut abschrecken und in kaltes Wasser einlegen. Dasselbe während der nächsten 6 Tage wiederholen – (diesen Vorgang braucht man mit bereits gehäuteten oder vorgegarten Haifischflossen nicht zu machen).

2. Abalone 5 Tage bei milder Hitze garen, die Brühe aufbewahren. (Greift man auf Zucht-Abalone in Dosen zurückt, hat man zwar nicht den aromatischen Kochsud, dafür ein gutes Gewissen! Dosenware gibt es im China-Laden, sie stammt meist aus Australien und hat teilweise sehr gute Qualität.)

3. In einem frischen Topf das Huhn, die Haifischflosse und die Abalone mit ihrer Brühe aufsetzen, evtl. Wasser dazugeben und alles 8 Stunden leise köcheln lassen. Brühe beiseite stellen.

4. Bambuspilze mindestens eine Stunde einweichen, dann abtropfen und in Stücke schneiden.

5. Kammmuscheln mit wenig Wasser 30 Minuten dünsten.

6. Den Auerhahn in Stücke schneiden und im Ofen hellgelb grillen.

7. Frühlingszwiebel hacken und mit Wein, 2 EL Zucker sowie dem Schinken vermischen, dann 2 Stunden dämpfen. Beiseite stellen.

8. Mispeln und Yams in einen großen Topf füllen. Die Auerhahnstücke darauflegen, dann Kammmuscheln, Schinken (grob gehackt) mit Gewürzen, Bambuspilze, Haifischflosse und die Abalone ebenfalls hineingeben. Alles mit der Schnecken-Hühnerbrühe übergießen, evtl. Wasser nachfüllen und mit Sojasauce und weißem Pfeffer abschmecken. Weitere 8 Stunden köcheln lassen. Suppentopf auf den Tisch stellen, Einlage herausnehmen und servieren.

(Griechenland)

Bámies me salingária

(Okragemüse mit Gartenschnecken)

Asa foetida ist ein sehr intensives Gewürz, mit feinem Knoblaucharoma. Diese Form des „Asant" wird aus den Stängeln und Wurzeln des Riesenfenchels gewonnen. Die alten Römer nannten es Silphium und verehrten es so sehr, dass dieses Gewürz neben dem Staatsgold aufbewahrt wurde. Man erhält es in gut sortierten Gewürzläden oder Orient-Shops und sollte es nur in ganz geringen Mengen verwenden. Es verleiht südeuropäischen Rezepten ein ganz besonderes Aroma und schmeckt besonders gut zu Okra.

500 g frische Petits gris oder Gartenschnecken gesäubert und vorgegart (ersatzweise Weinbergschnecken aus der Dose),
750 g kleine frische Okras (faserige Kapsel eines Malvengewächses von mild herb-würzigem Geschmack mit säuerlich-pikanter Note, vorzugsweise nicht länger als 5 cm),
150 ml guter Weinessig,
150 ml bestes griechisches Olivenöl,
2 Zwiebeln feinst gehackt,
600 g Tomaten enthäutet und fein gewürfelt,
etwas Zucker, 1/2 TL Asa foetida,
Salz und Pfeffer aus der Mühle,
gehackte Petersilie als Garnitur

Die gesäuberten Schnecken abtropfen lassen, die Okras waschen und die Stiele abschneiden. Okras in eine säurefeste Schüssel füllen, salzen und mit Essig übergießen; gut 30 Minuten ziehen lassen. In einer schweren Kasserolle die feingehackten Zwiebeln im Olivenöl andünsten. Die Okras abtropfen lassen und ohne Essig in den Topf geben. Alles unter ständigem Rühren anbraten. Danach die Schnecken, Tomaten und etwas Zucker hinzufügen, salzen und pfeffern. 45 Minuten auf schwacher Flamme garen. Kurz vor Ende der Garzeit mit Asa foetida würzen, abschmecken und mit gehackter Petersilie bestreut servieren. Weißbrot dazu reichen.

Variante:

Statt Asa foetida kann man auch zwei gehackte Knoblauchzehen mitgaren und dieses Gericht mit frisch gehackter Minze würzen.

(Karibik)

Coconut Conch

(Riesenflügelschnecke in Kokosnusssauce)

4 Riesenflügelschnecken,
5 EL Butter,
10 Schalotten feinst gehackt,
2 große Bund glatte Petersilie fein gehackt,
3 Bund Schnittlauch in Röllchen geschnitten,
evtl. 8 cl Rum,
1 l Kokoscreme,
scharfes Currypulver nach Geschmack,
Salz und weißer Pfeffer aus der Mühle

Die Riesenflügelschnecken häuten, weich klopfen und das Fleisch in mundgerechte Stücke schneiden. Die Butter in einem großen Topf zerlassen, Schalotten und Kräuter darin kurz anschwitzen. Das Schneckenfleisch hinzufügen und andünsten. Evtl. mit Rum ablöschen und kurz flambieren. Die Kokoscreme langsam angießen. Alles köcheln lassen, dabei ab und an etwas Wasser zufügen. Wenn die Schnecken nahezu weich sind und die Sauce eingedickt ist (dauert etwa 3 Stunden), wird mit Salz, weißem Pfeffer und Currypulver nach Geschmack kräftig gewürzt. Weitere 20 Minuten kochen lassen, mit Reis servieren.

Bámies me salingária

(Deutschland)

Schneckencremesuppe

Für dieses einfache, aber sehr wohlschmeckende Rezept ist es von ganz besonderer Bedeutung, dass nur ein Huhn aus bester Zucht verwendet wird. Die meist geschmacklosen Suppenhühner aus Massentierhaltungen können der Brühe keinen grossartigen Geschmack geben und die Suppe kann dadurch recht ausdruckslos wirken. Auch eine selbst zubereitete Schneckenbrühe (statt dem Dosensud) verbessert das Aroma erheblich. Falls Dosenware verwendet wird, die Schnecken abseihen, Brühe dabei auffangen.

24 küchenfertig vorbereitete Weinbergschnecken,
1/4 l Schneckenbrühe
(ersatzweise Abtropfwasser von Dosenware),
1 großes Suppenhuhn aus ökologischer
Freilandhaltung (vorzugsweise),
1 Bund Suppengemüse (Karotte, Lauch, Sellerie,
Petersilienwurzel und Blattpetersilie),
1 Gemüsezwiebel,
1 Lorbeerblatt,
grüne Pfefferkörner,
75 g Butter,
gut 50 g Mehl,
125 ml Crème double oder Schlagsahne,
Salz,
Currypulver oder
Cayennepfeffer als Garnitur

Das Suppenhuhn gründlich mit kaltem Wasser abspülen. Suppengrün putzen und grob hacken, Zwiebel schälen und mit Lorbeerblatt spicken. Gemüse, Suppenhuhn, Pfefferkörner und etwas Salz in einen Topf geben und soviel Wasser angießen, dass alles gerade knapp bedeckt ist (etwa 2–3 l). Brühe aufkochen lassen, Schaum abschöpfen, Hitze zurückdrehen und alles 1 1/2–2 Stunden leise köcheln lassen. Danach das Huhn aus der Brühe nehmen und auskühlen lassen. Brühe durch ein feines Haarsieb gießen und ggfs. entfetten. Suppe erneut aufkochen lassen, dann auf knapp 1 Liter reduzieren. In einem frischen Topf die Butter zerlassen und das Mehl darin 2 Minuten abrösten. Hühnerbrühe und Schneckenbrühe unter ständigem Rühren einarbeiten, dann alles 5–10 Minuten köcheln. In der Zwischenzeit das Hühnerfleisch auslösen und in Würfel schneiden; große Schnecken halbieren. Hühnerfleisch und Schnecken in die Suppe geben und diese weitere 10–15 Minuten köcheln lassen. Kurz vor dem Servieren mit Salz und Pfeffer abschmecken, die Crème double (bzw. geschlagene Sahne) einrühren und mit einer Prise Cayennepfeffer bestreut in vorgewärmten Suppentellern servieren.

(Österreich)

Gesottene Schnecken mit Wurzelgemüse und Kren

Dieses altösterreichische Rezept stammt wahrscheinlich aus einer mittelalterlichen Klosterküche und wurde dort zur Fastenzeit serviert.

48 küchenfertig vorbereitete
Weinbergschnecken (ausgelöst),
2 Karotten, 2 gelbe Rüben, 1 Petersilienwurzel,
1/4 Knolle Sellerie, 1 Lauch (nur das Weiße),
4 Stängel glatte Petersilie,
1,2 l kräftige Rindsuppe,
5 Zweige Thymian,
einige Blätter Salbei oder Lorbeer (fakultativ),
Essig und Öl nach Geschmack,
reichlich frisch geriebener Kren,
Salz und schwarzer Pfeffer aus der Mühle

Das Wurzelgemüse putzen und in gleichmäßig dicke und lange Streifen schneiden (Julienne). Brühe erhitzen und das Wurzelgemüse zusammen mit Thymian und Salbei oder Lorbeer einige Minuten kochen. Die Schnecken und Petersilie dazugeben und alles weitergaren, bis das Gemüse weich, aber noch bissfest ist und die Schnecken gut erhitzt sind. Kräuter entfernen. Suppe mit Salz und Pfeffer abschmecken. In vier vorgewärmte Suppenteller jeweils 12 Schnecken setzen, etwas Essig und Öl darüberträufeln etwas Suppe angießen und mit frisch gerissenem Kren servieren.

(Italien)

Lumache alla Belluno

(Schnecken nach Art von Belluno)

1 1/2 kg frische Schnecken,
2 EL Butter,
1 EL Olivenöl,
150 ml trockener Weißwein,
3 Schalotten,
300 g Knollensellerie,
300 g Porree,
Gemüsebrühe,
Semmelbrösel,
Salz und Pfeffer aus der Mühle

Die frischen Schnecken sorgfältig reinigen (ersatzweise Schnecken aus der Dose verwenden), dann 1–2 Tage hungern lassen. Schnecken nochmals gründlich waschen, danach 10 Minuten in kochendem Wasser blanchieren. Fleisch aus den Schneckenhäusern ziehen, Kapsel und Eingeweide entfernen, dann unter fließendem kalten Wasser abspülen. Die Butter mit etwas Olivenöl in einem Topf erhitzen. Feingehackte Schalotten darin glasig werden lassen. Die abgetropften Schnecken dazugeben und andünsten. Danach den Weißwein dazugießen und langsam einkochen lassen. In der Zwischenzeit die Gemüsesuppe erwärmen, den Sellerie putzen und fein würfeln, Porree waschen und in feine Ringe schneiden. Gemüse zu den Schnecken geben, salzen, pfeffern und alles weiterdünsten. Schließlich mit warmer Gemüsesuppe aufgießen, bis alles bedeckt ist. Auf kleiner Flamme gut 2 Stunden schmoren. Kurz vor dem Servieren wird die Sauce mit Semmelbrösel gebunden und alles nochmals abgeschmeckt. Mit cremiger weißer Polenta (siehe Anhang) servieren.

(Griechenland)

Schneckeneintopf auf kretische Art

300 g vorgekochtes Schneckenfleisch,
3 Schalotten, 4 Knoblauchzehen,
etwa 75 ml gutes Olivenöl (vorzugsweise aus Kreta),
200 ml trockener griechischer Weißwein,
750 ml kräftige Gemüse- oder Hühnerbrühe,
1 Bouquet garni (Petersilie, Thymian, Lorbeer),
300 g Artischockenherzen (vorzugsweise von kleinen lila Artischocken) in Zitronenwasser eingelegt,
200 g gepalte junge grüne Bohnen,
1 kleines Bund glatte Petersilie grob gehackt,
Schale von 1/2 unbehandelten Zitrone,
Saft von 1/2 Zitrone,
Cayennepfeffer, Meersalz

Die Artischockenherzen auf Heureste überprüfen, diese entfernen. Die Herzen in Zitronenwasser einlegen. Schalotten und Knoblauch fein würfeln. Etwa 5 EL Olivenöl in einer Kasserolle erhitzen, Knoblauch und Zwiebel darin anschwitzen. Mit Weißwein ablöschen, diesen nahezu vollkommen einkochen lassen. Bouquet garni und Hühnerbrühe dazugeben, Schnecken untermengen, alles 15 Minuten bei milder Hitze leise köcheln. Zwischenzeitlich große Artischockenherzen halbieren, kleinere ganz lassen. Artischocken mit etwas Olivenöl in einer Pfanne kurz braten. Bohnenkerne einige Minuten in kochendem Salzwasser blanchieren, abtropfen. Bohnen samt Artischocken in die Brühe geben, alles gut vermengen, einige Minuten weiterköcheln. Bouquet garni herausnehmen, Thymianblätter abrebbeln und wieder ins Ragout mischen. Den Eintopf mit gehackter Petersilie, Zitronenschale, Zitronensaft, Cayennepfeffer und Meersalz abschmecken. Heiß mit frisch gebackenem Weißbrot servieren.

(Griechenland)

Griechische Gemüsesuppe mit Weinbergschnecken

Dieses köstliche Gericht stammt von einer lieben griechischen Grossmutter, deren Sohn eine nette Taverne in Piräus betreibt. Wehmütig erzählte sie dabei, dass die Griechen ihre grosse Küchentradition geradezu vergessen haben und das Bild, welches im Ausland herrscht, oft ein ganz Falsches sei. Diese Wehmut kann man nachvollziehen, wenn man das Gericht nachgekocht und verkostet hat.

24 Weinbergschnecken küchenfertig vorbereitet (ersatzweise aus der Dose),
300 g Karotten,
300 g Sellerie, 2 große gelbe Rüben,
1 Kohlrabi,
1 große Gemüsezwiebel,
1 Knoblauchzehe,
500 ml kräftige Hühnerbrühe (oder Rinderbrühe),
gut 6 cl Ouzo,
75 g Butter,
1 EL bestes Olivenöl,
1 Eigelb, 150 ml Rahm oder Crème fraîche,
Anissamen (etwa 1 TL),
Fenchelsamen (etwa 1/2 TL),
Prise Zucker, Meersalz,
weißer Pfeffer aus der Mühle,
frittierte Zucchiniblüten und
geröstete Pinienkerne als Garnitur

Weiter:
Ausgehöhlter Kohlrabi als Garniturbehältnis

Wenn man Schnecken aus der Dose verwendet, so werden diese abgetropft, gewaschen und beiseite gestellt. Karotten, Sellerie und Rübe putzen, danach in feine Julienne (gleichmäßige, dünne Streifen) schneiden. Kohlrabi und Zwiebel schälen, ebenfalls „julienne" schneiden. Knoblauch kurz in heißem Wasser aufkochen, Haut abziehen und mit Meersalz zerdrücken.

Butter und Olivenöl in einer Kasserolle erhitzen, dann die Zwiebel darin glasig werden lassen. Anis- und Fenchelsamen im Mörser grob mahlen, zu der Zwiebel geben und kurz mitrösten. Das restliche Gemüse samt Knoblauch dazugeben und alles 5 Minuten dünsten. Mit Ouzo ablöschen und mit der Hühnerbrühe aufgießen, ggfs. etwas Wasser angießen, so dass das Gemüse gut bedeckt ist.

Die Suppe aufkochen, dann die Schnecken dazugeben und mit Meersalz, einer Prise Zucker sowie Pfeffer aus der Mühle würzen. Die Suppe auf milder Flamme köcheln lassen, bis das Gemüse gar, aber noch bissfest ist. Dann etwas von der Flüssigkeit wegnehmen, Crème fraîche (bzw. Rahm) und das Eigelb damit verquirlen. Suppe vom Herd nehmen und mit dieser Mischung legieren, nicht mehr kochen lassen. Gemüsesuppe nochmals mit Salz, Pfeffer und evtl. einem Schuss Ouzo abschmecken.

Suppe in vorgewärmte Teller oder ausgehöhlte Kohlrabi füllen, mit gerösteten Pinienkernen und/oder frittierten Zucchiniblüten garnieren.

Variante:

Man kann die Suppe auch noch mit Oregano, Thymian und/oder Rosmarin abschmecken!

Griechische Gemüsesuppe mit Weinbergschnecken

(Italien)

Lumache di mare con patate

(Meeresschnecken mit Kartoffeln)

Diesen schmackhaften Eintopf servierte man uns in einem kleinen Fischlokal im Cinqueterre. Die zunächst übertrieben scheinende Menge von Zwiebel und Knoblauch in diesem Rezept hat damit zu tun, dass man schon in frühen Zeiten von der antibakteriellen Wirkung und dem hohen Vitamingehalt dieser Gemüsesorten wusste. So wurden insbesonders rückkehrenden Seefahrern gehaltvolle Eintöpfe serviert, was der Küche Liguriens im Übrigen den Beinamen „cucina del ritorno" Küche der Rückkehr einbrachte.

2 1/2 kg frische gemischte Meeresschnecken (Wellhornschnecken, Purpurschnecken, Strandschnecken etc.),
700 g überwiegend festkochende Kartoffeln,
mindestens 150 ml bestes ligurisches Olivenöl,
Saft von 2 Zitronen,
6 große Gemüsezwiebeln fein gehackt,
12 Knoblauchzehen fein gehackt,
1 großes Bund glatte Petersilie grob gehackt,
1 großes Bund Basilikum gehackt,
Salz und Pfeffer aus der Mühle

Für den Sud:
1 Flasche trockener Weißwein,
2 Zwiebeln,
12 Knoblauchzehen,
2 Selleriestangen,
2 Karotten, einige Zweige Petersilie,
Meersalz

Das Gemüse für den Sud schälen oder putzen, grob zerschneiden. Wasser in einem großen Topf zum Kochen bringen, salzen und das Gemüse dazugeben. Den Wein angießen. Die gut gereinigten Schnecken (außer die kleinen Strandschnecken) darin in etwa 45 Minuten gar kochen, Strandschnecken dazugeben und weitere 5–10 Minuten mitkochen. Schnecken im Sud abkühlen lassen.

In der Zwischenzeit die Kartoffeln mit der Schale in reichlich Salzwasser weich kochen, dann schälen und in kleine Würfel schneiden. Die Gemüsezwiebeln schälen und grob hacken, in etwas Olivenöl andünsten, bis sie zusammenfallen.

Schnecken, Kartoffeln und Zwiebeln in eine große, feuerfeste Schüssel füllen. Knoblauchzehen mit reichlich Olivenöl und gehackter Petersilie vermengen. Marinade über die Schnecken gießen, gut salzen und pfeffern. Basilikum fein hacken und darüberstreuen. Zutaten gut vermengen und sofort servieren oder einige Stunden (besser über Nacht) zugedeckt im Kühlschrank marinieren. Vor dem Servieren wird die Form in den auf 150–180 Grad vorgeheizten Ofen gestellt und alles erwärmt. Mit kleinen Messern (um die Kapseln der Schnecken abschneiden zu können), Nadeln und Löffeln servieren. Weißbrot dazu reichen. Dazu passt eine Knoblauch-Mayonnaise zum Dippen.

(Spanien)

Sopa de ajos e caracoles

(Knoblauchsuppe mit Schnecken aus der Mancha)

250 g altbackenes Weißbrot,
24 küchenfertig vorbereitete Weinbergschnecken (ersatzweise aus der Dose),
bestes Olivenöl,
12 Knoblauchzehen fein gehackt,
1 TL mildes Paprikapulver,
1 TL scharfes Paprikapulver,
1 l kräftige Fleisch- oder Hühnerbrühe,
4 frische Eier, Salz

Gut 2 EL Olivenöl in einer Pfanne erhitzen, 2 Knoblauchzehen dazugeben und die Schnecken darin leicht sautieren. Das Weißbrot würfeln, in einer Kasserolle mit reichlich Olivenöl goldbraun rösten. Den restlichen Knoblauch dazugeben und leicht Farbe nehmen lassen. Alles mit den beiden Paprikapulvern bestauben, leicht salzen und mit der Suppe aufgießen; danach 20 Minuten leise köcheln lassen.

In vier feuerfeste Tonschalen je 6 Schnecken setzen, dann die Suppe darüber verteilen. Jeweils ein Ei vorsichtig in die Schalen gleiten lassen. Im vorgeheizten Ofen bei 200 Grad garen, bis das Ei gestockt ist. Sehr heiß genießen.

Fastensuppe

Schnecken und Fisch gehören bekanntlich zu den bekanntesten und beliebtesten Fastenspeisen der Mönche. Dieses alte Klosterrezept fand (in unterschiedlichen Varianten) in zahlreichen Klosterküchen grossen Anklang. Abgewandelt wurde die Suppe mit verschiedenen regionalen Spezialitäten, wie z. B. Obers, Topfen (Speisequark), Spinat, Schafskäse u.v.m.

500 g Fischfilet (man kann Süß- oder Salzwasserfische verwenden, klassisch bereitet man sie mit eingeweichtem Stockfisch zu),
250 g küchenfertig vorbereitetes Weinbergschneckenfleisch,
3 große Zwiebeln, 4–6 Knoblauchzehen,
2 große Bund Suppengemüse geputzt,
2 Lorbeerblätter, 3–5 Gewürznelken,
3 Zweige frischer Thymian,
1/2 EL schwarze Pfefferkörner, 2–3 EL Essig,
Salz, Pfeffer aus der Mühle,
gehackte Petersilie zum Garnieren

In einem großen Topf etwa 2 l Wasser aufsetzen; in Ringe geschnittene Zwiebeln, Knoblauchzehen, grob gehacktes Suppengemüse und alle Gewürze hineingeben. Alles zum Kochen bringen und etwa 1 Stunde garen. Grundbrühe vom Herd nehmen und abkühlen lassen. Brühe durch ein Sieb seihen, Gemüse gut ausdrücken. Suppe erneut aufkochen. In mundgerechte Stücke zerteilte Fischfilets und das Schneckenfleisch dazugeben, leise 10 Minuten köcheln. Suppe mit Salz, Pfeffer und Essig abschmecken und mit gehackter Petersilie bestreut servieren.

(Griechenland)

Kreuzkümmel-Linsensuppe mit gefüllten Paprikaschoten

Für die Suppe:
300 g getrocknete grüne Linsen,
75 ml bestes Olivenöl (vorzugsweise griechisches),
1–1 1/2 l kräftige Hühnerbrühe,
1–2 Knoblauchzehen fein gehackt,
2 weiße Zwiebeln klein gehackt, 1 TL Tomatenmark,
Kreuzkümmel nach Geschmack (etwa 1–2 TL),
einige Zweige Thymian,
Meersalz und schwarzer Pfeffer aus der Mühle

Für die Paprika:
24 kleine Paprikaschoten,
24 große Weinbergschnecken (oder 48 kleine) küchenfertig vorbereitet,
Salz und Pfeffer aus der Mühle

Zuerst die Linsen 2 bis 3 Stunden in kochendem Wasser (ohne Salz!) garen, dann kalt abschrecken. Zwischenzeitlich die Einlage vorbereiten; hierfür die Schoten gut waschen, köpfen und das Weiße samt Kernen aushöhlen. Schnecken waschen, trocken tupfen und würzen. Je eine große (oder zwei kleine) in eine Schote füllen, Öffnung mit einem Zahnstocher verschließen. Olivenöl in einem Topf erhitzen, Knoblauch und Zwiebel darin zusammen mit dem Kreuzkümmel glasig dünsten. Das Tomatenmark einrühren, die vorgekochten Linsen dazugeben und alles mit der Hälfte der Suppe aufgießen. Suppe aufkochen lassen, gefüllte Paprikaschoten dazugeben. Eintopf gut 30 Minuten köcheln, dabei ab und an Brühe nachfüllen. Letztlich mit frischen Thymianblättern, Salz und Pfeffer abschmecken. Heiß servieren.

TIPP:

Eine schöne Garnitur sind frittierte Kräuter (Petersilie, Thymian, Rosmarin etc.).

Gemischte Meeresschnecken in würzigem Safransud

(*Frankreich*)

Gemischte Meeresschnecken in würzigem Safransud

Je 1 kg Wellhornschnecken, Herkuleskeulen,
Turbanschnecken und/oder Purpurschnecken,
gut 3 l kräftiger Fischfond (siehe Anhang),
2 große Zwiebeln in Ringe geschnitten,
3–4 Knoblauchzehen zerdrückt, etwas unbehandelte
Orangenschale, 2–3 g echte Safranfäden,
2 Lorbeerblätter, Olivenöl, Zitronensaft,
Meersalz und Pfeffer aus der Mühle

Schnecken unter fließendem Wasser reinigen, dann in reichlich Salzwasser blanchieren. Schneckenfleisch etwas aus den Häusern ziehen und die Verschlusskapseln entfernen, dann das Fleisch zurück in die Häuser schieben. Fischfond in einen Topf füllen, mit Zwiebeln, Knoblauch, Orangenschale, Safran, Lorbeer und Olivenöl (etwa 1 Glas) rasch zum Kochen bringen. Schnecken hinzugeben und im Sud köcheln, bis das Schneckenfleisch weich ist. Zum Schluss mit Zitronensaft, Salz und Pfeffer abschmecken. Schnecken im Topf auftragen, geröstetes Weißbrot, Aioli, Knoblauchmayonnaise und Rouille dazu servieren.

TIPP:

Wenn man zu wenig Flüssigkeit hat, kann man noch etwas Wasser und/oder sehr guten Weißwein dazugeben.

(*Frankreich*)

Lorbeersuppe mit Schweinshachse und Schnecken

Dieses sehr altertümliche Rezept hat eine lange Tradition in vielen Gegenden und dementsprechend viele Variationen gibt es. Das Besondere an dieser südfranzösischen Variante der Suppe ist, dass ein Lorbeerzweig als „Kochlöffel" verwendet wird, wodurch die Suppe ihren unvergleichlichen Geschmack erhält.

2 vordere Schweinshachsen (oder eine hintere),
300 g vorgekochte Weinbergschnecken
(vorzugsweise nach elsässischer Art, siehe Anhang,
ersatzweise aus der Dose),
200 ml Schneckenbrühe
(vorzugsweise nach elsässischer Art, siehe Anhang,
ersatzweise Abtropfwasser von Dosenware),
3 Zwiebeln grob gehackt,
6 Knoblauchzehen geschält und
mit dem Handballen angedrückt,
2 frische Lorbeerblätter, 1 ganzer Lorbeerzweig,
3 Salbeiblätter,
1 Hand voll grobes Meersalz,
gut 500 g Maismehl
(es eignen sich auch Dinkel- oder Bohnenmehl),
Olivenöl

Vom Lorbeerzweig die Blätter entfernen (wer die Suppe besonders aromatisch will, kann einige Blätter zusätzlich in die Suppe geben). 2 l Wasser mit der Schneckenbrühe vermengen und in einem Topf mit schwerem Boden (die Suppe darf nicht anbrennen) zum Kochen bringen. Zwiebeln, Knoblauchzehen, Lorbeerblätter, Salbeiblätter und grobes Meersalz dazugeben. Eine Minute sprudelnd kochen lassen, Hitze zurückdrehen. Mehl mit etwas kaltem Wasser glatt anrühren und in die Brühe einrühren. Schweinshachsen ganz oder halbiert dazugeben und ebenfalls in den Topf füllen. Während die Suppe nun köchelt und dabei eindickt, wird der Lorbeerzweig mitgegart und die Suppe mit ihm des öfteren umgerührt, damit sie nicht am Boden ansetzt. Nach etwa 30 Minuten die Schnecken hinzufügen. Die Suppe ist servierbereit, wenn sie soweit eingedickt ist, dass der Zweig von alleine darin stehen bleibt. Hachsen aus der Suppe nehmen, Knochen auslösen und das Fleisch grob würfeln. Fleisch wieder in die Suppe geben und servieren. Die fertige Suppe mit etwas hochklassigem Olivenöl auf dem Teller vollenden.

Wachteltopf mit Geflügelinnereien, Schnecken, Hahnenkämmen und Trüffeln

12 Wachteln,
24 Weinbergschnecken (küchenfertig vorbereitet),
4 Entenmägen,
200 g Geflügellebern zugeputzt,
2–3 Hühnerherzen geputzt,
2–3 Hahnennieren,
12–16 Hahnenkämme,
12 Champignons,
12–16 kleinere schwarze Trüffeln (gereinigt),
4 Schalotten,
gut 2 l kräftige Geflügelbrühe (siehe Anhang),
etwa 150 g Butter,
1 Gläschen guter Cognac,
Salz und Pfeffer aus der Mühle

Hahnenkämme abflämmen, dann die äußere zähe Haut entfernen. Hahnenkämme grob zerteilen und in etwas Geflügelbrühe 30 Minuten vorkochen.

Zwischenzeitlich die Wachteln in einem großen Bräter mit Butter und fein gehackten Schalotten anbraten. Nach gut 10 Minuten mit Salz und Pfeffer würzen, Cognac angießen, Deckel auflegen und auskühlen lassen. Die Geflügelinnereien klein würfeln, Champignons feinblättrig schneiden. In etwas Butter zuerst die Mägen, Nieren, Herzen und Hahnenkämme weich dünsten, nach gut 10 Minuten die Schnecken, die Champignons und die Leber dazugeben, alles gut würzen.

Von den Wachteln die Brustfilets auslösen und beiseite stellen. Die Karkassen (Knochen und restliche Wachtelabschnitte) mit einem Hackbeil sorgfältig zerkleinern und samt dem Bratensaft aus der Kasserolle durchpressen (klassisch macht man dies mit einer Geflügelpresse, man kann auch ein stabiles Passiergerät hierfür nehmen). Das erhaltene Wachtelpüree mit Geflügelbrühe verdünnen, bis man die gewünschte Konsistenz erreicht hat. Diese Masse wird dann durch ein feines Etamin gezogen und erneut erhitzt. Aufkochen lassen, evtl. Geflügelbrühe nachgeben und abschmecken.

Die Brustfilets zusammen mit den Innereien, den Schnecken, Champignons und Hahnenkämmen in 6–8 vorgewärmte Terrinen oder eine große Suppenschüssel füllen. Die Trüffeln kurz in Butter braten, mit etwas Cognac ablöschen, diesen einkochen lassen, danach ebenfalls dazugeben. Die gut erhitzte Brühe darübergießen und sofort servieren.

(Frankreich)

Eintopf aus Pökelzunge und Weinbergschnecken

1 kleine gepökelte Kalbszunge,
24–36 küchenfertig vorbereitete Weinbergschnecken (je nach Größe),
1 Bund Suppengemüse samt Petersilie,
1 Lorbeerblatt,
2 große Zwiebeln,
1/8 l guter Riesling,
2 Karotten und etwas Sellerie in Würfeln geschnitten,
einige Thymianzweige,
schwarzer Pfeffer aus der Mühle,
1 Päckchen tiefgekühlter Blätterteig,
Eigelb zum Bestreichen

Die Pökelzunge in leicht gesalzenem Wasser zusammen mit einem Lorbeerblatt und dem Suppengemüse in etwa 1 1/2–2 Stunden garköcheln lassen. In der Zwischenzeit die 2 Karotten und den Sellerie klein-würfelig schneiden und in Salzwasser bissfest garen. Zwiebel in feine Ringe schneiden, in etwas Butter anschwitzen und mit dem Riesling ablöschen; Wein einkochen lassen. Sehr große Schnecken halbieren. Wenn die Zunge gar ist, diese häuten und etwa die Hälfte der Zunge in mundgerechte Würfel schneiden (Rest für eine spätere Verwendung aufheben). Die Brühe durch ein feines Sieb, das mit Küchenpapier oder einem Etamin ausgelegt worden ist, seihen. Sollte die Brühe zu dünn sein, diese auf starker Flamme etwas einkochen lassen. Feuerfeste Formen mit je einem Esslöffel Zwiebel, Pökelzunge, Schnecken und Gemüse füllen, alles mit Brühe aufgießen und mit Pfeffer und ggfs. etwas Salz würzen. Formen mit Blätterteig abdecken, eine Öffnung in die Mitte einarbeiten, mit Eigelb bestreichen und bei 200 Grad im vorgeheizten Backofen fertiggaren, bis der Teig eine goldgelbe Farbe angenommen hat.

Weinbergschnecken im Tomatenschiffchen auf Petersiliensüppchen

Ein Gericht, das überaus hübsch anzusehen ist und sehr delikat schmeckt.

Für die Schnecken:

Etwa 70 küchenfertig vorbereitete Petits gris
(oder Burgunderschnecken entsprechend weniger),
125 g Butter, 3 Schalotten fein gehackt,
150 ml trockener Weißwein,
6 Knoblauchzehen feinst gehackt,
250 g braune Champignons,
125 ml Sahne,
Blätter von 4 Zweigen Thymian,
2 EL Schnittlauch fein geschnitten,
Salz und Pfeffer aus der Mühle

Für die Petersiliensuppe:

4 Bund glatte Petersilie,
die Zehen von 4 Knollen Knoblauch,
200 g Blattspinat,
75 g Butter,
500 g Schalotten fein gehackt,
250 ml Wermut extra trocken,
500 ml Sahne,
750 ml kräftige Hühnerbrühe (siehe Anhang),
Salz,
weißer Pfeffer aus der Mühle

Weiter:

3-4 große Fleischtomaten,
Kartoffelsegel (dünne, im Ofen getrocknete,
große Kartoffelscheiben)

Mit der Petersiliensuppe beginnen: Knoblauchzehen schälen und in einen Topf mit kaltem Wasser aufsetzen. Zum Kochen bringen, mit kaltem Wasser abschrecken. Diesen Vorgang 2–3mal wiederholen. Petersilie 5 Minuten, Blattspinat 1 Minute in kochendem Salzwasser blanchieren, in Eiswasser kalt abschrecken und Wasser gut ausdrücken. Butter in einem Topf erhitzen, Schalotten darin glasig werden lassen. Knoblauch hacken und dazugeben, dann alles mit Wermut ablöschen und diesen nahezu vollkommen einkochen lassen. Danach Hühnerbrühe und Sahne dazugeben, aufkochen und alles weitere 20 Minuten köcheln, dabei von Zeit zu Zeit umrühren. Petersilie und Spinat in die Suppe geben, alles mit einem Mixer pürieren und durch ein feinmaschiges Netz streichen. Suppe mit Salz und Pfeffer abschmecken, warm halten nicht kochen lassen.

Die Haut der Tomaten einschneiden, Tomaten 2–3 Minuten in kochendes Wasser tauchen, eiskalt abschrecken und häuten. Tomaten (längs) halbieren, aushöhlen und die Kerne entfernen, warm beiseite stellen.

2/3 der Butter für die Schnecken in einer Pfanne zerlassen, grob geschnittene Schnecken darin anbraten. Schalotte dazugeben, kurz mitdünsten, dann den Weißwein angießen. Wein nahezu vollkommen einkochen lassen. Knoblauch dazugeben und mit Salz und Pfeffer abschmecken.

Geputzte Champignons fein würfeln, in der restlichen Butter heiß braten, bis alle austretende Flüssigkeit verdampft ist. Champignons zu den Schnecken geben. Sahne angießen, mit Thymian, Schnittlauch, Salz und Pfeffer abschmecken.

Zum Anrichten je eine Tomatenhälfte mit Schneckenragout füllen und in die Mitte von vorgewärmten Suppentellern setzen (je nach Größe der Tomaten reicht die Menge für 6–8 Schiffchen). Heiße Petersiliensuppe rund herum gießen, sofort servieren (man kann die Suppe noch mit „Kartoffelsegeln" ausgarnieren).

Varianten:

Weitere Garnituren könnten z. B. geschlagene Sahne, ein Knoblauchschaum oder knusprig gebackene Kartoffelsegel sein.

Ragout fin von Weinbergschnecken und Kalbfleisch

Pasteten, diverse Ragouts, Polenta- und Getreidegerichte

Ragout fin von Weinbergschnecken und Kalbfleisch

6 Blätterteigpasteten,
250 g vorgekochtes Weinbergschneckenfleisch,
300 g pariertes und blanchiertes Kalbsbries,
200 g gepökelte Kalbszunge vorgekocht,
100 g vorgegartes Kalbfleisch,
100 g gekochter Schinken,
250 g frische Champignons,
4 schwarze Trüffeln,
etwa 100 g geriebener Parmesan,
500 ml kräftige Geflügelbrühe (siehe Anhang),
gut 300 ml Crème fraîche, 125 g Butter, 80 g Mehl,
1 Glas Marsala-Wein, 1–2 Lorbeerblätter,
frisch geriebene Muskatnuss,
Salz und Pfeffer aus der Mühle

Das Kalbsbries in Stücke schneiden und zusammen mit feinblättrig geschnittenen Champignons in der Hälfte der Butter sautieren; mit Salz und Pfeffer abschmecken. Kalbfleisch, Schinken, Zunge und Weinbergschnecken in etwa gleich große Stücke würfeln.

Restliche Butter in einer Kasserolle erhitzen, Mehl darin 2–3 Minuten rösten aber keine Farbe nehmen lassen. Die heiße Geflügelbrühe dazugießen, Lorbeer einlegen und mindestens 5 Minuten einkochen lassen, während dessen mit Marsalawein, Muskat, Salz und Pfeffer würzen. Das gesamte Fleisch, die Pilze und auch die Hälfte der in dünne Scheiben geschnittenen Trüffel hineingeben; Crème fraîche angießen und alles gut 10 Minuten auf kleiner Flamme köcheln. Restliche Trüffel unterheben und die Sauce mit Parmesan vollenden.

Blätterteigpasteten in eine große feuerfeste Form füllen und mit dem Ragout (wenig Sauce) füllen. Im Ofen bei geringer Hitze durchwärmen, auf Teller anrichten und mit der restlichen Sauce garnieren.

(Italien)

Lumache alla Belluno

(Schnecken nach Art von Belluno)

1 1/2 kg frische Schnecken, 2 EL Butter,
1 EL Olivenöl,
150 ml trockener Weißwein,
3 Schalotten,
300 g Knollensellerie,
300 g Porree,
Gemüsebrühe,
Semmelbrösel,
Salz und Pfeffer aus der Mühle

Die frischen Schnecken sorgfältig reinigen (ersatzweise Schnecken aus der Dose verwenden), dann 1–2 Tage hungern lassen. Schnecken nochmals gründlich waschen, danach 10 Minuten in kochendem Wasser blanchieren. Fleisch aus den Schneckenhäusern ziehen, Kapsel und Eingeweide entfernen, dann unter fließendem kalten Wasser abspülen. Die Butter mit etwas Olivenöl in einem Topf erhitzen. Feingehackte Schalotten darin glasig werden lassen. Die abgetropften Schnecken dazugeben und andünsten. Danach den Weißwein dazugießen und langsam einkochen lassen. In der Zwischenzeit die Gemüsesuppe erwärmen, den Sellerie putzen und fein würfeln, Porree waschen und in feine Ringe schneiden. Gemüse zu den Schnecken geben, salzen, pfeffern und alles weiterdünsten. Schließlich mit warmer Gemüsesuppe aufgießen, bis alles bedeckt ist. Auf kleiner Flamme gut 2 Stunden schmoren. Kurz vor dem Servieren wird die Sauce mit Semmelbrösel gebunden und alles nochmals abgeschreckt. Mit cremiger weißer Polenta (siehe Anhang) servieren.

Mit Schneckenragout gefüllte Blätterteigpasteten

(Frankreich)

40 küchenfertig vorbereitete Weinbergschnecken (ersatzweise beste Dosenqualität, dann aber den Schneckensud mitverwenden),
10 kleine Wiesenchampignons,
3 Schalotten, 1–2 Knoblauchzehen,
einige Blätter Petersilie fein gehackt,
gut 250 ml Sahne, 1 Eigelb, 2 EL Butter,
1 Glas guter Riesling, 4 cl Cognac,
Salz und Pfeffer aus der Mühle, 4 Blätterteigpasteten

TIPP:

Sehr gut eignen sich einige in Butter angeschwitzte Scheiben von schwarzen Trüffeln als Garnitur und zusätzliches Aroma.

Zuerst von der Sahne 2 EL wegnehmen und in einer Schüssel beiseite stellen. Verbliebene Sahne in einem Topf eindicken lassen. In der Zwischenzeit werden die Petersilie, die Schalotten und der Knoblauch fein gehackt, sowie die Pilze geputzt und geviertelt.

Die Blätterteigpasteten bei etwa 140 Grad im Backofen wärmen. In einem zweiten Topf die Butter erwärmen und die Schalotten darin glasig dünsten. Schnecken und Wiesenchampignons dazugeben und alles so lange dünsten, bis alle austretende Flüssigkeit verdampft ist. Nun wird diese Mischung mit Cognac abgelöscht und nochmals eingekocht. Danach den Riesling angießen (wenn Dosenschnecken verwendet wurden, auch die Schneckenbrühe) und alles nochmals reduzieren. Anschließend würzt man mit Petersilie, gehacktem Knoblauch, Salz und Pfeffer aus der Mühle.

Kurz vor dem Servieren das Eigelb mit der zurückbelassenen Sahne vermengen und damit das Ragout binden, das nicht mehr kochen darf. Das Schneckenragout nochmals abschmecken und in die vorgewärmten Pasteten füllen, sofort servieren.

Lumache con funghi porcini, radicchio e spinaci

(Italien)

(Schnecken mit Steinpilzen, Radicchio und Spinat)

4 Dutzend Weinbergschnecken vorgekocht und ausgelöst (oder aus der Dose),
500 ml trockener Weißwein
(vorzugsweise Tokai friulano oder ein guter Soave),
125 g Speck oder Lardo
(ital. mit Kräutern gewürzter Bauchspeck) in feine Streifen geschnitten, 2 Schalotten fein gewürfelt,
3 Knoblauchzehen fein gehackt,
1 Karotte fein gewürfelt,
1 Stange Staudensellerie fein gewürfelt,
200 g Mangoldblätter,
200 g Blattspinat, 150 g Radicchio,
250 g frische Steinpilze, 5 EL Butter, Meersalz,
schwarzer Pfeffer

Weiter:

500 g weiße Polenta, Butter, Salz

Zuerst die Polenta herstellen: Hierfür 1 1/2 l Wasser mit etwas Salz zum Kochen bringen, das Polentamehl einrühren und das Ganze unter Rühren aufkochen. Hitze zurückdrehen und auf kleiner Flamme garen, bis man eine cremige Masse erhalten hat. In diese Butter nach Geschmack einarbeiten und evtl. nachsalzen; warm halten.

Zwischenzeitlich die Schnecken im Weißwein 10 Minuten leise köcheln lassen und das Blattgemüse grob zerkleinern. Steinpilze in Scheiben schneiden. In einem schweren Schmortopf die Butter mit dem Speck erhitzen und das würfelig geschnittene Gemüse darin andünsten. Pilze und Blattgemüse dazugeben und leicht anbraten. Schnecken abtropfen und ebenfalls in den Topf füllen. Das Ganze zugedeckt 15–20 Minuten schmoren, bei Bedarf etwas Wasser oder Brühe dazugeben (wer intensives Weinaroma wünscht, kann auch etwas vom Kochwein hineingeben). Mit Salz und Pfeffer abschmecken.

Die Polenta in die Mitte von vorgewärmten Tellern setzen, eine Vertiefung in die Mitte einarbeiten. In diese das Schneckenragout füllen und alles mit schwarzem Pfeffer bestreut sofort servieren.

(Frankreich)

Mit Schnecken gefüllte Blätterteigtaschen

Passst ideal als Imbiss zum Wein.

750 g Blätterteig,
48 Petits gris küchenfertig vorbereitet
(ersatzweise Weinbergschnecken aus der Dose),
etwa 180 g Kräuterbutter (siehe Anhang),
1 Ei, 400 ml Crème double,
125 ml Sahne, Muskatnuss,
1 Knolle Knoblauch, Salz und Pfeffer aus der Mühle

TIPP:

Man kann – statt der Kräuterbutter – auch etwas geriebenen Käse (z. B. Emmentaler, Gryère) oder gehackte schwarze Trüffel (Trüffelöl, Trüffelbutter) zu den Schnecken geben.

Den Blätterteig dünn ausrollen und 4 Kreise von 15–20 cm Durchmesser ausstechen. Weinbergschnecken gut abtropfen lassen und jeweils 8–12 in die Mitte eines Kreises setzen. Schnecken salzen, pfeffern und mit etwas Kräuterbutter belegen. Teigränder mit dem verquirlten Ei bestreichen und fest zusammendrücken, Teigoberfläche ebenfalls mit Ei bestreichen. Bei etwa 180 Grad 20 Minuten im Ofen backen, bis die Taschen goldbraun sind.

In der Zwischenzeit die Knoblauchsauce zubereiten. Hierfür die Crème double bei schwacher Hitze gut 5 Minuten köcheln lassen, mit Salz, Pfeffer und Muskat abschmecken. Die Knoblauchzehen einer Knolle feinst hacken oder pressen und die Sauce damit würzen. Die 3 Eigelbe mit 25 ml Sahne vermengen, die Sauce damit legieren, nicht mehr kochen lassen. Die restliche Sahne steif schlagen und bei milder Hitze unter die Knoblauchsauce heben, abschmecken. Blätterteigtaschen auf Tellern anrichten, Sauce dazu reichen.

(Österreich)

Alt-Wiener Schneckenragout

48 küchenfertig vorbereitete Weinbergschnecken
(ersatzweise aus der Dose),
75 g Butter,
2 mittlere Zwiebeln fein gehackt,
125 g Champignons klein gehackt,
2 EL gehackte Petersilie,
knapp 50 g gesiebtes Mehl,
etwa 800 ml kräftige Rinderbrühe (siehe Anhang),
2–3 EL Sauerrahm oder Crème fraîche,
gut 75 g Butterkäse fein gerieben,
Salz und Pfeffer aus der Mühle,
4 große Erdäpfel in der Folie gebacken

Butter in einer hohen Pfanne erhitzen, bis sie aufschäumt. Feingehackte Zwiebeln, Champignons und Petersilie darin andünsten, alles mit Mehl bestauben und schließlich mit der Suppe aufgießen. Nochmals aufkochen lassen, dann Hitze reduzieren und 5–10 Minuten einkochen. Abgetropftes Schneckenfleisch dazugeben, kräftig mit Salz und Pfeffer würzen. Sauce mit Sauerrahm oder Crème fraîche binden. Folienerdäpfel aus dem Ofen nehmen, halbieren und das Innere leicht aufreißen (so kann es die Sauce besser aufnehmen). Folienerdäpfel auf vier vorgewärmte (ofenfeste!) Teller legen und das Schneckenragout darüber verteilen. Mit geriebenem Butterkäse bestreuen und bei starker Oberhitze kurz gratinieren. Mit gehackter Petersilie bestreut servieren.

Kräuterpolenta mit Madeira-Geschnetzeltem

Kräuterpolenta mit Madeira-Geschnetzeltem

Gut 600 g pariertes Schweinefilet in 1/2 cm dicke Scheiben geschnitten, 125 g küchenfertig vorbereitetes Weinbergschneckenfleisch, 125 g durchwachsener geräucherter Bauchspeck in Streifen geschnitten, 300 g Champignons geputzt und feinblättrig geschnitten, 4–5 Schalotten fein gehackt, 3 Zehen Knoblauch fein gehackt, etwas Mehl zum Bestauben, knapp 150 ml guter Madeirawein, 1 TL frischer Majoran fein gehackt, 1 EL gehackte Petersilie, Öl zum Braten, Butter, Salz und Pfeffer aus der Mühle

Weiter:

Gut 500 g Polenta (Grundrezept, siehe Anhang), 2 EL gehackte Petersilie, 2 EL gehackter Liebstöckel, Butter, Salz, Pfeffer

Den in feine Streifen geschnittenen Speck kurz in kochendem Wasser blanchieren, sofort kalt abschrecken und trocken tupfen.

Schweinefilet leicht salzen und pfeffern, leicht mit Mehl bestauben. In einer großen gusseisernen Pfanne etwas Öl erhitzen, das Schweinefleisch und die Schnecken portionsweise scharf darin anbraten. Fleisch aus der Pfanne nehmen und nacheinander Speck, Schalotten, Knoblauch und Pilze scharf anrösten. Alle Zutaten in die Pfanne geben und miteinander vermischen. Geschnetzeltes mit Madeira ablöschen und die Kräuter dazugeben. Saft etwas einkochen lassen, mit Butter montieren und abschmecken.

In die cremig samtige Polenta Butter einarbeiten und Kräuter unterheben, würzig abschmecken. Reichlich Polenta in tiefe Teller füllen und mit dem Ragout bedecken. Mit einem Rosmarinzweig garnieren.

Blätterteigpasteten mit Schnecken-Morchel-Crème

(Frankreich)

4 Blätterteig-Pasteten, etwa 200 g Fleisch von Weinbergschnecken küchenfertig vorbereitet, 125 g getrocknete Morcheln, 5 cl guter Madeira oder Cognac, 100 g Butter, 100 g Mehl, knapp 1 l erwärmte Vollmilch, 125 ml Crème fraîche, Muskatnuss, Salz und weißer Pfeffer aus der Mühle

Morcheln zuerst bestmöglich von evtl. Sandresten befreien, dann in Madeira (oder Cognac) einweichen, etwas Wasser dazugeben. Blätterteigpasteten im Ofen bei 140 Grad erwärmen.

Für die Füllung die eingeweichten Morcheln mit der Flüssigkeit (welche man durch ein mit Küchenpapier ausgelegtes Sieb zieht) in einem Mixer feinst hacken (nahezu pürieren); die Schnecken grob hacken. Die Butter in einem Topf zerlassen, das Mehl dazugeben und einige Minuten durchrösten, es darf dabei keine Farbe nehmen. Dann die Mehlschwitze etwas abkühlen lassen. Die erwärmte Milch mit einem Schneebesen in die Mehlschwitze einrühren, es sollten sich dabei keine Klümpchen bilden. Béchamel-Sauce mit Salz und Pfeffer aus der Mühle abschmecken. Die gehackten Morcheln und Schnecken dazugeben und bei schwacher Hitze garen.

Die warmen Blätterteigpasteten auf vorgewärmten Tellern anrichten, Füllung mit Crème fraîche und Muskatnuss verfeinern, nochmals kurz aufkochen lassen, großzügig in die Pasteten füllen und sofort servieren.

Polenta „Trinità"

(Polenta nach „Dreieinigkeits-Art")

Die „Dreieinigkeits-Polenta" ist heutzutage leider etwas aus der Mode gekommen, nur in einigen ursprünglichen Gasthäusern der karnischen Alpen (Friaul und Slowenien) kann man dieses köstliche Gericht noch finden. Ob es aus der Not entstanden ist, aus einzelnen Resten ein schmackhaftes ausreichendes Gericht zu zaubern oder ob es sich um eine nördliche Variante der berühmten „Tris di pasta" handelt, kann heute nicht mehr festgestellt werden. Es handelt sich aber immer um ein reichlich gedecktes Polentabett mit drei Saucen oder Ragouts.

Für die Schnecken:

40 küchenfertig vorbereitete Weinbergschnecken (ersatzweise Achatschnecken aus der Dose), 75 g Lardo (ital. mit Kräutern gewürzter Bauchspeck), 1 große Zwiebel, 2 Knoblauchzehen, 1 Karotte sehr klein gewürfelt, gut 400 ml Polpa di pomodoro, 4 cl Grappa, 2 Lorbeerblätter, 1 Zweig Rosmarin, einige EL Olivenöl, 250 ml konzentrierte Fleischbrühe (etwas mehr als Reserve!), 1 EL gehackte Petersilie, Salz und Pfeffer aus der Mühle

Für die Salsiccia:

Etwa 800 g lange dünne Salsiccia (evtl. pikant) in etwa 5 cm lange Stücke zerteilt, 1 große Zwiebel fein gehackt, 400 ml Polpa di pomodoro, 1 Glas kräftiger Rotwein, Olivenöl, Aceto balsamico, Salz und Pfeffer aus der Mühle

Für die Pilze:

200 g Steinpilze (oder Mischpilze) in Olivenöl eingelegt (beste Qualität), 1 Knoblauchzehe, 1 EL glatte Petersilie fein gehackt, Salz und Pfeffer aus der Mühle

Weiter:

Reichlich frisch zubereitete klassische Polenta (siehe Anhang), einige Schnitze alter Montasio, Rosmarinzweige als Garnitur

1. Für das Schneckenragout wird die Polpa mit dem Fond vermischt und auf mittlerer Flamme zusammen mit dem Lorbeer etwas eingekocht. In einer hohen Pfanne etwas Olivenöl erhitzen, klein gewürfelten Speck anrösten, Zwiebel und Knoblauch darin glasig werden lassen. Schnecken, Karotte und Rosmarinzweig dazugeben, etwas sautieren. Alles mit Grappa (oder Wein) ablöschen, diesen einkochen lassen. Schöpflöffelweise die Polpa dazugeben und alles bei kleinster Flamme 20–30 Minuten köcheln lassen. Rosmarinzweig entfernen, mit Salz und Pfeffer abschmecken.

2. In etwas Olivenöl die feingehackte Zwiebel anschwitzen, danach die Salsicciastücke dazugeben und langsam bräunen. Mit Rotwein ablöschen und diesen einkochen lassen. Dann die Tomatenpolpa dazugeben und alles langsam garen. Mit Aceto balsamico, Salz und Pfeffer abschmecken.

3. Eingelegte Pilze abtropfen lassen, Olivenöl auffangen. Etwas vom Öl in eine weite Pfanne geben, Knoblauch und die Hälfte vom Petersil darin anschwitzen. Pilze (vorzugsweise große Scheiben) dazugeben und vorsichtig erwärmen. Mit Petersil, Salz und Pfeffer würzen.

4. Polenta nach Grundrezept (siehe Anhang) zubereiten, etwas Butter daruntermischen und würzig abschmecken.

5. Den Boden einer großen (hohen) Servierschüssel oder Auflaufform mit Butter ausstreichen, dann diese zur Hälfte mit cremiger, heißer Polenta füllen. Nacheinander die Saucen hineinfüllen; die Pilze in die Mitte, Schnecken und Wurst links und rechts davon anrichten. Mit Montasio-Spänen und Rosmarinzweigen dekoriert und mit reichlich frisch gemahlenem Pfeffer bestreut servieren.

(Italien) 🐌 🐌

Auberginen mit Schnecken und Cousous

Ein sizilianisches Gericht, das sehr deutlich die maurischen Einflüsse auf der Insel verdeutlicht, allerdings auch ein gutes Beispiel dafür, dass so genannte Fusion mit unter äusserst interessante Geschmackskombinationen bringen kann. Zur Fastenzeit wird in Sizilien das Gericht auch ohne Lammfleisch (nur mit Schecken) zubereitet. Ähnliche Rezepturen kann man übrigens auch in Teilen Süd-Griechenlands (z. B. auf Kreta) oder auch in Spanien finden.

3–4 Auberginen (je nach Größe),
600 ml kräftige Fleisch- oder Gemüsebrühe,
350 g Couscous, 1 Päckchen Safran,
300 g Schneckenfleisch küchenfertig vorbereitet (Weinbergschnecken oder Achatschnecken aus der Dose),
gut 250 g Lamm- oder Kalbfleisch in sehr kleine Stücke geschnitten,
2 große Zwiebeln fein gehackt,
3 Chilischoten fein gehackt,
5–6 Knoblauchzehen,
die Samen von 8–12 grünen Kardamomkapseln,
Prise Zimt,
200 g getrocknete Aprikosen,
Olivenöl,
Butter,
Salz und Pfeffer aus der Mühle

Die Auberginen der Länge nach halbieren, Stielansätze belassen, damit sich die Auberginen beim Garen nicht verformen. Das Fruchtfleisch mit einem Esslöffel herauskratzen, einen etwa 1 cm dicken Rand stehen lassen. Auberginenschiffchen mit etwas Salz bestreuen und mit der Schale nach oben auf Küchenpapier rasten lassen. Das Fruchtfleisch kleinwürfelig schneiden.

Brühe in einem Topf erhitzen, Safran einrühren und aufkochen. Couscous einrieseln, Topf vom Herd nehmen und zugedeckt 10 Minuten quellen lassen.

In einem Mörser die Kardamomsamen mit Ingwer und Knoblauch zu einer dicken Paste verreiben. Die Paste mit einer Prise Zimt abschmecken.

Öl in einer Pfanne erhitzen, gehackte Zwiebeln zusammen mit der Würzpaste bei milder Hitze darin anschwitzen. Lammfleisch (oder Kalbfleisch), Schnecken, Chili und die gehackten Auberginen hinzufügen, Hitze erhöhen und alles scharf anbraten. Sollte zu wenig Öl in der Pfanne sein, etwas nachfüllen. Wenn das Lammfleisch gut geröstet ist, den aufgequollenen Couscous und die gehackten Aprikosen unterheben. Alles salzen und pfeffern.

Die eingesalzenen Auberginenhüllen unter kaltem Wasser abspülen. Ein Backblech oder eine große feuerfeste Form gut einfetten und die Hüllen daraufsetzen. Auberginenschalen mit der vorbereiteten Masse füllen und mit Alufolie abdecken. Im vorgeheizten Backofen 20 Minuten bei 220 Grad garen, dann die Folie entfernen und weitere 15 Minuten backen, bis die Oberfläche leicht bräunlich ist. Dazu passen Weißbrot und ein frischer Salat.

(Italien)

LUMACHE CON VELLUTATA DI POLENTA

(SCHNECKEN MIT CREMIGER WEISSER POLENTA)

24 küchenfertig vorbereitete Weinbergschnecken, 2 EL gehackte Blattpetersilie, 1 EL Rosmarinnadeln, 1 EL frische Thymianblätter, Olivenöl, Salz

Weiter:

Cremige weiße Polenta (siehe Anhang), Butter, etwas kräftige Fleischbrühe, Parmesan, einige Parmesantulpen (siehe Vorspeisen, Lumache al formaggio, S. 150), zum Garnieren frische Kräuter

In einer Küchenmaschine die Kräuter zusammen mit etwas Olivenöl zu einer homogenen Paste verarbeiten. Etwas Olivenöl in einer weiten Pfanne erhitzen, das Schneckenfleisch darin leicht anrösten. Kräuterpaste dazugeben und alles mit etwas Salz abgeschmeckt warm beiseite stellen.

Die cremige weiße Polenta mit Fleischbrühe verfeinern, dann Butter und Parmesan nach Belieben dazugeben, Polenta leicht salzen und pfeffern. Polentacreme in vorgewärmte Suppenteller füllen, je 6 Schnecken darauflegen. Das warme Kräuteröl aus der Pfanne darüberträufeln. Mit frischen Kräutern und Parmesantulpen ausgarnieren.

BLÄTTERTEIGPASTETCHEN MIT EINEM RAGOUT AUS SCHNECKEN, FLUSSKREBSEN, FROSCHSCHENKELN UND PILZEN

16 große Weinbergschnecken küchenfertig vorbereitet, 16 Flusskrebsschwänze vorgekocht, 16 Froschschenkel in Butter sautiert, 4 EL kleine geputzte Pfifferlinge, 2 EL kleine geputzte Steinpilze, 2 kleine schwarze Trüffeln fein geschnitten, 1 gehackte Knoblauchzehe, Butter, Rahm, Salz und Pfeffer aus der Mühle

Für die Sauce:

250 ml kräftiger Fischfond (siehe Anhang), 2 gehackte Schalotten, 2 Knoblauchzehen gehackt, Pilzabschnitte, 2–3 Stängel glatte Petersilie, 100 ml Weißwein oder Champagner, 125 ml Rahm, 2 EL eiskalte Butter, Salz und weißer Pfeffer

Weiter:

4 Blätterteigpasteten, 4–8 Krebsnasen, etwas blanchierte und pürierte Petersilie und/oder Brunnenkresse

Blätterteigpasteten im Ofen bei 140 Grad vorwärmen.

Reichlich Butter in einer weiten Pfanne zerlassen, Knoblauch und Trüffel darin andünsten. Schneckenfleisch, Froschschenkel, Krebsfleisch und die Pilze dazugeben, kurz sautieren. Rahm angießen und alles zu einem Ragout einkochen lassen, dann abschmecken.

Für die Sauce Fischfond, Schalotten, Knoblauch, Pilze, Petersilie und Weißwein gründlich miteinander verkochen, durchpassieren. Rahm dazugeben und einkochen lassen. Sauce abschmecken und mit eiskalten Butterflocken vollenden.

Pasteten auf vorgewärmte Teller setzen und gleichmäßig mit dem Ragout füllen. Etwas von der Sauce angießen und mit den Krebsnasen und dem Kräuterpüree garnieren.

VARIANTE:

Statt dem Kräuterpüree kann man auch ein Krebspüree nehmen, das man z. B. in die Krebsnasen füllt.

Blätterteigpastetchen mit einem Ragout aus Schnecken, Flusskrebsen, Froschschenkeln und Pilzen

(Italien)

Toc' in braide con funghi, lumache e salsa di Montasio

(Polenta mit Pilzen, Schnecken und Käsesauce)

Dieses typische Gericht aus dem Friaul gibt es in zahlreichen Variationen. Übersetzt heisst es so viel wie „Bauernsauce". Es handelt sich aber immer um eine Polenta, welche mit einem schmackhaften Belag, der als Sauce dient, serviert wird. Hier eine Variante mit Käsesauce und Schnecken.

Für die Schnecken:

48 küchenfertig vorbereitete Weinbergschnecken, 200 g frische Steinpilze geputzt und in dünne Scheiben geschnitten, 1 EL gehackte Petersilie, Butter oder Olivenöl, Salz und Pfeffer aus der Mühle

Für die Sauce:

100–150 ml Milch, 400 g Latteria fresca oder junger Montasio in kleine Würfel geschnitten, Muskat, Salz und Pfeffer

Weiter:

Frische cremige Polenta, reichlich braune Butter, geriebener Montasio-stravecchio oder Ricotta

In einer weiten Pfanne etwas Butter oder Olivenöl erhitzen, die Steinpilze darin andünsten, leicht salzen. Wenn keine Flüssigkeit mehr austritt, gehackten Knoblauch und Schnecken dazugeben. Alles mit Salz, Pfeffer und Petersilie würzen und langsam fertig garen.

In einem zweiten Topf etwas Milch (etwa 75 ml) erhitzen, den Käse darin schmelzen, bei Bedarf etwas Milch nachgeben. Mit einem Schneebesen schlagen, bis man eine homogene Sauce hat, die mit Salz, Pfeffer und Muskat gewürzt wird.

Cremige Polenta wird nun mit geriebenem alten Montasio (oder Parmesan) und reichlich Pfeffer abgeschmeckt auf vier vorgewärmten Tellern angerichtet. Darauf gibt man einige Esslöffel von der Käsesauce und richtet das Schnecken-Pilzgemisch an. Letztlich alles mit reichlich brauner Butter übergießen und heiß servieren.

(Griechenland)

Bulgur mit Schnecken und Gemüse

In Griechenland, insbesondere auf Kreta, ist es weit verbreitet Schnecken mit Bulgur zuzubereiten. Das Ergebnis ist – zugegeben – optisch nicht immer eine Augenweide; die Gerichte schmecken aber ausgezeichnet!

300 g Bulgur, gut 800 ml Geflügel- oder Gemüsebrühe (siehe Anhang), 400–500 g gewürfelte Tomaten (evtl. aus der Dose), 200 g Schneckenfleisch küchenfertig vorbereitet, 1 Aubergine grob gewürfelt, 1 kleine rote Paprikaschote klein gewürfelt, 1 kleine grüne Paprikaschote klein gewürfelt, 1 große Fenchelknolle in feine Ringe geschnitten oder gehackt, 1–2 große Zwiebeln grob gehackt, 2–3 Knoblauchzehen feinblättrig geschnitten, 1–2 EL gemischte gehackte Kräuter (Petersilie, Rosmarin, Thymian), Olivenöl nach Geschmack, Salz und Pfeffer aus der Mühle

Reichlich Olivenöl in einer hohen Pfanne erhitzen, Zwiebel, Knoblauch und Fenchel darin anbraten, bis sie beginnen weich zu werden. Schnecken, Aubergine und die beiden Paprika hinzugeben (wer mag kann auch noch 1 oder 2 Chilischoten würzen) und alles gut 1 Minute braten, dann den Bulgur einrühren. Mit Tomaten und Brühe aufgießen. Alles zum Kochen bringen und das Ganze knapp 20 Minuten köcheln lassen, bis die Flüssigkeit aufgesogen ist. Bulgur kräftig mit Salz und Pfeffer würzen.

(Griechenland)

Weizenschrot mit Schnecken und Gemüse

1–1 1/2 kg frische Schnecken samt Häusern (ersatzweise 300 g küchenfertig vorgegartes Schneckenfleisch), 1 kleines Bund frische Minze, Saft von 1 Zitrone, 400 g Weizenschrot, 2–3 Knoblauchzehen, 3 Zwiebeln, 1 großes Kräutersträußchen (Thymian, Lorbeer und Petersilie), 100 ml griechisches Olivenöl, Weißweinessig nach Geschmack (etwa 5 EL), 150 ml trockener griechischer Weißwein, 250 ml Tomatensaft oder Paprikasaft, 1 kleine Paprikaschote fein gewürfelt, 1 Fleischtomate gehäutet und klein gewürfelt, 800 ml Hühnerbrühe, frisch gehackte Minze und Oregano als Garnitur, Salz und Pfeffer aus der Mühle

Die Schnecken nach griechischer Art (siehe Anhang) küchenfertig vorbereiten, gut reinigen. Schnecken vorzugsweise samt Häusern weiterverarbeiten. Schnecken in eine Schüssel füllen, mit Zitronensaft und gehackter Minze bestreuen, 30 Minuten darin marinieren lassen. Knoblauch und Zwiebel schälen, fein hacken und in einem weiten Topf im Olivenöl andünsten. Marinierte Schnecken dazugeben und scharf anbraten. Das Kräutersträußchen, Paprika- und Tomatenwürfel dazugeben. Alles mit Wein und Essig ablöschen, gut einkochen lassen. Schnecken mit der Hühnerbrühe aufgießen, gut 15 Minuten leise köcheln. Schließlich Tomaten- oder Paprikasaft einfüllen und den Weizenschrot langsam einarbeiten. Einen Deckel auflegen, bei kleiner Flamme etwa 10 Minuten quellen lassen. Weizenschrot mit Salz und Pfeffer abschmecken, etwas auflockern und in eine große Servierschüssel füllen. Mit frischer Minze und Oregano bestreut servieren. Olivenöl und Brot dazu reichen.

(Italien)

Lumache alla Bobbiese

(Schnecken nach Art von Bobbio)

Die Schnecken aus der Gegend um Bobbio gelten als besondere Delikatesse, vor allem im Winter. Man sollte dieses Gericht unbedingt mit frischen Schnecken zubereiten.

48 lebende Schnecken aus der Gegend von Bobbio (Piacenza), 150 g Butter, knapp 1 kg Porree, 4–5 große Karotten, 1 kg Staudensellerie, 3 Zwiebeln, 1 Knoblauchzehe, 1 Schöpflöffel Polpa di pomodoro, 200 ml bestes Olivenöl, Salz und Pfeffer aus der Mühle, Petersilie oder Basilikum als Garnitur

TIPP:

Für dieses Gericht eignen sich viele Schneckenarten. Allzu große Exemplare (vor allem bei Weinbergschnecken) sollte man aber vor dem Kochen überbrühen, aus den Häusern nehmen, entschleimen und die Eingeweide entfernen, bevor man sie wieder in die Häuser gibt und wie beschrieben zubereitet.

Als Erstes gibt man die Schnecken für etwa 6 Tage in einen Sack mit Kleie oder grobem Mehl. Danach werden sie gründlich gewaschen. In einem gusseisernen Topf ausreichender Größe wird nun die Butter im Öl erwärmt. Die fein gehackte Zwiebel mit der ganzen Knoblauchzehe darin glasig werden lassen. Die Schnecken hinzufügen und mit etwas Wasser sowie der Tomatenpolpa ablöschen. Aufkochen lassen, etwas salzen und pfeffern, dann etwa 3 Stunden köcheln lassen. Dabei immer wieder umrühren und ggfs. Wasser nachfüllen. Topf vom Herd nehmen und die Schnecken über Nacht im Sud beiseite stellen.

Am nächsten Tag den Schneckentopf wieder erhitzen, etwas Wasser und das gesamte restliche geputzte und zerkleinerte Gemüse dazugeben. Zugedeckt weitere 1–2 Stunden garen. Die Sauce sollte sehr dicklich werden, deshalb nur bei Bedarf etwas Wasser zufügen. Abschmecken, mit gehackter Petersilie garnieren und mit cremiger Polenta servieren. Parmesan dazu reichen.

(Frankreich)

Kleines Schneckenragout mit Schnecken nach Burgunder-Art

Dieses Rezept eignet sich sehr gut als Zwischengang in einem mehrgängigen Menü.

Für das Ragout:
24 küchenfertig vorbereitete Weinbergschnecken (ausgelöst oder aus der Dose),
2–3 Schalotten feinst gehackt,
2 Knoblauchzehen fein gehackt,
1 EL glatte Petersilie fein gehackt,
1 EL schwarze Trüffel fein gehackt,
75 g geräucherter Bauchspeck klein gewürfelt,
1/2 Karotte fein gewürfelt, 2 EL Butter,
2 EL Crème fraîche, 4 cl Cognac,
1 Glas trockener Weißwein,
Prise frisch gemahlene Muskatnuss (fakultativ),
Salz und Pfeffer aus der Mühle

Für die Burgunderschnecken je eine Schnecke pro Person, nach dem Rezept „Escargots de Bourgogne“ (S. 23) zubereiten.

Butter in einer gusseisernen Pfanne zerlassen, Speckwürfel darin anbraten. Schalotten, Karotten und Petersilie dazugeben. Dünsten, bis die Schalotten schön glasig geworden sind. Dann die schwarze Trüffel und die grob gehackten Schnecken dazugeben, 2 Minuten mitrösten. Cognac angießen und alles flambieren. Die Flamme mit dem Weißwein ablöschen, Crème fraîche einrühren und die Sauce nahezu vollkommen einkochen lassen (die Crème darf dabei nicht gerinnen). Mit Salz, Pfeffer und Muskatnuss abschmecken. Etwas Ragout auf vorgewärmten Tellern anrichten und je eine Schnecke nach Burgunder-Art darauf anrichten.

(Italien)

Lumache in umido „a modo Armando Zanotto“

(Schneckenragout nach Armando Zanotto)

Der berühmte Koch Armando Zanotto wirkt in Conegliano und ist für seine zahlreichen Radicchio-Spezialitäten bekannt.

60 nach italienischer Art (siehe Anhang) küchenfertig vorbereitete Schnecken, gut 200 g frische Butter,
200–250 g Radicchio di Castelfranco,
2 EL feingehackte Blattpetersilie,
1 große zerdrücke Knoblauchzehe,
4 Blätter frisches Basilikum,
100 g Steinpilze vorgegrillt und grob gehackt,
1 Gewürznelke,
1 großes Lorbeerblatt,
500 ml guter trockener Weißwein,
1 Gläschen Cognac,
2–3 EL guter Weinessig,
Salz und Pfeffer aus der Mühle

Die Hälfte der Butter in einer Kasserolle erhitzen. Schneckenfleisch darin leicht anrösten. Mit Weißwein ablöschen, dann Radicchio, Petersilie, Knoblauch, Basilikum, Steinpilze, Nelke und das Lorbeerblatt dazugeben. Unter häufigem Umrühren 1 Stunde bei kleiner Hitze schmoren lassen. Nach Ende der Garzeit restliche Butter und Cognac einrühren, kurz vor dem Servieren mit Essig, Salz und Pfeffer abschmecken. Dazu reicht man vorzugsweise Polenta bianca (siehe Anhang).

Kleines Schneckenragout mit Schnecken nach Burgunder-Art

(Frankreich)

Südfranzösisches Schneckenragout

1 kg kleine bis mittelgroße Weinbergschnecken (vorzugsweise Petits gris), grobes Meersalz, Essig, 2 l Courtbouillon (siehe Anhang), 3 Zweige Thymian, 3 Lorbeerblätter, 2 Zwiebeln, 3 Gewürznelken, Olivenöl, 250–300 g Fleischbrät, 1 EL gutes Tomatenmark, Mehl zum Bestauben, 250 ml guter trockener Weißwein (vorzugsweise aus Südfrankreich), 5 Knoblauchzehen fein gehackt, 1 EL fein gehackte glatte Petersilie, 1 EL fein gehackter Schnittlauch, Cayennepfeffer, Salz, Pfeffer aus der Mühle

HINWEIS:

Als Beilage eignen sich Salate und Weißbrot.

Die Schnecken einige Tage fasten lassen, dann gründlich waschen, in eine Schüssel legen und mit grobem Meersalz bestreuen. Im Salz wenden und 5 Minuten entschleimen lassen. Danach mit Essigwasser waschen und den Vorgang 3-mal wiederholen.

In einem ausreichend großen Topf die Courtbouillon erhitzen und mit 1 Zweig Thymian, 2 Lorbeerblättern, einer mit Nelken gespickten Zwiebel sowie Salz und Pfeffer aus der Mühle würzen. In dieser Courtbouillon werden die Schnecken nun vorgekocht.

Für das Ragout in einem schweren Topf die zweite Zwiebel (feingehackt) in etwas Olivenöl anbraten, das Brät dazugeben und das Tomatenmark einrühren. Alles etwas durchbraten, dann mit Mehl bestauben und den Wein dazugeben. Gut verrühren und bei milder Hitze etwa 5 Minuten leise köcheln lassen. Gewürzt wird mit feingehackten Knoblauchzehen, 2 Zweigen Thymian (oder nur mit den abgerebelten Blättern), einem Lorbeerblatt, gehackter Petersilie und Schnittlauch, Cayennepfeffer, Salz und Pfeffer aus der Mühle. Danach die Schnecken (ohne Courtbouillon) hinzugeben und das Ragout weitere 20 Minuten köcheln; sollte die Sauce zu dick werden, mit etwas Brühe verdünnen. Abschmecken und sehr heiß servieren.

(Italien)

Lumache alle erbe aromatice

(Schnecken mit aromatischen Kräutern)

60 nach italienischer Art küchenfertig vorbereitete Weinbergschnecken, 125 ml Weißwein, 2 EL Butter, 2 EL Olivenöl, 2 EL gehackte Blattpetersilie, 1 EL gehacktes Basilikum, 1 EL gehackte Minze, 2–3 gehackte Salbeiblätter, einige Nadeln Rosmarin, 1 große Zwiebel feinst gehackt, 3 Knoblauchzehen feinst gehackt, 2 EL konzentrierte Polpa di pomodoro, Salz

TIPP:

Man sollte einige Parmesanhobel dazu reichen. Auch kann der Sauce zusätzlich 1 fein gehackte Chilischote beigegeben werden.

Schnecken zusammen mit Knoblauch, Zwiebel und Petersilie in etwas Butter und Olivenöl anrösten. Mit Weißwein ablöschen, Tomatenpüree und die Kräuter dazugeben. 20 Minuten bei milder Hitze köcheln, bei Bedarf etwas Wein nachgießen. Sauce mit etwas Butter, Olivenöl, Salz und Pfeffer abschmecken. Mit heißer cremiger Polenta auftragen.

(Österreich)

Schnecken auf steirische Art

Etwa 50 frische Weinbergschnecken küchenfertig vorbereitet (oder eine große Dose), 75 g frische Bauernbutter, 150 g mild geräucherter Bauernspeck klein gewürfelt, 2 Zwiebeln fein gehackt, 2 EL Petersilie fein gehackt, 2 altbackene Semmeln entrindet und fein gerieben, 1 Flasche guter steirischer Schilcher, 2–3 Zweiglein frischer Thymian, 2 Knoblauchzehen mit etwas Salz zerdrückt oder gepresst, Salz, weißer Pfeffer aus der Mühle, gehackter Kerbel

Die frischen, vorgekochten Schnecken (ohne Haus) bzw. Dosenschnecken werden gut abgetropft. In einer höheren Pfanne wird die Butter zerlassen und die kleingehackte Zwiebel zusammen mit Speck und Petersilie angedünstet. Die fein geriebenen altbackenen Semmeln und die Schnecken dazugeben und alles gut durchrösten.

Schilcher angießen und das Ragout mit Knoblauch, Thymian, etwas Kerbel sowie Salz und Pfeffer kräftig würzen. Gut verkochen lassen, bis die Sauce die gewünschte sämige Konsistenz hat. Nochmals abschmecken und mit Kerbel bestreut auftragen. Frisches Bauernbrot (vorzugsweise gebäht) dazu reichen.

(Frankreich)

Schneckenragout mit Geflügelinnereien im Blätterteig

48 kleine bis mittelgroße Weinbergschnecken küchenfertig vorbereitet ohne Haus, 250 g gemischte Geflügelinnereien vorzugsweise von Enten und/oder Gänsen (z. B. Magen, Nieren, Leber (keine Stopfleber)), 50 g Enten- oder Gänseschmalz, 3 EL feinst gehackte Schalotten, 3 EL feinst gehackte Karotten, 2 Knoblauchzehen feinst gewiegt, 2–3 EL Mehl, 350 ml Portwein, 500 ml dunkler Kalbsfond (siehe Anhang), 2 Zweige frischer Rosmarin, 2 Lorbeerblätter, 3 Zweige frischer Thymian, 4 Blätterteigpasteten im Ofen bei 180–200 Grad vorgewärmt, einige dünne Scheiben geräucherte Entenbrust, 2 mittlere schwarze Trüffeln in Scheiben geschnitten und in Entenfett gedünstet (fakultativ), Salz und schwarzer Pfeffer aus der Mühle, Rosmarin und Thymianzweige zum Garnieren

TIPP:

Am Besten wird das Gericht, wenn man die Innereien und das Fett von gleichen Tieren verwendet (z. B. nur Enteninnereien und Entenschmalz). Man kann auch Hühnerinnereien verwenden.

Zuerst muss man die Geflügelinnereien in etwas Enten- oder Gänseschmalz bei geringer Hitze dünsten, bis sie weich geworden sind. Dann erhitzt man das Schmalz in einem ausreichend großen Topf und schwitzt Schalotten, Karotten sowie den Knoblauch darin an. Die mittlerweile weich gedünsteten Geflügelinnereien und das Schneckenfleisch dazugeben, kurz mitrösten. Alles mit dem Mehl bestauben, dieses gut einrühren. Kalbsfond und Portwein dazugießen, Kräuter hineinlegen und das Ragout etwa 1 Stunde bei sehr kleiner Flamme köcheln lassen.

Frische Kräuter entfernen, Ragout mit Salz und Pfeffer abschmecken, warm beiseite stellen. Geräucherte Entenbrust in etwas Entenschmalz rösten, auf Küchenkrepp abtropfen lassen. Gewärmte Blätterteigpasteten jeweils in die Mitte von vier vorgewärmten Tellern platzieren und mit der Schneckenmasse füllen, den Blätterteigdeckel auflegen. Restliches Ragout rund herum anrichten und mit der knusprigen Entenbrust sowie den gedünsteten Trüffelscheiben (fakultativ) dekorieren. Mit frischen Kräutern garniert sofort servieren.

Plateau de fruits de mer

7. Vorspeisen

(Frankreich) Plateau de fruits de mer

Einfach ein herrliches Gericht, wenn die Zutaten fangfrisch sind!

*1 kg Bigorneaux (kleine Strandschnecken),
1 kg Bulot (Wellhornschnecken), 12 Seeigel,
24 Impérial-Austern, 2 Taschenkrebse,
24 Heuschreckenkrebse, 48 Venusmuscheln,
1 Bund geputztes Wurzelgemüse
(Karotte, Sellerie, Petersilienwurzel etc.),
2 Lorbeerblätter, Salz, Pfefferkörner, Eis, Algen*

Aus Wasser, Wurzelgemüse und Gewürzen einen Kochsud vorbereiten und die Bulots etwa 45 Minuten, die Bigorneaux 15 Minuten und die Heuschreckenkrebse knapp 2 Minuten darin garen; dann erkalten lassen. Taschenkrebse seperat 15–20 Minuten in Salzwasser garen, erkalten lassen. Die übrigen Meerestiere nur waschen und öffnen. Rohe und gegarte Meeresfrüchte auf mit Algen ausgelegtem Eis anrichten. Zitrone, Mayonnaise, Aioli, Brot und Butter dazu servieren.

(Spanien) Perrechicos y caracoles

(Gebratene Perretxiku-Pilze mit Schnecken)

Der Perretxiku-Pilz wächst im Frühjahr auf Wiesen und im Unterholz. Insbesonders im Baskenland erfreut sich dieser vorzügliche Speisepilz allergrösster Beliebtheit und wird dort in entsprechenden Mengen verzehrt. Am Besten bereitet man ihn so schlicht wie möglich zu, damit sein charakteristischer Duft möglichst gut zur Geltung kommt, wie in diesem Rezept, wo er nur mit Schnecken kombiniert wird.

*500 g Perretxiku-Pilze geputzt und
in mundgerechte Stücke geschnitten,
250 g küchenfertig vorbereitetes Fleisch von
Petits gris oder Gemüseschnecken
(auch gute Dosenware eignet sich hier),
Olivenöl, 5 Knoblauchzehen, Salz,
Pfeffer aus der Mühle*

Olivenöl in einer gusseisernen Pfanne leicht erhitzen, den gehackten Knoblauch darin glasig dünsten. Die Pilze und das abgetropfte Schneckenfleisch (große Schnecken halbieren) dazugeben und schmoren, bis nahezu keine Flüssigkeit mehr vorhanden ist. Mit Salz und Pfeffer abgeschmeckt servieren.

TIPP:

Man kann diese Pilz-Schneckenmischung auch in feine Omeletts füllen.

Steinpilz-Schneckengratin

1 kg frische Steinpilze geputzt,
24 küchenfertig vorbereitete Weinbergschnecken,
6–7 EL gutes Olivenöl,
2 kleine Schalotten gehackt,
1 Knoblauchzehe fein gehackt,
1 schwarze Trüffel fein gehackt,
125 g Parmaschinken in feine Würfel geschnitten,
45 g Butter,
2 EL glatte Petersilie fein gehackt,
etwa 100 g frisch geriebener Parmesan,
Salz und Pfeffer aus der Mühle

Bei den Steinpilzen die Hüte von den Stielen abtrennen, Stiele fein hacken, Hüte in Scheiben schneiden. 3–4 EL Olivenöl erhitzen, gehackte Steinpilzstiele, Schalotten, Trüffel, Knoblauch, Butter, Petersilie und Schinken darin anschwitzen, bis die Pilze gerade eben weich sind. Schnecken dazugeben und warm beiseite stellen.

In einer zweiten (vorzugsweise gusseisernen) Pfanne restliches Olivenöl erhitzen und die Steinpilzköpfe darin wenden. Knapp 5 Minuten bei schwacher Hitze garen, bis die Hüte leicht gebräunt sind und beginnen Feuchtigkeit abzugeben. Steinpilzköpfe salzen und pfeffern.

In vier feuerfeste Gratinförmchen je 6 Schnecken mit etwas Ragout füllen. Steinpilzköpfe dachziegelartig darüber anrichten und mit reichlich Parmesan bestreuen. Unter dem vorgeheizten Grill knapp 1 Minute gratinieren, bis der Parmesan goldbraun ist.

(Italien)

Tartrà

(Piemonteser Flan mit Lauch, Zwiebeln und Schnecken)

Heute versteht man im Piemont unter Tartrà meist einen festen Flan. In alten Kochbüchern findet man jedoch zahlreiche Rezepte, die eine cremige Masse beschreiben, welche mit viel Knoblauch und/oder Trüffel aromatisiert wurde. Hier ein altes Tartrà-Rezept mit Schnecken.

300 g küchenfertig vorbereitete Petits gris (ausgelöst),
3 Zwiebeln, 4 Stangen Lauch (nur das Weiße mit dem Grünansatz),
4 Knoblauchzehen,
5 EL Butter,
2 EL Olivenöl,
1 1/4 l frische Sahne,
6–8 Eier (je nach Größe),
125 g schwarze Trüffeln sorgfältig gebürstet,
100 g geriebener Käse (z. B. Grana padano),
Muskat,
Salz und Pfeffer,
Semmelbrösel für die Form

Zwiebel und gewaschenen Lauch in feine Ringe schneiden, Knoblauch hacken, große Schnecken halbieren. Trüffeln gut bürsten. Die Trüffeln schälen, das Fleisch in kleine Würfel schneiden, Schale fein hacken. Olivenöl und Butter in einer großen Pfanne erhitzen. Zwiebel, Lauch, Knoblauch und Trüffelschalen darin bei milder Hitze dünsten (Zwiebel und Lauch sollten weich sein). Masse vom Herd nehmen und auskühlen lassen.

Eier trennen. Nur die Eidotter in eine Schüssel füllen und mit frischer Sahne kräftig verquirlen. Parmesan einarbeiten, dann das Schneckenfleisch sowie die abgekühlte Lauch-Zwiebelmasse unterheben. Alles mit Trüffelwürfeln, frisch geriebenem Muskat, Salz und Pfeffer würzig abschmecken. Nun kann man entweder eine große Auflaufform oder mehrere Souffléförmchen verwenden. Form/en gut ausbuttern und mit Brösel ausstreuen. Mit der Crème-Masse füllen und im vorgeheizten Ofen bei 140 Grad 80–90 Minuten garen. Mit gerösteten Weißbrotscheiben servieren.

Mit Gänseklein und Weinbergschnecken gefüllte Braterdäpfel

4 sehr große Kartoffeln (mindestens 200 g schwer),
4 Gänselebern, 8 Gänseherzen,
24 küchenfertig vorbereitete Weinbergschnecken
(ersatzweise aus der Dose),
Hälse und Flügel von 2 Gänsen,
2 Stangen Staudensellerie klein gewürfelt,
1 Petersilienwurzel klein gewürfelt,
1 Stange Lauch (nur das Weiße) klein geschnitten,
2–4 Knoblauchzehen mit
dem Messerrücken angedrückt,
1 TL Tomatenmark,
gut 250 ml bester Rotwein,
125 ml guter Portwein,
1 l Kalbsfond (siehe Anhang, wenn vorhanden
eignet sich ein Gänsefond noch besser),
1 kleine rohe Kartoffel geschält,
1 gr. Rosmarinzweig,
1 gr. Thymianzweig,
Prise Majoran,
1 TL schwarze Pfefferkörner,
einige Wacholderbeeren leicht angedrückt,
12 kleine Schalotten geschält,
Öl und Butter zum Braten,
Salz und Pfeffer aus der Mühle,
einige in Butter geschmorte schwarze
Trüffelscheiben und Kerbel zum Garnieren

Die 4 großen Kartoffeln waschen, trocken tupfen und im 180 Grad heißen Ofen auf einem Gitter garen, bis sie innen weich sind und außen eine schöne Kruste haben.

Die Flügel und Hälse in etwa 5 cm lange Stücke schneiden, Herzen und Lebern parieren. Schnecken ggfs abtropfen lassen.

Öl mit etwas Butter in einem Topf erhitzen, Gänseflügel und -hälse darin scharf anbraten. Das geschnittene Wurzelgemüse dazugeben und ebenfalls anschwitzen. Tomatenmark einrühren und kurz mitrösten. Alles mit gutem Rotwein und Portwein ablöschen, um die Hälfte einreduzieren lassen. Dann mit Kalbsfond (oder Gänsefond) aufgießen und die Gewürze dazugeben. Die rohe Kartoffel hineinreiben und alles köcheln, bis das Fleisch weich ist. Zwischenzeitlich müssen die Schalotten mitgeschmort werden, bis sie weich sind; dann werden sie – entsprechend ihrer relativ kurzen Garzeit – herausgenommen und warm gestellt.

Wenn das Fleisch weich ist, wird es von den Knochen gelöst und warm beiseite gestellt. Die Sauce etwas weiter einkochen lassen, danach durch ein mit einem Etamin ausgelegtes Sieb seihen und abschmecken.

Gänselebern und Herzen zusammen mit den Schnecken in Butter braten, anschließend Leber und Herzen in die Größe der Schnecken schneiden. Warm stellen.

Von den Erdäpfeln einen kleinen Deckel abschneiden und das Innere mit einem Löffel aushöhlen. Das Kartoffelfruchtfleisch in eine Schüssel geben und mit etwas Butter, Salz und Pfeffer zerdrücken.

Auf vier vorgewärmten Tellern jeweils ein Podest aus der Kartoffelmasse setzen, die ausgehölte Bratkartoffeln darauf anrichten. Das Schnecken-Gänseklein mit dem Fleisch vermengen und die Erdäpfel großzügig damit füllen (jeweils 6 Schnecken pro Portion). Restliches Ragout rund herum anrichten. Jeweils 6 Schalottenhälften dazulegen und alles mit reichlich Sauce nappieren. Das Gericht noch mit sautierten Trüffelscheiben und etwas Kerbel garnieren, sofort servieren.

(U.S.A.)

Abalone with Grapefruit

(Abalone mit Grapefruit)

4 frische Abalone küchenfertig vorgekocht (siehe Anhang) oder Abalone aus der Dose, 2 große unbehandelte Grapefruits, 1–2 TL frisch geriebener Ingwer, 1/2 kleine Chilischote entkernt und feinst gehackt, 100 ml allerbeste Olivenöl extravergine, 1 kleines Bund Schnittlauch in Röllchen geschnitten, etwas frischer Tobiko (roter Rogen vom fliegenden Fisch, ersatzweise Forellenkaviar), Meersalz, Ruccola

Von einer Grapefruit einen großen Esslöffel voll Zeste abreiben, kurz blanchieren und kalt abschrecken. Die Grapefruits sorgfältig schälen und filetieren (es darf nichts vom bitteren Weißen an den Filets hängen). Die Filets fein hacken. Die Abschnitte der Grapefruits auspressen, Saft auffangen. Grapefruitzeste mit Saft, Fruchtfleisch, Ingwer und Chili vermengen. Olivenöl einrühren und die Marinade ganz leicht salzen.

Das vorgekochte (gekühlte) Abalonefleisch in dünne Scheiben schneiden, auf Tellern anrichten und mit dem Dressing beträufeln. Rogen darüber verteilen und mit einigen Ruccola-Blättern ausdekoriert servieren.

(Frankreich)

Petits gris mit Brennnesselsauce

48 Petits gris küchenfertig vorbereitet (ersatzweise aus der Dose), 150–200 ml Schneckenbrühe (wenn zu wenig Schneckenbrühe vorhanden, ersatzweise Geflügel- oder Kalbsbrühe), 1 Glas guter trockener Weißwein, 350 g Brennnesseln (ersatzweise aus dem Glas), 1–2 Knoblauchzehen, 75 g Butter in Flocken zerteilt, Muskatnuss, Salz und Pfeffer aus der Mühle

Die (vorzugsweise nach Burgunder-Art, siehe Anhang) vorgegarten Schnecken abgießen, von der Kochbrühe 200 ml abmessen, die Schnecken in der verbliebenen Brühe warm halten (bei Konservenware, die Schnecken abgießen und die Brühe auffangen, Schnecken in Brühe erwärmen). Die abgemessene Brühe zusammen mit dem Weißwein aufkochen, den Knoblauch schälen und mit dem Handballen andrücken. Knoblauch in die Brühe geben und alles mindestens auf die Hälfte reduzieren lassen.

In der Zwischenzeit werden die Brennnesselblätter von den Stängeln abgezupft, gewaschen und in siedendem Salzwasser aufgekocht, sobald das Wasser zu kochen begonnen hat, Brennnesseln vom Herd nehmen und sofort abschütten. Die Brennnesseln mit einem Mixer pürieren und durch ein Sieb streichen (Brennnesseln als Glaskonserve müssen nur durch ein Sieb gestrichen werden). Das so zubereitete Brennnesselpüree wird nun in die Wein-Brühe-Reduktion gerührt und wieder etwas eingekocht. Sobald die separat erwärmten Schnecken fertig sind, diese in Suppentellern verteilen. Sauce mit den Butterflocken aufschlagen, mit Muskat, Salz und Pfeffer abschmecken, über die Schnecken gießen und alles sofort servieren. Weißbrot als Beilage reichen.

Variante:

Statt Brennnesseln kann man auch Petersilie verwenden.

Abalone with Grapefruit

(Deutschland)

Weinbergschnecken mit Kalbsbries in einer Zwiebelhülle

4 sehr große Gemüsezwiebeln,
48 Petits gris küchenfertig vorbereitet,
125 g magerer gekochter Schinken,
200 g Kalbsbries gewässert und die Haut abgezogen,
2 kleine Karotten, 2 weiße Rüben,
250 g kleine Champignons, 4 EL Butter,
500 ml kräftige Fleischbrühe,
200 ml trockener Weißwein,
150 ml Rahm,
Muskat, Salz und Pfeffer aus der Mühle,
gehackte Blattpetersilie oder Schnittlauch

TIPP:

Knusprig gebratene Kalbsnierenscheiben bilden schmackhafte „Deckel". Weiter kann man auch noch eine leichte Weißweinsauce dazu servieren.

Das Kalbsbries in Würfel schneiden (etwa die Größe der Schnecken) und in Salzwasser 10 Minuten blanchieren, kalt abschrecken und von allen Hautresten sowie der Röhren befreien. Zusammen mit den Schnecken beiseite stellen.

Zwiebel schälen und halbieren. Das Innere der Zwiebel so aushöhlen, dass man 8 Zwiebel-Schälchen erhält, sie bilden später die essbare Hülle.

Das Innere der Zwiebeln klein hacken, Karotte und Rübe putzen, dann in kleine Würfel schneiden. Schinken ebenfalls klein würfeln. Champignonköpfe putzen und vierteln.

In einer großen Pfanne die Butter zerlassen, Zwiebeln, Karotten, Rüben und Schinken darin andünsten. Kalbsbries und Schnecken dazugeben, alles ganz leicht Farbe nehmen lassen. Mit dem Weißwein und der Brühe ablöschen. Alles einkochen, bis die Flüssigkeit nahezu verdampft ist. Das Ragout mit Rahm, Muskatnuss, Salz und Pfeffer vollenden. Zwischenzeitlich die Zwiebelschalen bei 180 Grad im Ofen garen, bis sie gerade weich sind; sie sollten noch so fest sein, so dass sie das Ragout aufnehmen können. Je zwei Zwiebelschalen auf vorgewärmten Teller setzen und mit dem Ragout füllen, etwas Sauce rund herum gießen und mit gehackter Petersilie oder Schnittlauch bestreut sofort servieren.

(Frankreich)

Petits gris au vin rouge

(Weinbergschnecken in Rotwein)

48 küchenfertig vorbereitete Petits gris (ersatzweise aus der Dose), 125 g fein gewürfelter Räucherspeck,
4 kleine Schalotten fein gehackt,
4–6 Knoblauchzehen fein gehackt,
1 l guter Rotwein (vorzugsweise Burgunder),
1 Bouquet garni (Petersilie, Rosmarin, Thymian, Lorbeer), gut 4 cl Rotweintrester,
eiskalte Butterflocken zum Binden,
Butter oder Öl, Salz und Pfeffer nach Geschmack

TIPP:

Dekorieren Sie das Gericht mit angerösteten Markscheiben oder in Butter sautierten schwarzen Trüffelscheiben!

Speck mit etwas Butter oder Öl in einer weiten Pfanne auslassen. Zwiebel und Knoblauch kurz darin anschwitzen. Rotwein angießen und das Bouquet garni hineinlegen. Alles langsam kochen, bis der Rotwein um 1/3 reduziert ist.

Sauce durch ein feines Sieb streichen, erneut erhitzen. Schnecken dazugeben und weiterköcheln lassen, bis die Schnecken weich sind und die Sauce um gut die Hälfte reduziert ist.

Die ggfs. entfettete Sauce mit eiskalten Butterflocken binden, bis sie die gewünschte Konsistenz hat. Mit Trester, Salz und Pfeffer abschmecken, in kleinen Silberschälchen oder vorgewärmten Portionsförmchen angerichtet servieren.

(Österreich)

Blätterteig mit Bärlauch und Schnecken

Die Kombination von Spinat oder Bärlauch mit Schnecken findet man insbesondere in Aufzeichnungen alter Klöster, war doch die Schnecke als so genanntes neutrales Tier eine willkommene Abwechslung – nicht nur während der Fastenzeit. Dieses Rezept stammt zwar aus der altösterreichischen Küche, seine Wurzeln liegen aber wahrscheinlich in der spanischen oder italienischen Küche.

500 g Bärlauch, etwa 200 g küchenfertig vorbereitetes Weinbergschneckenfleisch,
1 große Zwiebel fein gehackt,
1–2 Knoblauchzehen fein gehackt,
1 EL Öl, 125 g luftgetrockneter Schinken oder Bauchspeck in feine Streifen geschnitten,
1 1/2 EL Butter, 1 1/2 EL Mehl, 300 ml Milch,
2 Eier getrennt, Muskatnuss, Salz und Pfeffer,
1 Packung tiefgekühlter Blätterteig,
Eigelb zum Bestreichen

HINWEIS:
Es gibt auch Rezepte, bei denen dieses Gericht mit Spinat zubereitet wird, den man zusätzlich mit Zimt und Zucker süßlich abschmeckt.

Den Blätterteig auftauen, ausrollen und in 12 gleich große Quadrate zerschneiden. Bärlauch verlesen und gründlich waschen. Öl in einer Kasserolle erhitzen; Schinken, Zwiebel und Knoblauch darin glasig werden lassen. Den tropfnassen Bärlauch dazugeben und einige Minuten dünsten. Danach offen bei schwacher Flamme fertig garen. In einem Topf das Mehl in Butter anschwitzen, Milch einrühren und alles zu einer dicken Béchamel verkochen. Diese Béchamel unter den Bärlauch mischen. Gemüse mit Salz, Pfeffer und Muskat abschmecken, dann vom Herd nehmen.

Das Eiweiß sehr steif schlagen. Zuerst die Eigelbe in die Bärlauchmasse rühren, dann das steif geschlagene Eiweiß unterheben. Zuletzt das Schneckenfleisch in die Masse mischen. Ein Backblech mit Backpapier auslegen oder mit Wasser abspülen. Vier Blätterteigstücke auf das Blech legen und mit der Spinatmasse belegen. Mit Blätterteig bedecken und die restliche Masse darauf verteilen. Mit den vier verbliebenen Teigstücken abdecken und diese mit verschlagenem Ei bestreichen. Im vorgeheizten Backofen bei 220 Grad 15–20 Minuten garen.

(Deutschland)

Weinbergschnecken mit Senf und Riesling

48 küchenfertig vorbereitete Weinbergschnecken samt Häusern,
200 g Butter (mit Salz, Pfeffer und gehackter Petersilie gewürzt), 8 EL Dijon-Senf,
1 1/2 EL Butter,
1 1/2 EL Mehl,
500 ml guter deutscher Riesling,
2 Lorbeerblätter, 3 Zweige Thymian,
Salz, Pfeffer,
1 Packung Blätterteig, 1 Eigelb

Die vorgekochten Schnecken in ihre Häuser setzen und mit der gewürzten Butter verschließen, kühl beiseite stellen. Butter in einem Topf zergehen lassen, das Mehl einrühren und etwas abrösten. Lorbeerblätter und Thymian dazugeben, dann alles mit Wein aufgießen. Senf untermengen und alles unter Rühren einmal aufkochen lassen, danach bei geringer Hitze auf die gewünschte Konsistenz eindicken lassen. Sauce vom Herd nehmen und durch ein Sieb streichen, mit Salz und Pfeffer abschmecken.

Je 12 Schnecken in eine feuerfeste Keramik geben und mit der Sauce überziehen. Formen mit Blätterteigplatten abdecken, ein kleines Loch in die Mitte einarbeiten und mit Eigelb bestreichen. Schnecken in vorgeheizten Ofen bei 220 Grad backen, bis der Blätterteig goldgelb ist. Sofort servieren.

Abalone-Sashimi

(Italien) 🐌

Cipolle ripiene

(Gefüllte Zwiebeln)

Für gefülltes Gemüse gibt es in Italien unzählige Varianten. Hier eine zum Thema Schnecken.

200 g ausgelöstes Schneckenfleisch küchenfertig vorbereitet (vorzugsweise Petits gris),
125 g Schweinsbratenreste (ersatzweise kurz angebratenes, gehacktes Schweinefleisch),
1 kleines Bund glatte Petersilie fein gehackt,
1 Knoblauchzehe fein gehackt,
3 EL geriebener Grana padano,
2–3 Eier (je nach Größe),
50 ml Rahm,
3 EL Butter, 1 Hand voll Semmelbrösel,
Olivenöl und Butter für die Form,
Salz, Pfeffer aus der Mühle

Die Zwiebeln schälen. Reichlich Wasser mit Meersalz zum Kochen bringen und die Zwiebeln darin blanchieren, nicht aber weich kochen. Zwiebeln kalt abschrecken und in oberen Drittel quer durchschneiden. Das Innere aus dem Zwiebel herauslösen, so dass man füllbare Zwiebelschälchen erhält. Abgeschnittenen Deckel und das Innere sehr fein hacken. Bratenreste feinst hacken (oder kurz abgebratenes Hackfleisch verwenden), die Schnecken grob hacken. In einer Schüssel das Zwiebelinnere, gehackte Petersilie, Fleisch, Schnecken, Parmesan, Eiern und Rahm vermengen. Masse mit Knoblauch, Salz, Pfeffer und evtl. einigen gehackten Rosmarinnadeln würzig abschmecken. Die gut vermengte Masse in die Zwiebelschalen füllen, große Butterflocken darauf setzen und mit reichlich Semmelbrösel bestreuen. Zwiebeln in eine mit Olivenöl und Butter eingefettete Form setzen. Bei 160–180 Grad knapp 20 Minuten backen, sofort servieren.

(Japan) 🐌 🐌

Abalone-Sashimi

Dieses Gericht wird üblicherweise mit lebenden Abalone zubereitet.
Wenn keine Möglichkeit besteht, lebende Abalone zu erhalten, so sollten diese nur gekocht (3–4 Stunden) verzehrt werden!
Wasabi, meist auch als „japanischer grüner Meerrettich" bezeichnet, ist die klassische Würze für alle Arten von Sushi oder Sashimi, da Wasabi das Enzym „Diastase" enthält, welches verdauungsfördernd wirkt und vor Bakterien schützt.

Pro Person eine lebende Abalone,
Sojasauce,
Wasabi (Pulver aus der senfaromatischen Wurzel einer rettichverwandten Pflanze, das frisch gemahlen mit Wasser zu einer Paste verrührt wird),
Limette, hauchdünn gehobelter Daikon (jap. Rettich von leicht bitterem Geschmack mit süßlichem Nachgeschmack), geraspelte Möhren

Lebende Abalone mit Meersalz einreiben, damit das Fleisch fest wird. 15 Minuten stehen lassen. Mit einem scharfen Messer das Fleisch aus der Schale lösen und gründlich abspülen. Mit einem Sashimi-Messer den Mantel entfernen. Das so gewonnene Filet diagonal in dünne Scheiben schneiden, dabei die Schneide in einem 45 Grad-Winkel halten, wenn die Scheibe geschnitten ist, das Messer auf 90 Grad stellen und die Scheibe abgleiten lassen. Abalone-Sashimi auf Teller anrichten. Mit Daikon, geraspelter Möhre und Limette ausdekorieren. Sojasauce und Wasabi extra dazu reichen.

Gefilte ayren in gelben subem

(Gefüllte Eier in gelber Sauce)

Diese köstliche Vorspeise stammt aus dem 15. Jahrhundert und verwöhnte schon damals geschulte Gaumen. Eine gewisse Philippine Welser (1527–1580) soll diese Gericht in ganz besonderem Masse geliebt haben. Philippine Welser stammte aus jener wohlhabenden Kaufmanns- und Patrizierfamilie Welser zu Augsburg, die von Kaiser Karl V. geadelt wurde.

8 frische Eier, 16 küchenfertig vorbereitete Weinbergschnecken (im Sud warmhalten), 10 EL bittere Orangenmarmelade, gut 7 EL scharfer Senf (Dijon oder englischer Senf), 5 EL guter Rotwein, 1 große Schalotte

Für die Garnitur:

Etwas geriebener Koriander und Anissamen sowie Senf

TIPP:

Das Gericht läßt sich z. B. mit grünem Pfeffer und/oder Meersalz verfeinern.

Die Schnecken vorzugsweise in ihrem eigenen Sud oder einer beliebigen Brühe erwärmen und warm beiseite stellen. Die Eier hart kochen, unter kaltem Wasser abschrecken.

Für die Sauce Orangenmarmelade, Senf und Rotwein vermischen. Alles bei milder Hitze (50–70 Grad) erwärmen. Während dessen die Schalotte allerfeinst hacken und unter die Sauce heben. Alles 10–15 Minuten ziehen lassen.

Eier schälen, halbieren und die Dotter entfernen. Eier auf einer schönen Servierplatte anrichten. In die Vertiefungen von den Dottern je eine Schnecke setzen und die gefüllten Eier mit der fertigen Sauce überziehen.

Dotter mit Senf, Koriander und Anis glatt rühren, dann die lauwarmen Eier mit dieser Masse dekoriert (z. B. mit einem Spritzbeutel aufgetragen) servieren.

(Italien)

Lumache con finocchio

(Schnecken mit Fenchel)

24 küchenfertig vorbereitete Weinbergschnecken samt Häusern (siehe Anhang), 1 große Fenchelknolle samt Grün, 1 kleine Zwiebel, 250 g Butter, 4–5 Knoblauchzehen feinst gehackt, Saft von 2 Zitronen (wer es weniger intensiv mag, nimmt nur eine), Zeste von 1/2 unbehandelten Zitrone fein gehackt, 6 cl Anisetta (italienischer Anisschnaps), Salz und weißer Pfeffer aus der Mühle

Die Butter auf Zimmertemperatur erwärmen. Etwas Butter in einem Pfännchen erhitzen und die feingehackten Zitronenzesten 2–3 Minuten darin garen, erkalten lassen. Die weiche Butter mit den Zitronenzesten, Zitronensaft, feingehacktem Knoblauch sowie Salz und frisch gemahlenem Pfeffer würzen, danach im Kühlschrank kalt stellen.

Den Fenchel und die Zwiebel in feine Streifen schneiden. Wieder etwas Butter in einer Pfanne erhitzen, das Gemüse darin anschwitzen. Wenn das Gemüse weich zu werden beginnt, wird mit dem Anisetta abgelöscht und gewürzt. Masse vom Herd nehmen. Schnecken in die Häuser füllen und die Öffnung dick mit der Butterzubereitung verschließen. Je 6 Schnecken in eine geeignete feuerfeste Form setzen (oder alle in eine große Form) und mit dem Fenchelgemüse überziehen. Eventuell noch etwas Anisetta darüber träufeln. Schnecken im vorgeheizten Backofen bei knapp 200 Grad garen, bis die Butter brodelt. Mit Weißbrot servieren.

Lumache alla Milanese

(Schnecken nach Mailänder Art)

24 lebende Weinbergschnecken (mittlere Größe),
grobes Meersalz,
200 ml guter Weinessig,
100 ml bestes Olivenöl,
2 Knoblauchzehen mit dem Handballen angedrückt,
2 Schalotte fein gehackt,
1 EL Butter,
5 Anchovis (beste Qualität) fein gehackt,
einige Körner Fenchelsamen im Mörser zerdrückt,
1 Bund glatte Petersilie,
1/2 EL Mehl zum Bestauben,
250–350 ml guter trockener Weißwein,
geriebene Muskatnuss,
Salz und Pfeffer aus der Mühle,
Butter zum Gratinieren

TIPP:

Man kann die Sauce kurz vor Ende der Garzeit mit einem Löffel Crème fraîche abrunden.

Die Schnecken waschen und die Gehäuse von Erdresten befreien. In kaltes Wasser, dem man etwas Salz und Essig beigefügt hat einlegen und etwa 1 Stunde wässern. Abgießen, waschen und erneut in Essig-Salz-Wasser einlegen, diesen Vorgang noch ein drittes Mal wiederholen. Dann setzt man in einem ausreichend großen Topf frisches Wasser mit Salz und Essig an, bringt dies zum Kochen und überbrüht darin die Schnecken etwa 15 Minuten. Jetzt kann man das Fleisch aus den Häusern ziehen und den dunklen Eingeweidesack entfernen (Häuser in kochendem Sodawasser reinigen und für eine spätere Verwendung aufheben).

In einer schweren Pfanne das Öl mit der Butter erhitzen und die zerdrückten Knoblauchzehen darin schwenken, bis das Fettgemisch gut aromatisiert ist (wer nur dezentes Knoblaucharoma wünscht, nimmt die Zehen danach aus der Pfanne). Nun die gehackten Schalotten, Fenchelsamen, Sardellen sowie die gehackte Petersilie dazugeben und alles leicht anbraten. Mit Mehl bestauben, die Schnecken dazugeben und mit Weißwein aufgießen. Salzen, pfeffern und zugedeckt auf kleiner Flamme gut 1 1/2–2 Stunden kochen lassen, dabei gelegentlich umrühren, ggfs. etwas Wein oder Fleischbrühe nachgießen. Wenn die Schnecken gar sind, würzt man mit Muskatnuss, schmeckt nochmals ab und setzt sie in die Vertiefungen von Schneckenpfännchen. Mit der Sauce überziehen, Butterflocken darauflegen und unter dem Grill einige Minuten gratinieren. Heiß servieren, Weißbrot dazu reichen.

Abalone mit Beurre blanc

200 g Abalonefleisch (ohne Gehäuse) küchenfertig vorbereitet (siehe Anhang) ersatzweise aus der Dose,
25 g frische Butter,
25 g Schalotten fein gehackt,
5 cl guter Portwein,
400–500 ml Beurre blanc mit Fischfond (siehe Anhang), Cayennepfeffer,
Meersalz (vorzugsweise fleur du sel),
frisch gemahlener weißer Pfeffer

Für die Rotweinschalotten:
250 ml guter roter Burgunder, 2 große Schalotten

Mit den Rotweinschalotten beginnen: Hierfür zwei große Schalotten fein hacken und zusammen mit sehr gutem Burgunder in eine Kasserolle füllen. Alles aufkochen, danach bei mittlerer Hitze den Rotwein vollständig einkochen lassen. Schließlich auf kleinster Hitze solange warm stellen, bis die Schalotten trocken sind (Vorsicht, dass sie nicht anlegen).

Abalonefleisch in feine Scheiben schneiden. Etwas Butter in einer Kasserolle erhitzen und die feingehackten Schalotten darin andünsten. Dann mit dem Portwein ablöschen, leicht salzen und pfeffern, Deckel auflegen und bei milder Hitze weich werden lassen. Abalonescheiben untermischen, alles mit Cayennepfeffer und evtl. Salz abschmecken. Wenn die Scheiben durchgewärmt sind, Abalone auf vorgewärmten Tellern dekorativ anrichten.

Die Sauce mit Beurre blanc und den Rotweinschalotten vollenden, auf den Abalonescheiben anrichten. Sofort servieren.

(Frankreich)

Huîtres et bigorneaux chaudes

(Warme Austern mit Meeresschnecken)

10 Austern
(große Fines de claires, Impérials oder Riesenaustern),
50 Bigorneaux (kleine Strandschnecken) einige
Minuten vorgekocht und aus dem Haus gezogen,
75 g Schalotten feinst gehackt,
1–2 EL Butter,
250 ml Crème fraîche,
1–2 TL Currypulver (beste Qualität),
etwas Cognac,
weißer Pfeffer aus der Mühle,
grobes Meersalz

Die Austern öffnen, das Wasser dabei auffangen und durch ein Sieb rinnen lassen. Das Muschelfleisch in der unteren Schalenhälfte belassen, den Muskel aber durchtrennen. Schalotten in etwas Butter leicht glasig dünsten, Austernwasser und noch etwas Butter hinzufügen und alles auf die Hälfte einreduzieren lassen. Crème fraîche, Curry nach Geschmack und Cognac zur Sauce geben, mit weißem Pfeffer aus der Mühle würzen. Sauce unter Rühren um gut ein Drittel reduzieren. Je fünf Austern auf einem feuerfesten Teller, der mit Meersalz bestreut wurde, anrichten. In jede Auster 5 Strandschnecken um das Muschelfleisch herum anrichten. Austern mit der Sauce nappieren und unter dem Grill des Backofens kurz bei starker Hitze gratinieren, bis sich eine goldbraune Kruste gebildet hat. Sofort servieren.

(Italien)

Spiedini di lumache e porcini

(Schneckenspiesse mit Steinpilzen)

36 küchenfertig vorbereitete Weinbergschnecken,
36 kleine Steinpilzköpfe,
1 EL gemischte gehackte Kräuter
(Basilikum, Minze, Salbei),
2 EL gehackte Blattpetersilie,
3 feingehackte Knoblauchzehen,
2 Lorbeerblätter,
1 gutes Glas Weißwein,
1/2 Packung Panna, Butter, Mehl,
Salz und Pfeffer aus der Mühle

In einer großen Pfanne reichlich Butter erhitzen. Die geputzten Steinpilzköpfe darin zusammen mit Knoblauch und Petersilie rösten. Schnecken in einer zweiten Pfanne mit Kräutern und Butter sautieren. Auf Spieße von etwa 20 cm Länge abwechselnd Steinpilzköpfe und Schnecken stecken, die Spieße in eine große gebutterte Auflaufform schichten, sie dürfen dabei nicht übereinander liegen. Spieße mit etwas Mehl bestauben und die Bratbutter von den Pilzen darüber gießen. Panna mit Weißwein glatt rühren, danach ebenfalls in die Form gießen. Alles mit Salz und Pfeffer würzen. Im vorgeheizten Backofen einige Minuten gratinieren, bis die Sauce bindet. Mit heißer Polenta (siehe Anhang), die mit Parmesan aromatisiert wurde, servieren.

Huîtres et bigorneaux chaudes

(Deutschland)

Schneckenauflauf mit Estragonsauce

24 küchenfertig vorbereitete Weinbergschnecken,
gut 75 g weiche Butter,
2 EL gemischte Kräuter feinst gehackt
(z. B.: Petersilie, Kerbel, Dill, Schnittlauch,
Estragon), Salz, weißer Pfeffer aus der Mühle

Für die Farce:
250 g grätenfreies Fischfilet
(vorzugsweise Hecht oder Zander),
1 Eigelb,
1 1/2 in Sahne eingeweichte Brötchen,
Salz und weißer Pfeffer aus der Mühle

Für die Sauce:
100 g Kalbfleischreste, 75 g Schinken, 75 g Butter,
1 Zwiebel fein gehackt, 2 Zweige Thymian,
5 Pfefferkörner mit dem Messerrücken angedrückt,
1 gehäufter EL Mehl, 150 ml Milch,
125 ml kräftige Rindsuppe,
250 ml Crème fraîche,
einige Zweige Estragon grob gehackt

Weinbergschnecken waschen und abtropfen lassen. Die weiche Butter mit gehackten Kräutern, Salz und Pfeffer würzen. Schnecken mit der Butter überziehen und kalt stellen.

Für die Farce das gekühlte Fischfleisch in einer Küchenmaschine schnell fein pürieren, dabei die in Sahne eingeweichten und gut ausgedrückten Brötchen sowie das Eigelb untermengen. Farce mit Salz und Pfeffer würzen.

Vier feuerfeste Auflaufförmchen mit Butter einfetten, dann mit der Fischfarce auskleiden. In die Mitte jeweils 6 Schnecken füllen. Mit Farce bedecken, so dass die Formen gefüllt sind. Schneckenauflauf im vorgewärmten Backofen bei 200 Grad etwa 25 Minuten backen.

Währenddessen die Sauce herstellen. Hierfür das Kalbfleisch und den Schinken in Würfel schneiden. Dann in zerlassener Butter andünsten, gehackte Zwiebel dazugeben und mit Thymian sowie Pfefferkörnern würzen. Alles leicht anbraten lassen, mit Mehl bestauben und dieses kurz mitrösten. Alles mit der erwärmten Milch und der Rindsuppe aufgießen. Unter ständigem Rühren aufkochen lassen. Sauce durch ein feines Haarsieb streichen, wieder auf den Herd stellen und bei kleiner Hitze weiterköcheln lassen. Kurz vor dem Servieren mit der Crème fraîche binden und die gehackten Estragonblättchen unterheben.

Auf vier vorgewärmten Tellern einen Saucenspiegel setzen. Schneckenauflauf aus den Formen stürzen und mit der braunen Seite nach oben auf dem Saucenspiegel anrichten. Mit einigen Estragonblättchen garnieren und sofort servieren.

(Österreich)

Schneckenpofesen

150 g küchenfertig vorbereitetes Schneckenfleisch
(vorzugsweise Petits gris),
4 Knoblauchzehen feinst gehackt,
2 Schalotten feinst gehackt,
2 EL Petersilie fein gehackt, 1 EL Schnittlauch,
1 kleine schwarze Trüffel fein gehobelt (fakultativ),
2 EL Butter, 4 EL Obers,
1 Eigelb mit 1 EL Obers verquirlt,
1 EL Semmelbrösel, 1 Glas trockener Weißwein,
8 Scheiben altbackenes Weißbrot (z. B. Toast)
entrindet, 3 Eier, 1/8 l Milch, Butterschmalz zum
Ausbacken, Salz und Pfeffer aus der Mühle

Das Schneckenfleisch hacken. 2 EL Butter in einer Pfanne erhitzen, Schneckenfleisch darin anbraten. Schalotten und Knoblauch dazugeben und glasig dünsten. Fakultativ gehobelte Trüffel dazugeben und kurz mitrösten. Den Wein angießen und vollkommen einkochen lassen. Petersilie, Schnittlauch und Obers hineingeben, Obers ebenfalls einkochen lassen. Die Masse mit Semmelbrösel und 1 Eigelb mit 1 EL Obers verquirlt binden. Schnecken salzen und pfeffern, beiseite stellen.

Jeweils ein bis zwei Löffel Schneckenmasse zwischen zwei Brotscheiben füllen, diese (an den Rändern) zusammendrücken und vorsichtig in ein Gemisch aus verschlagenem Ei und Milch tauchen (sie sollten nicht auseinanderfallen). In heißem Butterschmalz beidseitig goldgelb backen, auf Küchenpapier abtropfen lassen. Sofort servieren. Als Beilage passt ein grüner Salat.

(U.S.A.)

Abalone in Lemon-Grass-Butter

(Abalone in Zitronengras-Butter)

4 vorgekochte Abalone von je etwa 125 g
(ersatzweise aus der Dose),
300 ml Fischfond,
4 Stangen Zitronengras,
Saft von 1 Limette,
1 TL abgeriebene Limettenschale,
gut 125 g eiskalte Butter,
2–3 grüne Mangos,
120 g Zucker,
Salz und weißer Pfeffer aus der Mühle

TIPP:
Die Sauce passt auch sehr gut zu gekochten Riesenflügelschnecken.

Die Mangos schälen, grob zerhacken. Zwei Stangen Zitronengras längs aufschneiden, dann vierteln. Mangos zusammen mit dem Zucker, einer Prise Salz und dem Zitronengras in ein Töpfchen füllen, auf etwa 50 Grad erhitzen und in gut einer Stunde weich werden lassen. In der Zwischenzeit die Abalone aus den Schalen lösen (bei Dosenware nicht notwendig) und in Scheiben schneiden.

Die beiden anderen Stangen Zitronengras fein hacken, in den Fischsud geben. Beides in ein Töpfchen füllen, leise erhitzen, dann mit Limettensaft abschmecken. Abalonenscheiben in eine weite Pfanne legen und den auf 50–60 Grad erhitzten Fond darüber gießen. Bei kleinster Flamme pochieren, das Fleisch sollte nur warm werden. Abalone aus dem Sud heben und warm stellen.

Sud auf die Hälfte seines Volumens einkochen lassen. Eiskalte Butter in Flocken schneiden, zusammen mit der Hälfte der abgeriebenen Limettenschale portionsweise hineingeben und mit einem Stabmixer aufschlagen. Sauce mit Salz und Pfeffer abschmecken, warm halten. Auf vorgewärmte Teller je eine große Nocke Mangopüree setzen, dieses mit zwei bis vier pochierten Abalone-Scheiben belegen. Sauce rund herum gießen und mit restlichen Limettenschalen überstreut servieren.

(Griechenland)

Meeresschnecken mit Kartoffeln in Zitronensauce

1 1/2 kg frische Meeresschnecken
(z. B. Wellhornschnecken oder Strandschnecken)
gereinigt,
100 ml gutes griechisches Olivenöl,
6 große Kartoffeln geschält
und in feine Scheiben oder Würfel geschnitten,
6 Knoblauchzehen in feine Scheiben geschnitten,
1 scharfe Paprikaschote entkernt und klein gehackt,
1 Bund glatte Petersilie fein gehackt,
Saft von 3 Zitronen,
3–4 EL Butter, Meersalz

Die Schnecken in kochendem Salzwasser 10 Minuten blanchieren, abtropfen lassen. In einer weiten Pfanne 5 EL Olivenöl erhitzen, Kartoffeln, Knoblauch und Paprika darin anbraten, bis die Kartoffeln leicht Farbe genommen haben. Die noch heißen Schnecken dazugeben und mit 1 1/2 l kaltem Wasser aufgießen. Alles 45 Minuten kochen lassen, dabei den auftretenden Schaum abschöpfen. Zum Schluss mit dem restlichen Olivenöl, Zitronensaft, Butter und Petersilie vollenden, mit Meersalz abgeschmeckt in der Pfanne servieren. Weißbrot dazu reichen.

VARIANTE:

Man kann dieses Gericht auch mit Petits gris zubereiten.

(Frankreich)

Escargots à la mode de l'Abbaye

(Schnecken nach Abtei-Art)

48 küchenfertig vorbereitete Schnecken,
3 Schalotten feinst gehackt,
1 EL Butter,
1 gestr. EL Mehl,
100 ml Hühner- oder Gemüsebrühe (siehe Anhang),
250 ml frischer Rahm,
4–5 Eigelb (je nach Größe der Eier),
75 g Butter, Salz, Pfeffer aus der Mühle,
weiße Trüffel oder gehackte Petersilie zum Garnieren

Vom Rahm 200 ml abmessen und diese in einem Töpfchen zum Kochen bringen. In einer weiten Pfanne etwas Butter erhitzen und die Schalotten darin glasig werden lassen. Die küchenfertig vorbereiteten Schnecken dazugeben und alles mit Mehl bestauben. Danach den kochenden Rahm angießen und die Schnecken gut 10 Minuten schmoren, dabei ständig umrühren. In der Zwischenzeit die Butter schaumig rühren und mit den Eigelb, sowie dem restlichen Rahm vermengen. Die nicht mehr kochende Sauce damit legieren. Das Gericht abschmecken und in vorgewärmten Keramikschälchen – vorzugsweise mit etwas Trüffel garniert – sofort servieren.

(Frankreich)

Beignets d'Escargots à la Vigneronne

(Schneckenbeignets nach Winzerin-Art)

Für dieses Gericht empfiehlt es sich, frische selbst zubereitete Schnecken zu verwenden, da diese nach dem Kochen sofort (noch warm) weiterverarbeitet werden können.

Für die Beignets:
48 küchenfertig vorbereitete Weinbergschnecken,
2 Knoblauchzehen fein gehackt, 1 EL Butter,
250 g gesiebtes Mehl, 2 Eier,
2–3 EL zerlassene Butter oder Öl,
15 cl trockener Weißwein,
1 EL guter Cognac oder guter Tresterbrand,
1–2 Bund Schnittlauch,
Salz, weißer Pfeffer aus der Mühle,
Öl zum Frittieren

Für die Sauce:
50 g Butter,
50 g Mehl, 200 ml Brühe
(vorzugsweise Schneckenbrühe, sonst Kalbsbrühe),
1/4 l guter trockener Weißwein
(vorzugsweise Riesling),
einige Spritzer Zitronensaft,
Salz, weißer Pfeffer,
1 Eigelb,
125 ml Crème fraîche

Die Eier trennen. Aus gesiebtem Mehl, zerlassener Butter, Weißwein, Cognac, Salz und Pfeffer einen Teig herstellen, diesen nicht kneten, nur rühren. Sollte er zu dick sein, etwas Wasser dazu geben. Teig 1–2 Stunden ruhen lassen. Kurz vor der Verwendung geschlagenen Eischnee und fein gehackten Schnittlauch unterheben.

Für die Sauce die Butter zerlassen und das Mehl einrühren. 1–2 Minuten abrösten, dann mit Brühe und Weißwein aufgießen. Alles gut vermengen und einkochen. Sauce mit Salz, Pfeffer und Zitronensaft würzen. Sauce vom Herd nehmen, Eigelb mit Crème fraîche verquirlen und in die Sauce rühren. Sauce warm stellen, nicht mehr aufkochen. Die Schnecken in zerlassener Butter mit feingehacktem Knoblauch sautieren, salzen und pfeffern.

Öl in einem schweren Topf oder einer Friteuse erhitzen, Schnecken durch den Backteig ziehen und nacheinander im heißen Fett goldgelb ausbacken. Abtropfen lassen und sofort servieren. Sauce extra dazu reichen.

Variante:

Man kann die Beignets auch ohne Sauce als Imbiss zum Wein servieren, oder als Garnitur von Blattsalaten.

Weinbergschnecken im Speckflan mit Steinpilzen auf Ruccola

(Frankreich)

DIES IST EINE ETWAS AUFWENDIGERE VORSPEISE, DAFÜR SCHMECKT SIE ABER UMSO DELIKATER!

Für den Flan:
125 g geräucherten Speck,
500 ml frische Sahne,
3–4 Eier (je nach Größe),
4 große Weinbergschnecken küchenfertig vorbereitet,
schwarzer Pfeffer aus der Mühle

Für die Schnecken:
20 küchenfertig vorbereitete Weinbergschnecken
oder 60 Petits gris,
1 kg kleine feste sehr frische Steinpilze,
125 ml Sauce Demi-glace
(siehe Anhang),
Salz und Pfeffer aus der Mühle,
120 g frischer Ruccola zugeputzt

Für die Garnitur:
250 g geräucherter Bauch- oder Bruststpeck
im Ganzen,
Olivenöl,
4 Scheiben altbackenes Bauernbrot,
125 ml Sahne,
3 EL Trüffelsaft (fakultativ),
1 Ei, 1 Eigelb,
4 EL Butter,
4 Knoblauchzehen mit Schale,
Salz und Pfeffer aus der Mühle

Den Speck für die Garnitur in Wasser auf kleiner Flamme 2 bis 3 Stunden weich kochen. In der Zwischenzeit die Steinpilze sorgfältig putzen und halbieren.

Für den Flan den Räucherspeck sehr fein hacken. Speckwürfel in einer hohen Pfanne ohne Fettzugabe braten, dabei das Fett auslassen. Mit Sahne aufgießen, dieses zum Kochen bringen. Topf vom Herd nehmen dann alles 30 Minuten ziehen lassen. Die aromatisierte Sahne aufmixen, durch ein Sieb ziehen und erkalten lassen.

Ein Wasserbad vorbereiten, dafür eine Schale mit Wasser in den auf 120 Grad vorgeheizten Ofen stellen.

Die Eier mit einem Schneebesen in die ausgekühlte Speck-Sahne-Masse schlagen und pfeffern. 4 passende Souffléförmchen (sie sollten nicht zu groß sein) ausbuttern. In jede Form eine große Weinbergschnecke setzen, diese würzen, dann die vorbereitete Masse einfüllen. Mit Alufolie abgedeckt im Wasserbad 45 Minute stocken lassen.

Den inzwischen weichgekochten Speck mit einer Küchenmaschine in vier Scheiben schneiden. In einer großen gusseisernen Pfanne mit etwas Olivenöl braten, bis er gebräunt ist. Speck herausnehmen, warm stellen.

Im Bratfett die Steinpilze unter ständigem Wenden sautieren, dann die Schnecken dazugeben. Alles mit Demi-glace ablöschen (wer eine dünne Sauce bevorzugt kann auch Kalbfond nehmen). Sauce salzen und pfeffern, warm halten.

125 ml Sahne mit Trüffelsaft, Ei und Eigelb vermengen, salzen und pfeffern. Brotscheiben darin einweichen. Butter vorzugsweise in einer beschichteten Pfanne erhitzen, Brotscheiben darin goldbraun werden lassen, ggfs. nachwürzen.

Auf vorgewärmten Tellern je einen Flan stürzen, mit Pfeffer bestreuen. Ruccola rund herum anrichten, sautierte Steinpilze und Schnecken darauf legen. Brotscheibe dazugeben und alles dekorativ mit der Sauce überziehen. Sofort servieren.

Petits gris auf Erdäpfelspaghetti mit Trüffel

(China)

Abalone mit Mung-Bohnenkuchen

4 küchenfertig vorbereitete Abalone (aus der Dose),
4 Mung Bohnenkuchen,
Sojasauce,
Wasabi („japanischer grüner Meerrettich"),
4 gehackte Knoblauchzehen,
Mayonnaise,
chinesische süß-saure Chilisauce

Die Abalone (aus der Dose) abtropfen lassen und gründlich waschen. Bohnenkuchen und Abalone in dünne Scheiben schneiden. Auf vier Tellern jeweils zuerst einen geschnittenen Bohnenkuchen, dann das Schneckenfleisch anrichten. Dazu in einem Schälchen Sojasauce mit Wasabi servieren, in einem zweiten Sojasauce und gehackten Knoblauch. Mayonnaise und Chilisauce separat servieren. Teller mit geschnitztem Gemüse ausgarniert auftragen.

Variante:

Abalone vorher einige Sekunden blanchieren

Petits gris auf Erdäpfelspaghetti mit Trüffel

Für die Schnecken:
24 küchenfertig vorbereitete Petits gris,
2 fein gehackte Knoblauchzehen,
2 fein gehackte Schalotten,
1 EL fein gehackte Blattpetersilie,
2–3 EL Butter,
Salz und Pfeffer aus der Mühle

Für die Erdäpfelspaghetti:
4 große festkochende Kartoffeln,
3 EL Butter, Prise Muskatnuss,
1 EL fein gehackte schwarze Trüffel,
Salz und Pfeffer aus der Mühle

Weiters
Haut von 8 Hühnerbrüsten (beim Geflügelhändler erhältlich),
etwas Olivenöl,
einige Blätter Thymian als Garnitur

Hühnerhäute mit etwas Öl bestreichen und auf Backpapier im auf 200 Grad vorgeheizten Ofen backen, bis sie schön knusprig sind oder auch ohne Fettzugabe in einer beschichteten Pfanne knusprig braten, warm halten.

Für die Erdäpfelspaghetti zuerst die Kartoffeln schälen, dann mit einer Küchenmaschine in gleichmäßige Scheiben schneiden. Die Scheiben portionsweise aufeinander legen und mit einem scharfen Küchenmesser in dünne Streifen schneiden. Die Kartoffelstreifen in gut gesalzenem Wasser nicht ganz gar kochen, kalt abschrecken und beiseite stellen.

In einer Pfanne die Schnecken zusammen mit Knoblauch, Schalotten, Butter und Petersilie sautieren, mit Salz und Pfeffer abschmecken, warm beiseite stellen.

3–4 EL Butter in einer weiten Pfanne schmelzen, Trüffel darin bei milder Hitze 5 Minuten schwenken. Die Erdäpfelspaghetti in der Trüffelbutter erwärmen, mit einer Prise Muskat würzen, salzen und pfeffern.

Mittels eines Kaffeelöffels je 6 Häufchen von den „Spaghetti" auf vorgewärmte Teller setzen, auf jedes Häufchen eine sautierte Schnecke legen. Hühnerhäute zerschneiden und die Schnecken mit der gebratenen Haut zudecken. Alles mit Thymianblüten und/oder Trüffelscheiben verzieren und nochmals leicht salzen und pfeffern.

Varianten:

Dieses Gericht schmeckt auch sehr gut, wenn man Entenschmalz statt der Butter verwendet. Bereiten Sie dieses Rezept einmal mit Kürbis- oder Karottenspaghetti zu, oder einer Dreierkombination (mit etwas weniger Trüffel).

(Italien)

Lumache al formaggio

(Schnecken mit Gorgonzola-Sauce in Parmesanhülle)

Dieses Gericht erfordert zwar etwas Geschick bei der Herstellung der Parmesantulpen, überzeugt dann aber nicht nur durch seinen sehr hübschen Auftritt, sondern auch durch einen delikaten Geschmack.

Für die Schnecken:
24 küchenfertig vorbereitete Petits gris,
1 Knoblauchzehe,
2 EL Butter,
Salz und Pfeffer aus der Mühle

Für die Parmesantulpen:
200 g geriebener Grana padano,
Prise Cayennepfeffer

Für die Gorgonzolasauce:
250–300 g gut gereifter Gorgonzola,
100 ml Rahm,
Muskatnuss,
Salz und weißer Pfeffer aus der Mühle

Weiter:
Schnittlauchröllchen zum Garnieren,
evtl. etwas gehackte Walnuss

Die Schnecken in heißer Butter leicht anrösten, dann gehackten Knoblauch dazugeben, salzen und pfeffern. Schnecken warm beiseite stellen.

Für die Parmesantulpen Kreise von etwa 12 cm Durchmesser auf ein Backpapier zeichnen. Jeden Kreis mit einer dicken Schicht Parmesan bestreuen und diese jeweils mit einer Prise Cayennepfeffer würzen. Im vorgeheizten Ofen bei 180 Grad backen, bis die Ränder goldgelb werden, das dauert etwa 5 Minuten. Kurz abkühlen lassen und dann mit einem Pfannenheber oder Küchenspatel vom Papier lösen. Parmesanscheiben auf einen Flaschenhals legen und nach unten biegend zu Tulpen formen. Dabei darauf achten, dass sie keine Löcher bekommen. Auf dem Flaschenhals fest werden lassen (Der Boden sollte möglichst flach sein, damit die Tulpen hinterher stehen können). Vorgang wiederholen, bis man 12 Tulpen hat.

Für die Gorgonzolasauce den Käse klein würfeln, danach mit dem Rahm in ein Töpfchen (besser noch Wasserbad) geben und bei kleiner Flamme schmelzen, bis man eine homogene Sauce von dicklicher Konsistenz hat: Je weniger Rahm man verwendet, desto dicker wird die Sauce. Daher nicht gleich den ganzen Rahm verwenden, sondern lieber nachfüllen! Sauce mit Salz, weißem Pfeffer und frisch geriebenem Muskat abschmecken, warm halten.

Jeweils drei Tulpen auf vorgewärmten Tellern anrichten und mit je zwei Schnecken füllen. Schnecken mit der Gorgonzolasauce nappieren, etwas von der Sauce rund herum angießen und weißen Pfeffer darüber mahlen. Mit Schnittlauchröllchen und gehackten Nüssen garniert sofort servieren.

Schnecken mit Aprikosen und roten Pfefferbeeren

48 küchenfertig vorbereitete Petits gris oder Weinbergschnecken,
500 g reife Aprikosen,
1 kleine rote Chilischote (fakultativ),
4–5 EL frische Bauernbutter,
1 EL rote Pfefferbeeren im Mörser grob zerstoßen,
Salz und Pfeffer aus der Mühle

Schnecken abtropfen lassen und trocken tupfen. Aprikosen waschen, halbieren und entkernen. Chilischote entkernen und fein hacken. Butter in einer weiten Pfanne erhitzen, Aprikosen und ggfs. Chili darin weich dünsten. Mit Salz und Pfeffer aus der Mühle würzen, Schnecken dazugeben und diese einige Minuten mitbraten lassen.

Anrichten und mit gestoßenen roten Pfefferbeeren bestreut servieren. Frisch gebackenes Weißbrot dazu reichen.

Schnecken im Kartoffelnest mit Zitrusfrüchtesauce

Für die Schnecken:

24 küchenfertig vorbereitete Weinbergschnecken,
4–5 große Kartoffeln festkochend geschält und gewaschen,
2–3 EL feines Weizenmehl,
grobes Meersalz,
weißer Pfeffer aus der Mühle,
Öl zum Frittieren

Für die Sauce:

300 ml kräftige Hühnerbrühe,
75 ml frisch gepresster Orangensaft,
75 ml frisch gepresster Zitronensaft,
4 EL eiskalte Butter,
2 EL gehackte Kräuter (Kerbel und Schnittlauch)

Zuerst die Sauce zubereiten: Hierfür die Brühe auf einen Rest von 50 ml einkochen, die beiden Fruchtsäfte dazugeben und alles weitere 5 Minuten einkochen lassen. Schließlich mit der eiskalten Butter in Flocken montieren, salzen und pfeffern. Sauce warm halten.

Schneckenfleisch abtropfen lassen und trocken tupfen. Die Kartoffeln ebenfalls gut trocknen, dann in regelmäßige sehr dünne, lange Streifen schneiden. Diese Streifen zwischen zwei sauberen Küchentüchern sorgfältig trocknen. Aus der Hälfte der Kartoffelstreifen 24 kleine Nester formen, die Kartoffelspäne sollten dabei aufgelockert sein und nicht fest zusammenpappen. Die Nester auf ein Backpapier setzen und leicht mit Mehl bestauben. In jedes Nest eine Schnecke setzen und etwas würzen. Die restlichen Kartoffelstreifen ebenfalls auflockern, dann die Nester damit bedecken. Lockere runde Nester formen. Alles nochmals mit Mehl bestauben und etwas würzen.

In einem Wok, hohen Pfanne oder einer Friteuse Öl erhitzen bis es zu rauchen beginnt. Vorsichtig jeweils 2–3 Kartoffelnester hineingleiten lassen und 5 Minuten frittieren, dann wenden und auch die zweite Seite knusprig goldbraun backen. Mit einer Drahtkelle aus dem Frittierfett heben und auf eine mit Küchenpapier ausgelegte Platte setzen. Im Ofen bei offener Tür warm halten und die nächsten Nester ausbacken. Wenn alle Nester gebacken sind, die Kräuter in die Sauce einrühren. Jeweils 6 Nester auf einen vorgewärmten Teller setzen, Sauce um die Nester herum anrichten, sofort servieren.

Weinbergschnecken mit Pastis

(Frankreich)

Weinbergschnecken mit Pastis

24 küchenfertig vorbereitete Weinbergschnecken,
200 ml Schneckenbrühe (ersatzweise aus der Dose),
6 EL gutes Olivenöl,
1 Glas trockener Weißwein,
4 Schalotten fein gehackt,
6 Knoblauchzehen fein gehackt,
2–3 EL gehacktes Fenchelgrün,
einige Fenchelsamen im Mörser zerstoßen,
Pastis nach Geschmack,
grobes Meersalz,
Salz und Pfeffer aus der Mühle

Olivenöl in einer Pfanne erhitzen, Schalotten und Knoblauch darin licht andünsten. Zerstoßenen Fenchelsamen, Weißwein und Schneckenbrühe dazugeben, auf die Hälfte einkochen lassen. Reduktion durch ein Passiertuch pressen, den Saft dabei gut ausdrücken. Reduktion erneut aufkochen lassen, noch etwas reduzieren derweil salzen und pfeffern. Dann Fenchelgrün dazugeben und mit dem Pastis abschmecken. Schnecken in die Vertiefungen von Schneckenpfännchen aus Keramik setzen und die Sauce darübergießen, jede mit einigen Körnern grobem Meersalz würzen. Im vorgeheizten Backofen bei 220 Grad etwa 10 Minuten garen. Bestes Olivenöl darüberträufeln, mit Weißbrot und Zitronenvierteln servieren.

(Frankreich)

Gebratene Schnecken mit brauner Zitronenbutter

48 küchenfertig vorbereitete Weinbergschnecken,
3 EL Butter,
1 fein gehackte Knoblauchzehe,
2 fein gehackte Schalotten,
Salz und Pfeffer

Für die braune Zitronenbutter:
200 g frische Bauernbutter,
3 Zitronen,
einige Blätter Estragon gehackt

In einer schweren Pfanne 2 EL Butter zerlassen, Schalotten und Knoblauch hinzufügen. Schnecken darin sautieren, bis sie leicht knusprig sind. In der Zwischenzeit in einer zweiten Pfanne die Butter für die Sauce zerlassen. Zitronen halbieren und die Schnittflächen in der Butter anbraten, bis der fruchteigene Zucker karamellisiert und die Schnittflächen gebräunt sind. Zitronen aus der Pfanne nehmen, Saft auspressen. Butter kurz stark erhitzen und mit dem Zitronensaft ablöschen, gehackten Estragon unterheben und die Pfanne vom Herd nehmen. Schnecken in Schälchen anrichten, salzen, pfeffern und mit der Zitronenbutter überzogen servieren. Estragonzweiglein als Garnitur anlegen und Weißbrot dazu reichen.

(Italien)

Polentaplätzchen mit Schnecken an pikanter Salsa

Für die Schnecken:

24 Weinbergschnecken küchenfertig vorbereitet (ersatzweise aus der Dose), 3 Knoblauchzehen grob gehackt, 1 Schalotte grob gehackt, 1 EL glatte Petersilie grob gehackt, 2 EL Butter, Salz, Pfeffer aus der Mühle

Für die Sauce:

75 g Champignons geputzt, 75 g Steinpilze geputzt, 2–3 Sardellen in Salz eingelegt, 2–3 Chilischoten entkernt, 1 EL Kapern gewaschen, 1 EL gehackte Petersilie, 2 Knoblauchzehen, 2 große Fleischtomate blanchiert gehäutet und entkernt, Olivenöl, Salz und Pfeffer aus der Mühle

Weiter:

500 g Polenta (siehe Grundrezept im Anhang), 48 dünne Scheiben mittel alter Montasio oder milder Bergkäse, etwas Petersilie zum Garnieren

Die Sauce sollte am Vortag zubereitet werden, damit sich die Aromen gut vermengen können. Die grob gehackten Pilze in etwas Olivenöl dünsten, gehackte Chilischote und Tomatenwürfel dazugeben, leicht salzen. Austretende Flüssigkeit nahezu verdampfen lassen. Pilzmischung in der Pfanne erkalten lassen. Danach alle Zutaten für die Sauce mit einem großen Küchenmesser sehr klein hacken und in eine Schüssel füllen. Langsam soviel Olivenöl dazugeben, bis man eine schöne homogene Masse erhalten hat. Diese mit Salz und Pfeffer kräftig abschmecken und zugedeckt im Kühlschrank ruhen lassen.

Am nächsten Tag sautiert man die Schnecken in einem Gemisch aus Butter, Knoblauch, Schalotten und Petersilie, würzt kräftig und lässt sie in der Pfanne erkalten. Die fertig gekochte Polenta wird auf einem großen Brett glatt gestrichen und abgekühlt, bis sie schnittfest ist. Mit einem Keksausstecher oder Reisring Plätzchen ausstechen (gut 5 cm Durchmesser). Auf jedes Plätzchen zuerst ein Scheibe Montasio, dann eine Schnecke und schließlich wieder eine Scheibe Montasio legen. Alles mit Zahnstochern fixieren. Polentaplätzchen im vorgeheizten Backofen bei 180–200 Grad backen, bis der Käse leicht goldgelb geworden ist. Auf vorgewärmten Tellern anrichten und etwas von der Salsa rund herum gießen.

Getoastetes Weissbrot mit Schnecken, Geflügellebern und Pilzen

4 dicke Scheiben Bauernbrot oder Weißbrot (z. B. Toskanabrot), 3 Scheiben durchwachsener Bauchspeck geräuchert, 3 große Champignons, 150 g küchenfertig vorbereitetes Schneckenfleisch (Achatschnecken aus der Dose oder Petits gris), 150 g frische Hühnerleber küchenfertig geputzt, 2 Schalotten, 50 g Butter, 1 1/2 EL Dijonsenf, 5–6 EL frische Crème fraîche, Salz und Pfeffer aus der Mühle

Den Speck in dünne Streifen schneiden, Leber und Schnecken in mundgerechte Happen. Schalotte fein hacken. Butter in einer weiten Pfanne zerlassen, Speck darin anrösten. Schalotten dazugeben und kurz dünsten. Dann die grob gehackten Champignons dazugeben und bei starker Flamme 3–4 Minuten garen. Wenn die Pilze Farbe genommen haben, alles aus der Pfanne heben und beiseite stellen.

In der selben Pfanne Leber und Schnecken bei starker Hitze anbraten, dann bei milder Flamme weitergaren (die Leber sollte innen rosa bleiben). Pfanne vom Herd nehmen und das Pilzgemisch unter das Fleisch rühren. Mit Senf, Crème fraîche, Salz und Pfeffer abschmecken. Das fertige Ragout auf getoastetem Brot anrichten und sofort servieren.

Frittierte Zucchiniblüten mit Schneckenfülle

(Griechenland)

12 Zucchiniblüten samt der kleinen Früchte,
Öl zum Frittieren, grobes Meersalz,
einige Blätter frischer Thymian,
bestes Oliven- oder Kräuteröl

Für die Füllung:
200 g vorgekochtes Schneckenfleisch,
100 g Bulgur, 2 Knoblauchzehen fein gehackt,
1 große Schalotte fein gehackt,
200 ml kräftige Hühner- oder Gemüsebrühe (siehe Anhang), 1 EL frisches Basilikum gehackt,
1 EL frische Petersilie fein gehackt,
75 ml frischer Tomatensaft,
Meersalz und schwarzer Pfeffer aus der Mühle

Für den Backteig:
200 g Mehl,
125 g Kartoffelstärke, 150 ml trockener Weißwein,
1 Eiswürfel, 120 ml gutes Olivenöl,
2 Eiweiß halbsteif geschlagen,
ein guter 1/2 TL Natron, Salz

Mit der Füllung beginnen: Hühnerbrühe in einem Topf erhitzen. Den Bulgur in eine Schüssel füllen, feingehackten Knoblauch und Schalotten dazugeben und mit der heißen Brühe übergießen. Alles gut vermengen, dann mindestens 30 Minuten quellen lassen. Zwischenzeitlich das Schneckenfleisch grob hacken. Schneckenfleisch zusammen mit Petersilie und Basilikum unter den Bulgur heben, mit Tomatensaft, Salz und Pfeffer aus der Mühle kräftig würzen. Füllung beiseite stellen.

Für den Backteig das Mehl in eine Schüssel sieben, mit Stärke, Salz und Natron vermengen. Langsam unter ständigem Rühren zuerst den Eiswürfel, dann nach und nach den Weißwein dazu gießen. Danach alles mit einem Schneebesen schlagen, bis ein schöner glatter Teig entstanden ist, dabei das Olivenöl einarbeiten. Letztlich das leicht geschlagene Eiweiß unterheben und den Teig 30–45 Minuten zugedeckt rasten lassen.

Die Zucchini füllen; dafür zuerst die Blüten öffnen und den Stempel herausnehmen. Blüten mit der Schneckenmasse vorsichtig füllen, diese leicht festdrücken, dann die Blüten zuklappen. Gefüllte Zucchiniblüten sanft durch den vorbereiteten Backteig ziehen und in heißem Öl (etwa 160 Grad) goldgelb frittieren. Auf Küchenpapier abtropfen lassen und auf einer vorgewärmten Servierplatte anrichten. Grobes Meersalz und Thymianblätter darüberstreuen, etwas hochwertiges Olivenöl (oder Kräuteröl) rund herum angießen und sofort mit Weißbrot servieren.

Bigorneaux mit Queller

(Frankreich/Belgien)

1 kg frische lebende Bigorneaux (Strandschnecken),
750 g frischer Queller (auch Meeresspargel genannt, algenartiges Gemüse von knackiger Konsistenz und ausgeprägtem Geschmack),
2–3 EL Butter,
Meersalz, frisch gemahlener Pfeffer, Zitronensaft

Die gereinigten Strandschnecken in leicht gesalzenem Wasser einige Minuten kochen. Den Queller gut waschen, in kochendem Salzwasser einige Sekunden blanchieren, eiskalt abschrecken und gut abtropfen lassen. Butter in einer weiten Pfanne zerlassen, Queller darin schwenken und Strandschnecken dazugeben. Mit Meersalz, Zitronensaft und frisch gemahlenem Pfeffer abgeschmeckt servieren. Nadeln oder Zahnstocher dazu reichen.

TIPP:

Man kann dieses Gericht auch als Beilage zu gedünstetem oder gebratenem Fisch (z. B. Angler) servieren.

(Griechenland)

Salingária me ladolémono

(Schnecken in Öl-Zitronensauce)

1 kg frische Meeresschnecken,
etwas Olivenöl zum Braten,
200 ml bestes Olivenöl extra,
100 ml frisch gepresster Zitronensaft,
1 Bund glatte Petersilie fein gehackt,
Meersalz und frisch gemahlener schwarzer Pfeffer

Die Meeresschnecken (es eignen sich alle Arten von Meeresschnecken, aber auch Petit gris) gründlich reinigen. In einem großen Topf mit Salzwasser, einer Zwiebel und einer halbierten unbehandelten Zitrone weich kochen. Schnecken abtropfen und abtrocknen. Aus 200 ml bestem Olivenöl, 100 ml Zitronensaft, der Hälfte der Petersilie, Meersalz und schwarzem Pfeffer eine Sauce herstellen.

Olivenöl in einer weiten Pfanne erhitzen, die noch warmen Schnecken darin zusammen mit der restlichen Petersilie 5 Minuten schmoren, dann 2/3 der Sauce dazugeben und weitere 5–10 Minuten bei Mittelhitze schmoren lassen. Schnecken mit Salz und Pfeffer abschmecken und in tiefen Teller anrichten. Restliche Sauce zum Dippen sowie Weißbrot dazu servieren.

(Frankreich)

Mit Weinbergschnecken gefüllte Champignonköpfe

40 Weinbergschnecken küchenfertig vorbereitet
(oder gute Dosenware),
12 große Champignons,
1 EL Butter,
2–3 Schalotten fein gehackt,
1 große Knoblauchzehe fein gehackt,
1 Bund glatte Petersilie,
einige Blätter Kerbel,
1 Bund Dill,
etwas Schnittlauch,
Salz, Pfeffer aus der Mühle,
zerlassene Butter

TIPP:

Man kann dieses aromatische Gericht auch mit einer Tomatensauce oder einer cremigen Schnittlauchsauce (250 ml Crème fraîche mit einem Schuss Milch aufkochen, etwas Tomatenconcasseé und reichlich Schnittlauch untermengen, salzen und pfeffern) servieren.

Die Champignons putzen und entstielen. Die Lamellen aus den Köpfen kratzen und zusammen mit den Stielen fein hacken, Köpfe beiseite stellen.

Schalotten in gut 1 EL Butter andünsten, dann die sehr fein gehackten Champignonteile dazugeben, alles leicht salzen und pfeffern. Diese Duxelles dünsten bis alle Flüssigkeit verdampft ist.

Zwischenzeitlich die Schnecken grob zerhacken, den Schnittlauch in feine Röllchen schneiden. Die Petersilie, den Kerbel und den Dill fein hacken.

In die nahezu trockene Duxelles das Schneckenfleisch, die Kräuter und den Knoblauch einrühren, mit frisch gemahlenem Pfeffer und einer Prise Salz abschmecken. Schnecken kurz schmoren, dann die Füllung auskühlen lassen. Die Schneckenmischung in die Champignonköpfe füllen und diese mit der gefüllten Seite nach oben auf ein gefettetes Backblech setzen. Füllung mit zerlassener Butter bestreichen (wer mag, kann auch etwas Parmesan darüberstreuen) und bei mittlerer Hitze im vorgeheizten Ofen etwa 15–20 Minuten garen, bis sie schön braun geworden sind. Je drei Champignonköpfe auf vorgewärmten Tellern anrichten und servieren.

VARIANTE:

Statt Dill und Schnittlauch einen guten TL gehackte Trüffel (oder Trüffelcarpaccio) unter die Masse rühren und die Köpfe mit einer klassischen Madeira-, Trüffel- oder Burgundersauce servieren.

(Schweiz)

Weinbergschnecken in Rotwein-Bergkäsesauce

48 küchenfertig vorbereitete große Weinbergschnecken (ersatzweise 100 Petits gris), 1/2 –1 l bester Rotwein (gut eignen sich neben dem Schweizer Dole auch Chambertin, Barbaresco oder Barolo), 4 kleine Schalotten, 80 g geriebener sehr alter Bergkäse (z. B. Appenzeller, Montasio-stravecchio, Vorarlberger oder Piemonteser), Salz, Pfeffer aus der Mühle

Den Rotwein zusammen mit den feingehackten Schalotten in einen Topf füllen und auf die Hälfte einkochen lassen. Danach die Sauce durch ein feines Sieb streichen. Küchenfertig vorbereitete Schnecken dazugeben und alles weiter reduzieren, bis man eine dickliche Sauce hat. Die Sauce mit etwas Salz abschmecken, dann die Rotwein-Schnecken in tiefen Tellern anrichten und mit geriebenem Bergkäse bestreut servieren. Pfeffer darüber mahlen.

VARIANTE:

Fertige Sauce mit etwas eiskalter Butter montieren.

(Karibik)

Conch West-Indian-Style

(Marinierte Riesenflügelschnecke nach Art der west-indischen Inseln)

500 g Conch weichgeklopft gehäutet und weich gekocht, Saft von 5 Limetten (vorzugsweise Key-limes, weil diese ein Enzym enthalten, das die Conch weich macht), 2 Stück Sternanis, Muskat, gemahlener Zimt, 2–3 TL Tamarindensauce (exot. Hülsenfrucht, gibt herb-säuerliche Würze), Worchestersauce, etwa 12 Cocktailtomaten geviertelt, Salz und Pfeffer aus der Mühle, glatte Petersilie gehackt, Limettenscheiben und Cocktailtomaten als Garnitur

Das küchenfertig vorbereitete und vorgekochte Schneckenfleisch in eine Schüssel füllen und mit Saft von 3 Limetten, den Gewürzen, etwas Worchestersauce und einigen Cocktailtomaten 1 Stunde im Kühlschrank marinieren. Herausnehmen, in Würfel oder feine Scheiben schneiden, gehackte Petersilie untermengen und auf Tellern anrichten. Leicht salzen, schwarzen Pfeffer darüber mahlen und mit Limettensaft beträufeln. Dekoration anlegen und servieren.

Nudel- und Reisgerichte

(Italien)

Ravioli di lumache

(Schneckenravioli)

Für die Pasta:
Etwa 300 g Nudelteig (siehe Anhang),
5–6 feingehackte Schalotten,
300 g Champignons,
125 g küchenfertig vorbereitetes Schneckenfleisch
vorzugsweise von Petits gris,
5 EL frische Semmelbrösel,
gut 3 EL gehackte gemischte Kräuter
(Kerbel, Thymian, glatte Petersilie
und Basilikum zu gleichen Teilen),
Olivenöl,
3 verschlagene Eier zum Bestreichen,
Salz und Pfeffer aus der Mühle

Für die Sauce:
750 ml kräftige Hühnerbrühe (siehe Anhang),
12–15 Knoblauchzehen grob gehackt,
2 große Zweige frischer Rosmarin
in Stücke geschnitten,
750 ml Crème double oder Sahne,
Salz und weißer Pfeffer aus der Mühle

Weiter:
Gehobelter Grana padano und
frische Thymianblätter zum Garnieren

Den Nudelteig zubereiten (siehe Anhang) und mit einer Nudelmaschine in mehreren Portionen dünn ausrollen. Zwischen Tüchern beiseite stellen.

Für die Füllung die Champignons fein hacken und das Schneckenfleisch in kleine Würfel schneiden. Etwas Öl in einer Pfanne erhitzen, Champignons 3–4 Minuten darin dünsten. Salz zugeben und die Pilze auf kleiner Flamme mindestens 10 Minuten weitergaren, bis sie trocken sind. Kurz vor Ende der Garzeit die Schnecken dazugeben. Masse in eine Schüssel füllen und mit Kräutern, etwas Olivenöl, Salz und Pfeffer würzen. Semmelbrösel zum Binden untermischen. Wer mag kann die Füllung mit Parmesan verfeinern.

Aus dem Nudelteig Kreise von 5 cm Durchmesser ausstechen. Jeweils auf einen Kreis etwas von der abgekühlten Masse setzen, Ränder rund herum mit Ei bestreichen und mit einer zweiten Teigplatte abdecken. Ränder mit einer Teigzange dekorativ zusammendrücken, danach die Ravioli auf einer bemehlten Arbeitsplatte rasten lassen.

Zwischenzeitlich die Hühnerbrühe zusammen mit dem Knoblauch auf großer Flamme gut 25 Minuten einkochen lassen. Brühe vom Herd nehmen und die Rosmarinzweige hineinlegen, Sauce mit dem Rosmarin 30 Minuten ohne Flamme aromatisieren. Zweige wieder herausnehmen und die Sauce mit einem Mixer pürieren, dann durch ein feines Haarsieb streichen. Sauce erneut erhitzen, Sahne dazugeben und 5–10 Minuten köcheln lassen, bis die gewünschte Konsistenz erreicht ist. Sauce mit Salz und Pfeffer abschmecken.

Ravioli in reichlich kochendem Salzwasser 2–3 Minuten al dente kochen, abgießen und auf vorgewärmten Tellern oder in einer großen Terrine anrichten. Mit der Sauce überziehen und mit Parmesanspänen sowie Thymianblättern garniert auftragen.

(Italien)

Farfalle con lumache di mare

(Schleifennudeln mit Meeresschnecken)

Man kann dieses aromatische Gericht mit nahezu allen Meeresschnecken zubereiten, doch am besten schmeckt es mit Wellhornschnecken. Für die Sauce wird das vorgekochte Fleisch der Wellhornschnecken nochmals gründlich gewaschen und auf Sandreste untersucht (auch der Deckel sollte abgeschnitten sein!).

200 g küchenfertig vorbereitetes Fleisch von Wellhornschnecken (ersatzweise auch andere Meeresschnecken oder Achatschnecken aus der Dose), 100 g leicht gesalzene Sardellenfilets in Olivenöl (beste Qualität), 100 g Salzkapern, 2–3 Knoblauchzehen fein gehackt, 5 entkernte schwarze Oliven, 1 Bund glatte Petersilie feinst gehackt, 1 kleine Peperoncino, Olivenöl bester Qualität, evtl. etwas Meersalz, Pfeffer aus der Mühle, 500 g Farfalle

Den Knoblauch, die abgespülten Salzkapern und die Oliven zusammenhacken und mit der fein gehackten Petersilie sowie der entkernten und fein gehackten Chilischote vermischen. Die Hälfte der Sardellen ebenfalls hacken.

Olivenöl in einer weiten Pfanne erhitzen. Zuerst die gehackten Sardellen hineingeben und garen lassen, bis sie zerfallen. Dann Knoblauch, Kapern, Oliven, Petersilie und Chilischote hinzufügen und alles mit schwarzem Pfeffer und einer Prise Meersalz würzen. Leise köcheln lassen, bis sich die Aromen vermengt haben.

Die Wellhornschnecken in die Sauce geben und 5–10 Minuten mitgaren. Farfalle in reichlich Salzwasser al dente kochen, abtropfen lassen und in einer Schüssel mit bestem Olivenöl vermengen. Etwas Sauce (ohne Schnecken) unter die Farfalle mengen, auf vorgewärmten Tellern anrichten. Schnecken mit restlicher Sauce darüber verteilen und mit den zurückbehaltenen Sardellen dekoriert servieren.

TIPP:

Die Sauce mit einer Prise gerebeltem Thymian verfeinern! Oder geben Sie eine fein gehobelte schwarze Sommertrüffel mit in die Sauce; einfach wunderbar...

(Italien)

Spaghetti mit Schnecken und Ruccola

400 g Spaghetti,
125 g vorgegartes Schneckenfleisch (vorzugsweise Petits gris),
3 Knoblauchzehen feinblättrig geschnitten,
4 Anchovis,
1 getrocknete Chilischote,
etwa 200 g Ruccola,
Olivenöl,
Meersalz
und schwarzer Pfeffer aus der Mühle

Gut 50 ml Olivenöl in einer Pfanne erhitzen, Knoblauchzehen darin andünsten. Abgetropfte und grob gehackte Schnecken darin anbraten. Getrocknete Chili zerbröseln und zusammen mit den Anchovis in die Pfanne geben, solange schmoren, bis die Anchovis zerschmolzen sind. Ruccola waschen und verlesen, dicke Stiele abschneiden. Die Hälfte von Ruccola in die Pfanne geben und mitschmoren, alles salzen und pfeffern.

Spaghetti in reichlich Salzwasser al dente garen, abtropfen. Spaghetti mit der Sauce vermischen und auf vorgewärmten Tellern anrichten. Frischen Ruccola daraufsetzen, etwas Pfeffer darüber mahlen und mit Olivenöl bestreut servieren. Nach Wunsch Parmesan dazu reichen.

Spaghetti con lumache

(Italien)

Spaghetti con lumache

(Schneckensugo mit Spaghetti)

48 küchenfertig vorbereitete Schnecken (ersatzweise aus der Dose), etwas Schneckenbrühe (oder abgetropften Schneckensud der Konserve), gutes Olivenöl, 2–3 Knoblauchzehen mit dem Handballen leicht angedrückt, 1 mittlere Zwiebel fein gehackt, 1 getrocknete Chilischote zerrieben, 2–4 Eiertomaten gehäutet und gewürfelt, 1/2 Bund glatte Petersilie gehackt, 4 cl Grappa, Salz und Pfeffer aus der Mühle, gemahlener Pecorino, 400–500 g Spaghetti

Schnecken aus der Dose werden zuerst abgegossen und der Sud aufgefangen. Das Öl (nicht zu wenig verwenden) wird in einem geeigneten Topf erhitzt, die angedrückten Knoblauchzehen dazugegeben und zusammen mit der gehackten Zwiebel sowie der Chilischote dünsten. Dann gibt man die Schnecken dazu und brät diese an.

Gewürfelte und ggfs. entkernte Tomaten sowie die Petersilie in den Topf füllen, vermengen und mit Grappa ablöschen. Etwas Schneckensud dazugeben, salzen und pfeffern, dann etwa 45 Minuten leise schmoren lassen, dabei ggfs. Sud nachgießen. In der Zwischenzeit die Pasta in reichlich Salzwasser al dente kochen.

In einer großen Schüssel die Pasta mit der Sauce vermengen, dann auf Tellern anrichten. Etwas frisches Olivenöl darübergießen, nochmals pfeffern und mit Pecorino bestreut servieren. Etwas gehackte Petersilie eignet sich als Garnitur.

(Italien)

Pappardelle mit Schnecken in Brunnenkressesauce

400 g Pappardelle (Bandnudeln, vorzugsweise aus frisch gemachtem Nudelteig, siehe Anhang), 200 g vorgekochtes Schneckenfleisch grob gehackt, 4 Bund frische Brunnenkresse, 3 Schalotten feinst gehackt, 1/2 Knoblauchzehe feinst gehackt, 5 EL frische Butter, 125 ml sehr guter trockener Weißwein, 250 ml frischen Rahm, Salz und Pfeffer aus der Mühle, 1 Tasse frische Gartenkresse als Garnitur, geriebener Parmesan

Die Blätter der Brunnenkresse von den dicken Stängeln zupfen, dicke Stängel wegwerfen. Zarte Stängel und die Blätter grob hacken. Butter in einer weiten Pfanne erhitzen, Schalotten darin andünsten. Schneckenfleisch dazugeben und mitbraten. Dann Brunnenkresse und wenig gehackten Knoblauch dazugeben und ebenfalls dünsten. Kräftig mit Salz und Pfeffer würzen, dann den Wein angießen und bei starker Hitze nahezu vollkommen einkochen lassen. Rahm dazugießen und die Sauce auf kleiner Flamme eindicken.

Zwischenzeitlich Salzwasser zum Kochen bringen, Pappardelle darin unter gelegentlichem Wenden knapp al dente garen. Pappardelle abtropfen lassen, in eine Schüssel füllen und mit der Sauce vermengen. Auf vorgewärmten Tellern anrichten und mit etwas Gartenkresse bestreut servieren. Parmesan dazu reichen.

(Italien)

Linguine con salsa di lumache

(Linguine mit Schneckensauce)

Ein Klassiker der italienischen Pasta-Küche, der leider nicht mehr all zu oft anzutreffen ist. Für dieses Gericht kann – ohne grosse Geschmacksbeeinträchtigung – auch auf Konservenware zurückgegriffen werden, sofern sie von sehr guter Qualität ist. Im Gegensatz zu den meisten Pastagerichten, wo die Sauce hauptsächlich Geschmacksgeber ist, spielt das Schneckenragout hier die Hauptrolle und die Pasta ist „nur" als Beilage gedacht.

500 g Schneckenfleisch küchenfertig vorbereitet
(ersatzweise Konserve),
2 EL Olivenöl, 1 guter EL Butter,
3 fein gehackte Schalotten,
125 ml trockener Weißwein,
250 g Knollensellerie fein gewürfelt,
300 g Porree (nur das Weiße)
in feine Ringe geschnitten,
300 ml Polpa di pomodoro,
Gemüse- oder Hühnerbrühe nach Bedarf,
Salz und Pfeffer aus der Mühle,
gehackte Petersilie,
etwa 500 g Linguine

In einem schweren Topf werden Butter und Öl erhitzt, die Schalotten glasig gedünstet. Dann löscht man mit Weißwein ab und lässt diesen langsam einkochen. Wenn der Wein um die Hälfte reduziert ist, kommen Sellerie und Lauch in den Topf, eine Prise Meersalz und etwas schwarzer Pfeffer. Danach bedeckt man alles mit der Polpa und gießt die vorgewärmte Gemüsebrühe an. Einen Deckel aufsetzen und die Schneckensauce mindestens 2 Stunden leise köcheln lassen, dabei nach und nach umrühren und ggfs. heiße Brühe nachgießen; 20 Minuten vor Ende der Garzeit abgetropfte Schnecken hinzufügen.

Wenn die Sauce fertig ist, werden die Linguine-Nudeln in reichlich Salzwasser al dente gegart. Die abgetropften Nudeln in einer Schüssel mit soviel Sauce vermengen, dass sie gerade überzogen sind. Auf Tellern anrichten und die restliche Sauce über den Nudeln verteilen. Pfeffern, etwas Olivenöl darübergießen und mit gehackter Petersilie bestreut servieren.

(Italien)

Tagliolini mit Schnecken-Kräutersauce

400 g frischer Nudelteig (siehe Anhang)
zu hauchdünnen Tagliolini geschnitten,
150 g vorgekochtes Schneckenfleisch
(vorzugsweise Petits gris),
1 Bund Schnittlauch,
1 Bund glatte Petersilie,
1 EL, frische Thymianblätter,
1 EL frische Rosmarinnadeln,
1 EL frische Oreganoblätter,
1/2 EL frische Salbeiblätter,
2 Schalotten, 2 EL Butter,
125 ml Rahm,
reichlich geriebener Parmesan,
Salz und schwarzer Pfeffer aus der Mühle

Alle Kräuter und die Schalotten sehr fein hacken. Kräuter (ohne Schalotte) in einem Schüsselchen miteinander vermengen, evtl. wenig Olivenöl darüberträufeln. Schnecken waschen, abtropfen und trocken tupfen. Butter in einer Pfanne zerlassen, Schalotte samt Schneckenfleisch darin anbraten. Die Kräuter dazugeben und 2 Minuten bei kleiner Flamme mitgaren. Gut salzen und pfeffern, dann mit Rahm aufgießen und die Sauce eindicken lassen.

Tagliolini in kochendem Salzwasser al dente garen (dauert nur wenige Augenblicke), abgießen und abtropfen. Tagliolini in die Pfanne mit der Schnecken-Kräutersauce geben, darin schwenken und mit Parmesan würzen. Nochmals abschmecken und auf vorgewärmten Tellern angerichtet servieren.

(Italien)

Pappardelle mit Schnecken und Pilzen

FÜR DIESES WUNDERBARE REZEPT SOLLTEN UNBEDINGT FRISCHE PILZE UND SELBSTGEMACHTE NUDELN VERWENDET WERDEN, DANN SCHMECKT ES EINZIGARTIG!

48 Weinbergschnecken küchenfertig vorbereitet,
250 g frische Steinpilze,
1 kg frische Pfifferlinge,
125 g Butter, 1 EL glatte Petersilie fein gehackt,
1–2 Knoblauchzehen feinst gehackt,
gut 150 ml Rahm,
Salz,
Pfeffer aus der Mühle,
350 g Nudelteig (siehe Anhang),
grobes Meersalz

TIPP:

Man kann die Pilze statt mit Petersilie auch mit gehacktem Estragon würzen!

Die abgetropften Weinbergschnecken in einer Pfanne in etwas Butter leicht knusprig anbraten, würzen und warm stellen.

Den Nudelteig dünn ausrollen (siehe Anhang) und aus den erhaltenen Teigplatten mit einem gezackten Teigrädchen etwa zwei Finger breite Bandnudeln schneiden. Die Pappardelle auf Geschirrtücher ausbreiten und abdecken. Wasser in einem großen Topf zum Kochen bringen. In der Zwischenzeit die Pilze putzen, unschöne Stellen entfernen. Steinpilze in Würfel schneiden, nur die großen Pfifferlinge halbieren.

Zuerst die Steinpilze in heißer Butter anbraten, dabei nur wenig umrühren! Steinpilze beiseite stellen und die Pfifferlinge ebenfalls in heißer Butter scharf anbraten, Steinpilze dazugeben, mit Salz, Pfeffer, gehackter Petersilie und Knoblauch würzen. Nachdem die Flüssigkeit etwas verdampft ist, den Rahm angießen und aufkochen lassen, einreduzieren.

Grobes Meersalz in das Kochwasser geben und die Pappardelle knapp fertig garen. Nudeln abtropfen und in einer Schüssel mit der Pilzsauce vermengen, abschmecken. Pasta auf vorgewärmten Tellern anrichten, knusprig gebratene Schnecken draufsetzen und mit etwas gehackter Petersilie bestreut servieren.

(Italien)

Orzotto con lumache

(ROLLGERSTE MIT SCHNECKEN)

IM TRENTINO, FRIAUL UND VENETIEN IST ES ÜBLICH, ROLLGERSTE (PERLGRAUPEN), WIE RISOTTO ZUZUBEREITEN. DIESE INTERESSANTE ZUBEREITUNG WIRD ALLGEMEIN ALS "ORZOTTO" BEZEICHNET. DAS NACHFOLGENDE GERICHT STAMMT AUS DEM GRENZGEBIET TRENTINO-VENETIEN, WO SEHR GERNE SCHNECKENGERICHTE ZUBEREITET WERDEN.

300 g Orzo, 200 g küchenfertig vorbereitetes Schneckenfleisch (evtl. aus der Dose oder tiefgekühlt),
250 g luftgetrockneter Speck aus dem Trentino,
1 Glas Weißwein, 1 Zwiebel, 1 Knoblauchzehe,
3–4 EL gehackte gemischte Kräuter (Petersilie, Schnittlauch, Salbei etc.),
Olivenöl, Salz und Pfeffer aus der Mühle

TIPP:

Dieses Gericht schmeckt auch sehr gut, wenn man statt der Kräuter z. B. Radicchio Trevisano, Bärlauch oder Spinat verwendet.

Zuerst die Rollgerste waschen und in reichlich Salzwasser nahezu gar kochen, abseihen und abtropfen lassen. Zwiebel und Knoblauch sehr fein hacken. Schwarte vom Schinken ablösen, das Fleisch (samt Fett!) würfeln. Butter zerlassen, den Schinken und die Schwarte darin anrösten. Knoblauch und Zwiebel dazugeben, glasig werden lassen. Die abgetropften Schnecken darin sautieren.

Danach die vorgekochte Rollgerste dazugeben und mitbraten, bis alles gut vermengt ist. Mit dem Weißwein ablöschen, diesen einkochen lassen. Wenn die Graupen noch nicht gar genug sind, etwas Brühe oder Wasser dazugeben und ebenfalls einkochen. Zum Schluss gehackte Kräuter untermengen und 1–2 Minuten garen. Den Orzotto mit Salz und Pfeffer abschmecken und servieren. Olivenöl darüberträufeln und Parmesan dazu reichen.

(Spanien)

Arròs amb conill y caracoles

(Reis mit Kaninchen und Gemüseschnecken)

Dieses mit der Paella verwandte Gericht stammt aus Katalonien, einer Gegend Nordspaniens, die für ihre zahlreichen Schneckenrezepte berühmt ist.

1 Kaninchen mit Leber küchenfertig pariert,
1 Kaninchenleber extra,
500 g gereinigte kleine Gemüseschnecken oder Petits gris in reichlich Wasser mit Lorbeerblatt vorgekocht,
125 ml gutes Olivenöl,
1 Zwiebel fein gehackt,
3 Knoblauchzehen fein gehackt,
5 große Tomaten gehäutet und gewürfelt,
etwa 2 g Safran,
1 Glas gut einreduzierte Brühe (fakultativ),
3 Artischockenherzen halbiert oder geviertelt,
400– 500 g Reis (nordspanischer „Japónica" oder ein Mittelkornreis eignen sich am besten),
gehackte Petersilie,
Salz und Pfeffer aus der Mühle

Das Kaninchen waschen, trocken tupfen und in Portionsstücke zerteilen. Kaninchenstücke mit Salz und Pfeffer würzen und in einer großen Kasserolle im Olivenöl von allen Seiten goldbraun anbraten. Kaninchenstücke aus dem Topf nehmen und beiseite stellen. Im Bratenfett werden nun die feingewiegten Zwiebel und Knoblauchzehen glasig gedünstet, dann die Tomatenwürfel zugefügt und die austretende Flüssigkeit etwas eingekocht. Danach das Kaninchen wieder in den Topf geben und mit etwa 1 1/2 l Wasser sowie der Brühe (fakultativ) aufgießen.

Die in etwas Wasser eingeweichten Safranfäden einrühren, einen Deckel aufsetzen und 20 Minuten köcheln lassen. Die abgetropften Schnecken, die geschnittenen Artischockenherzen und den Reis hinzufügen und alles weitere 20 Minuten garen, ab und an umrühren und evtl. Wasser oder Brühe nachgießen. In der Zwischenzeit werden die beiden Kaninchenlebern in etwas Olivenöl rosa gebraten. Lebern im Öl auskühlen lassen, beides mit einer Gabel oder einem Mörser zerdrücken und die gehackte Petersilie daruntermischen. Leberpüree etwa 5 Minuten vor Ende der Garzeit in das Reisgericht rühren. Das Reisgericht würzig abschmecken und heiß servieren.

(Italien)

Cannelloni Fairmont

Für die Fülle:
250 g küchenfertig vorbereitetes Schneckenfleisch (vorzugsweise Weinbergschnecken oder Achatschnecken aus der Dose),
200 g Lardo (ital. mit Kräutern gewürzter Speck) oder geräucherten Bauchspeck,
1 Gemüsezwiebel fein gehackt,
1 Knoblauchzehe fein gehackt,
gut 600 g frischer junger Blattspinat,
gut 3 EL Olivenöl,
100 g Pecorino gerieben,
100 g Pinienkerne leicht geröstet,
Muskatnuss,
Cayennepfeffer,
Salz,
Pfeffer aus der Mühle

Für die Fülle wird das küchenfertig vorbereitete Schneckenfleisch gut abgetropft und grob gehackt, der Speck in kleine Würfel geschnitten. Den Blattspinat putzen, waschen, gut abtropfen lassen und zerpflücken. Olivenöl in einer Pfanne erhitzen und zuerst die Speckwürfel bei nicht zu starker Hitze darin auslassen. Die feingehackte Zwiebel dazugeben und kurz anschwitzen. Dann Schneckenfleisch, Knoblauch und den Blattspinat dazugeben und alles gut 5 Minuten dünsten. Mit Muskatnuss, Cayennepfeffer, Meersalz und Pfeffer aus der Mühle kräftig abschmecken, vom Herd nehmen und leicht abkühlen lassen. Danach den geriebenen Pecorino und die Pinienkerne untermengen.

Den frischen Nudelteig mit einer Maschine dünn ausrollen und zu etwa 8 x 12 cm großen Teigblättern zurechtschneiden. Cannelloniblätter auf einer Arbeitsfläche ausbreiten und die Füllung auf das untere Drittel der Teigblätter geben, Teigblätter aufwickeln und mit der Nahtseite nach unten auflegen (fertige Hüllen nur füllen).

In der Zwischenzeit wurde die Béchamel zubereitet oder eine Fertige erwärmt, dabei die Sauce sehr dick einreduzieren und mit Salz, Pfeffer und

Weiter:

Gut 750 g selbst zubereiteter Nudelteig (siehe Anhang) oder 750 g fertige Cannellonihüllen einige Minuten in Salzwasser vorgekocht, 800 ml Béchamelsauce (siehe Anhang), 200 g geriebener Pecorino oder Parmesan, 5 EL Butterflocken, geröstete Pinienkerne als Garnitur

Muskat abschmecken. Eine große (oder zwei kleinere) Auflaufform ausbuttern und den Boden mit etwas Béchamel ausstreichen.

Cannelloni mit der Nahtseite nach unten hineinsetzen und mit der Béchamel übergießen. Käse darüberstreuen, Butterflocken auflegen und die Cannelloni im vorgeheizten Backofen bei knapp 200 Grad backen, bis sie eine schöne goldgelbe Kruste haben (etwa 20–25 Minuten). Cannelloni einige Minuten ruhen lassen, mit gerösteten Pinienkernen garnieren und heiß servieren.

(Deutschland)

Schneckenmaultaschen

Wichtig für die Zubereitung vollendeter Maultaschen (übrigens auch eines meiner Lieblingsrezepte!) ist der Teig. Ob man ihn salzen soll oder nicht ist eine Grundsatzfrage. Meine badische Grossmutter hat den Teig nicht gesalzen.

Für den Teig:

500 g Mehl, 4–5 Eier (je nach Größe), etwas Wasser (Menge richtet sich nach der Größe der Eier), Mehl für das Arbeitsbrett

Für die Füllung:

300 g vorgekochtes Weinbergschneckenfleisch (ersatzweise aus der Dose), 125–150 ml frischer Sauerrahm, 1 Bund glatte Petersilie, 1 Bund Schnittlauch, 1 Bund Frühlingszwiebeln (nur das Weiße davon), 1–2 Knoblauchzehen, 1 EL Borretsch fein gehackt, 1 EL Pimpernelle fein gehackt, 1 EL Brunnenkresse fein gehackt, 1–2 EL Semmelbrösel nach Bedarf, Salz und weißer Pfeffer aus der Mühle

Für die Schmälze:

6 EL kleine Speckwürfel, 3–4 EL Butter, 4 EL kleine Zwiebelwürfel

TIPP:

Die Maultaschen sind ungeschmälzt eine gute Einlage für Rindsuppe.

Das Mehl in eine Schüssel sieben, die Eier in die Mitte geben und daraus einen festen Teig schlagen. Dabei nach und nach Wasser zugeben, meine Großmutter nahm eine halbe Eischale Wasser je Ei: eine bewährte Menge! Den gut durchgemischten Teig aus der Schüssel nehmen und auf einem bemehlten Arbeitsbrett gründlichst durchkneten. Er muss hierbei fest und glatt werden. Den fertigen Teig zu einer Kugel formen und mit einem feuchten Küchentuch abgedeckt rasten lassen.

In der Zwischenzeit die Füllung zubereiten: Frühlingszwiebel schälen und zusammen mit Knoblauchzehen und den anderen Kräutern möglichst fein hacken. Die sehr fein gewiegten Kräuter in eine Schüssel füllen. Schneckenfleisch gut abtropfen lassen, trocken tupfen und hacken. Schneckenfleisch zu den Kräutern geben. Sauerrahm in die Mischung rühren, salzen und pfeffern (man kann auch noch eine Prise Muskat hinzufügen). Wenn die Masse zu dünnflüssig ist, mit Semmelbrösel nach Bedarf binden, bis man eine geschmeidige Masse hat. Den Teig in 6 gleich große Teile zerteilen und alle Teile so dünn wie möglich ausrollen, dabei darauf achten, dass die Teigplatten möglichst gleich groß sind.

Auf die Hälfte der Teigplatten mit einem Esslöffel die Füllmasse in gleichmäßigen Abständen mit einem Esslöffel aufsetzen. Danach die belegten Teigplatten mit den übrigen bedecken. Mit einem Teigrad die einzelnen Maultaschen ausrädeln, die Enden mit den Fingern gut zusammendrücken. Maultaschen portionsweise in kochendes Salzwasser legen, Hitze reduzieren und 10–15 Minuten ziehen – nicht kochen! – lassen. Abtropfen und warm beiseite stellen.

In einer großen Pfanne die Speckwürfel in Butter auslassen, dann die Zwiebeln darin goldbraun anrösten. Abgetropfte Maultaschen darin schmälzen, auf Tellern anrichten und die Speck-Zwiebelmischung darüber verteilen. Sofort servieren. Kartoffelpüree eignet sich als Beilage.

(Italien)

Tortellini con lumache, polpette e asparagi

(Tortellini mit Schnecken, Fleischbällchen und grünem Spargel)

Zugegeben, das Rezept klingt nicht nur etwas aufwendig, es ist tatsächlich recht zeitintensiv in seiner Zubereitung. Doch wenn Sie während des Kochens daran denken wie exzellent das Ergebnis sein wird, so vergeht die Zeit sicher im Flug – die Mühe lohnt sich allemal!

Für die Tortellini:

400–500 g frischer Nudelteig (siehe Anhang),
250 g Schweinefilet fein gewürfelt,
150 g Kaninchenfleisch fein gewürfelt (ersatzweise Pute),
gut 2 EL frische Bauernbutter,
400 ml kräftige Fleischbrühe (siehe Anhang),
125 g Mortadella gewürfelt,
125 g bester Parmesan z. B. Grana padano,
2 mittelgroße Eier,
Salz, schwarzer Pfeffer aus der Mühle,
frisch geriebene Muskatnuss,
Semmelbrösel nach Bedarf,
Hühnerbrühe (siehe Anhang) zum Kochen

Für die Fleischbällchen:

150 g Mortadella,
350 g gehacktes Kalbfleisch,
3 kleine Eier aus ökologischer Landwirtschaft,
4 gehäufte EL geriebener Parmesan,
1 EL gehackte Blattpetersilie,
1 TL gehackter frischer Majoran,
Olivenöl zum Frittieren, Salz und Pfeffer

Für den Spargel:

1 kg frischer grüner Spargel geputzt,
Olivenöl, Salz und Pfeffer aus der Mühle

Für die Schnecken:

400 g küchenfertig vorbereitetes Schneckenfleisch (vorzugsweise Petits gris),
150 g frische Butter,
1 Knoblauchzehe grob gehackt,
Salz und Pfeffer aus der Mühle

Beginnen sollte man mit der Zubereitung der Tortellini, dann werden die Fleischbällchen vorbereitet und letztlich alles gegart und auf den Tellern zusammengesetzt:

1. Schweinefilet und Kaninchenfleisch in heißer Butter kurz anbraten, mit der Fleischbrühe knapp bedecken und auf kleiner Flamme weich garen. Das abgekühlte Fleisch zusammen mit der Mortadella durch den Fleischwolf drehen (oder in einer Küchenmaschine mixen) und in eine Schüssel füllen. Eier und Parmesan dazugeben, Masse würzen. Wenn die Masse zu nass ist, wird sie mit Semmelbrösel gebunden. Den Nudelteig mit einer Maschine portionsweise ausrollen, Teigreste unter feuchten Tüchern aufbewahren. Jeweils zwei Teigstreifen gleichzeitig verarbeiten. Dafür die Teigstreifen auf einer bemehlten Arbeitsfläche ausbreiten und mit einem Teigausstecher kleine Kreise ausstechen. Jeweils eine nussgroße Portion von der Füllmasse in die Mitte setzen und den Rand rund herum mit Eiweiß oder Wasser bestreichen. Die Teigkreise so zu einem Halbmond zusammenklappen, dass die eine Hälfte etwas übersteht. Ränder fest zusammendrücken. Danach werden die Halbmonde mit dem Bogen nach oben und der bauchigen Seite nach innen um den kleinen Finger gewickelt. Wenn man nun die Enden zusammendrückt, hat man die fertigen Tortellini. Tortellini auf einer bemehlten Fläche zum Trocknen ausbreiten.

2. Mortadella fein mixen oder durch den Fleischwolf drehen, mit dem gehackten Kalbfleisch vermischen. Fleischmasse mit Eiern, Parmesan, Petersilie, Majoran, Salz und Pfeffer vermischen und aus dieser Masse nussgroße Fleischbällchen formen. Bällchen auf Backpapier rasten lassen.

3. Spargel in reichlich Salzwasser blanchieren, abschrecken und in 5 cm lange Stücke schneiden.

4. Schnecken in heißer Butter zusammen mit Knoblauch sautieren, salzen und pfeffern, warm halten.

5. Béchamel vorsichtig erhitzen und evtl. mit gewürfelter oder gehackter schwarzer Trüffel verfeinern.

6. Reichlich Olivenöl in einer Pfanne erhitzen, die Fleischbällchen portionsweise darin frittieren, auf Küchenpapier abtropfen lassen und im Backofen warm stellen.

7. In einer zweiten Pfanne etwas Olivenöl erhitzen, Spargelstücke darin anbraten, salzen und pfeffern. Warm halten.

Weiter:
Gut 1/2 l dickflüssige Béchamel (siehe Anhang)
ggfs. mit schwarzer Trüffel aromatisiert,
schwarzer Pfeffer aus der Mühle,
reichlich Grana padano in feine Hobel geschnitten

8. Tortellini in reichlich frisch zubereiteter Hühnerbrühe garen (etwa 3 Minuten). Tortellini abtropfen lassen und in einer Schüssel mit etwas Béchamel vermengen.

9. Tortellini auf 6–8 vorgewärmten Tellern anrichten. Spargel, Fleischbällchen und Schnecken dekorativ dazu legen, alles mit Béchamel überziehen und mit schwarzem Pfeffer aus der Mühle würzen. Mit Parmesanhobeln garniert sofort servieren.

TIPP:

Wenn Sie über das Ganze noch etwas in Butter angeschwitzte schwarze Trüffelscheiben (vorzugsweise Norcia-Trüffel oder Perigord-Trüffel) geben, erhalten sie ein sensationelles Ergebnis!

Schnecken-Casunziei mit brauner Zitronen-Butter

300– 400 g Nudelteig
(aus 400 g Mehl, 2 Eiern, 50–100 ml Milch, Salz),
etwa 48 küchenfertig vorbereitete
Weinbergschnecken
(ersatzweise Achatschnecken aus der Dose),
2 schöne feste Fleischtomaten
enthäutet und entkernt,
1 große Schalotte,
3–4 Knoblauchzehen,
1 Bund glatte Petersilie fein gehackt,
1 Prise Muskat (fakultativ),
Salz (vorzugsweise fleur du sel),
Pfeffer aus der Mühle,
1–2 Eier, etwas Mehl,
200 g Butter,
Saft einer Zitrone

Für die Farce werden die vorbereiteten Schnecken gewaschen, gut abgetropft und grob gehackt. Die Schalotte und die Knoblauchzehen schälen und zusammen mit einer Prise Meersalz fein hacken. Die geschälten und entkernten Tomaten in kleine Würfel schneiden. In einer Pfanne 1 EL Butter erhitzen, den Knoblauch und die Schalotte darin anschwitzen. Die Schnecken dazugeben und bei schwacher Hitze langsam mitgaren. Wenn die Flüssigkeit verdampft ist, Salz, Pfeffer, Tomaten und Petersilie dazugeben, evtl. mit einer Prise Muskat abschmecken. Weitergaren lassen, bis alle Flüssigkeit verdampft ist. Farce vom Herd nehmen und abkühlen lassen.

Den Nudelteig mit einem Nudelholz oder einer Nudelmaschine möglichst dünn ausrollen, dann mit einem Keksring runde Kreise von 6 cm Durchmesser ausstechen. In die Mitte eines jeden Teigflecken maximal 1 TL Farce setzen, die Teigränder mit etwas verquirltem Ei bestreichen und die Teigtaschen zusammenklappen und andrücken (mit einer Teigzange erhält der Rand ein schönes Muster). Teigtaschen auf ein Geschirrtuch setzen und leicht mit Mehl bestauben, etwa 30 Minuten trocknen.

Wasser in einem Topf zum Kochen bringen, mit grobem Meersalz würzen und die Ravioli darin etwa 3 Minuten garen bis sie an die Oberfläche gestiegen sind, abschöpfen und auf Küchenkrepp oder Geschirrtüchern abtropfen lassen. In einer weiten Pfanne die Butter erhitzen, bis sie braun wird, dann mit Zitronensaft würzen und die Teigtaschen darin wenden. Nochmals leicht salzen, etwas Pfeffer aus der Mühle darüberstreuen, auf vorgewärmten Tellern anrichten und mit gehackter Petersilie, Kerbel oder Estragon bestreut servieren.

Variante:

Die Teigtaschen schmecken auch mit einer leichten Knoblauchsauce oder einer würzigen Tomatensauce sehr gut.

Schneckenravioli in Trüffelcrèmesauce

Schneckenravioli in Trüffelcrèmesauce

500 g Nudelteig mit Olivenöl (siehe Anhang)
2 Eiweiß leicht verschlagen

Für die Farce:
150–200 g küchenfertig vorbereitete Weinbergschnecken,
50 g Karotten in kleine Würfel geschnitten,
75 g Staudensellerie fein gewürfelt,
75 ml Geflügelfond (siehe Anhang),
25 g schwarze Trüffel ohne Schale feinst gehackt,
1 Knoblauchzehe fein gehackt,
1 TL glatte Petersilie fein gehackt,
40 g frische Butter,
75 ml frische Sahne, Muskatnuss,
Salz (vorzugsweise fleur du sel),
weißer Pfeffer aus der Mühle

Für die Sauce:
125 g schwarze Trüffeln ohne Schale fein gehackt,
40 g Butter,
6 cl weißer Portwein,
knapp 100 ml guter Champagner,
330 ml Geflügelfond (siehe Anhang),
250 ml Sahne,
125 ml Crème fraîche,
Muskatnuss,
Salz,
weißer Pfeffer aus der Mühle

Für die Farce die vorbekochten Schnecken grob hacken. In einer Pfanne das klein gewürfelte Gemüse in etwas Butter anschwitzen, mit etwas Brühe ablöschen und weichdünsten. In einer zweiten Pfanne die Schnecken zusammen mit Knoblauch in der restlichen Butter braten, Trüffel dazugeben und würzen. Wenn beim Gemüse die Flüssigkeit verdunstet ist, die Schneckenmischung dazugeben, Sahne angießen und alles solange köcheln, bis eine dicke Masse entstanden ist. Diese mit gehackter Petersilie, Muskatnuss, Salz und Pfeffer kräftig abschmecken, dann auskühlen lassen.

Für die Sauce schwitzt man zuerst die gehackte Trüffeln in Butter an, löscht diese mit Portwein und Champagner ab und lässt die Flüssigkeit einkochen. Dann gießt man den Geflügelfond dazu und lässt diesen ebenfalls einkochen, bis nahezu sämtliche Flüssigkeit verdampft ist. Danach gibt man Sahne und Crème fraîche in die Sauce. Die Sauce mit einem Stabmixer kräftig pürieren und mit Muskat, Salz und Pfeffer würzig abschmecken.

Den Nudelteig mit einem Holz oder einer Nudelmaschine sehr dünn ausrollen. Auf jeweils eine Nudelplatte im Abstand von etwa 5 cm kleine Portionen der Füllmasse setzen, dann einen Backpinsel in verquirltes Eiweiß tauchen und um die Füllungen herum eine Art Gitter zeichnen. Einen zweiten Teigstreifen darüberlegen und die Zwischenräume gut festdrücken, dabei darauf achten, dass sich keine Luftblasen bilden. Die einzelnen Teigtaschen nun mit einem Teigrädchen ausrädeln oder mit einem Raviolimacher ausstechen. Ravioli auf ein Geschirrtuch ausbreiten, sie dürfen sich dabei nicht berühren und knapp 30 Minuten trocknen lassen.

Teigtaschen in reichlich kochendem Salzwasser nur kurz garen, bis sie aufsteigen (2–4 Minuten). Ravioli abschöpfen, auf Küchenpapier abtropfen lassen, in etwas zerlassener Butter schwenken und mit der Trüffelsauce überzogen auf vorgewärmten Tellern angerichtet servieren.

(Italien) Cannolini di finocchio con lumache, funghi e filetto

(Fenchel-Nudelröllchen mit Schnecken, Pilzen und Schweinefilet)

Für dieses Gericht ist es unabdingbar notwendig, den Nudelteig selbst herzustellen; vollendet zubereitet ist es ein traumhaftes Gericht!

Für den Pasta-Teig:
250 g Weizenmehl,
250 g Weizengrieß,
5 Eier,
2 EL Fenchelsamen im Mörser zerstoßen, Salz

Für die Sauce:
150 g küchenfertig vorbereitetes Schneckenfleisch (Weinbergschnecken),
150 g Kalbs- oder Schweinefilet,
150 g frische Pilze einzeln oder auch gemischt (vorzugsweise Hallimasch (blanchiert), Braunkappen oder Schüpplinge) geputzt und in etwa gleich große Stücke geschnitten,
1–2 Knoblauchzehen mit Meersalz zerdrückt,
bestes Olivenöl extravergine,
150 ml kräftige Fleischbrühe ohne Fett,
Salz und Pfeffer aus der Mühle,
etwas Fenchelsamen und -grün als Garnitur

Das Mehl in eine Schüssel sieben, Grieß dazumengen. Dann Eier, Fenchelsamen und Salz hineingeben und alles kräftig zu einem Nudelteig verkneten. Den Teig zugedeckt 30 Minuten rasten lassen. Teig mit einem Nudelholz möglichst dünn ausrollen. Rechtecke von 3 x 8 cm ausschneiden (möglichst gleichmäßig). Mit Hilfe eines kleinen Holzstäbchens (z. B. Holzspießchen) 8 cm lange Röllchen formen. Fertige Röllchen zugedeckt beiseite legen.

Das ausgelöste Schneckenfleisch gut abtropfen lassen, trocken tupfen und grob hacken. Filet sorgfältig parieren und klein würfeln (etwa auf die Größe der Schnecken). Gut 6 EL Olivenöl in einer weiten Pfanne erhitzen, das Filet bei starker Hitze darin goldgelb anbraten. Schnecken, Pilze und Knoblauch dazugeben, kurz mitrösten, dann alles mit der Fleischbrühe ablöschen.

Zwischenzeitlich einen Topf mit Salzwasser zum Kochen bringen. Nudelröllchen darin sehr kurz vorgaren (Achtung, die Nudeln dürfen auf keinen Fall weich werden!!!). Nudelröllchen abtropfen lassen. Sauce stark aufkochen, Nudeln dazugeben und bei starker Flamme nahezu die gesamte Flüssigkeit verdampfen lassen, dabei immer wieder schwenken. Pasta mit Salz und Pfeffer abschmecken.

Auf vorgewärmten Tellern anrichten und etwas allerfeinstes Olivenöl darüberträufeln. Mit wenig schwarzen Pfeffer aus der Mühle nachwürzen. Zerstoßene Fenchelsamen rund herum streuen, Fenchelgrün als Garnitur anlegen und sofort servieren.

(Deutschland) Badische Spätzle mit Schnecken-Linsenragout

An dieser Stelle möchte ich mich bei meinem Vater (ein Badenser) bedanken, ein leidenschaftlicher Hobbykoch, von dem ich nicht nur das „Spätzleschaben“ gelernt habe, sondern die Liebe zum Kochen überhaupt! Dieses Rezept war eine meiner Leibspeisen als Kind und ich esse es heute noch mit Genuss!

Für die Spätzle:
500 g gesiebtes Mehl, 6 Eier, Salz (etwa 1 TL),
evtl. Prise Muskat, 200 ml lauwarmes Wasser,
50 ml Sodawasser,
Butter zum Schmälzen, Majoran

Für die Spätzle das Mehl in eine große Schüssel sieben. Eine Mulde in die Mitte einarbeiten, Eier und Salz dazugeben. Alles langsam vermengen, dabei nach und nach das Wasser dazugeben und einen geschmeidigen, ziemlich weichen Teig herstellen. Diesen Teig kurz rasten lassen. Salzwasser in einem großen Topf zum Kochen bringen. Etwas Teig auf ein feuchtes Brett geben und glattstreichen.

Für die Schnecken:

48 küchenfertig vorbereitete Petits gris vorgekocht und ausgelöst (ersatzweise aus der Dose),
2 Knoblauchzehen fein gehackt,
1 EL glatte Petersilie fein gehackt,
2–3 EL Butter,
Salz und Pfeffer aus der Mühle

Für die Linsen:

300 g getrocknete Linsen,
500 ml kräftige Rindsuppe,
1 große Zwiebel,
1 Karotte,
1 kleines Stück Knollensellerie,
125 g geräucherter Bauchspeck,
2 Landjäger grob gewürfelt,
2 EL Butter oder Schweineschmalz,
Mehl zum Bestauben,
Salz und Pfeffer aus der Mühle

Mit dem flachen Rücken eines langen Messers (vorher ins heiße Wasser tauchen) oder einer Teigspachtel einzelne Spätzle vom Teig „abschneiden" und ins Kochwasser schaben (nicht zu viele auf einmal). Wenn die Spätzle an die Oberfläche steigen, sind sie gar. Mit einem Schaumlöffel aus dem Topf heben, kurz unter kaltem Wasser abschrecken und in einem Sieb abtropfen lassen. Fertige Spätzle beiseite stellen.

Die Linsen in Wasser (ohne Salz) knapp weich kochen, abtropfen lassen. Zwiebel schälen, fein hacken. Sellerie und Karotte putzen, klein würfeln. Speck ebenfalls klein würfeln. Butter oder Schmalz in einem geeigneten Topf erhitzen, Speck darin auslassen. Zwiebel dazugeben und glasig werden lassen, dann Karotte und Sellerie einfüllen. Alles mit Mehl bestauben und abrösten. Wenn alles leicht braun ist, mit Rindsuppe ablöschen. Einkochen lassen, bis man eine schön sämige Sauce hat. Die Linsen und die gewürfelte Landjäger dazugeben und gut untermengen, fertig garen. Bei Bedarf Suppe nachfüllen. Linsen abschmecken. Schnecken in einer Pfanne mit Butter und Knoblauch sautieren, mit Petersilie, Salz und Pfeffer würzen.

Spätzle in einer weiteren Pfanne in brauner Butter schwenken, leicht Kruste nehmen lassen und etwas Majoran darüberstreuen. Spätzle in tiefen Tellern anrichten, Linsen darüber verteilen und die gebratenen Schnecken anlegen. Etwas Petersilie als Garnitur dazugeben und servieren.

(Italien)

Orzo mit Schnecken und Mangold

150 g Orzo (Rollgerste),
125 g vorgekochtes Schneckenfleisch (ersatzweise aus der Dose),
50 ml Schneckenbrühe (ersatzweise Abtropfwasser aus der Dose),
250 ml kräftige Hühnerbrühe (ggfs. etwas mehr),
8 Blatt Mangold (nicht zu große Blätter),
1 weiße Zwiebel fein gehackt,
2–3 Knoblauchzehen fein gehackt,
2 Eiertomaten gehäutet entkernt und klein gewürfelt,
knapp 75 ml gutes Olivenöl,
Prise Muskat nach Geschmack,
Salz und Pfeffer aus der Mühle

HINWEIS:

Orzotto mit knusprigen Speckwürfeln garnieren.

Rollgerste über Nacht in kaltem Wasser einweichen. Die dicken Stängel vom Mangold herausschneiden, die Fäden abziehen und die Stängel klein würfeln. Mangoldblätter in feine Streifen schneiden. Olivenöl in einer weiten Pfanne erhitzen, Zwiebel und Knoblauch darin andünsten. Gewürfelte Mangoldstängel und das Schneckenfleisch dazugeben, mitsautieren lassen.

Orzo abtropfen, in die Pfanne geben und kurz mitrösten. Alles mit Schnecken- und Hühnerbrühe aufgießen und zugedeckt köcheln lassen, bis die Gerste weich ist (bei Bedarf Brühe nachgießen). 15 Minuten vor Ende der Garzeit die Mangoldstreifen und die Tomatenwürfel unter das Orzotto mischen. Mit Muskat, Salz und Pfeffer aus der Mühle abgeschmeckt servieren. Olivenöl darüberträufeln.

VARIANTE:

Man kann dieses Orzotto suppig servieren (mit mehr Brühe) oder auch trockener.

Risotto milanese con lumachine e oro

(Italien)

Risotto milanese con lumachine e oro

(Safran-Risotto mit Schnecken und Blattgold)

Dieses Rezept mag etwas dekadent klingen, doch ist diese Variante des wohl berühmtesten Risotto nicht nur geschmacklich überaus überzeugend, sondern auch optisch eine Augenweide. Man sollte für dieses Gericht nach Möglichkeit frische, selbst vorbereitete Schnecken verwenden.

48 kleine Schnecken vorgekocht
(Petits gris oder Gartenschnecken)
und in heißer Butter gewärmt,
350 g Carnaroli-Reis,
80 g kalte Butter,
50 g frisches Rindermark,
250 ml guter trockener Weißwein,
etwa 1 1/2 l Fleischbrühe (vorgewärmt),
2 Schalotten feinst gehackt,
1 TL Safranfäden,
50 g Grana padano gerieben,
Salz
und weißer Pfeffer aus der Mühle,
4–5 Bögen Blattgold zum Garnieren

Die Hälfte der Butter zusammen mit dem Rindermark in einem geeigneten Topf erhitzen, die sehr fein gehackten Schalotten darin andünsten. Den Carnaroli-Reis einstreuen und mit einem Holzlöffel wenden, bis er vollkommen vom Fett überzogen ist. Mit Weißwein ablöschen und diesen nahezu vollkommen einkochen lassen. Nun die Safranfäden dazugeben. Unter ständigem Rühren nach und nach schöpflöffelweise soviel heiße Brühe angießen, wie der Reis aufnehmen kann. Zwischenzeitlich das abgetropfte Schneckenfleisch in etwas Butter in einer Pfanne erwärmen, salzen und pfeffern. Kurz bevor der Reis gar ist (etwa 15–20 Minuten), den Risotto vom Herd nehmen und die restliche kalte Butter portionsweise einrühren, geriebenen Käse untermengen und mit Salz und Pfeffer abschmecken. Risotto ohne Flamme etwas nachquellen lassen, dann in vorgewärmte tiefe Teller füllen und jeweils 6–12 kleine Schnecken darauf anrichten. Die Schnecken mit großen Flocken Blattgold dekorieren (am besten mit einer feinen Pinzette darauflegen) und das Gericht servieren.

(Italien)

Penne mit Schnecken, Speck und Blattspinat

250 g vorgekochtes Schneckenfleisch
grob gehackt,
1 kg frischer junger Blattspinat,
125 g Räucherspeck fein gewürfelt,
50 g geräucherter Lardo
(ital. mit Kräutern gewürzter Speck)
fein gewürfelt,
2 EL Olivenöl extravergine,
3–4 Knoblauchzehen fein gehackt,
Muskat,
Salz
und Pfeffer aus der Mühle

Den Blattspinat waschen und sorgfältig verlesen. Danach in gleichmäßige Streifen schneiden. Speck- und Lardowürfel in einer schweren Pfanne auslassen und knusprig braten. Knusprige Speckwürfel aus der Pfanne nehmen und auf Küchenpapier abtropfen lassen. Vom Bratfett soviel wegnehmen, dass noch etwa 3 EL in der Pfanne sind. Olivenöl dazugeben. Dann Schnecken und Knoblauch im Fettgemisch braten, bis der Knoblauch leicht goldgelb und die Schnecken etwas knusprig sind. Spinat dazugeben und zerfallen lassen. Alles mit Muskat, Salz und Pfeffer aus der Mühle kräftig würzen.

Penne in kochendem Salzwasser al dente garen, abtropfen lassen. Schnecken-Spinatmischung und Nudeln in einer Schüssel vermengen, nochmals abschmecken und auf vorgewärmten Tellern anrichten. Speckwürfel darüberstreuen und sofort servieren.

(Griechenland)

Kritharáki me Lachaniká ke Salingária

(Gebackene Reisnudeln mit Gemüse und Schnecken)

Dieses traditionelle Gericht stammt vermutlich von den ionischen Inseln oder auch von den Kykladen, zwei griechische Regionen, die schon im Altertum für ihre ausgezeichneten Rezepte – und hier nicht zuletzt die mit Schnecken – berühmt waren.

750 g lebende kleine Schnecken,
etwa 600 g Kritharáki (Reisnudeln),
300 ml bestes Olivenöl,
1 große Gemüsezwiebel fein gehackt,
3 Fleischtomaten gehäutet und gewürfelt,
1–2 Stangen Staudensellerie
in dünne Scheiben geschnitten,
1 kleine rote Paprika geputzt und gewürfelt,
eine kleine grüne Paprika geputzt und gewürfelt,
4–5 Knoblauchzehen
in feine Scheiben geschnitten,
evtl. 1–2 Chilischoten
entkernt und fein gehackt,
250 g Feta,
Meersalz und schwarzer Pfeffer aus der Mühle

TIPP:

Würziger und aromatischer wird dieser Auflauf, wenn man statt mit Wasser mit heißer Brühe (z. B. Lammbrühe) aufgießt!

Die Schnecken gut waschen, dann in leicht gesalzenem Wasser einmal aufkochen lassen, abtropfen und den Vorgang 2-3mal wiederholen.

Olivenöl in einem Topf erhitzen, gehackte Zwiebel und Knoblauch darin andünsten, Sellerie, Tomatenwürfel und Paprika hinzufügen, alles salzen und pfeffern, Hitze zurückdrehen und das Gemüse etwa 5 Minuten dünsten. Gemüse vom Herd nehmen und mit den Reisnudeln vermengen, wer es pikant mag, fügt ein bis zwei entkernte und feingehackte Chilischoten hinzu. Die abgetropften Schnecken unterheben und alles in eine gut gefettete, ausreichend große Auflaufform füllen. Mit heißem Wasser (Menge nach Gefühl etwa 1 1/2 l) begießen und nochmals umrühren. Im vorgeheizten Backofen bei 180 Grad 45 Minuten garen. Auflauf mit zerbröseltem Schafskäse bestreuen und weitere 15–20 Minuten backen lassen. Heiß in der Form servieren.

HINWEIS:

Die Reisnudeln – Kritharáki genannt – sind nicht ganz leicht zuzubereiten, denn falsche Wassermenge und Kochtemperatur lassen sie entweder nicht richtig gar oder zu einer nahezu ungenießbaren Pampe werden. Man sollte also darauf Acht geben, dass nicht zuviel Flüssigkeit verwendet wird, als Faustregel gilt: 1 Teil Nudeln auf 3 Teile Wasser, diese Menge können die Nudeln gerade aufnehmen. Behandelt werden sie ansonsten wie Reis.

Thymian-Froschschenkelrisotto mit Schnecken-Croutons

Für den Risotto:
350 g Arborio-Reis,
2 Schalotten fein gehackt, 2 Knollen Knoblauch,
250 g Froschschenkel,
1 Glas trockener Weißwein, 4–6 Zweige Thymian,
3 EL Butter, 2 EL Olivenöl,
etwa 1 1/2 l Kalbs- oder Gemüsefond,
125 ml Mascarpone, 75 g kalte Butter,
2 Hand voll Parmesan,
1 EL gehackte Blattpetersilie, Salz, Pfeffer

Die Knoblauchknollen bei etwa 150 Grad im vorgeheizten Ofen gut 30 Minuten vorbacken.

Zwischenzeitlich den Risotto zubereiten: Froschschenkel halbieren, dann die Unterschenkel abtrennen. Fleisch von den Unterschenkeln ablösen und zu den Schnecken beiseite geben. Butter mit Olivenöl erhitzen, Schalotten darin glasig andünsten. Froschschenkel (Oberschenkel) dazugeben und leicht Farbe nehmen lassen. Den Reis in den Topf geben und kurz wenden. Alles mit Weißwein ablöschen, diesen nahezu vollkommen einkochen lassen. Dann nach und nach heiße Brühe dazugießen und den Reis köcheln bis er al dente ist.

Gebackene Knoblauchzehen aus den Schalen lösen und als Ganze in den

Für die Schnecken-Croutons:
125 g küchenfertig vorbereitetes Schneckenfleisch von großen Burgunderschnecken oder Petits gris, 5–6 Scheiben altbackenes Weißbrot, 3 EL Mandeln, 1 EL frische Thymianblätter, Olivenöl, Salz, Pfeffer

TIPP:
Wer keine Froschschenkel mag, verwendet etwas Hühnerbrust. Allerdings fehlt dann das typische (leicht fischige) Aroma.

Risotto rühren. Mit Mascarpone, Petersilie, Thymian, Parmesan, Salz und Pfeffer vollenden. Der Risotto sollte schön cremig sein. Reis vom Herd nehmen und 2–3 Minuten rasten lassen.

Für die Schneckencroutons das Fleisch gut abtropfen lassen, trocken tupfen. Große Weinbergschnecken halbieren, kleine (Petits gris) im Ganzen lassen. Weißbrot und Mandeln grob hacken, so dass beides etwa die gleiche Größe hat. Olivenöl in einer Pfanne erhitzen, zuerst die Schnecken mit den Froschschenkelabschnitten darin anbraten, dann das Weißbrot und die Mandeln dazugeben. Mit Thymianblättern würzen. Alles rösten, bis sämtliche Zutaten schön braun und knusprig sind. Zum Anrichten den cremigen Reis in tiefe Teller füllen und mit den knusprig gebratenen Zutaten bestreut servieren.

(Griechenland)

Reis mit getrockneten Pilzen und Schnecken

Dieses Gericht stammt aus Kreta und gehört zu den Klassikern der griechischen Küche, auch wenn es heutzutage wie viele griechische Traditionsgerichte nur noch selten angeboten wird.

1 kg frische Schnecken (kleine Weinbergschnecken oder Gartenschnecken) samt Häusern,
Saft von 1 Zitrone,
400 g Reis,
gut 100 g getrocknete Pilze in etwas Wasser eingeweicht,
etwa 1 l kräftige Hühnerbrühe,
2 Knoblauchzehen fein gehackt,
2 weiße Zwiebeln fein gehackt,
1 großes Bouquet garni (Thymian, Petersil, Lorbeer),
die Blätter von 4 Zweigen Thymian,
100 ml griechisches Olivenöl,
1/8 l trockener griechischer Weißwein,
einige Thymianblüten als Garnitur,
Salz und Pfeffer aus der Mühle

Zuerst gibt man die lebenden Schnecken über Nacht in eine Schüssel mit Wasser und sortiert am nächsten Morgen die Toten aus. Schnecken gut waschen und erneut 5 Minuten in Wasser einlegen. Schnecken nochmals gründlich reinigen, dann in Wasser mit Zitronensaft legen. Schnecken in kochendem Salzwasser 10 Minuten garen. Schnecken im Sud erkalten, danach abtropfen lassen. Die Schnecken können nun mit oder ohne Haus weiterverarbeitet werden (wir empfehlen ohne Haus, um den Darm zu entfernen).

Olivenöl in einem großen Topf erhitzen, Knoblauch und Zwiebeln darin andünsten. Schnecken darin anbraten. Den Reis dazugeben und wenden bis er glänzt, danach mit Weißwein ablöschen und diesen vollkommen einkochen lassen. Schließlich die Pilze samt Einweichwasser hinzugeben. Bouquet garni hineinlegen und alles mit 2/3 der Hühnerbrühe aufgießen. Köcheln lassen, bis die Brühe aufgesogen und der Reis weich ist (evtl. noch Brühe nachgeben). Schließlich alles mit einer großen Gabel auflockern, Thymianblätter einarbeiten und das Reisgericht abschmecken. Mit Thymianblüten garniert servieren.

Pilzrisotto mit Kräutern und Weinbergschnecken mit Nuss-Butter

Für den Risotto:
350 g Arborio-Reis,
300 g gemischte Waldpilze (Pfifferlinge, Steinpilze, Champignons etc.), 2 Schalotten fein gehackt, 3 EL Butter, 1 EL Olivenöl, etwa 1 1/2 l Kalbs- oder Gemüsefond, etwas Steinpilzöl

Für die Kräuterhaube:
200 g gemischte frische Kräuter (Kerbel, Schnittlauch, Estragon, Ruccola, Basilikum), 2 EL Olivenöl, 2 EL weißer Balsamico, Salz und weißer Pfeffer aus der Mühle

Für die Schnecken:
48 küchenfertig vorbereitete Petits gris, 200 g Butter, 4 EL gehackte Nüsse (vorzugsweise Walnüsse oder Haselnüsse), Walnussöl (Haselnussöl), Salz, schwarzer Pfeffer aus der Mühle

Die frischen Pilze sorgfältig putzen, in feine Scheiben schneiden. Kalbsfond erwärmen.

Butter und Öl für den Reis in einem Topf erhitzen, fein gehackte Schalotten darin anschwitzen. Die Hälfte der Pilze dazugeben, unter Rühren andünsten, dann den Reis dazugeben. Reis andünsten, bis alle Körner vom Fett glänzen. Reis mit Kalbsfond aufgießen, bis er gerade bedeckt ist. Wenn die Flüssigkeit verdampft ist, Kalbsfond schöpflöffelweise dazugeben, der Reis sollte während des Garens immer bedeckt sein. Nach der Hälfte der Gesamtgarzeit (Arborio braucht etwa 15 Minuten) die restlichen Pilze dazugeben und den Risotto fertig garen. Zum Schluss mit Steinpilzöl, Salz und Pfeffer abschmecken. Warm halten.

Zwischenzeitlich die Butter für die Schnecken zergehen lassen. Gut abgetropftes Schneckenfleisch hineingeben, einige Minuten sautieren. Gehackte Nüsse dazugeben, kurz mitrösten lassen. Salzen und Pfeffern, beiseite stellen. Kräuter grob hacken, mit Olivenöl, Balsamessig, Salz und Pfeffer marinieren, 1 EL von der Schneckenbratbutter dazugeben. Kräuter gut mit der Marinade vermengen. Auf vorgewärmten Tellern mit einem Reisring jeweils eine Portion Risotto mittig setzen. Eine Kräuterhaube auf den Risotto anrichten. Jeweils 12 Schnecken rund herum legen und diese mit der Butter und den Nüssen überziehen.

(Griechenland)

Salingária me chilopítes

(Schnecken mit griechischen Nudeln)

Zu den Spezialitäten der griechischen Küche zählen zweifelsohne „Chilopítes", jene Nudeln, die nicht nur mit Mehl, sondern auch mit feinem Weizengriesszubereitet werden. Eine Besonderheit bei der Zubereitung dieser Nudeln ist, dass sie in sehr wenig Wasser gekocht werden, manchmal so wenig, dass sie nicht einmal abgetropft werden müssen. Sie schmecken daher weicher und saftiger als die gewöhnlichen Nudeln.

Für die Nudeln:
200 g feiner Weizengrieß,
1 1/2 kg Weizenmehl,
8 Eier (wenn die Eier klein sind, dann 10),
250 ml Milch,
gut 2 EL Salz,
evtl. etwas Wasser

Da Chilopítes 5 Tage trocknen sollten – auch damit der Rest lange haltbar ist –, muss man mit ihrer Zubereitung beginnen: Die Milch mit dem Weizengrieß und Salz verrühren, 1 Stunde rasten lassen. Das Weizenmehl in eine große Backmulde oder auf eine große Arbeitsfläche sieben, mit dem Handballen eine Vertiefung schaffen und die Eier hineinschlagen. Das Grieß-Milchgemisch hinzufügen und alles zu einer homogenen Teigmasse verarbeiten (evtl. noch etwas Wasser hinzugeben). Danach wieder 1 Stunde rasten lassen. Nun wird der Teig in semmelgroße Stücke zerteilt, diese nacheinander mit einem Nudelwalker dünn ausgerollt und zum Trocknen einige Minuten beiseite gelegt. Die getrockneten dünnen Teigplatten mit einem Messer in gleichmäßig dünne Streifen schneiden,

Für die Schnecken:
750 g lebende kleine Schnecken (Garten-, Gemüseschnecken oder Petits gris), 250 ml bestes Olivenöl, 2 Knoblauchzehen mit etwas Meersalz zerdrückt, 3 Knoblauchzehen in feine Scheiben geschnitten, 1 großes Bund glatte Petersilie fein gehackt, gut 1 kg Fleischtomaten gehäutet und in kleine Würfel geschnitten, gemahlener Zimt nach Geschmack (1/2–1 TL), Meersalz und frisch gemahlener schwarzer Pfeffer

diese evtl. wiederum in Stücke. Die Nudeln zum Trocknen auf Baumwolltüchern ausbreiten. An einem gut belüfteten warm-trockenem Ort mehrere Tage (5) trocknen lassen. Die getrockneten Nudeln halten sich mehrere Monate.

Die Schnecken am Vorabend in eine Schüssel füllen, mit Wasser übergießen und mit einem Teller abdecken. Am nächsten Tag werden sie gut gewaschen; nur die lebenden weiterverwenden. Die Schnecken in einen Topf füllen und mit soviel Wasser begießen, dass sie gerade bedeckt sind. Aufkochen lassen und 10 Minuten kochen. Schnecken abtropfen und das Fleisch aus dem Haus ziehen, Ende entfernen.

Olivenöl in einer Kasserolle erhitzen, Knoblauch, Petersilie und Schnecken darin andünsten. gewürfelte Tomaten und fein gehackte Petersilie dazugeben, alles mit Zimt, Salz und frisch gemahlenem Pfeffer würzen. Bei milder Hitze 20–30 Minuten garen lassen. In einem zweiten Topf wenig Salzwasser erhitzen und die Chilopítes darin garen (sie sollten nach Möglichkeit nicht abgegossen werden müssen). Fertig gegarte Nudeln in etwas Butter schwenken und auf Tellern anrichten. Mit dem Schneckenragout überziehen und mit gehackter Petersilie bestreut servieren.

(Italien)

Risotto con radiccio trevisano e lumache

(Radicchio-Risotto mit Schnecken)

Für dieses Gericht empfiehlt es sich, auf Schnecken aus der Dose (oder tiefgekühlt) zurückzugreifen.

Gut 125 g küchenfertig vorbereitete Schnecken (kleine Weinbergschnecken oder Gemüseschnecken aus der Dose), 4 schöne Stück Radicchio Trevisano, 1 mittlere Zwiebel fein gehackt, 2 EL Butter, etwa 350 g Risotto-Reis (vorzugsweise Carnaroli), 125 ml trockener Weißwein, gut 750 ml kräftige Brühe (Gemüse oder Fleisch), geriebener Parmesan, Salz und Pfeffer aus der Mühle

Die Schnecken abtropfen lassen, Brühe dabei auffangen. Den Radicchio in lauwarmes Wasser legen und 15 Minuten wässern, so verliert er einen guten Teil seiner Bitterstoffe. Dann trennt man die Spitzen ab und legt die Salatherzen beiseite. Die Spitzen werden in feine Streifen geschnitten.

Die Brühe erwärmen. Butter in einem geeigneten Topf erhitzen und die gehackte Zwiebel darin glasig werden lassen. Reis hinzufügen und im Fett wenden, bis alle Körner glänzen. Danach die Radicchio-Streifen hinzufügen und alles gut vermengen. Mit dem Weißwein und dem aufgefangenen Schneckensud ablöschen. Wenn die Flüssigkeit eingekocht ist, werden die Schnecken dazugegeben. Mit warmer Brühe aufgießen, bis der Reis gerade bedeckt ist. Immer wieder Brühe nachgeben und den Reis fertig garen. Er sollte relativ trocken und al dente sein, die Garzeit richtet sich vor allem nach der verwendeten Sorte.

Wenige Minuten bevor der Risotto fertig ist, die Radicchio-Herzen in mundgerechte Stücke schneiden und zum Reis geben. Wenn die Herzen warm sind, den Reis von der Flamme nehmen, etwas geriebenen Parmesan unterheben (nach Geschmack auch noch etwas Butter) und den Risotto etwa 3 Minuten ziehen lassen. Mit Salz und Pfeffer abschmecken und sofort servieren.

Paella Valenciana

Hauptspeisen

(Spanien)

Paella Valenciana

(Original-Paella)

DIES IST DIE FESTTAGSVARIANTE DER UR-PAELLA, DAS ORIGINAL WURDE NUR AUS SCHNECKEN (EVTL. AUCH FRÖSCHEN), WÜRSTEN UND GEMÜSE ZUBEREITET. AN FEIERTAGEN KAMEN DANN AUCH NOCH KANINCHEN, HUHN, ENTE ODER SCHWEINEFILET DAZU, ZUTATEN EBEN, DIE DER LANDBEVÖLKERUNG ZUR VERFÜGUNG STANDEN, DENN TROTZ DER NÄHE ZUM WASSER KAMEN NUR WENIGE IN DEN GENUSS VON MEERESFRÜCHTEN. FÜR DIE PAELLA IST ES WICHTIG, EINE GEEIGNETE EISENPFANNE MIT WEITEM, FLACHEN BODEN ZU VERWENDEN, DAMIT MAN MÖGLICHST VIEL „SOCARRAT“ ERHÄLT, JENEN REIS, DER AM BODEN DER PFANNE ANBRÄT UND WUNDERBAR KNUSPRIG WIRD.

Knapp 1 kg Paella-Reis
(Rundkornreis, Zubereitung siehe Anhang),
1 Kaninchen küchenfertig vorbereitet,
1 Huhn etwa 1 1/2 kg,
gut 75 kleine bis mittelgroße Schnecken
gesäubert, größere Exemplare vorkochen
(für dieses Gericht eignen sich
am besten die kleinen Garten-
oder Gemüseschnecken und Petits gris),
250 g getrocknete weiße Bohnen,
500 g Tavella (ersatzweise junge Bohnenkerne),
750 g Erbsschoten,
300 g Tomaten gehäutet
und in Würfel geschnitten,
1 große Zwiebel fein gehackt,
4 Knoblauchzehen fein gehackt,
Olivenöl,
3–4 g Safranfäden in 250 ml Hühnerbrühe
oder Gemüsebrühe eingeweicht,
Meersalz
und schwarzer Pfeffer aus der Mühle

Die getrocknete weißen Bohnen über Nacht in kaltes Wasser einlegen. Einige Köche legen auch die Schnecken, welche 4–5 Tage gehungert haben sollten, in Wasser ein bevor sie in Essigwasser vorgekocht werden.

Am nächsten Tag werden Kaninchen und Huhn gewaschen, trocken getupft und in kleine Portionsstücke geschnitten. Fleischteile mit Salz und Pfeffer würzen. In einer großen Paella-Pfanne das Olivenöl (etwas 4–5 EL) erhitzen, die Fleischteile darin von allen Seiten anbraten. Die abgetropften Schnecken dazugeben und kurz mitbraten. Wenn alles schön braun ist, Fleischteile und Schnecken aus der Pfanne nehmen und beiseite stellen.

Danach gibt man zuerst die gehackte Zwiebel, später die Tomaten und den Knoblauch in das Öl, brät alles kurz durch und fügt die abgetropften weißen Bohnen hinzu. Dann gießt man mit etwa 2 1/2 l Wasser (man kann auch leichte Hühnerbrühe nehmen) an. Die Mischung 10 Minuten kochen lassen, dann die Safranreduktion und den Reis (siehe Anhang) zufügen, gut vermengen. Nach weiteren 5–10 Minuten das Fleisch und die Schnecken hineingeben und weitere 15 Minuten kochen, bis das Wasser verdampft ist.

Jetzt den Reis am Pfannenboden ansetzen lassen, bis sich die aromatische Kruste (Socarrat) gebildet hat (Bitte lesen Sie hierzu auch die Grundregeln für Paella im Anhang S. 247).

Paella in der Pfanne servieren; Nadel für die Schnecken und Holzlöffel dazu reichen.

Lumache in umido con polenta

(Schnecken auf friulanische Art mit Polenta)

Im Friaul, wo gerne etwas grössere Portionen gegessen werden, ist es durchaus üblich 3–4 Dutzend Schnecken pro Person für eine Hauptspeise zu berechnen. Ich habe dieses Gericht in einer kleinen Osteria im Weinort Ramandolo kennen gelernt und werde das Mahl niemals vergessen: die dampfende Polenta mit der herrlich aromatisch duftenden Sauce und den köstlich frischen Schnecken obendrauf (es waren gut und gerne 40 Stück), dazu ein Fläschchen „Refosco" und zum Abschluss einen guten Schluck Grappa! Dieses herzhafte Essen verbunden mit einem einzigartigen Blick über das Friaul ist ein Genuss der ganz besonderen Art. Natürlich bat ich daraufhin den Küchenchef sofort um das köstliche Rezept.

Etwa 100 Weinbergschnecken
nach italienischer Art küchenfertig vorbereitet
(siehe Anhang, ersatzweise aus der Dose,
Brühe aufbewahren),
gut 250 g San-Daniele-Schinken,
50–100 g Lardo (ital. mit Kräutern gewürzter
Speck) oder Bauchspeck (z. B. Pancetta),
1 große Zwiebel gehackt,
4 Knoblauchzehen gehackt,
1 große Karotte gehackt,
gut 800 ml Polpa di pomodoro,
1–2 Glas trockener Weißwein,
4–6 cl Grappa,
2 Lorbeerblätter,
1 Zweig Rosmarin (oder Thymian),
100 g Butter (oder einige EL Olivenöl),
300 ml konzentrierte Schneckenbrühe
ersatzweise Fleischbrühe (etwas mehr als Reserve!),
Salz und Pfeffer aus der Mühle,
150 g geriebener Montasio-stravecchio,
etwas gehackte Petersilie oder
einige Zweige Rosmarin als Garnitur

TIPP:

Wenn man keinen alten Montasio-Käse erhält kann man auch zu Grana padano greifen, oder einen jungen Montasio-Käse verwenden und das Ragout kurz im Ofen gratinieren.

Vorzugsweise sollte das Gericht aus selbst gesammelten Schnecken zubereitet werden, da man dann eine aromatische Schneckenbrühe zur Verfügung hat. Das vorgekochte Schneckenfleisch waschen und gut abtropfen lassen. Das gesamte Gemüse putzen und sehr klein schneiden. Schinken in feine Streifen schneiden und Lardo klein würfeln.

In einem schweren Topf die Butter (oder das Öl) erwärmen, Schinken und Speck darin gut anrösten. Danach die Zwiebeln und den Knoblauch dazugeben und mitbraten, bis das Gemüse glasig geworden ist. Die Hitze sollte nicht zu stark sein, damit sich das volle Zwiebelaroma besser entfalten kann. Dann gibt man die Karotte dazu, vermengt alles gut und löscht mit Grappa ab. Nachdem der Grappa etwas eingekocht ist, kommen Wein, Brühe und Tomatenpolpa in den Topf. Schließlich wird mit Lorbeer und Rosmarin gewürzt, ein Deckel aufgesetzt und das Ganze für gut 1 Stunde bei milder Hitze gegart; dabei immer wieder umrühren, ggfs. etwas Brühe angießen.

Danach den Deckel abnehmen und die Sauce bei stärkerer Hitze einkochen lassen, kurz bevor sie einzudicken beginnt, kommen die Schnecken in den Topf und werden in der Sauce erwärmt. Mit Grappa, Salz und Pfeffer abschmecken. In der Zwischenzeit hat man eine nicht zu cremige Polenta zubereitet (siehe Anhang).

Eine große Auflaufform oder Keramikschale ausbuttern und den Boden dick mit der Polenta bedecken. Die Schnecken samt Sauce auf der Polenta verteilen und geriebenen oder in Spalten zerteilten Montasio-Käse darüber geben. Mit Rosmarinzweigen ausdekorieren, nochmals etwas schwarzen Pfeffer aus der Mühle darübermahlen und sehr heiß servieren.

VARIANTE:

Die Polenta fest werden lassen und in grobe Würfel schneiden. Die Würfel in Olivenöl braten, bis sie eine schöne Kruste haben, als Beilage zu den Schnecken servieren.

(Spanien)

Cordero y caracoles a la moruna

(Lamm mit Schnecken nach maurischer Art)

48–60 kleine bis mittlere Schnecken (2 Tage ausgehungert),
3 kleine Lammstelzen (zusammen etwa 1 1/2 kg oder 1 Keule),
3 große Zwiebeln fein gehackt,
4–5 Knoblauchzehen fein gehackt,
1 TL Kreuzkümmelsamen (im Mörser zerstoßen),
3–4 Stangen Zimt,
1 Sternanis, 2 Macisblüten,
gut 750 ml kräftige Fleischbrühe,
50 g Sultaninen,
3 EL gehackte Mandeln,
5 cl trockener Sherry, gutes Olivenöl,
Salz und Pfeffer aus der Mühle

TIPP:

Dieses klassische Gericht schmeckt mit etwas kandierter Orangenschale und/oder Cayennepfeffer noch interessanter!

Sultaninen einige Zeit im Sherry einweichen (mindestens 1 Stunde). Das Lammfleisch waschen, trocken tupfen und kräftig mit Salz, Pfeffer und zerstoßenem Kreuzkümmel einreiben; beiseite stellen. Schnecken säubern, in Salzwasser 5–7 Minuten blanchieren, abtropfen lassen und ebenfalls beiseite stellen. In einer ofenfesten Kasserolle das Olivenöl (etwa 125 ml) erhitzen, Zwiebel und Knoblauch andünsten, das Fleisch dazugeben und alles kräftig von allen Seiten anbraten. Mit der Brühe aufgießen und soviel Wasser dazugeben, dass das Fleisch nicht ganz bedeckt ist; aufkochen lassen und 20 Minuten bei kleiner Flamme garen.

Die Schnecken, den Anis, Macis, Zimt und die Flüssigkeit von den eingeweichten Sultaninen dazugeben, einen Deckel auflegen und im vorgeheizten Backofen bei 180 Grad etwa 1 1/2 Stunden schmoren lassen, bis das Fleisch sehr weich ist und die Aromen aufgenommen hat. Kasserolle aus dem Ofen nehmen und den Bratensaft abgießen; Zimtstangen, Anis, Sternanis und Macis entfernen. Saft etwa um die Hälfte einkochen lassen, dann die Mandeln und Sultaninen dazugeben, abschmecken und noch weitere 3–5 Minuten leise köcheln. Fleisch auf einer großen Platte anrichten, Schnecken darum verteilen, alles mit der Sauce überziehen, schwarzen Pfeffer darüber mahlen und mit den entnommenen Gewürzen garniert servieren. Reis oder Kuskus als Beilage reichen.

(Spanien)

Caracoles con conejo

(Schnecken mit Kaninchen)

Etwa 60 kleine Schnecken gesäubert (Petits gris, Garten- oder Gemüseschnecken),
1 Kaninchen in Portionsstücke zerteilt,
125 ml gutes Olivenöl,
2 mittlere Gemüsezwiebeln fein gehackt,
6 Knoblauchzehen fein gewiegt,
1 gehäufter EL Mehl,
750 ml kräftige Fleischbrühe,
150 ml roter Rioja (oder anderer guter Rotwein),
2 Fleischtomaten gehäutet und gewürfelt,
1 gr. Bouquet garni (Petersilie, Rosmarin, Thymian, Oregano),
1 Zimtstange, 3 Lorbeerblätter,
scharfes Paprikapulver, Salz, Pfeffer aus der Mühle,
gehackte Petersilie zum Garnieren

Die Kaninchenteile waschen, trocken tupfen und kräftig mit Salz (vorzugsweise Meersalz) und Pfeffer würzen. In einer großen Kasserolle reichlich Olivenöl erhitzen, dann die Fleischteile darin von allen Seiten scharf anbraten. Zwiebel und Knoblauch hinzufügen und eine Weile mitbraten. Alles mit dem Mehl bestauben und dieses etwa 1–2 Minuten mitrösten, damit es seinen Rohgeschmack verliert. Rotwein und Fleischbrühe unter ständigem Rühren angießen, Tomatenwürfel, Kräuter, Zimt und Lorbeer dazugeben. Mit dem Paprikapulver nach Geschmack scharf abschmecken. Zugedeckt etwa 45 Minuten schmoren lassen. In der Zwischenzeit die Schnecken in einem zweiten Topf mit reichlich Wasser und einigen Lorbeerblättern aufkochen, dann bei kleiner Hitze gut 10 Minuten garziehen lassen. Die Schnecken abgießen und abtropfen, dann zum Kaninchen in die Kasserolle füllen. Alles noch weitere 15 Minuten köcheln lassen, dabei die Sauce einkochen. Kräutersträußchen und Zimtstange entfernen, mit Salz und Pfeffer abschmecken und in tiefen Tontellern servieren. Gehackte Petersilie darüber streuen und mit Weißbrot servieren.

(Frankreich)

Weinbergschnecken im Markknochen

ZUBEREITUNGEN MIT KNOCHENMARK HABEN IM BURGUND EINE LANGE TRADITION. AUCH SCHEUT MAN SICH IM BURGUND NICHT, EDELSTE WEINE FÜR DIE ZUBEREITUNG VON SAUCEN ZU VERWENDEN; GANZ NACH DEM MOTTO: NUR EIN GUTER WEIN MACHT EINE GUTE SAUCE!

64 möglichst große Weinbergschnecken (nach Burgunder-Art küchenfertig vorbereitet, siehe Anhang), 16 schöne Markknochenstücke (wenn möglich alle gleich stark und 6–8 cm lang), einige Spritzer guter Essig, 750 g Schalotten, 1 1/2 Knollen Knoblauch, 1 Flasche roter Burgunder, mindestens 5 Jahre in der Flasche gereift (möglichst ein Chambertin), 75 g frische Bauernbutter, 1 graue Burgundertrüffel (ersatzweise eine große schwarze Sommertrüffel oder eine kleine schwarze Wintertrüffel oder auch einige Tropfen bestes Trüffelöl), Salz und Pfeffer aus der Mühle, grobes Meersalz (vorzugsweise aus der Guérande), glatte Petersilie zum Verzieren

Zunächst muss man die Markknochen (samt Knochenmark) 3–4 Stunden in kaltem Wasser baden, um die blutigen Teile zu entfernen (das Wasser sollte dabei 1–2mal gewechselt werden). Danach das schmackhaft-saftige Mark mit den Fingern ausdrücken und dieses in etwas Wasser einlegen, das mit einem Schuss guten Essig versetzt worden ist. Die Knochen selber werden in Wasser aufgekocht, dann kalt abgespült und möglichst sorgfältig gereinigt.

Schalotten und Knoblauch in feine Scheiben schneiden, zusammen mit dem Rotwein in einen Topf gegeben, etwas salzen, pfeffern und 1 1/2 bis 2 Stunden leise köcheln lassen. In der Zwischenzeit wird die Trüffel gereinigt und fein gewürfelt. Die eingekochte Masse mit einem Mixer pürieren, durch ein feines Sieb streichen, mit der Butter vermengen und trüffeln (außer man verwendet Trüffelöl, das wird zum Schluss hinzugefügt), nochmals abschmecken.

Auf vier feuerfeste Teller jeweils vier gereinigte Markknochen mit der Öffnung nach oben setzten. Zuerst in jeden Knochen etwas von der Zwiebel-Rotweinmasse geben und dann einen jeden mit vier Schnecken füllen.

Das Knochenmark in sehr dicke Scheiben schneiden und als Verschluss auf die gefüllten Knochen setzen. Mit grobem Meersalz und Pfeffer aus der Mühle würzen. Die Markknochen bei 240 Grad für etwa 10–12 Minuten im vorgeheizten Backofen gratinieren, dann die Teller mit Petersilienblättern ausdekorieren (verwendet man Trüffelöl, so wird dieses jetzt über das Gericht geträufelt). Soße angießen und sofort mit Kartoffelpüree und/oder Baguette servieren.

(Österreich)

Gebackene Schnecken

Pro Person 12–18 küchenfertig vorbereitete Weinbergschnecken (oder Achatschnecken aus der Dose), Salz, Pfeffer, Muskatnuss, reichlich Mehl zum Wenden, 4 Eier, etwas Obers, feine Semmelbrösel, Öl zum Frittieren oder Butterschmalz, Anchovis, Zitronenspalten, gebackene Petersilienblätter

Die Schnecken gut abtropfen lassen. Die Eier mit dem Obers verquirlen und mit Salz, Pfeffer sowie einer Prise Muskat würzen. Schnecken zuerst in Mehl, dann in Ei und Brösel wenden. Die panierten Schnecken sofort in heißem Öl oder Butterschmalz bei etwa 160 Grad backen (nicht zu viele auf einmal!) bis sie rund herum schön goldgelb sind.

Während des Ausbackens mit einem Holzlöffel öfters wenden (nicht mit einer Gabel, da sonst die Panier verletzt werden könnte und sich mit Fett ansaugt). Auf Küchenpapier abtropfen lassen; mit Anchovis, Zitrone und gebackener Petersilie garniert servieren. Als Beilage empfehlen sich Erdäpfelsalat, Vogerlsalat oder ein grüner Salat.

Weinbergschnecken im Markknochen

(Frankreich)

Petits gris nach Art des Languedoc

Original isst man dieses köstliche Schneckengericht mit den Fingern, saugt die Häuser einfach aus und trinkt einen schönen Corbières dazu; für Laien empfiehlt sich die Verwendung einer Nadel, um das schmackhafte Schneckenfleisch aus den Häusern zu ziehen. Die in der Pfanne verbliebene restliche Sauce wird – mit Baguette aufgetunkt – danach verzehrt!

400 kleine lebende Petits gris,
die man etwa 10 Tage hat hungern lassen,
gut 2 l Gemüsebrühe
(ersatzweise geht auch Fleisch- oder Geflügelbrühe),
3–4 große Bund glatte Petersilie,
12–15 Knoblauchzehen,
6–7 EL Gänseschmalz
(ersatzweise auch Schweineschmalz),
500 g luftgetrockneter Schinken klein gewürfelt,
2 1/2 EL Mehl,
10 geschälte und entkernte Tomaten in
kleine Würfel geschnitten,
2 TL frische Thymianblätter,
300 ml guter trockener Weißwein,
Salz und Pfeffer aus der Mühle

Die Brühe in einem großen Topf auf den Herd stellen und erhitzen, in der Zwischenzeit die Schnecken mehrmals unter fließendem kalten Wasser gründlich waschen. Anschließend die Schnecken in die heiße Brühe geben und einige Minuten kochen, Topf vom Herd nehmen und die Schnecken in der Brühe nur mehr ziehen lassen.

Knoblauch schälen und zusammen mit den abgezupften Petersilienblättern fein hacken. In einer großen, möglichst weiten Pfanne das Fett erwärmen und die Schinkenwürfel darin kurz anbraten, Knoblauch und Petersilie dazugeben und alles kurz durchschwitzen. Danach wird die Mischung mit Mehl bestäubt und etwa 1 Minute durchgeröstet, damit das Mehl seinen Rohgeschmack verliert. Unter Rühren mit Weißwein ablöschen, Thymianblätter hinzugeben und die Tomatenwürfel unterheben. Einen Deckel aufsetzen und bei kleiner Flamme leise 25–30 Minuten köcheln lassen, dabei kontrollieren, dass die Mischung nicht anlegt. Mit Salz und Pfeffer würzig abschmecken.

Nun gießt man die Schnecken ab, lässt sie ein wenig abtropfen und gibt sie noch warm in die Tomatensauce. Behutsam mit einem Löffel unter die Sauce heben, sie sollten Zeit haben, sich mit der Sauce zu füllen. Ist dies geschehen, werden die Schnecken im Topf serviert.

(Österreich)

Schnecken-Eierschwammerl-Ragout mit Semmelknödel

250–300 g küchenfertig vorbereitetes Schneckenfleisch (Weinbergschnecken oder Achatschnecken nach Burgunder-Art, siehe Anhang, ersatzweise auch Petits gris), 500–750 g frische Eierschwammerl, 1 Zwiebel fein gehackt, 1 Knoblauchzehe feinst gehackt, 1 Bund glatte Petersilie, gut 150 g Butter, 1 gehäufter EL Mehl, 250 ml kräftige Rindsuppe, 300 ml Rahm, Salz und Pfeffer aus der Mühle

Die Eierschwammerl putzen, große Exemplare halbieren. Butter in einer weiten Pfanne zerlassen, die gehackte Zwiebel samt Knoblauch darin andünsten. Mit Mehl bestauben, kurz mitrösten, dann alles mit der Suppe aufgießen. 1–2 Minuten köcheln lassen. Schneckenfleisch und Pilze in die Sauce geben, auf kleiner Flamme köcheln. Ab und an umrühren, damit nichts anlegt. Petersilie fein hacken und ebenfalls unter das Ragout mischen. Den Rahm in einer Schüssel schaumig schlagen, kurz vor dem Servieren das Ragout damit binden. Mit Salz und Pfeffer abschmecken und mit Semmelknödel angerichtet servieren.

TIPP:

Man kann das Ragout mit Paprikapulver, Cayennepfeffer und/oder frisch geriebener Muskatnuss verfeinern.

Kalbssteak mit Schnecken, Pilzen und Polentasauce

2 größere Kalbssteaks etwa 4–5 cm dick,
12 küchenfertig vorbereitete Petits gris,
etwa 200 g frische Eierschwammerl (Pfifferlinge)
geputzt und in gleich große Stücke geschnitten,
1 große Zehe Knoblauch,
3 EL Polenta,
Aceto balsamico,
etwa 1/2 l kräftige Rindsuppe,
Butter,
Schlagsahne,
Öl zum Braten,
Muskatnuss,
Majoran,
Salz und Pfeffer aus der Mühle

Für die Polenta gut 300 ml Suppe zum Kochen bringen, Knoblauchzehe samt Schale andrücken und zusammen mit der Polenta in die kochende Suppe geben. Langsam köcheln lassen, Polenta mit Muskatnuss und gerebeltem Majoran würzen. In die fertige Polenta Butter und Sahne einrühren, damit sie eine schön sämige, saucenartige Konsistenz erhält.

In einer großen Pfanne Butter mit etwas Öl erhitzen, Kalbsteaks einige Minuten von beiden Seiten darin anbraten, dabei darauf achten, dass die Hitze nicht zu stark ist. Steaks würzen, Pilze und Schneckenfleisch dazugeben. Fleisch auf geringer Flamme unter mehrfachem Wenden braten, bis es den gewünschten Garzustand erreicht hat und das Schneckenfleisch durchgewärmt ist.

Einen guten Schuss Balsamicoessig und etwa 2–3 EL von der Suppe dazugeben, diese einmal aufkochen lassen, dann die Pfanne vom Herd nehmen, Deckel auflegen und alles ein paar Minuten ziehen lassen. Abschmecken.

Polentacreme auf zwei vorgewärmten Tellern anrichten. Kalbssteaks daraufsetzen und mit der Schnecken-Pilzsauce bedecken. Mit Majoran und frisch gemahlenem Pfeffer bestreuen.

(Frankreich)

Cassolette d´escargots

(Schüsselragout von Schnecken)

„Cassolette“ nennt man in Frankreich kleine Schüsseln – meist aus Ton oder Keramik hergestellt – in denen das Gargut serviert wird. Oftmals wird eine Speise – sofern die Cassolette feuerfest ist – darin gegart, weshalb es im Süden Frankreichs ein gleichnamiges Rezept gibt.

48 küchenfertig vorbereitete Weinbergschnecken,
700 g frische Mischpilze (Steinpilze,
Wiesenchampignons, Herbsttrompeten und
Pfifferlinge), 3 EL Bauernbutter,
5 kleine Schalotten fein gehackt,
2 EL gehackte Petersilie, 3 cl Marc,
3–4 feingehackte Knoblauchzehen,
1/2 l Crème fraîche oder Crème double,
Salz und Pfeffer aus der Mühle,
ggfs. eine Prise scharfes Paprikapulver

Die Schnecken gut waschen und trocken tupfen, die Pilze nur sorgfältig putzen, nicht waschen. In einer schweren Pfanne die Butter erhitzen und zuerst die Schalotten darin glasig werden lassen. Danach die grob geschnittenen Mischpilze dazugeben, schwenken, Hitze erhöhen und so lange braten lassen, bis die austretende Flüssigkeit verdampft ist. Fein gehackten Knoblauch und die Petersilie beigeben, alles mit dem Marc ablöschen; salzen und pfeffern. Die Schnecken zu den Pilzen geben und 1 Minute unter Rühren einmengen. Crème angießen und das Ragout schön cremig einkochen lassen. In vorgewärmten Schüsseln (Cassolettes) servieren, weißen Burgunderwein und Brot dazu reichen.

TIPP:

1. Eine Prise Muskat und/oder scharfer Paprika geben dem Ragout eine würzige Note.
2. Das Ragout schmeckt auch sehr gut, in warmen Blätterteigpasteten serviert.

(Italien)

Pizza con lumache

(Schneckenpizza)

Für dieses süd-italienische Gericht kann man viele Schneckenarten verwenden, sie sollten jedoch gewaschen und küchenfertig vorbereitet (vorgekocht) sein. Auf dem „Festland", hier vor allem um Neapel wird diese Pizza-Variante vorwiegend mit Garten- oder Gemüseschnecken zubereitet, in Sizilien serviert man das Gericht mit Meeresschnecken. Ob die Schnecken mit oder ohne Haus verwendet werden ist reine Geschmacksache. Mit Haus ist die Pizza optisch die grössere Augenweide, allerdings muss der Geniesser das Schneckenfleisch mit einer Nadel aus den Häusern ziehen. Verwendet man ausgelöstes Schneckenfleisch, so wird dieses beim Backen leicht knusprig, was geschmacklich sehr interessant ist.

Für den Pizza-Teig:
500 g Weizenmehl Typ 00 (doppio zero),
etwa 35 g Hefe
(oder besser selbst hergestellter Sauerteig),
etwa 200 ml lauwarmes Wasser,
3 EL bestes Olivenöl,
1 TL Salz, Prise Zucker

Für die Sauce (Pizzaiola) :
400 g Polpa di pomodoro,
Olivenöl,
2–3 feinstgehackte Knoblauchzehen,
1 kleine Schalotte feinst gehackt,
1 Zweig Thymian, 1 Zweig Rosmarin,
evtl. 1 kleine Chilischote entkernt und fein gehackt,
Salz

Belag für 1 Pizza durchschnittlicher Größe:
1–2 Hand voll Schnecken küchenfertig vorbereitet
(Gartenschnecken, Petits gris, Wellhornschnecken,
kleine Meeresschnecken, Strandschnecken u.a.),
1 Schöpfer Pizzaiola,
1 Knoblauchzehe feinst gehackt,
Olivenöl, Oregano

TIPP:

Weitere, gut dazu schmeckende Belagsvarianten sind z. B.: Speck (Lardo), Ruccolasalat, Zwiebeln, Oliven, Sardellen oder Käse.

Zuerst die Pizzaiola zubereiten. Hierfür Knoblauch und Zwiebel feinst hacken und in einer Pfanne mit Olivenöl andünsten. Das Tomatenpüree und evtl. gehackte Chili dazugeben, einmal aufkochen lassen. Die Kräuter hineinlegen, alles auf kleiner Flamme mindestens 1 Stunde köcheln lassen, dann vom Herd nehmen.

Für den Teig die Hefe in lauwarmem Wasser auflösen. Mehl auf eine Arbeitsplatte sieben, eine Mulde einarbeiten; in diese Öl, Salz und Zucker füllen. Nach und nach die aufgelöste Hefe (samt Wasser) dazugeben. Dabei den Teig mit den Handflächen kneten, bis er eine glatte, weiche Konsistenz hat. Teigklumpen in eine Schüssel füllen und mit etwas Mehl bestauben. Zugedeckt an einem warmen (nicht zugigen) Ort 1 Stunde rasten lassen. Er sollte dabei sein Volumen verdoppeln. Den aufgegangenen Teig portionieren und aus den Portionsstücken wiederum Kugeln formen. Diese zugedeckt weitere 20–30 Minuten gehen lassen. Schließlich die Kugeln mit einem Nudelholz sehr dünn ausrollen, dabei darauf achten, dass der Teig nicht reißt.

Etwas von der abgekühlten Tomatensauce (Pizzaiola) auf einen Teigfladen streichen. Mit Schnecken, Knoblauch und Olivenöl belegen. Pizza im vorgeheizten Backofen bei 220–260 Grad backen, bis der Teigrand schön knusprig ist (vorzugsweise auf einer Steinplatte). Pizza auf eine Servierplatte oder ein Holzbrett gleiten lassen und mit Olivenöl sowie gerebeltem Oregano nachwürzen. In beliebig große Kuchenecken zerschneiden und servieren.

Pizza con lumache

Gemüseauflauf mit Schnecken

Dieses Gericht stammt aus dem Süden Frankreichs, wo nicht nur Gemüsegerichte sehr beliebt sind, sondern auch Schnecken als Delikatesse geschätzt werden.

Etwa 40–50 küchenfertig vorbereitete Weinbergschnecken,
3 weiße Zwiebeln,
1 Schalotte,
1 Knoblauchzehe,
750 g Kartoffeln,
500 g Tomaten,
200 g Butter,
2 rote Paprikaschoten,
1 grüne Paprikaschote,
2 EL gehackte glatte Petersilie,
2 Lorbeerblätter,
3 Zweige Thymian,
etwa 800 ml Rinderbrühe (oder 700 ml Rinderbrühe mit 100 ml Schneckenbrühe vermischt),
Olivenöl,
200 ml Crème double,
100 g Gryère oder Parmesan,
Salz, Pfeffer,
gehackte Petersilie oder gerebeltes Oregano als Garnitur

Die Schnecken abtropfen lassen (wenn Konserven verwendet werden, die Brühe auffangen, sonst frische Schneckenbrühe verwenden); sehr große Schnecken halbieren. Die Rindsuppe mit der Schneckenbrühe vermengen. Den Knoblauch halbieren, die Zwiebeln und Kartoffeln schälen, danach in sehr feine Scheiben schneiden. Die Tomaten gründlich waschen, Stielansätze entfernen, das Fruchtfleisch ebenfalls in dünne Scheiben schneiden. Die Paprikaschoten halbieren und unter dem Grill des Backofens bräunen, bis die Haut Blasen wirft, dann abschrecken und häuten. Paprika in feine Streifen schneiden.

Eine ausreichend große Auflaufform (vorzugsweise aus Keramik), mit der Schnittfläche einer halbierten Knoblauchzehe ausreiben und mit Olivenöl einfetten. Den Boden mit abwechselnden Lagen von Kartoffeln und Zwiebeln bedecken, diese mit geriebenem Thymian, etwas gehackter Petersilie sowie Salz und Pfeffer würzen. Auf die Zwiebel-Kartoffellage kommen die Schnecken, welche mit dem Rest der gehackten Petersilie, etwas gerebeltem Thymian, Salz, Pfeffer und den Lorbeerblättern gewürzt werden. Die Schnecken mit den Tomatenscheiben bedecken, diese wiederum mit den Paprikastreifen belegen, welche man möglichst dekorativ anrichtet. Alles mit Brühe begießen, bis das Gemüse gerade eben bedeckt ist.

Butter in Flocken zerteilt darüber verteilen und mit etwas Olivenöl beträufeln. Die Crème double über dem Gratin verteilen, letztlich alles mit geriebenem Käse bestreuen. Im vorgeheizten Backofen bei etwa 150 Grad 45 Minuten backen lassen, bis das Gratin schön goldgelb ist, den Backofen während des Garens nicht öffnen! Mit Oregano oder gehackter Petersilie bestreut, sehr heiß servieren. Ein grüner Salat und Baguette sind geeignete Beilagen.

Kartoffelkranz mit Steinpilz-Schneckenfülle

Man kann dieses Gericht in kleinen Tortenringen als Portionsgericht servieren, oder als grossen Kuchen im Ganzen backen. Wichtig ist jedoch immer, dass die Tortenringe/der Kuchen fest und eben auf dem Backblech stehen/-t, damit nichts auslaufen kann.

1 1/2 kg mehlige Kartoffeln,
12 Eier,
30 g Butter,
150 g in Olivenöl eingelegte Steinpilze,
150–200 g Schneckenfleisch
(küchenfertig vorbereitet),
1 EL gehackte Kräuter
(Petersilie, Schnittlauch, Kerbel),
150 ml Sahne,
150 ml Milch,
Muskatnuss,
Salz und Pfeffer aus der Mühle

TIPP:
Dazu passt eine Trüffelsauce oder eine andere kräftige Sauce.

Zuerst die mehlig-kochenden Kartoffeln in Salzwasser garen, abtropfen lassen und mittels eines Passiergerätes (feiner Siebeinsatz) pürieren. 6 Eier trennen und die Eigelbe zusammen mit der zimmerwarmen Butter unter das warme Kartoffelpüree rühren, mit Salz, Pfeffer und Muskat abschmecken.

Die eingelegten Steinpilze abtropfen und grob klein schneiden. In etwas Einlegeöl kurz sehr scharf anbraten, grob gehacktes Schneckenfleisch und Kräuter dazugeben. Alles durchrösten, würzen und erkalten lassen.

Entweder 4–5 kleine Portionsringe oder einen großen Tortenring gut abschließend auf ein Backblech setzen. Mit einem Spritzbeutel (sehr große Tülle) die Innenseite(n) mit dem Kartoffelpüree dick auskleiden. Dann die Pilz-Schneckenmasse einfüllen.

3 Eier trennen und die Eigelbe mit den restlichen 3 ganzen Eiern vermengen. Sahne und Milch dazurühren und die Masse mit Salz, Pfeffer und Muskat würzen, danach mit einem Schneebesen kräftig verquirlen. Eimasse über die Pilzfülle gießen, bis diese gerade bedeckt ist. Kartoffelkranz im vorgeheizten Backofen bei mittlerer Hitze etwa 30–35 Minuten backen. Vorsichtig auf vorgewärmte Teller oder eine Servierplatte setzen, Ring(e) entfernen und servieren.

(Deutschland)

Schnecken in pikanter Kapernsauce

400 g vorgekochtes Weinbergschneckenfleisch
(ersatzweise aus der Dose),
250 ml Schneckenbrühe
(ersatzweise Abtropfwasser aus der Dose),
500 ml kräftige Fleischbrühe,
4 EL Zitronensaft (oder sehr guter Weinessig),
gut 100 g Butter, 80 g Mehl,
1 gespickte Zwiebel (mit Lorbeerblatt und Nelken),
1 Zwiebel fein gehackt, Prise Zucker,
3 EL eingelegte Kapern
(oder gut gewaschene Salzkapern),
1 EL Dijon-Senf,
Salz und Pfeffer aus der Mühle

1 EL Butter in einem Topf zerlassen, feinst gehackte Zwiebel darin andünsten. Restliche Butter und das Mehl dazugeben, eine braune Einbrenne (Roux) herstellen. Einbrenne mit der Schnecken- und Fleischbrühe aufgießen, die gespickte Zwiebel dazugeben und alles bei milder Hitze 20 Minuten köcheln lassen (darauf achten, dass die Sauce nicht anbrennt). Gespickte Zwiebel herausnehmen und das Schneckenfleisch in die Sauce geben; 5 Minuten darin köcheln, bis sie gut durchgewärmt sind. Zum Schluss die Sauce mit Kapern, Zitronensaft, Dijon-Senf, einer guten Prise Zucker, Salz und Pfeffer pikant-säuerlich abschmecken. Das Schneckenragout auf tiefen vorgewärmten Tellern anrichten. Reis oder Salzkartoffeln dazu reichen.

(Frankreich)

Weinbergschnecken-Kartoffelgratin mit Cantal

EIN RUSTIKALES ESSEN, DAS AN KALTEN TAGEN BESONDERS GUT MUNDET. DAS AROMA DER SCHNECKEN HARMONIERT PERFEKT MIT DEM WÜRZIGEN GRATIN.

50–60 küchenfertig vorbereitete Weinbergschnecken,
1,2 kg Kartoffeln für Gratin,
250 ml Crème fraîche,
250 g geriebener Cantal (oder Laguiole),
6 Knoblauchzehen feinst gehackt (oder gepresst),
Muskatnuss,
Salz und Pfeffer aus der Mühle,
Butterflocken
und reichlich Butter für die Formen,
gehackter Schnittlauch
oder geröstete Speckwürfel

Die Kartoffeln schälen und in feine Scheiben hobeln, diese in kaltes Wasser legen, um die Stärke zu entziehen. Schnecken halbieren.

Die Kartoffelscheiben in kochendem Wasser blanchieren, abschöpfen, abtropfen lassen und in eine Schüssel füllen. Die Crème fraîche vorsichtig unterheben, dann 150 g vom geriebenem Käse und die feinst gehackten Knoblauchzehen dazugeben; alles mit Salz, Pfeffer und Muskat kräftig würzen, die Masse vorsichtig vermengen.

Feuerfeste Portionsförmchen oder eine Auflaufform gut mit Butter einfetten und den Boden mit Kartoffelmasse auslegen. Schnecken darauf verteilen, etwas salzen und pfeffern, dann mit Kartoffelmasse bedecken. Die Förmchen mit dem restlichen Käse und Butterflocken bestreuen, dann im vorgeheizten Ofen bei milder Hitze etwa 45 Minuten backen, bis das Gratin schön goldgelb ist. Mit etwas gehacktem Schnittlauch oder gerösteten Speckwürfeln bestreut – noch sehr heiß — in der Form servieren. Einen kräftigen Wein dazu reichen!

(Spanien)

Cazpachos manchegos

(HIRTENEINTOPF AUS DER MANCHA)

DIESES ÄUSSERST SCHMACKHAFTE UND AROMATISCHE GERICHT STAMMT AUS DER MANCHA UND WURDE DORT VON SCHÄFERN „KREIERT". HINEIN KAM, WAS GEFUNDEN ODER GEJAGT WERDEN KONNTE: HASEN, WACHTELN, REBHÜHNER, TAUBEN, HÜHNER, SCHNECKEN, GEMÜSE ODER PILZE. BESONDERS SCHMACKHAFT IST DIE ANGEFÜHRTE VARIANTE, DIE VORZUGSWEISE MIT HASE ZUBEREITET WERDEN SOLLTE.

Für den Brotfladen:
250 g Mehl,
125 ml Wasser,
1 Prise Salz, Mehl für die Arbeitsfläche,
etwas Fett für das Backblech

Für den Eintopf:
48 kleine Schnecken,
1 Rebhuhn,
1 Hase (oder Wildkaninchen),
8 Knoblauchzehen,
1 fein gehackte Zwiebel,
reichlich gutes Olivenöl,

Als Erstes wird der Brotfladen zubereitet. Hierfür das Mehl in eine Schüssel sieben, Wasser und Salz hinzufügen und alles zu einem glatten Teig verkneten; man braucht dafür evtl. etwas mehr Wasser als angegeben, der Teig sollte elastisch sein. Teig in drei gleich große Teile zerschneiden, diese zu einer Kugel formen und auf einer bemehlten Arbeitsfläche etwa 2 mm (münzendick) ausrollen. Die Fladen auf einem gut eingefetteten Backblech im auf 180 Grad vorgeheizten Ofen etwa 25 Minuten backen. Zum Auskühlen auf ein Kuchengitter legen und 2 Fladen in kleine Stücke zerteilen, bevor die Fladen hart geworden sind.

Schnecken gründlich waschen, kleine Schnecken müssen nicht entschleimt werden. Hase (oder Wildkaninchen) sowie das Rebhuhn in kleine Portionsstücke zerteilen, mit Salz und Pfeffer würzen. Das Olivenöl in einer schweren Kasserolle erhitzen und das Fleisch von allen Seiten scharf anbraten. Gehackte Zwiebel und grob geschnittenen Knoblauch zusammen mit den Paprikawürfeln dazugeben.

1 Paprikaschote in Würfel geschnitten,
3 Zweige Thymian,
2 Lorbeerblätter,
2–3 Fleischtomaten (je nach Größe) gehäutet und gewürfelt (ersatzweise gute Polpa di pomodoro),
gut 1 EL Paprikapulver,
2 g Safranfäden,
Salz und Pfeffer aus der Mühle

Thymian und Lorbeer zufügen, kurz mitbraten. Dann kommen Tomatenwürfel, Paprikapulver und die eingeweichten Safranfäden hinzu. Alles 5 Minuten verkochen. Den Eintopf mit soviel Wasser aufgießen, dass alle Zutaten knapp bedeckt sind, bei mittlerer Hitze gut 30 Minuten gar kochen. Letztlich die Fladenbrotstücke dazugeben und etwa 10 Minuten mitkochen, bis sie aufgeweicht sind und die Sauce schön sämig dick geworden ist. Den Eintopf vom Herd nehmen und 10 Minuten ohne Flamme ruhen lassen, abschmecken und auf dem zurückbehaltenem Fladen angerichtet servieren.

(Frankreich)

Schnecken und Kalbsbries mit Calvados und Spargel

Ein einfaches, aber wahrhaft köstliches Gericht, vorausgesetzt dass nur beste Zutaten verwendet werden. Das feine Kalbsbries harmoniert hierbei vorzüglich mit den aromatischen Schnecken und dem Spargel.

800 g Kalbsbries
(am Vortag eingewässert),
48 küchenfertig vorbereitete Weinbergschnecken,
1 kg weißer Spargel,
Prise Zucker,
etwas Zitronensaft,
75 g Butter,
125 ml Crème fraîche,
gut 50 ml Calvados,
Salz,
Pfeffer aus der Mühle,
Butter zum Schwenken,
schwarze Trüffelspäne zur Garnitur

TIPP:

Man kann die Sauce noch mit ein wenig Muskatnuss abschmecken.

Zuerst die Spargel schälen und evtl. holzige Enden wegschneiden. Spargelstangen in kochendem Salzwasser mit einem Spritzer Zitrone, etwas Zucker und einem altbackenen Brötchen leicht bissfest garen, dann abtropfen lassen. Die Spargelspitzen großzügig abtrennen und beiseite stellen.

Das gewässerte Kalbsbries in leicht gesalzenem Wasser blanchieren, dann von groben Hautfetzen befreien und abtropfen lassen.

In einer Kasserolle Butter heiß werden lassen, das Kalbsbries in Stücke zupfen, bemehlen und in der Butter anbraten. Mit Salz und Pfeffer würzen, den Calvados dazugießen und kurz flambieren. Wenn die Flamme erloschen ist, die Schnecken und Crème fraîche dazugeben. Alles weitere 10–15 Minuten bei milder Hitze garen.

Schnecken und Kalbsbries aus der Sauce nehmen und die zurückbehaltenen Spargelabschnitte (nicht die Spitzen!) klein schneiden. Diese in die Sauce geben und alles mit einem Mixstab fein pürieren (ggfs. Sauce durch ein Sieb ziehen). Schnecken und Bries wieder in die Sauce geben. Spargelspitzen kurz in zerlassener Butter schwenken. Auf vorgewärmten Tellern je einen Saucenspiegel setzen, Spargelspitzen mit Schnecken und dem Fleisch darauf anrichten. In Butter geschwenkte Trüffelspäne darüber verteilen und heiß servieren.

Bunter Gemüseteller mit Schnecken und Lammhirn im Kohlblatt

(Frankreich)

Ein etwas aufwendiges Gericht, das aber mit seinem überaus feinen Geschmack alle Mühen wert ist. Wenn kein Lammhirn erhältlich ist, so kann auf halbiertes Kalbshirn zurückgegriffen werden. Für diese regionale Spezialität der Gegend um Chablis können auch Dosenschnecken (bester Qualität) verwendet werden. Besonders gut eignen sich die in Frankreich so beliebten Petits gris, aber auch die grossen Burgunderschnecken schmecken hier vorzüglich. Hat man jedoch Wildschnecken zur Hand und einen Schneckensud übrig, so kann man der Sauce etwas Schneckensud beimengen, um ihr Aroma zu intensivieren.

1 Wirsing,
8 Lammhirne (ersatzweise Kalbshirne verwenden),
125 ml guter Weißweinessig,
Mehl zum Bestauben,
300 g küchenfertig vorbereitetes Fleisch von Petits gris oder Weinbergschnecken,
1 kleines Bund glatte Petersilie,
Butter zum Anbraten,
Salz und Pfeffer aus der Mühle

Für die Gemüseplatte:
6–12 weiße Rüben,
1 Bund kleine Karotten mit Blatt,
1 Bund Frühlingszwiebeln,
6 Stangen Staudensellerie, 2 Porree,
1 gespickte Zwiebel (mit 1 Lorbeerblatt und 3–4 Gewürznelken),
200 g frische Puffbohnen,
1 Bouquet garni,
Butter zum Schwenken,
Meersalz

Für die Sauce:
Den gesamten Gemüsesud,
100 ml leicht reduzierte Geflügelbrühe (siehe Anhang),
1 Glas Chablis,
etwa 3 EL Stärkemehl (Maisstärke oder Tapioka),
200 g Butter, Prise Muskat (fakultativ),
Salz und weißer Pfeffer aus der Mühle

Vorbereitungen:

1. Den Wirsing vom Blattrippenansatz befreien, die einzelnen Blätter herunterbrechen. 16 große, sehr schöne Blätter für das Hirn heraussuchen und beiseite stellen. Die restlichen Blätter zum Gemüse legen.

2. Karotten und Rüben schälen, aber etwas vom Grün stehen lassen.

3. Die groben Fäden von den Selleriestangen abziehen, das dunkle Grün vom Porree wegschneiden. Sellerie und Porree gründlich waschen, dann jeweils vierteln.

4. Die Puffbohnen ausspalen.

Sind die Vorbereitungen abgeschlossen, stellt man einen Topf mit gut 2 l leicht gesalzenem Wasser für das Gemüse, einen großen Topf mit reichlich Salzwasser zum Blanchieren des Kohls und eine mittelgroße Kasserolle mit Essigwasser für das Hirn auf. Als Erstes die Lammhirne in Essigwasser pochieren, abtropfen und beiseite stellen. Die Kohlblätter werden in reichlich kochendem Salzwasser (getrennt) blanchiert. Die für das Hirn ausgewählten beiseite legen, die anderen kommen zum Gemüse. Letztlich fügt man dem Kochwasser für das Gemüse die gespickte Zwiebel und das Bouquet garni zu, bringt es zum Kochen und gart die Gemüse – Sorte für Sorte getrennt – bissfest (das Gemüse darf keinesfalls zu weich werden!). Das Gemüse gut abtropfen lassen, warm beiseite stellen.

Dem Gemüsesud nun den Wein und Geflügelfond zufügen und alles bei starker Hitze auf ein Drittel reduzieren. In der Zwischenzeit die pochierten Lammhirne salzen und etwas Pfeffern, bemehlen und in Butter anbraten. Wenn das Hirn leicht goldbraun ist, aus der Pfanne nehmen und in die vorbereiteten Kohlblätter wickeln, warm halten.

In einer zweiten Pfanne die Schnecken in Butter leicht knusprig braten, salzen, pfeffern und mit gehackter Petersilie vermengen; ebenfalls warm stellen.

Der reduzierte Fond wird jetzt mit angerührter Stärke abgebunden, dann aufgekocht, vom Herd genommen und mit reichlich Butter aufgeschlagen. Sauce abschmecken.

Das Gemüse (nicht die Kohlblätter) in etwas zerlassener Butter schwenken, ohne Farbe nehmen zu lassen.

Auf vorgewärmten Tellern oder einer großen Servierplatte wie folgt anrichten: Zuerst den Boden mit den zurückbelassenen Kohlblättern bedecken, dann das Gemüse dekorativ darauf anrichten und mit reichlich Sauce überziehen, die man fakultativ mit etwas Muskat abschmecken kann. Die Lammhirne im Kohlblatt sowie die Schnecken ansetzen. Alles nochmals leicht salzen und pfeffern, sofort servieren. Restliche Sauce getrennt dazu reichen.

(Frankreich)

Rinderfilet an Schneckensauce

Dieses eher rustikale Gericht hat seinen Ursprung in Katalonien, wo seit je her gerne Schnecken und Rindfleisch verzehrt werden. Sparen Sie nicht mit Pfeffer, denn er gibt dem Gericht im wahrsten Sinne des Wortes die richtige Würze: bitte unbedingt frisch gemahlen verwenden!

1 Mittelstück vom Rinderfilet
von etwa 1,2–1 1/2 kg im Ganzen,
etwa 60 Petits gris küchenfertig vorbereitet
(ersatzweise 48 große
Burgunderschnecken halbiert),
2 kleine Zwiebeln klein gewürfelt,
1 große Karotte klein gewürfelt,
1 Kopfsalat
(nur das Grüne davon),
6 Knoblauchzehen fein gehackt
(wer mag darf auch mehr nehmen),
1 Bund glatte Petersilie fein gehackt,
150 ml guter trockener Weißwein,
150 g beste Butter,
125 ml Crème fraîche,
etwas Öl zum Anbraten,
Salz und schwarzer Pfeffer aus der Mühle,
Estragonblätter
oder Thymianblüten als Garnitur

Das Rinderfilet sollte vor dem Braten gebunden werden, damit es möglichst seine Form behält, dann wird es leicht gesalzen und gepfeffert. In einer schweren Kasserolle etwas Öl erhitzen und das Filet darin rund herum scharf anbraten. Wenn das Filet leicht gebräunt ist, gewürfelte Möhre und Zwiebeln dazugeben; alles bei schwacher Hitze garen, bis das Fleisch gar ist – es muss innen unbedingt rosa bleiben!

Zwischenzeitlich die Butter in einer Pfanne erhitzen, das Schneckenfleisch darin anbraten. Schnecken salzen und pfeffern, dann reichlich gehackten Knoblauch und Petersil dazugeben. Dünsten, bis die Schnecken das Kräuteraroma angenommen haben. Das Rinderfilet aus der Kasserolle heben, in Alufolie wickeln und an einem warmen Ort (Ofen mit wenig Hitze) rasten lassen.

Den Bratensaft in der Kasserolle ggfs. etwas entfetten, dann mit dem Weißwein ablöschen. Die Schnecken samt den Kräutern und der Butter dazugeben. Den Kopfsalat gut waschen, die weißen Teile entfernen. Grüne Blätter in feine Streifen schneiden und ebenfalls in die Sauce geben. Crème fraîche einrühren, abschmecken und alles etwas einreduzieren lassen. Sauce auf einer großen Servierplatte anrichten, das Filet (es sollte innen immer noch rosa sein!) in dünne Scheiben geschnitten darauf legen, pfeffern und mit Thymianblüten dekoriert servieren.

Toskanisches Schneckenragout mit Staudensellerie

(Italien)

Toskanisches Schneckenragout mit Staudensellerie

Die kleinen Lumachine oder auch Marruzzelle eignen sich für dieses Gericht am besten, doch sind sie beinahe ausschliesslich im Herbst in Süditalien zu beziehen. Greift man auf grössere Schnecken zurück, so müssen diese vorbereitet werden. Geschmacklich sind beide Varianten hervorragend, doch muss man beachten, dass vorbereitete Weinbergschnecken nur in der fertigen Sauce erwärmt werden, während man die kleinen frischen Lumachine mitkocht.

48 küchenfertig vorbereitete Weinbergschnecken
(oder 1 1/2 kg kleine Lumache di terra
noch geschlossen),
4 Schalotten, 3 Knoblauchzehen,
1 Peperoncino, 1 kleine Karotte,
1 EL glatte Petersilie,
600 g geschälte Tomaten,
1–2 EL gutes Tomatenmark,
5 cl Grappa, 300 ml guter Rotwein,
125 g Lardo (ital. mit Kräutern
gewürzter Bauchspeck),
1 Zweig Thymian oder Rosmarin, 1 Lorbeerblatt,
bestes Olivenöl,
12 Stangen Staudensellerie,
Salz und Pfeffer aus der Mühle,
einige Schnitze Parmesan und Petersilie als Garnitur

Schalotten und Knoblauch schälen, dann zusammen mit Peperoncino fein hacken; den Lardo und die Karotte in kleine Würfel schneiden. Zuerst den Lardo in einer großen Pfanne in Olivenöl anschwitzen, danach Knoblauch, Schalotte, Chili, Karottenwürfel und etwas grob gehackte Petersilie dazugeben; leicht durchrösten lassen. Mit dem Grappa ablöschen und diesen einkochen lassen, bevor die grob gehackten geschälten Tomaten, das Tomatenmark, der Rotwein, Rosmarin und Lorbeerblatt in den Topf kommen. Einen Deckel aufsetzen und alles bei milder Hitze 30–45 Minuten köcheln.

Den Deckel abnehmen und die frischen(!) kleinen Schnecken jetzt dazugeben, weitere 30 Minuten leise köcheln lassen, dabei die Sauce etwas einreduzieren. Zuletzt die gewaschenen Staudenselleriestangen in das Ragout geben (fertig vorbereitete Schnecken, werden erst jetzt dazugegeben).

Alles weitere 10–15 Minuten köcheln lassen, der Staudensellerie darf nicht zu weich werden! Das Ragout würzig mit Salz und Pfeffer abschmecken, auf vorgewärmten Tellern anrichten und sofort mit einigen Parmesanschnitzen dekoriert servieren. Frisch gebackenes Toskanabrot dazu reichen.

(Griechenland)

Salingária me awgolémono

(Schnecken mit Zitronensauce)

1 kg frische Schnecken
(Gartenschnecken oder kleine Weinbergschnecken)
nach griechischer Art (siehe Anhang) vorbereitet,
1 Zwiebel, 2 Knoblauchzehen,
1 Bund Minze und/oder Rosmarin,
1 kleines Bund glatte Petersilie,
2 Tassen trockener Weißwein,
1 unbehandelte Zitrone halbiert,
Salz und Pfeffer

Für die Sauce:
500 ml von der Schneckenbrühe,
2 Eiweiß, 2 Eigelb,
Saft von 2 Zitronen

Die gut gereinigten Schnecken in einen Topf füllen, man kann die Schneckenhäuser leicht anbohren, damit der Sud in die Häuser dringt. 1 1/2 l Wasser, 1 Zwiebel, Knoblauchzehen, Kräuter, Wein, Zitronenhälften sowie Salz und Pfeffer dazugeben. Auf den Herd stellen, aufkochen lassen, dann bei kleiner Flamme garen, bis die Schnecken weich sind. Sud etwas abkühlen lassen, dann 1/2 l abmessen, Schnecken abtropfen, den restlichen Sud dabei auffangen. Kräuter, Zwiebel etc. entfernen und die Schnecken im Sud warm halten.

Für die Sauce das Eiweiß mit einer Prise Salz steif schlagen, das Eigelb darunter ziehen. Zitronensaft mit der abgemessenen Brühe vermengen und unter ständigem Rühren unter die Eimasse mischen. Schnecken nochmals abtropfen, ohne Sud in den Topf zurückgeben und mit der Zitronensauce übergießen. Alles gut vermengen, etwas ziehen lassen. Das Gericht darf nicht mehr kochen! Schnecken in vorgewärmte Teller füllen, mit gehackter Petersilie garnieren und sofort servieren. Weißbrot und Nadeln dazu geben.

Schnecken-Aal-Eintopf

Dieses herrliche Gericht – zugegebener Massen nicht wirklich kalorienarm – stammt von der Loire. Es bezieht seine einzigartige Geschmacksnote von der Weinhefe, die normalerweise für die Trestererzeugung verwendet wird. Man erhält sie kaum im Geschäft, sondern nahezu ausschliesslich bei Winzern. Anstatt Weinhefe kann auch ein hochklassiger Rotwein von der Loire verwendet werden. Achten Sie bitte darauf, dass die Sauce nur mit erstklassiger Butter aufgeschlagen wird, denn nur so erlangt man ein perfektes Ergebnis – und bitte unbedingt selbst hergestellten Kalbsfond verwenden!

Mindestens 48 große Weinbergschnecken küchenfertig vorbereitet und vorgekocht (ersatzweise aus der Dose),
1 1/2 kg frischer Aal gehäutet und ohne Kopf,
200 g durchwachsener frischer Speck grob gewürfelt,
250 g gemischte Pilze (Pfifferlinge, Austernpilze, Champignons), 125 ml gutes Pflanzenöl,
250 g Baby-Karotten (mit Grün-Ansatz),
1 Bund Frühlingszwiebeln geputzt und nur das Weiße (ersatzweise junger Lauch),
75 ml rote Weinhefe (ersatzweise ein guter roter Loire-Wein),
4 Knoblauchzehen geschält und mit etwas Meersalz zerdrückt,
1/2 Glas guter Cognac,
knapp 400 ml kräftiger Kalbsfond (siehe Anhang),
knapp 250 g frische Bauernbutter,
Salz und weißer Pfeffer aus der Mühle,
krause Petersilie zum Garnieren

Begonnen wird mit dem Aal: zuerst die Flossen abschneiden. Danach unausgenommen in etwa 10 cm lange Stücke schneiden. Die einzelnen Aalstücke werden nun mit einem Löffel ausgekratzt; wenn man den Aal derart ausnimmt, bleiben die Stücke beim Garen in Form und fallen nicht auseinander.

Den Aal eine Stunde wässern, das Wasser dabei 2mal wechseln. Die Pilze mit einem scharfen Messer putzen, Karotten waschen und ggfs. tournieren. Frühlingszwiebel schälen, das Grün entfernen. Karotten und Zwiebeln einige Minuten in Salzwasser blanchieren, abschrecken, abtropfen lassen und beiseite stellen. In einer beschichteten Pfanne Öl erhitzen, den abgetrockneten Aal darin beidseitig scharf anbraten, gut würzen, Pfanne vom Herd nehmen und den Aal 15 Minuten rasten lassen; danach bei milder Hitze fertig garen und warm halten.

Speckwürfel einige Sekunden in Salzwasser blanchieren. Speck in einer zweiten Pfanne in etwas Öl auslassen, Pilze darin dünsten bis sämtliche Flüssigkeit verdampft ist, währenddessen würzen; ebenfalls beiseite stellen und warm halten.

In einer weiteren Pfanne die Schnecken in einem Gemisch aus Öl und Butter dünsten, gut salzen und pfeffern. Das Speck-Pilzgemisch und das blanchierte Gemüse dazu geben, kurz mitrösten. Anschließend nachwürzen und alles warm beiseite stellen.

Für die Sauce gibt man die Weinhefe in einen schweren Topf und lässt sie bei Mittelhitze einreduzieren. Den Knoblauch, Cognac und Kalbsfond dazugeben, leicht mit Salz und weißem Pfeffer würzen und auf die Hälfte einkochen. Sauce durch ein feines Sieb streichen und mit reichlich Butter aufschlagen, abschmecken.

Auf vorgewärmten Tellern je einen schönen Saucenspiegel setzen. Schneckenragout in die Mitte platzieren, Aalstücke rund herum dekorativ anlegen. Alles mit etwas Petersilie garnieren und sofort heiß servieren. Baguette und/oder Salzkartoffeln sind passende Beilagen.

Artischockenpfanne mit Lammfüssen, Schnecken und Wildkräutern

Bei diesem typisch mediterranen Gericht kann man nicht genau festlegen, ob es katalanischen, südfranzösischen oder auch norditalienischen Ursprung hat. Wahrscheinlich ist es wirklich eine Art mediterrane Fusionsküche, denn die Kombination Schnecken mit Lamm ist eher spanisch, Schnecken mit Kräutern sehr französisch (auch die Lammfüsse erfreuen sich in Frankreich grosser Beliebtheit) und Schnecken mit Gemüse kombiniert, isst man gerne in Italien. Da man uns dieses Gericht in Ligurien servierte, soll Italien die Ehre gebühren, auch wenn die französischen Einflüsse überdeutlich scheinen.

Etwa 60 kleine Weinbergschnecken (Petits gris),
ersatzweise küchenfertig vorbereitete,
750 g frische Lammfüße,
2–3 Schalotten geschält,
1 große geputzte Karotte,
3 Zweige Thymian, 2 Zweige wilder Fenchel,
2 Blätter wilder Salbei,
750 ml guter trockener Weißwein

Für das Gemüse:

48 kleine junge Artischocken,
75 ml allerfeinstes Olivenöl extravergine
(vorzugsweise aus Ligurien oder der Provence),
4 Tomaten gehäutet entkernt und geachtelt,
3 EL entkernte schwarze Oliven grob gehackt,
Zitronensaft frisch gepresst,
1 EL feingehackte schwarze Trüffel,
Fenchelgrün (vorzugsweise vom wilden Fenchel),
Thymianblätter (oder Blüten),
2 grob gehackte Salbeiblätter,
Salz und Pfeffer aus der Mühle

Für die Sauce:

Etwa 500 ml Kochfond,
125 ml Trüffelsaft,
1–2 EL gehackte glatte Petersilie

Die Schnecken nach Vorschrift reinigen (siehe Anhang, südfranzösische Art) oder küchenfertig vorbereitete verwenden. Frische Schnecken 5 Minuten in kochendem Wasser blanchieren, nochmals gründlich reinigen. Die Lammfüße abflämmen und gut waschen. Karotte und Schalotten grob zerteilen. Lammfüße zusammen mit Karotte, Schalotten, Wildkräutern und Weißwein in einen Schmortopf füllen. Aufkochen lassen, dann mit Wasser bedecken. Offen bei milder Hitze 45 Minuten köcheln, von Zeit zu Zeit abschöpfen. Nur bei frischen Schnecken: Die Schnecken jetzt dazugeben und alles weitere 45 Minuten köcheln

Wenn das Fleisch weich ist (etwa 1 1/2 Stunden), Fleisch und ggfs. Schnecken in einem Sieb abtropfen lassen, den Kochsud dabei auffangen. Lammfleisch vom Knochen lösen. In der Zwischenzeit hat man die äußeren Blätter der Artischocken entfernt und die Spitzen bis auf 2 cm über dem Herz weggeschnitten. Den Stiel bis auf den Ansatz zurückschneiden.

Zum Lamm-Schnecken-Kochsud etwas Zitronensaft, Meersalz und Pfeffer geben. Wieder aufkochen und die Artischocken darin 30 Minuten garen. Artischocken aus dem Sud nehmen und beiseite stellen. Vom Sud etwa 400 ml abmessen, etwas einreduzieren. Trüffelsaft und Petersilie dazugeben, abschmecken und warm halten.

Die gekochten/küchenfertig vorbereiteten Schnecken sollten ausgelöst verwendet werden.

Für die Fertigstellung der Artischockenpfanne eine weite Pfanne mit bestem Olivenöl erhitzen. Lammfleisch in mundgerechte Würfel schneiden und darin zusammen mit den Schnecken, Artischocken, Trüffel und Tomatenachteln braten, bis alles gebräunt ist. Wildkräuter grob hacken und mit den Oliven dazugeben, gut vermengen. Mit Salz und Pfeffer würzen. Die Artischockenpfanne dekorativ auf vier vorgewärmten Tellern anrichten und den aromatisierten Kochsud als Sauce darüberträufeln. Noch etwas Olivenöl; leicht salzen und mit frisch gemahlenem Pfeffer bestreut servieren. Dazu passt z. B. ein Ruccolasalat.

Pochiertes Kalbsfilet auf Tomatenrisotto mit Weinbergschnecken an Basilikumsauce

Für das Fleisch:
600 g sorgfältig pariertes Kalbsfilet,
1 1/4 l Rindsuppe,
2 Nelken, 2 Lorbeerblätter,
1–2 Zweige Thymian,
einige Pfefferkörner,
2 Schalotten, 1 Knoblauchzehe,
1 geputzte Petersilienwurzel grob gehackt,
1 geputzte Karotte grob zerteilt,
1 Stück Knollensellerie, etwas Lauch

Für die Schnecken:
48 küchenfertig vorbereitete Petits gris
oder 24 große Weinbergschnecken
(ersatzweise aus der Dose),
3 EL Butter, 2 Knoblauchzehen, 2 Schalotten

Für die Basilikum-Sauce:
250 ml badischer Riesling,
250 ml Crème fraîche,
2 Schalotten feinst gehackt, 40 g Butter,
1 großes Bund frisches Basilikum,
2 Eigelb und 1 EL Crème fraîche,
Salz und Pfeffer aus der Mühle

Für den Tomatenreis:
350 g Risottoreis (vorzugsweise Vialone-Nano),
75 g Butter, 3 EL Olivenöl,
1 Schalotte feinst gehackt,
1 Knoblauchzehe feinst gehackt,
1 Glas trockener Weißwein,
1 Dose Polpa di pomodoro,
4 EL Tomatenmark,
1 1/2 l Gemüsebrühe
(man wird nicht alles brauchen,
es ist aber wichtig genügend Brühe zu haben),
1 EL glatte Petersilie fein gehackt,
4 EL geriebener Grana padano,
Salz und Pfeffer aus der Mühle

Die Rindsuppe für das Fleisch erhitzen, die Gewürze und das Gemüse dazugeben und alles 20 Minuten kochen lassen. Das parierte Kalbsfilet in die kochende Brühe geben, vom Herd nehmen und ohne Flamme pochieren.

Gemüsebrühe zum Kochen bringen. Für den Risotto die Schalotte und die Knoblauchzehe in Butter und Olivenöl andünsten. Sobald die Schalotte glasig ist, den Reis dazugeben und im Fett wenden. Wenn alle Körner glänzen, mit Wein ablöschen und diesen einkochen. Danach Tomatenpüree und Tomatenmark dazugeben, Reis mit heißer Brühe aufgießen, bis er bedeckt ist. In etwa 20 Minuten (hängt von Garhitze und Reissorte ab) garkochen, dabei immer wieder umrühren und Brühe nachfüllen. Zum Schluss sollte man einen sehr trockenen Risotto haben. Diesen von der Flamme nehmen. Mit Parmesan, gehackter Petersilie, Salz und Pfeffer würzen, gut vermengen, warm halten.

Die Schnecken in Butter, grob gehackten Schalotten und zerdrücktem Knoblauch sautieren, salzen und pfeffern.

Für die Sauce die Butter in einer hohen Pfanne erhitzen, gehackte Schalotten darin andünsten. Mit Weißwein ablöschen und 1/4 von der Kalbsbrühe dazugeben. Alles auf die Hälfte einkochen lassen. Crème fraîche einrühren, nochmals etwas reduzieren. Zwischenzeitlich das Basilikum hacken (einige Blätter als Garnitur aufheben). Sauce durch ein Sieb passieren und das gehackte Basilikum unterheben. Eigelbe mit etwas Crème fraîche verquirlen, Sauce damit legieren. Sauce abschmecken, nicht mehr kochen lassen.

Zum Anrichten mit einem Reisring ein Risottobett in die Mitte von vorgewärmten Tellern setzen. Kalbsfilet aufschneiden und rosettenartig auf dem Risotto anrichten, salzen, pfeffern und mit Basilikumblatt dekorieren. Je 12 bzw. 6 Schnecken rund herum legen und mit der Basilikumsauce überziehen. Sofort servieren.

Pochiertes Kalbsfilet auf Tomatenrisotto mit Weinbergschnecken an Basilikumsauce

Kallaloo with Funghi

(Kallaloo mit karibischer Polenta)

Der Kallaloo ist – neben Gegrilltem und Langusten – die wohl beliebteste Speise im karibischen Raum. Dieses herzhafte, Eintopf ähnliche Gericht besteht (fast) immer aus einer Kombination von Fisch und (Pökel-)Fleisch, wobei die Conch (Riesenflügelschnecke) immer enthalten sein sollte. Zugegeben: Optisch ist dieses Gericht keine Augenweide, das werden Sie beim Nachkochen schnell feststellen. Doch geschmacklich ist der Kallaloo einzigartig, denn das gepökelte Fleisch übernimmt hier die Funktion von Gewürzen, welche selbst nur relativ sparsam verwendet werden. So können sich die Aromen und der typische Geschmack der einzelnen Zutaten wunderbar miteinander verbinden. Beachten sollte man, um den Kallaloo wirklich geniessen zu können, dass nur beste und frische Zutaten verwendet werden und eine grosse Menge gekocht wird. Servieren Sie das Gericht an lauen Sommerabenden Ihren besten Freunden zusammen mit einem kühlen Bier und bestem karibischen Rum!

Für den Kallaloo:

3 große eingesalzene Riesenflügelschnecken
(ersatzweise Abalone),
1 kg gemischte Meeresschnecken
(z. B. Wellhornschnecken, Strandschnecken etc.),
300 g gepökeltes Rindfleisch,
500 g gepökelter Schinken mit Knochen,
1 gepökelter Schweineschwanz,
1 kg frischer Meeresfisch
(z. B. Königsmakrele, Crevalle Jack, Snapper
oder Wahoo) küchenfertig vorbereitet,
6 Krabben im Ganzen (evtl. kurz vorgegart),
2 kg gemischtes Blattgemüse
(Spinat, Mangold etc.),
20 kleine Okras
(faserige Kapsel eines Malvengewächses
von sehr gutem, mild herb-würzigem Geschmack
mit säuerlich-pikanter Note),
1 Bund glatte Petersilie fein gehackt,
1 Zwiebel fein gehackt,
4–5 Knoblauchzehen
mit etwas Meersalz zerdrückt,
2–3 scharfe Chilischoten
entkernt und fein gehackt,
reichlich Limettensaft nach Geschmack,
Essig nach Geschmack,
Salz
und Pfeffer aus der Mühle

Das gepökelte Fleisch am Vorabend in kaltes Wasser legen und über Nacht wässern. Am nächsten Tag das Einweichwasser abgießen und wegschütten, Fleisch und Schnecken waschen. 4 l Wasser in einem ausreichend großen Topf zum Kochen bringen und das Pökelfleisch samt Riesenflügelschnecken darin weichkochen. Dabei sollte man beachten, dass die Hitze nicht zu stark ist, lieber eine längere Garzeit wählen: manche karibische Köche nehmen sich hierfür bis zu 4 Stunden Zeit!

Zwischenzeitlich das Blattgemüse waschen, bei den Okras den Stielansatz entfernen und beides pürieren (mit einer Küchenmaschine). Meeresschnecken waschen und in Salzwasser einmal aufkochen, abseihen. Die Krabben waschen und mit Limettensaft marinieren, abtropfen lassen.

Wenn Fleisch und Riesenschnecken weich gekocht sind, gibt man den gereinigten Fisch dazu und lässt diesen gut 5 Minuten mitgaren. Fisch wieder aus dem Topf nehmen, häuten und entgräten, danach in größere Stücke schneiden.

Fleisch und Schnecken aus dem Topf nehmen und die Brühe durch ein feines Sieb ziehen. Brühe wieder auf den Herd stellen. Nacheinander das Fleisch, die Riesenflügelschnecken, die marinierten Krabben mit etwas von ihrer Marinade, die kleinen Meeresschnecken, den zerteilten Fisch und Wasser nach Bedarf in den Topf füllen. Das Gemüse-Okra-Püree vorsichtig einrühren. Den Kallaloo mit gehackter Chili und zerdrückter Knoblauchzehe würzen. Alles gut 30 Minuten kräftig kochen lassen, dabei möglichst wenig umrühren. Den aufsteigenden Schaum mit Essig beträufeln.

Währendessen die Polenta zubereiten: Das Wasser mit Salz zum Kochen bringen. Etwas Maismehl (etwa 30 g) mit der Milch glatt verrühren, diese Mischung langsam mit einem Schneebesen in das kochende Wasser rühren. Hat sich alles verbunden, wird das restliche Maismehl unter ständigem Rühren langsam eingerieselt. Wenn alles gut verrührt ist und die Polenta dick zu werden beginnt, gibt man Butter nach Geschmack dazu. Einen Deckel auflegen und die

Für die karibische Polenta:
200 g Maismehl,
800 ml Wasser, 50 ml Milch,
1–2 EL Butter,
Salz,
gehackte Petersilie oder Minze

Polenta einige Minuten dämpfen, dabei von Zeit zu Zeit umrühren. Es sollten sich keine Klümpchen bilden.

Den Kallaloo mit Salz und Pfeffer abschmecken, in eine große Servierschüssel füllen und mit gehackter Petersilie bestreut auftragen. Die Polenta ebenfalls in geeignetes Geschirr füllen und mit gehackter Petersilie oder Minze bestreut servieren. Dazu reicht man Limetten und Nadeln für die Schnecken.

(Trinidad)

CARIBBEAN CONCH CURRY

(RIESENFLÜGELSCHNECKEN-CURRY NACH KARIBISCHER ART)

NACHDEM DIE BRITISCHE REGIERUNG IM JAHRE 1844 DER ZUWANDERUNG INDISCHER IMMIGRANTEN ZUGESTIMMT HATTE, ZOGEN SCHON IN DEN FOLGENDEN JAHREN MEHR ALS 40.000 INDER NACH TRINIDAD. SIE PRÄGTEN ENTSCHEIDEND DAS LANDESBILD, OBWOHL SIE SICH ALS HINDUS GERNE GEGENÜBER DEN ANDEREN INSELBEWOHNERN (VOR ALLEM DEN MOSLEMS) ABSCHOTTETEN. DENNOCH HABEN SIE MIT IHREN GEWÜRZEN UND GARMETHODEN GENERATIONEN VON KÖCHEN INSPIRIERT UND BEEINFLUSST. DAS CONCH-CURRY IST HIERFÜR EIN SEHR SCHMACKHAFTES BEISPIEL.

8 große Riesenflügelschnecken weichgeklopft
(ersatzweise Abalone),
1 kg geschälte Tomaten grob gehackt,
6 große Gemüsezwiebeln fein gehackt,
2 Chilischoten entkernt und gehackt,
2–3 Bund glatte Petersilie fein gehackt,
3 Bund Schnittlauch in Röllchen,
einige Zweige Thymian,
Saft von 3 Limetten,
75–100 ml Ghee oder Pflanzenöl,
9 Knoblauchzehen fein gehackt,
3 TL Kreuzkümmel im Mörser zerstoßen,
1 TL Kumin,
4 EL scharfes Currypulver,
1 1/2 l Wasser oder Fischbrühe,
50 g Butter,
gut 75 ml karibischen Rum,
Salz und Pfeffer aus der Mühle,
geröstete Mandeln als Garnitur

Das Schneckenfleisch in mundgerechte Stücke schneiden und in eine säurefeste Schüssel füllen. Schnecken mit den Tomaten, Zwiebel, Chilischoten, Petersilie, Schnittlauch, Thymian und Limettensaft marinieren, 2–3 Stunden kühl stellen. Ghee oder ÖL in einer großen Kasserolle erhitzen, den Knoblauch zusammen mit Kreuzkümmel anrösten. Dann Kumin und reichlich scharfes Currypulver dazugeben und alles verrühren, bis man eine dicke Paste hat. Wasser oder Brühe angießen und 15 Minuten köcheln. Danach das Schneckenfleisch mitsamt aller Marinade-Zutaten dazugeben, Butter und Rum hineingeben. Alles aufkochen lassen und auf kleiner Flamme 2–3 Stunden köcheln, bis die Sauce so dick ist, dass sie das Schneckenfleisch überzieht. Dabei ab und an umrühren. In der Zwischenzeit Reis kochen. Schneckencurry auf einem Reisbett anrichten, mit gerösteten Mandeln bestreuen und sofort servieren.

TIPP:

Zum Schluss etwas Jogurt in die Sauce rühren oder 250 ml Kokosmilch mitkochen.

Cailles en sarcophage

Cailles en sarcophage

(„Wachteln im Sarg“)

In der berühmten Erzählung „Babettes Fest“ von Tanja Blixen, die von Gabrielle Axel verfilmt worden ist, gibt es jene bekannte Szene, in der Babette ihr französisches Mahl zubereitet. Einer der Gänge ist: „Mit schwarzen Trüffeln gefüllte Wachteln im Blätterteignest mit Schnecken und Kräutern“. In der klassischen französischen Küche ist ein Rezept Namens „Cailles en caisses“ bekannt, das allerdings ohne Schneckengarnitur zubereitet wird. Man serviert dazu eine mit Wachtelfumet abgerundete Demi-glace. Die Schnecken dienen bei nachstehendem Rezept vornehmlich als Garnitur, die das Originalrezept aber noch interessanter erscheinen lässt.

4 Wachteln,
200 g feinste Geflügelleber (keine Stopfleber)
pariert und durch den Fleischwolf gedreht,
200 g schwarze Trüffeln
gründlich gebürstet
und in feine Scheibchen geschnitten,
1 kleine Zwiebel fein gehackt,
2 Knoblauchzehen fein gehackt,
Olivenöl,
etwas guter Weißwein,
gut 300 ml Sauce Demi-glace (siehe Anhang),
8 EL trockene Duxelles (siehe Anhang),
3–4 EL kräftiges Tomatenpüree (Polpa di pomodoro)
oder Tomatenconcasseé (siehe Anhang),
3 EL vorgegartes Weinbergschneckenfleisch fein gehackt,
1/2 TL gehackter Knoblauch,
Butter,
Salz und Pfeffer aus der Mühle

Weiter:
24 Weinbergschnecken
mit Trüffelbutter oder mit Sauce Demi-glace
(siehe gleichnamige Rezepte, S. 28 und S. 33),
500 g Blätterteig (tiefgekühlt),
2 Eier getrennt,
Rosmarin- und Thymianzweige zum Garnieren

Die fein gehackte Zwiebel zusammen mit dem Knoblauch in etwas Butter anschwitzen, die Leber dazugeben und nur ganz kurz anbraten. Letztlich 3/4 der Trüffelscheiben hineingeben und kurz mitschmoren lassen. Masse vom Herd nehmen und mit Salz und Pfeffer würzen danach die Masse überkühlen.

Die Wachteln vom Rücken entbeinen (ggfs. vom Geflügelhändler machen lassen), dann gut waschen, abtrocknen und kräftig mit Salz und Pfeffer würzen. Wachteln mit der abgekühlten Trüffelfarce füllen und die Öffnung zubinden. Die gefüllten Wachteln in eine Terrinenform aus Porzellan legen und einige Stunden (besser über Nacht) im Kühlschrank marinieren.

Die Karkassen (Geflügelknochen und –abschnitte) in recht wenig Wasser auskochen, bis man einen kräftigen Fumet hat, diesen durch ein Passiertuch ziehen, beiseite stellen.

Am Zubereitungstag zunächst die Blätterteignester vorbereiten. Hierfür den Blätterteig in vier gleich große Rechtecke schneiden, die größer als die Wachteln sind (die Wachteln werden später darin gebettet). Restlichen Teig in etwa 1 cm breite Streifen schneiden und damit die Ränder der Blätterteigböden erhöhen. Damit der Teig besser klebt, werden die Ränder vorher leicht mit kaltem Wasser bepinselt. Dann Eigelbe mit etwas kaltem Wasser verquirlen und alle Teigplatten damit bestreichen. Im auf 220 Grad vorgeheizten Ofen backen, bis der Teig schön aufgegangen ist und eine goldbraune Farbe angenommen hat. Warm beiseite stellen.

Wachteln aus dem Wein nehmen und abtrocknen, sie sollten nun recht intensiv nach Trüffel und Wein duften. Wachteln mit einer dünnen Speckscheibe umwickeln und in einen ausgebutterten Bräter geben in dem sie gerade einmal Platz haben. Wachteln mit flüssiger Butter begießen und im Ofen (etwa 180 Grad) 12–15 Minuten garen. Zwischenzeitlich Sauce Demi-glace und Duxelles erwärmen. Duxelles mit Tomaten, Schnecken und Knoblauch ergänzen, etwas Wachtelfumet und Wein angießen und die Flüssigkeit vollkommen einkochen lassen, bis die Duxelles wieder recht trocken ist. 1–2 EL Demi-glace unter die Duxelles heben, so dass man eine dicke, gebundene Duxelles erhält, die mit Salz und Pfeffer abgeschmeckt wird.

Fortsetzung nächste Seite

Die Weinbergschnecken mit der Trüffelbutter (zusammen mit den Wachteln) im vorgeheizten Ofen bei 200 Grad garen, bis die Butter leicht zu brodeln beginnt.

Restliche Trüffelscheiben in Butter schmoren, mit etwas weißem Portwein ablöschen.

Blätterteig auf ein Backblech legen, den Deckel mit einem scharfen Messer abtrennen. Deckel beiseite legen. Blätterteig innen aushöhlen, so dass ein „Behälter" entsteht; den Boden mit je 2–3 EL Duxelles auslegen (die Duxelles soll sehr trocken sein, damit der Blätterteig nicht aufweicht). In jede Blätterteigform eine Wachtel setzen und mit wenig Sauce Demi-glace überglänzen. Blätterteigdeckel auf die Wachtel legen und alles nochmals kurz im sehr heißen Ofen durchwärmen. Blätterteignester auf vorgewärmten Tellern anrichten. Weinbergschnecken aus dem Ofen nehmen und rund herum platzieren und das vorzügliche Gericht mit der restlichen Sauce Demi-glace, den geschmorten Trüffelscheiben und den Kräutern ausgarnieren. Heiß mit einem erstklassigen Rotwein servieren.

(Karibik)

GINGER SPICED CONCH

(RIESENFLÜGELSCHNECKE MIT INGWER)

6 Riesenflügelschnecken weichgeklopft
(ersatzweise Abalone aus der Dose),
50 g Butter,
4 Knoblauchzehen fein gehackt,
gut 2 EL frischer Ingwer
feinst gehackt oder gerieben,
1 TL Kurkuma,
3 EL Garam massala,
Piment nach Geschmack,
2 Lorbeerblätter,
1 Chilischote entkernt und fein gehackt,
1–2 EL Mehl,
500 ml kräftige Hühnerbrühe,
1 l Kokosmilch,
4–5 EL Jogurt,
Salz und weißer Pfeffer aus der Mühle

Die Schnecken häuten, Sehnen durchtrennen und das Fleisch in mundgerechte Stücke schneiden. Mit Wasser aufsetzen und etwa 2–3 Stunden vorgaren bis das Fleisch weich ist (entfällt bei vorgekochter Dosenware). Schneckenfleisch abtropfen lassen.

Etwas Butter in einem frischen Topf zerlassen und das Schneckenfleisch darin rund herum andünsten. Dann Knoblauch, Ingwer, Kurkuma, Garam massala und gemahlenen Piment hinzufügen und das Schneckenfleisch darin braten. Alles aus dem Topf nehmen und beiseite stellen. Die restliche Butter in den Topf geben und zerlassen. Mehl einrühren und eine Minute rösten. Danach langsam die Hühnerbrühe unter ständigem Rühren dazugießen und alles köcheln, bis die Sauce einzudicken beginnt. Das Schneckenfleisch und die Gewürze zurück in den Topf geben, mit Lorbeerblättern, etwas Salz und weißem Pfeffer aus der Mühle würzen. Chili darüber verteilen, einen Deckel auflegen und 30–45 Minuten köcheln lassen, dabei immer wieder umrühren und ggfs. Wasser nachfüllen. Kokosmilch angießen und alles nochmals kräftig abschmecken, weitere 15–30 Minuten köcheln lassen, bis die Sauce schön eingedickt ist. Unmittelbar vor dem Servieren Jogurt unterrühren, Schneckencurry abschmecken und mit Reis servieren.

(Belgien)

Weinbergschnecken in Karottenpüree mit Blattspinat

(Gefüllte Tomaten)

Die belgische Küche bevorzugt bekanntlich eher kräftige Aromen und spart nicht an kalorienhaltigen Zutaten, wie Butter, Sahne oder auch Käse. Hier ein sehr delikates Schneckengericht.

1 kg Karotten,
250 g Weinbergschnecken küchenfertig vorbereitet,
500 g Blattspinat,
200 ml Crème double,
1 Knoblauchzehe fein gehackt,
125 g geriebener Hartkäse (Sorte nach Geschmack z. B. gereifter Cantal, alter Gouda, Pecorino sardo, Grana padano, Bargkaas etc.),
100 g Butter,
geriebene Muskatnuss,
Salz, weißer Pfeffer aus der Mühle

Weinbergschnecken zusammen mit Butter und Knoblauch in einer Pfanne leise sautieren, salzen und pfeffern.

Karotten putzen, dann in leicht gesalzenem Wasser kochen. Blattspinat waschen und verlesen.

Die weich gekochten Karotten mit einer Passiermaschine pürieren, feinste Scheibe verwenden. Karottenpüree in einen Topf füllen und leise erhitzen, damit die Flüssigkeit verdampft. Wenn das Püree relativ trocken ist, wird die Crème double eingerührt und der Käse untergehoben.

Blattspinat in Salzwasser leicht blanchieren, abtropfen lassen.

Schnecken in das Karottenpüree geben und Butter nach Geschmack einarbeiten. Püree mit Muskat, Salz und Pfeffer abschmecken.

Den Boden von vorgewärmten Tellern mit Spinat auslegen, Püree darauf anrichten und mit einigen Spinatblättern verzieren. Pfeffer darüber mahlen.

(Italien)

Asparagi con lumache, tartufo e grana padano

(Gebratener grüner Spargel mit Schnecken, Trüffeln und Parmesan)

1 kg frischer grüner Spargel,
48 küchenfertig vorbereitete Weinbergschnecken (vorgekocht und ausgelöst, oder ersatzweise aus der Dose),
36 kleine schwarze Sommertrüffeln (sie sollten etwa die Größe der Schnecken haben),
200 g Butter,
4 EL Olivenöl,
1 großes Stück Grana padano,
1 Knoblauchzehe,
Prise frische Muskatnuss,
Salz,
schwarzer Pfeffer aus der Mühle

Schnecken abtropfen, waschen und gründlich trocken tupfen. Den grünen Spargel waschen, holzige Enden abschneiden und am unteren Drittel schälen. Spargel in kochendem Salzwasser 2–3 Minuten blanchieren, eiskalt abschrecken und beiseite stellen. Trüffel gut abbürsten, so dass alle Erdreste entfernt sind.

In einer schweren Pfanne die Butter mit der leicht angedrückten Knoblauchzehe erhitzen, bis sie zu schäumen beginnt. Die gesäuberten Trüffel darin bei milder Hitze 5 Minuten garen, dann die Schnecken dazugeben und mitbraten, bis sie leicht knusprig werden. Knoblauchzehe entfernen und alles mit Muskat, Salz und schwarzem Pfeffer aus der Mühle würzen, warm stellen. In einer zweiten Pfanne Olivenöl stark erhitzen und den Spargel darin rund herum anbraten, bis er leicht Farbe genommen hat. Spargel auf vier vorgewärmten Tellern dekorativ anrichten, Schnecken-Trüffel-Mischung samt Bratbutter darüber verteilen und alles mit reichlich gehobelten Granaspänen bestreut sofort servieren.

Weinbergschnecken mit Weinkraut

(Österreich)

Weinbergschnecken mit Weinkraut

EIN TRADITIONELLES GERICHT AUS DER WIENER GASTHAUSKÜCHE.

Für die Schnecken:

48 vorgekochte Weinbergschnecken samt Häusern,
150 g feinst gehackter gräucherter Selchspeck,
50 g feinst gehackter Knoblauchspeck,
2–3 gehackte Knoblauchzehen,
eine kleine gehackte Zwiebel,
Prise scharfes Paprikapulver
gut 200 g frische Butter, Salz und Pfeffer

Für das Weinkraut:

800 g Weißkraut, 75 g Schweineschmalz,
1 große Zwiebel, etwa 1 EL Mehl, 150 ml Weißwein,
Rindsuppe, gehackter Dill oder Petersilie

HINWEIS:

In alten Rezepten wird das Kraut zusätzlich mit einer Prise Zucker verfeinert.

Die weiche Butter mit den sehr fein gehackten Specksorten und Würzzutaten vermischen (evtl. durch die feine Scheibe des Fleischwolfs drehen) und mindestens 1 Stunde kalt stellen.

Zwischenzeitlich das Weinkraut zubereiten. Hierfür das feinnudelig geschnittene Weißkraut in kochendem Wasser 5 Minuten blanchieren, kalt abschrecken und gut abtropfen lassen. In einer Kasserolle die Zwiebel im Schweineschmalz lichtgelb rösten, das Kraut dazugeben und mit wenig Rindsuppe aufgießen. Kraut langsam weich dämpfen. Wenn alle Flüssigkeit verdampft ist, wird das Kraut mit Mehl bestaubt, neuerlich mit etwas Suppe aufgegossen und gut aufgekocht. Weißwein dazugeben und fertig garen. Mit Salz und gehackten Kräutern (Petersilie oder Dill) vollenden. Schneckenhäuser mit etwas Speckbutter füllen, je eine Schnecke hineinsetzen und die Häuser mit reichlich Speckbutter verschließen. Im vorgeheizten Ofen etwa 10–15 Minuten backen. Weinkraut auf Tellern anrichten, Schnecken daraufsetzen und sehr heiß servieren.

(Spanien)

Tenera e caracoles al Cabrales

(KALBSSCHNITZEL UND SCHNECKEN MIT CABRALES-KÄSE)

4 schöne Scheiben Kalbsschnitzel à 150–200 g (oder Kalbsfilet), 125 g küchenfertig vorbereitete Petits gris, 3 EL gutes Olivenöl, 75–100 g Butter, 250 g frische Wiesenchampignons, etwa 150 ml Fleischbrühe (siehe Anhang), 150–200 ml Sahne, gut 150 g Cabrales (wenn man einen intensiveren Geschmack wünscht, kann man auch 200 g nehmen), 4 cl spanischer Brandy, Salz und Pfeffer aus der Mühle

Das Kalbfleisch in heißem Olivenöl von beiden Seiten scharf anbraten, dann aus der Pfanne heben und warm beiseite stellen. In der selben Pfanne reichlich Butter zerlassen und die grobblättrig geschnittenen Pilze darin sautieren. Wenn keine Flüssigkeit mehr aus den Pilzen austritt, Schneckenfleisch dazugeben, kurz mitrösten. Dann alles mit Fleischbrühe ablöschen und Sahne dazugießen, leicht einkochen. Käse zerbröseln und in der Sauce schmelzen. Mit Brandy, Salz und Pfeffer abschmecken. Das Kalbfleisch in die Sauce legen und einige Minuten darin ziehen lassen. Fleisch auf vorgewärmten Tellern anrichten und mit der Schneckensauce überzogen servieren.

(Griechenland)

Ntomátes jemistés

(Gefüllte Tomaten)

10 große Fleischtomaten,
gut 250 g küchenfertig vorbereitetes Schneckenfleisch (Weinbergschnecken, Gartenschnecken oder auch Achatschnecken aus der Dose),
350 g Reis,
300 ml Olivenöl,
3–4 Zwiebeln fein gehackt,
2–4 Knoblauchzehen fein gehackt,
5 Zweige frische Minze fein gehackt,
Tomatensaft, Gemüsebrühe
evtl. etwas Rotweinessig,
Meersalz,
Pfeffer aus der Mühle

Die Fleischtomaten gründlich waschen, dann oben (beim Stängelansatz) eine Scheibe als Deckel abschneiden und beiseite legen. Die Tomaten mit einem Teelöffel aushöhlen, den Saft dabei auffangen. Fruchtfleisch mit einer Gabel zerdrücken und zusammen mit dem Saft durch ein Sieb streichen. Große Schnecken halbieren.

In einer weiten Pfanne das Olivenöl erhitzen, Zwiebel darin bei mittlerer Hitze glasig dünsten. Reis dazugeben, mit Knoblauch, Salz und Pfeffer würzen und kurz durchschwenken, bis alle Körner mit einer Fettschicht überzogen sind. Danach die Schnecken, das Tomatenpüree und evtl. etwas Weinessig hinzufügen. Den Reis einmal aufkochen, dann den Topf vom Herd nehmen und den Reis quellen lassen (ggfs etwas Wasser dazugeben). Hat der Reis die Tomatenflüssigkeit nahezu aufgesogen, so wird die gehackte Minze eingearbeitet.

Die Tomaten zu 2/3 mit der Masse füllen, auf ein Backblech mit hohem Rand oder in eine große Auflaufform setzen, mit Salz und Pfeffer würzen, Tomatensaft und ca. 300 ml Gemüsebrühe darübergießen, Olivenöl darüber verteilen. Tomaten mit den zurückbehaltenen Deckeln (die man mit etwas Olivenöl eingefettet hat) verschließen. Im vorgeheizten Backofen bei 180 Grad etwa 1 Stunde garen; dann zunächst die Deckel abnehmen und weitere 15 Minuten backen lassen, damit die Fülle etwas Farbe erhält. Deckel wieder aufsetzen, alles mit gehackter Minze oder Petersilie bestreuen und ofenwarm mit Weißbrot servieren.

Variante:

Statt Tomaten kann man auch Paprika mit dieser Masse Füllen, allerdings braucht man dann etwas mehr Tomatensaft und auch Brühe für den Reis.

(Deutschland)

Gebratenes Zanderfilet mit Schnecken im Speckmantel und Lauchgemüse

Bei diesem Gericht vereinigen sich drei für die badische Küche typische Zutaten zu einer geschmacklich vollkommenen Einheit: Zander, Schnecken und Schwarzwälder Schinkenspeck. Der Schwarzwälder Schinkenspeck steht hier im Mittelpunkt, weil er seinen wunderbaren Geschmack an die übrigen Zutaten abgeben soll.

4 schöne Zanderfilets (oder Hecht),
24 küchenfertig vorbereitete Weinbergschnecken,
8 dickere Scheiben Bauchspeck (vorzugsweise Schwarzwälder),
24 dünne Scheiben Schwarzwälder Schinkenspeck,

Den Zander salzen und pfeffern. Die Weinbergschnecken etwas würzen, dann in je eine Scheibe Schinkenspeck hüllen, evtl. mit Zahnstochern fixieren. Knoblauch fein hacken, Zwiebel halbieren und in feine Streifen schneiden. Porree gut waschen, dann ebenfalls in feine Streifen schneiden.

Für das Lauchgemüse 1 EL Butter zerlassen, Knoblauch und Zwiebel darin

2 Zwiebeln,
1 Knoblauchzehe,
4 kleine Stangen Porree,
125 ml Riesling,
200 ml Sahne,
2 EL Butter,
1 EL geklärte Butter,
gemahlene Senfkörner,
etwas gemahlener Wacholder,
Salz und Pfeffer aus der Mühle

glasig dünsten. Lauch dazugeben und etwas anziehen lassen, dann mit Weißwein ablöschen. Kochen lassen, bis nahezu keine Flüssigkeit mehr vorhanden ist, dann die Sahne unterheben. Gemüse mit einer Spitze gemahlenem Senf, etwas Wacholder, Salz und frisch gemahlenem Pfeffer abschmecken. Weiterköcheln lassen, bis die Sauce schön eingedickt ist.

In einer weiten Pfanne 1 EL geklärte Butter erhitzen, den Bauchspeck darin leicht knusprig werden lassen. Speckscheiben zur Seite schieben und die Zanderfilets in der selben Pfanne auf der Hautseite schön knusprig anbraten, dabei die Fleischseite immer wieder mit etwas Bratfett begießen. Darauf achten, das der Speck knusprig wird, aber nicht verbrennt.

Die Schnecken in einer zweiten Pfanne in heißer Butter langsam braten, so dass der Schinkenspeck sein Aroma abgeben kann. Auf vier vorgewärmten Tellern in die Mitte ein Gemüsebett richten. Fertig gegarten Zander darauf anrichten und mit 2 knusprigen Bauchspeckscheiben dekorieren. Je 6 Schnecken dekorativ rund herum verteilen. Die beiden Bratenfette miteinander vermengen und das Gericht leicht damit überziehen. Frisch gemahlenen Wacholder (gibt ein wunderbares Aroma) darüber mahlen und sofort servieren.

(USA)

ABALONE ON RASPBERRY-SAUCE WITH SPINACH

(ABALONE AN HIMBEERSAUCE MIT BLATTSPINAT)

DIESES AUS KALIFORNIEN STAMMENDE GERICHT MAG FÜR DEN MITTELEUROPÄISCHEN GESCHMACK AUF DEN ERSTEN BLICK EIGENARTIG KLINGEN. VOR ALLEM DIE KOMBINATION HIMBEERSAUCE, SPINAT UND MEERESFRÜCHTE SCHEINT SEHR EIGENTÜMLICH. DOCH PROBIEREN SOLLTEN SIE DIESES FARBENFROHE GERICHT, DA DIE GESCHMACKSRICHTUNG NICHT UNINTERESSANT IST.

8 frische Abalone
(ersatzweise vorgekochte aus der Dose),
etwas Mehl zum Bestauben,
geklärte Butter zum Braten

Für den Spinat:
500 g frischer Blattspinat gewaschen und verlesen,
3 EL Butter,
Salz und weißer Pfeffer aus der Mühle

Für die Himbeersauce:
4 EL frische Himbeeren, 100 ml Himbeer-Essig,
1 große Schalotte feinst gehackt,
100 ml Rahm,
gut 100 g kalte Butter in Flocken,
Salz und Pfeffer aus der Mühle

Die Abalone werden zunächst aus der Schale gelöst und sorgfältigst gewaschen. Dann halbiert man sie längs, so dass man zwei dünne Scheiben erhält. Diese werden zwischen zwei Bretter gelegt und mit einem Gewicht beschwert einige Minuten gepresst.

Blattspinat in der Butter dünsten, salzen, pfeffern, warm halten. In der Zwischenzeit wird der Himbeeressig mit den Himbeeren und der feingeschnittenen Schalotte in einem Topf zum Kochen gebracht. Dann lässt man das Ganze etwa auf die Hälfte einreduzieren. Den Rahm einrühren und die Sauce weiterkochen lassen, bis sie einzudicken beginnt. Sauce vom Herd nehmen, mit kalter Butter montieren, salzen, pfeffern und durch ein Sieb passieren. Warm beiseite stellen.

Abalone-Scheiben mit Mehl bestauben und in einer Pfanne mit heißer geklärter Butter von beiden Seiten je 30 Sekunden braten. Auf Küchenpapier abtropfen lassen. Auf vier vorgewärmten Tellern jeweils etwas Blattspinat in die Mitte setzen, Abalone-Scheiben rund herum anlegen und mit der Himbeer-Sauce überzogen servieren.

(Spanien)

Cordero y caracoles al chilindrón

(Lamm und Schnecken mit Paprika)

1 kg Lammfleisch (vorzugsweise aus der Keule),
500 g gesäuberte Garten- oder Gemüseschnecken
(2 Tage ausgehungert),
3 große rote Paprikaschoten getrocknet,
2–3 Zwiebeln fein gehackt, 6 Knoblauchzehen
fein gewiegt, 1 TL Paprikapulver,
4 reife Fleischtomaten gehäutet und gewürfelt,
1 Chilischote (fakultativ),
2 frische grüne Paprikaschoten gewürfelt,
gut 250 ml trockener Weißwein,
2 EL gehackte Petersilie,
Salz und Pfeffer aus der Mühle

TIPP:

Einige gehackte, getrocknete Tomaten mitkochen!

Die getrockneten Paprikaschoten in 1/2 l lauwarmem Wasser gut 1 Stunde einweichen, die Schnecken kochfertig vorbereiten. Paprikaschoten abtropfen und klein schneiden, das Einweichwasser dabei auffangen und beiseite stellen. Das Lammfleisch würfeln. Olivenöl in einem schweren Bräter erhitzen, Lammfleisch darin rund herum scharf anbraten. Die Zwiebeln und den Knoblauch dazugeben und braun anrösten. Alles mit Salz, Pfeffer aus der Mühle und Paprikapulver würzen, dann das Einweichwasser von den Paprikaschoten angießen, 20 Minuten köcheln lassen. Dann kommen Schnecken, Wein, Tomatenwürfel, gehackte eingeweichte Paprika sowie die grünen Paprikawürfel hinein. Weitere 45 Minuten schmoren. Gelegentlich umrühren und bei Bedarf etwas Wasser oder Wein nachfüllen, das Lammfleisch darf nicht austrocknen. Nochmals abschmecken und mit gehackter Petersilie bestreut servieren. Weißbrot und Reis dazu reichen.

(Deutschland)

Saure Schnecken

400 g vorgekochtes Weinbergschneckenfleisch
(ersatzweise aus der Dose),
250 ml Schneckenbrühe
(ersatzweise Abtropfwasser aus der Dose),
500 ml kräftige Kalbfleischbrühe,
4 EL hervorragender Weinessig (oder Estragonessig),
gut 100 g Butter, 80 g Mehl,
1 gespickte Zwiebel (mit Lorbeerblatt und Nelken),
1 Zwiebel fein gehackt, Prise Zucker,
Salz und Pfeffer aus der Mühle

1 EL Butter in einem Topf zerlassen, feinst gehackte Zwiebel darin andünsten. Restliche Butter und das Mehl dazugeben, eine braune Einbrenne (Roux) herstellen. Einbrenne mit der Schnecken- und Kalbsfleischbrühe aufgießen, die gespickte Zwiebel dazugeben und alles bei milder Hitze 15–20 Minuten köcheln lassen (darauf achten, dass die Sauce nicht anbrennt).

Gespickte Zwiebel herausnehmen und das Schneckenfleisch in die Sauce geben; 5 Minuten darin köcheln, bis sie gut durchgewärmt sind. Zum Schluss die Sauce mit bestem Weinessig, einer guten Prise Zucker, Salz und Pfeffer abschmecken. Das Schneckenragout auf tiefen vorgewärmten Tellern anrichten. Reis, Salzkartoffeln oder Badische Spätzle und einen grünen Salat dazu reichen.

(Deutschland/Österreich)

Kartoffelknödel mit Schneckenfülle

Für den Teig:

2 kg Kartoffeln, 1/8–1/4 l heiße Milch, Salz

Für die Fülle:

24 große Burgunderschnecken (Weinbergschnecken) küchenfertig vorbereitet,
1–2 EL Butter oder Schweineschmalz,
2 EL frische Grammeln oder Selchspeck,
1 gehäufter TL frisch gehackter Knoblauch,
2 EL gehackte Petersilie,
Salz, Pfeffer aus der Mühle

TIPP:

Mengen sie der Kartoffelmasse frische Kräuter bei (Petersilie, Schnittlauch, Dill und Kren), das macht die Knödel aromatischer.

Zuerst den Kartoffelteig vorbereiten. Hierfür die Hälfte der Kartoffeln in leicht gesalzenem Wasser weich kochen. Die restlichen Kartoffeln schälen, waschen und mit einer Reibe raspeln, in einer Schüssel mit kaltem Wasser aufbewahren. Dann die ungekochten Kartoffelspäne in ein Etamin oder Küchentuch füllen und gut auspressen, das Wasser dabei auffangen. Abtropfwasser beiseite stellen, damit sich die Stärke absetzen kann. Nun die gekochten Kartoffeln schälen und durch eine Presse drücken. Die rohen Kartoffeln dazugeben und alles mit heißer Milch vermischen. Von der Abtropfflüssigkeit das Wasser abgießen und die abgesetzte Stärke zu der Kartoffelmasse geben, alles leicht salzen.

Butter oder Schmalz in einer Pfanne erhitzen, Schnecken mit Knoblauch, Petersilie und evtl. etwas gehacktem Speck (oder Grammeln) anrösten, mit Salz und Pfeffer abschmecken. Aus dem Teig 8 Knödel formen und in die Mitte jeweils 3 Schnecken mit etwas Knoblauch und Speck (bzw. Grammeln) füllen. Die Knödel in kochendes Salzwasser legen, kurz aufkochen lassen und bei schwacher Hitze 25 Minuten garen. Mit Sauerkraut genießen.

(Spanien)

Pichones Rellenos

(Gefüllte Tauben)

2 schöne recht junge Tauben samt Innereien,
150 g küchenfertig vorbereitetes Schneckenfleisch (vorzugsweise von Petits gris),
100 g geräucherter fetter Speck fein gewürfelt,
150 g gemischtes Hackfleisch,
2–3 Schalotten fein gehackt,
2 EL Pinienkerne, 1–2 EL Semmelbrösel,
2 EL gehackte Petersilie, 1 großes Ei,
1–2 EL Enten- oder Schweineschmalz,
1 Stange Lauch geputzt und in Ringe geschnitten,
1 große Möhre geputzt und klein gewürfelt,
gut 125 ml trockener Weißwein,
250–300 ml Geflügelbrühe (siehe Anhang),
Zimt, Salz und Pfeffer aus der Mühle

Die Täubchen waschen und ausnehmen, danach gut abtrocknen. Innereien putzen und grob hacken. Speck in einer gusseisernen Pfanne auslassen. Schalotten, Innereien, Knoblauch und das Hackfleisch darin 10 Minuten bei Mittelhitze garen. Masse vom Herd nehmen, Schneckenfleisch unterheben. Alles mit Zimt, Salz und Pfeffer aus der Mühle würzen. Danach Pinienkerne, Petersilie, Ei und Semmelbrösel dazugeben und alles zu einer homogenen Füllung vermengen. Die Tauben damit füllen, danach mit einem Bindfaden verschließen.

Entenfett in einem Bräter erhitzen und die Tauben darin rund herum anrösten. Gemüse dazugeben und ebenfalls anrösten. Wein und Brühe angießen und die Tauben in vorgeheizten Ofen bei 175 Grad unter ständigem Begießen garen. Nach 30 Minuten die fertigen Tauben aus dem Bräter nehmen und warm stellen. Sauce durch ein Sieb passieren, abschmecken. Sauce getrennt zu den Tieren reichen. Klassisch isst man in Spanien hierzu Weißbrot und ein Apfelkompott.

Babylonschnecken in scharfer Chilisauce

10.) Wok-Gerichte

(Malaysia)

Babylonschnecken in scharfer Chilisauce

1 1/2 kg lebende „Spirale von Babylon“ oder Wellhornschnecken,
etwa 75 ml gutes Pflanzenöl,
2 größere Zwiebeln fein gehackt,
ein großes Stück frischer Ingwer fein gerieben (etwa 12 cm),
10 Knoblauchzehen fein gehackt,
gut 10 rote Chilis fein gehackt (wer es milder mag, entfernt die Kerne),
gut 800 ml Tomatenpüree (man kann auch gewürzte Polpa di pomodoro verwenden),
knapp 500 ml Wasser, 5–6 EL Sojasauce,
5 EL süße Chilisauce, 4–5 EL brauner Zucker,
etwas Reisessig

Die Schnecken waschen und in Salzwasser gut 30–45 Minuten weich kochen, abtropfen lassen. Man sollte nun die Verschlusskappen entfernen, in dem man das Fleisch etwas herauszieht, die Kappen abschneidet und danach das Fleisch wieder ins Haus zurückschiebt. Öl in einen sehr großen Wok geben und erhitzen. Fein gehackte Zwiebeln, Ingwer, Knoblauch und Chilis darin bei mittlerer Hitze anbraten. Dann das Tomatenpüree, Wasser, Sojasauce, Chilisauce, etwas Reisessig und den Zucker dazugeben und alles zum Kochen bringen. 15 Minuten kochen lassen. Die Schnecken in die Sauce geben und weitere 10–15 Minuten darin garen. Mit gedämpftem Reis auftragen. Nadeln und Fingerschalen zum Reinigen sind nützliche Utensilien.

(Thailand)

Flambierter Thai-Wasserspinat mit Meeresschnecken

150 g küchenfertig vorbereitete Meeresschnecken (siehe Anhang: Abalone oder Riesenflügelschnecken, ersatzweise Achatschnecken aus der Dose),
500 g Wasserspinat in 3 cm lange Stücke geschnitten,
5 Knoblauchzehen feinst gehackt,
2 Chilischoten in Ringe geschnitten,
1 EL schwarze Bohnenpaste,
3 EL Fischsauce, 2 TL Rohrzucker, 3 EL Öl

Knoblauch, Chilis, Bohnensauce, Fischsauce und Zucker in einer Schüssel vermengen. Wok – vorzugsweise über offener Flamme (z. B. Gasherd) – bei starker Temperatur erhitzen. Das Öl hineingeben und schwenken, bis es zu rauchen beginnt. Dann den Wasserspinat in das Öl werfen, das Öl sollte spritzen und dabei Feuer fangen: Vorsicht, das erfordert Übung! Durch die hineinzündelnden Flammen erhält das Gericht ein feines rauchiges Aroma. Schneckenfleisch dazugeben und kurz mitbraten (etwa 1 Minute). Dann die vorbereitete Sauce dazugeben und alles unter Rühren kurz weiterbraten, bis alle Zutaten vermengt und der Spinat von der Sauce überzogen ist. Sofort servieren.

Frittierte Pilze mit Schneckenfülle im Noriblatt

(Japan)

12 große frische Shiitakepilze oder Champignons,
12 Achatschnecken oder Turbanschnecken küchenfertig vorbereitet (ersatzweise aus der Dose),
3 große Nori-Blätter (geröstet),
225 ml Sodawasser (gekühlt),
1 Ei leicht verquirlt,
125 g Tempura-Mehl,
2–3 EL Wasabi-Pulver

Für die Sauce:
100 ml japanische Sojasauce,
125 ml Mirin,
3 TL frisch geriebener Ingwer,
3 TL brauner Zucker

Weiter:
500 g Süßkartoffeln,
Öl zum Frittieren

Für die Sauce gibt man Mirin, Sojasauce, Ingwer, Zucker und 1–2 EL Wasser in einen Topf und erwärmt alles, bis sich der Zucker aufgelöst hat. Zudecken und warm halten.

Süßkartoffeln mit einem Sparschäler in dünne lange Hobel schneiden. Nori-Blätter mit einer Schere in 12 Streifen von etwa 4 cm Breite schneiden. Stiele von den Pilzen entfernen, jeweils eine Schnecke in den Kopf setzen und mit den Nori-Streifen umwickeln. Die Enden der Noriblätter anfeuchten, damit sie zusammenhalten (man kann auch zwei Streifen über Kreuz um den Pilzkopf wickeln, dann braucht es aber die Doppelte Menge an Nori-Blättern).

Einen Wok zu gut einem Drittel mit Öl füllen und stark erhitzen (etwa 190 Grad). Die Süßkartoffelspäne portionsweise darin frittieren, auf Küchenpapier abtropfen lassen und leicht salzen; warm stellen. Für den Backteig das Sodawasser mit Ei in einer Schüssel vermengen. Tempura-Mehl und Wasabi-Pulver dazugeben und alles zu einem lockeren Teig mischen, der noch Klumpen haben sollte. Die gefüllten Pilze darin wenden (am besten hält man sie mit Stäbchen fest damit die Schnecken nicht herausfallen) und portionsweise (jeweils 2–3) im heißen Öl goldbraun und knusprig frittieren, dabei 1–2mal wenden. Gebackene Pilze auf Küchenpapier abtropfen lassen und leicht salzen. Pilze auf den Süßkartoffelspänen anrichten und zusammen auftragen. Sauce separat als Dip dazu reichen.

Abalone mit Spargel

(China)

300 g Ohrschneckenfleisch (Abalone aus der Dose),
250 g Spargel,
12 getrocknete schwarze Pilze,
etwas Öl,
1 Tasse chinesische Suppenbrühe (siehe Anhang),
1 kleines Stück Karotte (zu einer Blüte geschnitzt),
Fischsauce,
Maisstärkenpaste,
Sojasauce,
Austernsauce,
Reiswein

Das Ohrschneckenfleisch in dünne Scheiben schneiden. Vom Spargel die Köpfe und Enden abschneiden, schälen. Getrocknete Pilze in kaltem Wasser einweichen, danach die Stiele entfernen. Pilze in etwas Wasser und einigen Tropfen Öl in einem Topf aufsetzen und gut 10 Minuten kochen lassen.

In einem zweiten Topf Wasser zum Kochen bringen, gut einen TL Maisstärkenpaste und 1–2 EL Fischsauce hineingeben und darin den Spargel bissfest garen. Spargel abtropfen lassen und in eine tiefe Schüssel füllen.

Einen Wok erhitzen und einen EL Öl hineingeben. Ohrschneckenfleisch darin kurz pfannenrühren. Mit der Suppenbrühe ablöschen. Pilze und Karottenblume dazugeben, mit Fischsauce, Sojasauce, Austernsauce und Reiswein würzig abschmecken. Einen gehäuften TL Maisstärkenpaste dazugeben und etwa 5 Minuten kochen, bis alles gar ist. Ohrschnecken und Pilze auf dem Spargel anrichten, den Saft darübergießen und mit der Karottenblume dekoriert servieren.

Nori-Omelett mit Wok-Gemüse und Turbanschnecken

(Japan)

10 Eier, 2 Noriblätter 10 x 18 cm groß
(je nach gewünschter Intensität),
75 ml Sojaöl,
2 Knoblauchzehen gepresst,
4 TL frisch geriebener Ingwer,
1 Karotte in Streifen geschnitten,
2 Zucchini in Streifen geschnitten,
250 g gemischte frische Pilze
(Austernpilze, Strohpilze und Shiitake),
150 g küchenfertig vorbereitetes
Turbanschneckenfleisch
(ersatzweise Achatschnecken aus der Dose),
1–2 EL japanische Sojasauce,
2 EL Mirin, gut 2 TL gelbe Misopaste,
Salz, weißer Pfeffer

Die Eier in eine Schüssel schlagen und leicht verquirlen. Noriblätter fest zusammenrollen und mit einer Schere in feine Streifen schneiden, diese zu den Eiern geben. Eimasse mit Salz und Pfeffer abschmecken. Einen Wok erhitzen und etwa 2 TL Sojaöl dazugeben. Gut 80 ml von der Eimasse hineinschöpfen und durch Schwenken gleichmäßig verteilen, 2 Minuten stocken lassen, dann wenden und 1–2 Minuten fertig garen. Omelett aus dem Wok nehmen und warm stellen. Mit der restlichen Eimasse weitere 3–4 Omeletts herstellen, dabei jedesmal 2 TL Öl nachgießen. Wenn alle Omeletts zubereitet sind, das restliche Öl in den Wok geben und zuerst Knoblauch mit Ingwer darin 1 Minute anbraten. Danach die Karottenstreifen, Zucchinistreifen und grob geschnittenen Pilze portionsweise darin je 2 Minuten garen, Gemüse aus dem Wok nehmen und beiseite stellen. Abgetropftes Schneckenfleisch in den Wok geben und kurz anrösten, das Gemüse wieder dazugeben und alles 1 Minute rührbraten. Alles mit Sojasauce, Mirin und Misopaste würzen, 1 weitere Minute köcheln lassen. Gemüsemischung gleichmäßig auf die Omeletts verteilen, diese zusammenklappen und sofort servieren. Man kann dieses Gericht auch mit Reis als kleine Hauptspeise genießen.

Achatschnecken mit Rindfleisch, Schweinefleisch und Wok-Gemüse

Vor allem im östlichen Asien (z. B. Japan) ist die Achatschnecke sehr beliebt. Ihr festes Fleisch lässt sich gut mit anderen Fleischsorten kombinieren.

300 g küchenfertig vorbereitete Achatschnecken
(Dosenware) evtl. in mundgerechte Stücke zerteilt,
300 g Rinderfilet feinblättrig geschnitten,
300 g Schweinefilet feinblättrig geschnitten,
250 g Sojasprossen,
200 g Austernpilze geputzt
und in mundgerechte Stücke geschnitten,
100 g Erbsschoten halbiert,
1 große Stange Lauch in Ringe geschnitten,
4 Zehen Knoblauch feinblättrig geschnitten,
1 großes Stück Ingwer fein gehackt,
1 scharfe Chilischote fein gehackt,
Chilisauce, Sojasauce, Sojaöl, Sesamöl,
schwarzer Pfeffer aus der Mühle,
evtl. etwas Meersalz

In einem großen Wok Sojaöl (oder Ernussöl) erhitzen und nacheinander portionsweise sämtliches Fleisch und Schnecken darin scharf anbraten. Fleisch zugedeckt beiseite stellen. Im Bratfett den Knoblauch samt Chili und Ingwer anbraten. Dann nacheinander Lauch, Erbsschoten, Sojasprossen und Pilze in den Wok füllen und rührbraten, bis das Gemüse gar, aber noch bissfest ist. Fleisch wieder in den Wok geben und alles gut vermengen. Gericht mit Sojasauce, Chilisauce, Sesamöl, schwarzem Pfeffer und evtl. einer Prise Meersalz abschmecken. Mit Reis servieren.

Abalone mit chinesischem Broccoli

(Hongkong)

6 ganze getrocknete Abalone
von je etwa 130 g,
400 g mageres Schweinefleisch,
1/2 Huhn, etwas Zucker,
250 ml chinesische Suppenbrühe
(siehe Anhang),
75–100 ml Schneckensud,
1–2 Scheiben chinesischer Rohschinken
in Wasser eingeweicht,
etwas helle Sojasauce,
2–3 TL Maisstärkenpaste,
600 g in Salzwasser gegarter chinesischer Brokkoli

Die Abalone am Vortag in kaltes Wasser legen und über Nacht einweichen. Am nächsten Tag unter fließendem kalten Wasser abbürsten. In einem großen Topf (vorzugsweise aus Ton), einen Gitterboden aus Holz legen (oder einige Holzlöffel übereinander stapeln), darauf zuerst das Schweinefleisch, dann die Abalone und zum Schluss das halbe Huhn auflegen. Wasser hinzufügen, bis alles bedeckt ist. Ganz langsam zum Kochen bringen und bei milder Hitze 16–18 Stunden zugedeckt sorgsam garen, dabei immer wieder kontrollieren, ob Wasser nachgefüllt werden muss. Dann die Abalone herausfischen und auskühlen lassen. In einem frischen Topf etwas vom Schneckenkochwasser erhitzen, die Abalone hineingeben und mit etwa 1/2–1 TL Rohrzucker bestreuen. Unter ständigem Rühren 6 Minuten garen. Dann mit der chinesischen Suppenbrühe aufgießen, den Schinken dazugeben und alles mit einigen Spritzern Sojasauce würzen. Schließlich die Maisstärkenpaste dazugeben und weiterköcheln, bis die Schnecken von einer dicklichen Sauce rund herum überzogen sind.

Den vorgekochten Brokkoli auf 6 Tellern verteilen. Abalone mit einem scharfen Messer in dünne Scheiben schneiden und auf dem Gemüsebett anrichten. Mit der Sauce überziehen und servieren.

Babylonschnecken "Süss-Sauer"

(Taiwan)

1–1 1/2 kg lebende „Spirale von Babylon"
oder Wellhornschnecken,
etwas Öl,
etwas chinesische Suppenbrühe (siehe Anhang)

Für die Sauce:
4–6 fein gehackte rote Chilischoten
(je nach gewünschter Schärfe),
3 fein gehackte Frühlingszwiebeln,
1 Stück Ingwer fein gehackt (etwa 10 cm),
6–8 Knoblauchzehen fein gehackt,
chinesischer dunkler Reisessig (etwa 6 EL),
chinesischer weißer Essig (etwa 3 EL),
6–8 EL Zucker, etwas Sesamöl,
gut 3 EL Reiswein,
Salz und weißer Pfeffer,
Maisstärke zum Binden

Die Schnecken reinigen, 5 Minuten in Salzwasser kochen. Schnecken abseihen, evtl. Verschlusskappen entfernen, dann erneut in einen Topf füllen. Etwas Öl dazugeben und mit chinesischer Suppenbrühe aufgießen, bis die Schnecken gerade bedeckt sind. Schnecken in etwa 45 Minuten weich kochen.

Für die Sauce zuerst die Chilischoten zusammen mit Ingwer, Frühlingszwiebel und Knoblauch in einem Wok mit etwas Öl anbraten. Danach zwei bis drei Tassen von der Schneckenbrühe (oder chinesische Suppenbrühe), die beiden Essigsorten, Zucker, Salz und Pfeffer dazugeben, mit Sesamöl und Reiswein abschmecken. Schnecken abtropfen lassen und noch heiß in die Sauce geben. Alles gut vermengen und mit der Stärke, die in etwas kaltem Wasser angerührt wurde, binden. Zusammen mit Reis servieren.

(China)

Abalone mit Staudensellerie

500 g Staudensellerie,
1 Dose küchenfertig vorbereitete Abalone
in 3 mm dicke Scheiben geschnitten,
3 EL Erdnussöl,
1/2 Schöpflöffel chinesische Suppenbrühe
oder Abtropfwasser von den Abalone,
etwas Stärkemehl mit kaltem Wasser abgerührt,
Salz,
evtl. Sezuanpfeffer oder schwarze Pfefferkörner
im Mörser zermahlen

Vom Staudensellerie die Enden abschneiden und die Fäden entfernen. Gründlich waschen, danach die Stangen halbieren und in 5 cm lange Stücke schneiden. Wok auf den Herd stellen und mittelstark erhitzen. Öl hineingeben und schwenken. Wenn das Öl zu rauchen beginnt, den Staudensellerie hineingeben und rührbraten, dabei ganz mit Öl überziehen. Sellerie leicht salzen, dann mit Brühe ablöschen. Einen Deckel auflegen und 3–4 Minuten köcheln lassen. Abalonefleisch dazugeben und die Sauce sofort mit abgerührtem Stärkemehl binden. Wenn alles mit einer klaren Glasur überzogen ist, das Gericht auf eine vorgewärmte Platte gleiten lassen und servieren. Evtl. mit Sezuanpfeffer verfeinern, Reis dazu reichen.

(Malaysia)

Babylonschnecken auf malaiische Art

Für die Zubereitung dieses duftenden Gerichtes sollten Sie unbedingt einen beschichteten oder einen Edelstahlwok verwenden, da das Tamarindenpüree mit unedlem Metall reagieren kann und so das Gericht verderben würde.

48–60 Stück „Spirale von Babylon“
(ersatzweise Wellhornschnecken oder Turbanschnecken) gereinigt und in Salzwasser vorgekocht,
1 großes Stück Ingwer in Scheiben oder
feine Stifte geschnitten,
8 Stück rote Chilischoten
teilweise entkernt und gehackt,
2 Zwiebel fein gehackt,
8 Knoblauchzehen fein gehackt,
4–5 Stangen Zitronengras in feine Ringe geschnitten,
2–3 TL Garnelenpaste,
75 ml gutes Sojaöl (ersatzweise Keimöl),
1–2 EL Fisch Currypulver (eine Mischung aus
Koriander, Kreuzkümmel, Pfefferkörnern, Kurkuma,
Fenchel und Chilis, im Asia-Shop erhältlich),
etwa 400 ml Kokosmilch,
1 1/2 EL Tamarindenpüree,
1 1/2 EL Ketjap Manis,
2 vollreife Tomaten geschält entkernt und gehackt,
Limetten oder Zitronensaft nach Geschmack,
Salz und Pfeffer aus der Mühle,
geröstete Zwiebelringe als Garnitur

Zuerst füllt man Ingwer, Chilischoten, Zwiebeln, Knoblauch, Zitronengras und die Garnelenpaste in einen Mixer und zerkleinert alles recht grob. Dann gibt man etwas Öl dazu und vermengt alles zu einer dicken Paste.

Öl in einem Wok erhitzen und die Paste darin bei milder Flamme unter ständigem Rühren rösten, bis sie duftet (etwa 4 Minuten). Danach das Currypulver dazugeben und kurz weitergaren. Mit der Kokosmilch und gut 250 ml Wasser aufgießen, mit Tamarinde sowie Ketjab Manis würzen. Alles 10–15 Minuten bei geringer Hitze köcheln lassen.

Schließlich die gut gereinigten und vorgekochten Schnecken zusammen mit Tomaten und Zitronensaft dazugeben, weitere 10 Minuten kochen, bis die Sauce eingedickt ist. Schneckencurry mit Salz und Pfeffer abschmecken. Curry in eine vorgewärmte Terrine füllen und mit frittierten Zwiebelringen bestreut servieren. Als Beilage passen Reis und Hummerchips.

Schnecken im Frühlingsrollenteig

(China)

Für die Frühlingsrollen:
150–200 g küchenfertig vorbereitetes Schneckenfleisch grob gehackt (z. B. Achatschnecken),
150 g Hackfleisch vom Schwein,
3 getrocknete Shiitake-Pilze,
1–2 EL dunkle Sojasauce,
1 EL Reiswein oder trockener Sherry,
1 TL chinesisches Fünf-Gewürze-Pulver,
Stärkemehl, 100 ml Erdnussöl,
1 kleine Stange Staudensellerie feinst gehackt,
50 g Bambussprossen in dünne Streifen (Julienne) geschnitten,
2–3 Frühlingszwiebeln julienne-geschnitten,
50 g Chinakohl feinst gehackt,
4 Knoblauchzehen mit etwas Salz zerdrückt,
1/2 EL fein gehackter frischer Ingwer,
Prise Zucker, Sesamöl,
1 Packung Hüllen für Frühlingsrollen (250 g),
Öl zum Frittieren

Für die Dipp-Sauce:
2 EL süße Chilisauce,
2 EL Hoisin-Sauce,
2 EL Pflaumensauce, 4 EL Sojasauce

Zuerst die getrockneten Pilze in lauwarmem Wasser 20–30 Minuten einweichen, dann fest ausdrücken, die Stiele entfernen und die Kappen in dünne Streifen schneiden. Die Zutaten für den Dip vermengen und mit 125 ml Wasser verdünnen, beiseite stellen. In einer Schüssel das grob gehackte Schneckenfleisch und das Hackfleisch mit der Sojasauce, dem Reiswein, Fünf-Gewürze-Pulver und einem guten Esslöffel Stärkemehl vermengen, 15 Minuten marinieren.

In der Zwischenzeit 2–3 EL Erdnussöl in einem Wok sehr stark erhitzen, bis es zu rauchen beginnt. Frühlingszwiebeln, Sellerie, Bambus und Chinakohl 4–5 Minuten rührbraten, danach leicht salzen und beiseite stellen.

Restliches Erdnussöl in den noch heißen Wok geben. Knoblauch und Ingwer darin anbraten, dann die Fleischmischung dazugeben und ebenfalls 3 Minuten rührbraten. 2 TL Stärkemehl mit etwas kaltem Wasser anrühren. Das vorgegarte Gemüse zum Fleisch geben, Pilzstreifen unterheben und die Füllung mit Zucker und Sesamöl abschmecken. Das angerührte Stärkemehl dazugeben und alles 2 Minuten unter Rühren braten, dann den Wok vom Herd nehmen. Die Masse abkühlen lassen.

1 EL Stärkemehl mit wenig kaltem Wasser zu einer Paste verrühren. Teigplatten mit einer Ecke nach vorn (wie bei einem Karo) auf die Arbeitsfläche legen. 2–3 Teelöffel Füllung in die Mitte setzen, die Ränder mit der angerührten Paste bepinseln. Erst das untere Ende und beide Seiten der Hülle einschlagen, dann aufrollen. Auf diese Weise alle Frühlingsrollen herstellen. Einen Wok zu gut einem Drittel mit Öl füllen und auf 160–180 Grad erhitzen. Die Frühlingsrollen portionsweise (nicht zu viele auf einmal!) darin goldbraun frittieren, auf Küchenpapier abtropfen und sofort mit dem Dip servieren.

Gekochte Abalone auf Eissalat mit Austernsauce

(China)

12 getrocknete Abalone (ersatzweise vorgekochte aus der Dose),
1 Eissalat,
3 EL Austernsauce,
1 TL gemahlener weißer Pfeffer,
2 TL Sojasauce,
1–2 TL weißes Sesamöl,
1–2 EL Maisstärkenpaste

Die Abalone mindestens 5 Tage bei milder Hitze kochen, bis sie schön weich sind; dabei ein- bis zweimal das Kochwasser wechseln (erspart man sich, wenn Dosenware verwendet wird, diese müssen nur erwärmt werden).

Wenn die Schnecken weich sind, den Eisbergsalat in seine Blätter zerteilen, diese blanchieren und auf einer großen vorgewärmten Platte anrichten. Abalone darum verteilen. Austernsauce, Sojasauce, Sesamöl, Pfeffer und etwas vom Kochwasser (bei Dosenware nimmt man etwas Brühe statt Kochwasser) in einen Topf geben, aufkochen lassen und mit Maisstärke abbinden. Sauce über das Gericht gießen, einige Tropfen Sesamöl darüber verteilen und servieren.

Meeresschnecken mit Glasnudeln und Koriander

(Indonesien)

400 g Riesenflügelschneckenfleisch oder Abalonefleisch küchenfertig vorbereitet (vorgekocht), 300 g Glasnudeln, 4 Knoblauchzehen fein gehackt, 2 große rote Chilischoten entkernt und fein gehackt, 1 grüne Chilischote entkernt und fein gehackt, 1 kleines Bund Koriander (mit Wurzel) gut gewaschen, 2 TL schwarze Pfefferkörner geröstet und im Mörser zerstoßen, 3–4 EL Erdnussöl, 200 g frischer grüner Spargel in 5 cm lange Stücke geschnitten, 150 g Erbsschoten, Fischsauce nach Geschmack, 2 EL Ketjap Manis, 150 g ungesalzene Erdnüsse ohne Fett geröstet und grob gehackt, Korianderblätter und geviertelte Limetten als Garnitur

Die Glasnudeln in eine große Schüssel füllen, mit kochendem Wasser übergießen und 4 Minuten einweichen. Abtropfen und unter kaltem Wasser abschrecken, in 15–20 cm lange Stücke schneiden. Aus Knoblauch, Chilis, fein gehacktem Koriander, Pfefferkörnern und einer Prise Salz mit dem Mixer eine dicke Paste herstellen (evtl. etwas Wasser dazugeben).

Das Erdnussöl in einem Wok sehr heiß werden lassen, dann die Paste dazugeben und 3 Minuten rührbraten. Würzpaste am Rand des Wok hochschieben und das in mundgerechte Stücke zerteilte Schneckenfleisch kurz rührbraten. Dabei mit der Paste vermengen. Schneckenfleisch aus dem Wok nehmen. Spargelstücke und Erbsschoten hineingeben und kurz rührbraten, mit 3 EL Wasser ablöschen. 3 Minuten garen lassen, bis es weich zu werden beginnt. Schneckenfleisch wieder dazugeben und alles mit Fischsauce, Ketjap Manis, und Erdnüssen würzen, letztlich mit den Glasnudeln gut vermengen. In vier Schüsseln füllen und mit Korianderblättern dekoriert servieren. Limettenviertel dazu reichen.

Abalone mit Pilzen und Gai Larn

(China)

Gut 400 g küchenfertig vorbereitetes Fleisch von Abalone vorgekocht geputzt und gereinigt (siehe Anhang, ersatzweise aus der Dose), 75 g getrocknete chinesische Morcheln, 75 g getrocknete Shiitakepilze, 100 g Strohpilze aus der Dose, 300 g Gai Larn (nur die Stiele) in etwa 5 cm lange Stücke geschnitten und kurz blanchiert (ersatzweise Brokkoli in Salzwasser blanchiert), 3–4 EL Erdnussöl, 2 Frühlingszwiebeln gehackt (nur das Weiße mit etwas Grünansatz), gut 1 EL chinesischer Reisessig, gut 250 ml chinesische Suppenbrühe oder Hühnerbrühe (siehe Anhang), dunkle Sojasauce, Salz, brauner Zucker, Sesamöl, 1–2 TL Reisstärke mit etwas kaltem Wasser angerührt

Chinesische Morcheln und Shiitake-Pilze (man kann auch frische Austernpilze nehmen) einweichen, harte Stängelansätze von Shiitake entfernen und in Streifen schneiden. Erdnussöl in einem Wok erhitzen und die Frühlingszwiebeln darin anschwitzen. Eingeweichte Pilze und die halbierten Strohpilze (man kann sie auch im Ganzen lassen) dazugeben, mit Essig und etwas Salz würzen, danach 2–3 Minuten unter Rühren schmoren lassen. Pilze mit der Brühe aufgießen und mit braunem Zucker, dunkler Sojasauce sowie etwas Sesamöl würzen.

Abalone in dünne Scheiben schneiden, diese in die Sauce legen und gut 10 Minuten leise mitköcheln lassen. Abalone und Pilze aus der Sauce heben, diese durch ein feines Sieb passieren, wieder in den Wok füllen und den Gai Larn (ersatzweise Brokkoli) 3 Minuten in der Sauce ziehen lassen. Zwischenzeitlich die Sauce mit angerührter Speisestärke binden, danach nicht mehr kochen! Gai Larn auf vorgewärmten Tellern anrichten, mit den Abalonescheiben belegen und die Pilze dekorativ rund herum anrichten. Alles mit der Sauce überzogen servieren, Reis als Beilage reichen.

(China)

Gow Gees

(Gow-Gees mit Meeresschnecken)

Für die Gow-Gees:

300 g küchenfertig vorbereitete Meeresschnecken (z. B. Abalone oder Strandschnecken) gehackt, 100 g rohe Garnelen fein gehackt, 4 Frühlingszwiebeln (nur das Weiße) fein gehackt, 30 g Bambussprossen fein gehackt, 1 Eiweiß, 1 1/2 TL frischer Ingwer gerieben, Sesamöl, weißer Pfeffer aus der Mühle, Salz, 24 Gow-Gee-Hüllen (Asia-Shop)

Für den Dip:

75 ml helle Sojasauce, 1–2 EL chinesischer roter Essig, 1 Knoblauchzehe fein gehackt, Sesamöl

Die Zutaten für die Füllung in eine Schüssel füllen und gut vermengen, mit Salz und Pfeffer abschmecken. Schüssel zudecken und alles im Kühlschrank eine gute Stunde ziehen lassen. Teighüllen auf einer Arbeitsfläche auslegen. In die Mitte eines jeden Blättchens einen gehäuften Teelöffel von der Füllung setzen und diese etwas flachdrücken. Die Teigränder mit Wasser einpinseln. Teigblättchen aufnehmen und zu einem Halbkreis falten. Mit Daumen und Zeigefinger von der Mitte ausgehend den äußeren Rand in Falten legen und fest zusammendrücken. Teigtäschchen zu Halbmonden formen und die Ecken zum Verschließen nach unten drücken. Die Teigtaschen müssen dicht verschlossen sein, damit sie beim Dämpfen nicht ausrinnen.

Zwei Bambuseinsätze von 28 cm Durchmesser mit Backpapier auslegen und in jedes 12 Teigtäschchen setzen, auf Abstand achten. Körbe aufeinander stapeln und zugedeckt im Wok über köchelndem Wasser 8–10 Minuten dämpfen. In der Zwischenzeit die Zutaten für den Dip vermengen. Gow-Gees mit dem Dip auftragen.

(Ostasien)

Schneckenspiesse mit pikanter Erdnuss-Sauce

Die Achatschnecken stammen ursprünglich aus Afrika, werden heute aber im asiatischen Raum gezüchtet und zubereitet. Sie gelangen von Indonesien meist küchenfertig als Dosenware in den Handel.

Für 12 Spieße:

36 größere Achatschnecken küchenfertig vorbereitet (siehe Anhang, nach Burgunder-Art) oder große vorgekochte Babylonschnecken (ersatzweise sehr gute Dosenware), 50 g Mehl, 250 ml Wasser, Öl zum Ausbacken, Salz, Pfeffer aus der Mühle

Für die Sauce:

300 g Erdnussbutter, Schuss Reisessig, Sambal Oelek nach Geschmack, Sojasauce oder Prise Salz, Prise Zucker

Alle Zutaten für die Sauce vermengen und kühl 20 Minuten rasten lassen. Schnecken gut abtropfen lassen und jeweils 3 Stück auf einen Holzspieß stecken. Mehl mit Wasser zu einem leichten Mehlteig verrühren. Öl im Wok erhitzen.

Schnecken mit Salz und Pfeffer würzen, durch den Backteig ziehen und in heißem Öl frittieren. Mit der Erdnuss-Sauce servieren.

Schneckenspiesse
mit pikanter Erdnuss-Sauce

Babylonschnecken auf vietnamesische Art

(Vietnam)

1 1/2 kg lebende „Spirale von Babylon“
ersatzweise Wellhornschnecken,
ein großes Stück frischer Ingwer geraspelt,
3–4 Knoblauchzehen feinst gehackt,
2–3 EL vietnamesische Fischsauce,
1 EL Reiswein oder trockener Sherry,
Salz, Pfeffer aus der Mühle,
Öl zum Braten,
frische vietnamesische Minze zum Garnieren

Für den Dip:
Vietnamesische Fischsauce,
1/2 Bund Koriander,
2 Chilischoten gehackt,
1–2 EL Zucker, Wasser

Für den Dip die Fischsauce mit 2–3 EL kaltem Wasser, Korianderblättern, Chilis und Zucker vermengen, mit Fischsauce abschmecken und durchziehen lassen.

Die Schnecken in kochendem Wasser, dem man etwas Fischsauce und Salz beigeben kann, weich kochen. Schneckenfleisch aus den Häusern ziehen und die Verschlusskapseln entfernen. Das noch warme Fleisch in eine Schüssel füllen. Ingwer, Knoblauch, Fischsauce, Reiswein oder Sherry, Salz und Pfeffer dazugeben und die Schnecken darin mindestens 1 Stunde marinieren lassen. Danach das marinierte Fleisch auf gewässerte Holzspießchen stecken, die Marinade aufbewahren.

Eine Pfanne oder Grillplatte mit Öl bestreichen und stark erhitzen. Spießchen portionsweise unter regelmäßigem Wenden braten, bis die Schnecken leicht angeröstet sind. Schnecken aus der Pfanne nehmen, warm halten und mit der zurückbehaltenen Marinade beträufeln. Fertige Spieße auf einer Servierplatte anrichten und Minze darüber streuen. Mit gedämpftem Reis und dem Dip servieren.

Variante:

Die Spieße in einem Wok mit reichlich Öl frittieren. Statt Reis können auch Reisnudeln als Beilage gereicht werden.

Chinesischer Brokkoli mit Ohrschnecken, Ingwer, Limetten und Erdnüssen

(China)

750 g chinesischer Brokkoli geputzt
und quer halbiert,
200 g vorgegartes Ohrschneckenfleisch grob gehackt
(ersatzweise aus der Dose),
50 g Tamarindenmark (Paste von herbsäuerlicher
Würze, Zutat der bekannten Worchestersauce),
2 EL Erdnussöl,
1–2 kleine rote Chilischoten entkernt und fein
gehackt, 3 Knoblauchzehen fein gehackt,
4 TL frisch geriebener Ingwer,
2 EL brauner Zucker, 2 EL Limettensaft,
2 TL Sesamöl,
2 EL ungesalzene geröstete Erdnüsse grob gehackt

Zunächst muss das Tamarindenmark in etwa 75 ml kochendem Wasser für 5 Minuten eingeweicht werden; danach wird es zerdrückt und man entfernt Fasern und Kerne aus der Flüssigkeit.

Einen antihaft-beschichteten Wok stark erhitzen, das Erdnussöl hineingeben und den Brokkoli darin 2–3 Minuten rührbraten. Chili, Knoblauch und Ingwer hinzugeben, 1 weitere Minute braten. Schließlich das Schneckenfleisch, den Zucker, Limettensaft und 1–2 EL Tamarindenflüssigkeit hinzufügen und alles 1 Minute unter ständigem Rühren vermischen, bis das Schneckenfleisch gewärmt ist. Alles auf eine vorgewärmte Servierplatte gleiten lassen und mit Sesamöl beträufeln. Gehackte Erdnüsse darüberstreuen und mit Reis servieren.

Variante:

Man kann dieses Gericht auch mit grünem Spargel zubereiten.

(China) 🐌

Eingelegte Turbanschnecken mit schwarzen Bohnen

1 Dose in Sojasauce eingelegte Turbanschnecken (Asia-Laden), Öl zum Braten,
3 Knoblauchzehen,
1 TL frische Ingwer fein gehackt,
1 Frühlingszwiebel,
1 rote Chilischote entkernt und fein gehackt,
1 kleine grüne Paprikaschote in feine Streifen geschnitten, gut 2 EL schwarze Bohnenpaste (oder Sauce aus zerstampften Bohnen),
1 Schöpfer chinesische Suppenbrühe (siehe Anhang),
Reiswein, Sesamöl, Salz

Die Schnecken abtropfen, waschen und gut trocken tupfen. Knoblauchzehen in feine Scheiben schneiden, die Frühlingszwiebel grob hacken. Öl in einem Wok stark erhitzen, die Schnecken darin 2 Minuten rührbraten. Chili, Ingwer, Knoblauch und Frühlingszwiebel dazugeben, eine Minute mitbraten. Danach Paprika dazugeben, etwas anbraten und alles mit Suppenbrühe ablöschen. Mit der Paste aus fermentierten schwarzen Bohnen und dem Reiswein würzen, evtl. auch etwas Sojasauce dazugeben. Sauce einkochen lassen, dann mit Sesamöl beträufelt servieren. Reis als Beilage reichen.

(Hongkong) 🐌 🐌

Abalone mit Huhn und Orangen

400 g küchenfertig vorbereitetes Fleisch von Abalone (aus der Dose) in dünne Scheiben geschnitten,
300 g Hühnerfleisch von den Keulen ohne Haut in kleine Stücke geschnitten,
500 g Pak-choi (eigenes Aroma, feiner als Chinakohl) gut geputzt und halbiert,
75 ml Öl,
1 EL Orangenzeste von unbehandelten Orangen,
2 EL frischer Ingwer fein gehackt,
150 ml kräftige Hühnerbrühe oder chinesische Suppenbrühe (siehe Anhang),
etwas Rohrzucker oder Honig,
Salz und Pfeffer,
geröstete Sesamsamen als Garnitur

Öl in einem Wok stark erhitzen und die beiden Fleischsorten portionsweise darin scharf anbraten, Schnecken eine Minute, Huhn 4 Minuten. Beides sollte eine leichte Bräunung haben. Danach den Ingwer und die Orangenschalen in den Wok geben, einige Sekunden rührbraten, danach das gesamte Fleisch dazugeben. Mit etwas Rohrzucker oder Honig würzen. Alles mit Suppenbrühe begießen und bei starker Hitze aufkochen. 4 Minuten kochen, bis die Sauce einzudicken beginnt, dann den Pak-choi hinzufügen und nur kurz garen, bis er zusammengefallen ist. Kräftig mit Salz und Pfeffer würzen und mit geröstetem Sesam bestreut servieren.

(China)

Schnecken-Wan-Tan mit Sojasprossengemüse

150 g vorgekochte Meeresschnecken oder Petits gris,
500 g Pak-choi (verwandt mit Stielmangold oder Chinakohl, etwas feiner im Geschmack, ersatzweise junger Spinat),
2 Frühlingszwiebeln (nur das Weiße),
2 Knoblauchzehen, 1/2 TL frisch geriebener Ingwer,
etwas Sesamöl,
Sojasauce oder Salz,
Muskatnuss, Pfeffer aus der Mühle,
Stärkemehl,
1 Packung Wan-Tan-Teig (250 g Weizenmehl-Eierteig, meist quadratisch oder rund vorgeschnitten, in gut sortierten Asia-Läden fertig zu kaufen)

Für den Salat:

250 g Sojasprossen, Pflanzenöl,
dunkler chinesischer Reisessig,
2 Knoblauchzehen fein gehackt,
1 Frühlingszwiebel in feine Ringe geschnitten,
1 Chilischote entkernt und fein gehackt,
1/2 TL fein gehackter Ingwer,
Rohrzucker,
Sojasauce,
Sezuanpfeffer,
1 EL gehackter Koriander

Zuerst den Salat zubereiten. Hierfür die Sojasprossen in eine Schüssel füllen und mit Knoblauch, Frühlingszwiebel, Chili sowie Ingwer würzen. Danach mit Öl (z. B. Sojaöl, Erdnussöl oder auch Sesamöl) und Reisessig marinieren. Rohrzucker (etwa 1–2 EL) in Sojasauce auflösen, dann zum Salat geben. Alles gut vermengen und kalt stellen.

Den Pak-choi (oder Spinat) sorgfältig verlesen, waschen und in kochendem Salzwasser kurz blanchieren. Abtropfen lassen und kalt abschrecken, das Wasser gut ausdrücken, dann das Blattgemüse grob hacken.

Frühlingszwiebel und Knoblauchzehen schälen, sehr fein hacken und in heißem Sesamöl glasig dünsten. Den Pak-choi dazugeben, ebenfalls andünsten. Gemüse mit Sojasauce (oder Salz), Muskat, Ingwer und Pfeffer würzen; zum Schluss die vorbereiteten, grob gehackten Schnecken dazugeben. Die Masse auskühlen lassen.

Den Wan-Tan-Teig auf einer Arbeitsfläche ausbreiten und in etwa gleich große Quadrate schneiden (sofern er nicht vorgeschnitten ist). Stärkemehl mit kaltem Wasser verrühren, Teigränder damit einstreichen. Etwas von der Füllmasse auf jedes Teigstück setzen und in den Teig einschlagen, Ränder gut verschließen.

Die Teigtaschen können auf zwei Arten zubereitet werden: 1. Teigtäschchen nebeneinander auf Backpapier in Bambuskörbchen setzen – dabei auf Abstand achten – und in einem Wok über leicht kochendem Wasser zugedeckt 6 Minuten dämpfen. 2. Teigtäschchen portionsweise in heißem Öl goldgelb ausbacken, auf Backpapier abtropfen lassen.

Fertig gegarte Wan-Tan-Taschen auf vorgewärmten Tellern anrichten und mit Sojasauce servieren. Den vorbereiteten Salat nochmals abschmecken und zu den Wan-Tans reichen.

… und nun zu den Grundrezepten 

Anhang I: Vorbereitungsvarianten und Grundrezepte

1.) Meeresschnecken küchenfertig vorbereiten

Abalone/Ohrschnecken

Frische Abalone werden ohne Schale 6 Stunden in mehrfach gewechseltem Wasser weichgekocht. Dann werden Eingeweide und Kiemen entfernt, das Fleisch mit einer feinen Bürste gesäubert. Wenn die Abalone fachmännisch gereinigt worden sind, verbleibt etwa die Hälfte des ursprünglichen Bruttogewichts.

Conch/ Riesenflügelschnecken

Variante 1: Das Fleisch frischer Conch wird mit einem Holzhammer geklopft, bis es weich ist. Dabei müssen die Sehnen zertrennt und die Haut entfernt werden. Das weichgeklopfte Fleisch kann gekocht, gegrillt oder mariniert werden. Am besten eignen sich Key-Limes (Limetten) zum Einlegen, weil diese Enzyme enthalten, „Weichmacher" für das Conchfleisch.

Variante 2: Fleisch von Riesenflügelschnecken in Stücke schneiden, Sehnen dabei durchtrennen und in mehrfach gewechseltem Wasser gut 4–6 Stunden weichkochen.

Wellhornschnecken, Strandschnecken etc. (jedoch nicht die grossen Conch oder Riesenflügelschnecken)

Gut gewaschene Meeresschnecken werden noch lebend in einem beliebigen Sud oder in Salzwasser gekocht. Je nach Größe und Art (siehe Überblick) 15–60 Minuten garen.

2.) Schnecken (Petit gris, Weinbergschnecken) küchenfertig vorbereiten

Weinbergschnecken nach Burgunder-Art

Die lebenden Schnecken 2–3 Tage fasten lassen, danach unter fließendem Wasser waschen und den Verschluss der Hausöffnung entfernen. Nun werden sie in einen großen Topf gelegt und (am besten über Nacht) in einer Mischung aus Meersalz und Weinessig eingelegt, damit sich der Schleim löst. Danach ein zweites Mal waschen und 30 Minuten in siedendem Wasser vorgaren. Jetzt kann man das Schneckenfleisch aus den Häusern lösen. Den schwarzen Darm am Ende entfernen. Das Schneckenfleisch kurz unter fließendem Wasser abspülen. Aus 1 l Wein, 2–3 l Wasser, Zwiebel, Karotten, Staudensellerie, Knoblauchzehen und Gewürzen eine Brühe zubereiten und das Schneckenfleisch darin etwa 3 Stunden köcheln lassen. Schneckenfleisch im Sud auskühlen lassen. In der Zwischenzeit die Häuser in reichlich Wasser mit Soda 1 Stunde kochen, auskühlen lassen und reinigen.

Schnecken nach südfranzösischer Art (speziell für Petits gris, aber auch für Garten- und Gemüseschnecken)

Die Schnecken gründlich waschen, in eine Schüssel legen und mit groben Meersalz bestreuen. Im Salz wenden und 5 Minuten entschleimen lassen. Danach mit Essigwasser waschen und den Vorgang 3mal wiederholen. In einem ausreichend großen Topf Wasser mit Wein erhitzen und mit 1 Zweig Thymian, 2 Lorbeerblättern, einer mit Nelken gespickten Zwiebel sowie Salz und Pfeffer aus der Mühle würzen. In dieser Courtbouillon werden die Schnecken nun gut 40 Minuten gegart.

Weinbergschnecken nach elsässischer Art

Die elsässische Variante unterscheidet sich von allen anderen hauptsächlich durch die Verwendung eines Kalbsfußes der mitgekocht wird. So erhält man eine Brühe, die beim Erkalten nahezu ausgeliert. Bereitet man die Schnecken nachher mit einer Kräuterbutter im Haus zu, so wird etwas von dieser aromatischen Brühe mit in die Häuser gefüllt.

Frische Weinbergschnecken werden mehrmals gewaschen, nachdem man sie 2–3 Tage hat hungern lassen. Schnecken etwa 10 Minuten in Salzwasser blanchieren, abschrecken und das Fleisch aus den Häusern ziehen. Darm und Kapsel entfernen. Schnecken in eine große Kasserolle füllen. Dazu gibt man 1 schönes Stück Schweineschwarte und ein mittelgroßes Stück Kalbshaxe. Nun kommen noch 1 geputzte Karotte grob gehackt, 1–2 Zwiebeln geschält und geviertelt, 2 Schalotten in Ringe geschnitten, 1 Bund glatte Petersilie, 2 Thymianzweige, 2–3 Lorbeerblätter, 1/2 EL Pfefferkörner sowie etwas Salz in den Topf. Danach halb mit Wein, halb mit Wasser aufgießen, bis alle Zutaten gerade einmal bedeckt sind (dadurch, dass wenig Flüssigkeit verwendet wird, erhält man einen gelatineartigen Fond). Danach alles 3 Stunden kochen und im Fond erkalten lassen.

... NACH DEUTSCHER ART

In Deutschland herrscht in manchen Gebieten die Meinung, dass es nicht gut sei, die Schnecken mit Salz zu reinigen, da dieses den Geschmack der Tiere verändern könne, deshalb hier zwei Möglichkeiten:

Variante 1 mit Salz: Schnecken mehrmals gründlich waschen, anschließend für einige Zeit in eine Mischung aus Kochsalz, Essig und Mehl legen. Diese Mischung ein- bis zweimal erneuern, dabei jedesmal die Schnecken waschen. Schnecken 5–10 Minuten in kochendem Salzwasser blanchieren, abtropfen lassen. Nun in einer Brühe oder Courtbouillon (siehe oben) weichkochen.

Variante 2 ohne Salz: Schnecken in mehrmals gewechseltem Wasser gründlich waschen, danach in kochendem Wasser mit einer Spur Salz blanchieren. Unter fließend kaltem Wasser abschrecken. Schneckenfleisch aus den Häusern nehmen, evtl. Kapsel und Eingeweide entfernen. Danach in einer Courtbouillon (siehe Anhang 3) etwa 3 Stunden weichkochen.

... NACH ITALIENISCHER ART

Schnecken 1–2 Tage fasten lassen, dabei öfters gründlich reinigen. Die letzte Reinigung mit Zitronenwasser durchführen. 1 l Wein und 2 l Wasser mit 2 Stangen Staudensellerie, 2 Schalotten und 2 Möhren aufkochen und 2–3 Stunden garen. Salzen und Pfeffern, eine weitere Stunde kochen. Im Sud erkalten lassen.

... NACH ÖSTERREICHISCHER ART

Den kalkhaltigen Verschluss der Schnecken entfernen. Dann die Schnecken mehrere Stunden unter fließendem Wasser schwemmen. Schnecken in kochendes Salzwasser geben und etwa 5 Minuten kochen. Schneckenfleisch mit einer Nadel aus den Häusern ziehen, Kopf, Schwanz und Gedärme entfernen. Schneckenfleisch gut mit grobem Salz einreiben und erneut unter fließendem Wasser solange gründlich spülen, bis das Spülwasser klar bleibt. Schnecken in einen Topf füllen und mit Wasser bedecken. Etwas Wein, eine Zwiebel, ein Bund Petersilie, etwas Thymian und Lorbeer hinzufügen und bei milder Hitze 3 Stunden köcheln lassen. Im Sud erkalten und für die weitere Verwendung beiseite stellen.

... NACH GRIECHISCHER ART

Schnecken reinigen und in kaltes Wasser mit reichlich frischer Minze einlegen. Damit sie nicht aus der Schüssel kriechen können, wird der Rand mit Zitronensaft eingerieben. Alle Schnecken, die nicht aus ihren Häusern kommen entfernen und wegwerfen (sie sind tot). Wasser erneuern und die Schnecken wieder hineingeben. Wasser mehrmals wechseln, bis die Schnecken ihren Schleim verloren haben. Letztlich die gereinigten Schnecken in Wasser mit Zitronensaft und Minze einlegen und für die Weiterverarbeitung bereit halten. Müssen die Schnecken vorgekocht werden, so gibt man sie einfach in gesalzenes Wasser mit etwas Minze oder Rosmarin.

3.) Courtbouillon für Schnecken

Es gibt viele verschiedene Varianten, wie man Schnecken vorkochen kann. Hier ist deshalb eine Art Universal-Rezept angegeben, die sich für nahezu alle weiteren Zubereitungsarten eignet:

1 1/2 l Wasser, 1 1/2 l guter Weißwein, 1 mittlere Möhre grob geschnitten, 2 Zwiebeln in feine Ringe geschnitten, 2 Schalotten geviertelt, 1 Bund glatte Petersilie, 2 Zweige Thymian, 1–2 Lorbeerblätter, 1 Gewürznelke oder etwas Staudensellerie, Pfefferkörner, Salz

Die Menge reicht für etwa 60 Schnecken: Alle Zutaten in einen Topf füllen, aufkochen lassen und 10 Minuten bei kleiner Flamme köcheln. Dann das gesäuberte und blanchierte Schneckenfleisch in diesem Sud 3–4 Stunden garen. Schnecken im Sud erkalten lassen.

4.) Fonds, Grundsaucen, Grundrezepte und Vorbereitungen

Fonds werden gehaltvoller, wenn man eine grosse Menge kocht. Reste auf Vorrat einfrieren.

Dunkler Kalbsfond

3 kg fleischige Kalbshachsen, in etwa 5 cm lange Stücke zersägt (vom Fleischer vorbereiten lassen), 1 kg fleischige Kalbsknochen ebenfalls in 5 cm lange Stücke zersägt, gut 500 g Kalbsmarkknochen, gut 1 kg Hühnerklein (Flügel, Hälse und Rücken), 3 EL geklärte Butter, 250 g feste reife Tomaten geviertelt, gut 125 ml Tomatenpüree (ungewürzt) oder 2–3 EL Tomatenmark, 2 große Zwiebeln geschält und geviertelt, 2–3 große Möhren geputzt und grob zerteilt, 2–3 Stängel Staudensellerie mit Blättern grob zerhackt, 3 Stangen Porree mit etwas vom Grün zerschnitten und gründliche gewaschen, 1 Knoblauchknolle längs, 1 großes Bund glatte Petersilie, 3 Zweige frischer Thymian, 2 Lorbeerblätter, 1/2 TL schwarze Pfefferkörner, 1/2 TL Meersalz

TIPP:

Man kann in den Kalbfond – vor allem wenn aus ihm eine aromatische Glace (siehe unten) entstehen soll – etwa 1 l guten roten Burgunderwein an Stelle von Wasser geben.

In einer schweren tiefen vorzugsweise gusseisernen Pfanne die geklärte Butter auf mittlerer Flamme erhitzen. Dann alle Knochen und Fleischteile portionsweise – und nach Sorten getrennt – darin anbraten und zwar nur jeweils so viel, dass der Pfannenboden gerade bedeckt ist. Die Stücke müssen gleichmäßig von allen Seiten gebräunt werden, dürfen aber nicht anbrennen. Die fertig gebräunten Stücke in einen großen Topf füllen. Sind alle Fleischteile gebräunt, werden Zwiebeln und Möhren im Bratenfett geröstet und zart angebraten (verwendet man Tomatenmark, so wird dieses ebenfalls mitgeröstet). Danach das Gemüse ebenfalls in den Topf füllen. Schließlich den Bratensatz mit knapp 1 l Wasser lösen und bei starker Hitze zum Kochen bringen. Den gesamten Pfanneninhalt in den Topf füllen und so viel kaltes Wasser dazugießen, dass alles knapp bedeckt ist (etwa 4–5 Liter). Unter Mittelhitze langsam zum Kochen bringen, Schaum regelmäßig abschöpfen. Nach etwa 1 Stunde Tomaten und Tomatenpüree (wenn man kein Tomatenmark verwendet) unterrühren und die Brühe 7–8 Stunden bei schwacher Hitze simmern lassen. Brühe durch ein mit einem Küchentuch ausgelegtes Sieb seihen und erkalten lassen. Sie hält sich 3–4 Tage im Kühlschrank oder kann eingefroren werden.

Heller Kalbsfond

3 kg fleischige Kalbshachsen, in etwa 5 cm lange Stücke zersägt (vom Fleischer vorbereiten lassen), 1 kg fleischige Kalbsknochen ebenfalls in 5 cm lange Stücke zersägt, gut 500 g Kalbsmarkknochen, gut 1 kg Hühnerklein (Flügel, Hälse und Rücken), 2 große Zwiebeln geschält und geviertelt, 2–3 große Möhren geputzt und grob zerteilt, 2–3 Stängel Staudensellerie mit Blättern grob zerhackt, 3 Stangen Porree mit etwas vom Grün zerschnitten und gründliche gewaschen, 1 Knoblauchknolle längs, 1 großes Bund glatte Petersilie, 3 Zweige frischer Thymian, 2 Lorbeerblätter, 1/2 TL schwarze Pfefferkörner, 1/2 TL Meersalz.

Sämtliches Fleisch und Knochen gründlich unter kaltem Wasser abspülen, dann in einen großen Topf füllen und mit 5–6 l Wasser auffüllen, bis das Fleisch etwa 5 cm hoch bedeckt ist. Über Mittelhitze langsam zum Kochen bringen und dabei den aufsteigenden Schaum abschöpfen (halten manche für ein Sakrileg). Hitze zurückdrehen und die Brühe gut 30 Minuten simmern lassen, wobei der Siedepunkt nie erreicht werden darf. Restliche Zutaten in den Topf füllen, verrühren, dann ungestört mindestens 8 Stunden sieden lassen. Fleisch, Gemüse, Gewürze und Knochen entfernen und die Brühe durch ein mit einem Tuch ausgelegten Sieb ziehen. Brühe abkühlen lassen. Sie hält sich 3–4 Tage im Kühlschrank oder kann entfettet eingefroren werden.

Glace

2–3 l dunkler Kalbsfond mit Rotwein angereichert (siehe oben), durchgeseiht, abgekühlt und gründlich entfettet

Den Kalbsfond in eine schwere, tiefe Kasserolle vorzugsweise aus Kupfer gießen und über Mittelhitze zum Sieden bringen. Auf schwache Hitze herunterschalten und die Brühe sieden lassen, bis sie auf 1/4 der ursprünglichen Menge reduziert ist. Dann wird die reduzierte Brühe in einen kleineren schweren Topf gefüllt – vorzugsweise aus Emaille oder Kupfer – und bei möglichst schwacher Hitze unter gelegentlichem Umrühren abermals um die Hälfte reduziert. Die Glace ist fertig, wenn ein Löffel beim Eintauchen mit einer sirupartigen Schicht überzogen wird. Die fertige Glace durch ein feines Haarsieb abseihen. Fest verschlossen kann die Glace unbedenklich mehrere Monate im Kühlschrank aufbewahrt werden. Evtl. auftretenden Schimmel kann man einfach abheben!

Fischfond/ Fischfumet

1 kg (für Fumet 2 kg) Karkassen (Fischabschnitte vorzugsweise mit Köpfen) von Weißfischen (Angler, Steinbutt, Petersfisch, Scholle, Seezunge etc.), 4–5 Schalotten, 1 Möhre geputzt, 100 g Lauch (nur das Weiße), 1–2 Petersilienwurzeln, 1 Stange Staudensellerie, 1/2 Fenchelknolle (nach Belieben), 2 Lorbeerblätter, 500 ml sehr guter trockener Weißwein, Saft 1/2 Zitrone, 1/2 TL Pfefferkörner, evtl. 3 Zweige Thymian

Das Wichtigste beim Fischfond sind drei Grundsätze:

1. Er darf keinesfalls zu lange kochen, da er sonst bitter wird oder leimig, wenn die Gräten zu stark auskochen.
2. Die Zutaten müssen vom Besten sein, d. h. die Gewürze nicht zu alt, der Wein exzellent und das Gemüse knackig frisch.
3. Niemals fette würzige Fische verwenden (wie z. B. Makrele), sondern elegante weißfleischige Fische (wie z. B. Steinbutt, Angler, Knurrhahn oder Petersfisch).

Hält man sich an diese Grundsätze, so erhält man einen kräftigen, aromatischen Fond. Für ein Fumet benötigt man lediglich die doppelte Menge an Karkassen.

Die Gräten und Köpfe mit einem Küchenmesser grob zerhacken, dabei Kiemen und Augen entfernen (sie könnten den Fond bitter machen). Karkassen in eine Schüssel füllen und unter fließend kaltem Wasser 20 Minuten wässern, bis das Wasser glasklar und frei von Trübstoffen ist. Zwischenzeitlich Gemüse putzen und in grobe Stücke zerteilen. Gut abgetropfte Karkasse in einen großen Topf füllen (man kann die Karkasse nun unter Zugabe von 75 g Butter etwa 4 Minuten leicht andünsten, ohne Farbe nehmen zu lassen!). Gemüse und restliche Zutaten dazugeben, danach mit 2 1/2 l kaltem Wasser aufgießen. Fond aufkochen lassen, während des Siedens aufsteigender Schaum wird mit einer Schaumkelle regelmäßig abgeschöpft, damit der Fond klar bleibt.

Nach 20–30 Minuten den Fond durch ein mit einem Etamin (oder gefaltetem Küchenpapier) ausgelegten Haarsieb abseihen.

Nun scheiden sich die Küchengeister: Die einen drücken dabei mit dem Rücken des Schöpflöffels möglichst viel Flüssigkeit aus den Rückständen, die anderen nicht! Jedenfalls sollten Sie den Rückstand nicht ausdrücken, wenn die Karkasse in Butter angeschwitzt worden ist.

Der so erhaltene Fond sollte nach Erkalten leicht ausgelieren. Man kann ihn 3 Tage im Kühlschrank aufbewahren oder auch 3 Monate einfrieren.

Geflügelfond

Es gibt wohl zahllose Varianten dieses Fonds, der einer der Gebräuchlichsten ist. Am wichtigsten ist, eine große Menge zu kochen, denn nur so wird der Fond richtig aromatisch (Reste können problemlos eingefroren werden). Hier eine einfache, klassische Variante, die für viele Rezepte verwendet werden kann.

Ein etwa 3 kg schweres Suppenhuhn in 8 Teile zerlegt, 1 1/2 kg Hühnerknochen und Hühnerklein (Hals, Flügel, Rücken, Herz etc.), knapp 6 l kaltes Wasser, 3 große Möhren geputzt und grob gehackt, 2 Stangen Porree mit Ansatz des Weißen geputzt halbiert und gründlich gewaschen, 2 Stangen Staudensellerie mit Blättern, 1 große Zwiebel geschält und mit 2 Gewürznelken gespickt, 1 Bund glatte Petersilie, 2 mittlere Knoblauchzehen geschält und mit dem Handrücken angedrückt, 2–3 Lorbeerblätter, 3 frische Thymianzweige, 1 TL schwarze Pfefferkörner, evtl. 1 TL grobes Meersalz

Die Geflügelteile in einen ausreichend großen Topf füllen und mit soviel Wasser bedecken, dass sie etwa 5 cm hoch bedeckt sind. Über mittlerer Flamme langsam zum Sieden bringen, dabei immer wieder mit einer Kelle den auftretenden Schaum entfernen. Hitze herunterschalten und das Fleisch 45 Minuten ziehen lassen, wobei der Siedepunkt nie erreicht werden darf, da die Brühe sonst nicht klar wird. Danach füllt man Möhren, Porree, Sellerie, gespickte Zwiebel, Petersilienbund, Knoblauchzehen, Lorbeer, Thymian und die Pfefferkörner in den Topf (salzt evtl. mit etwas groben Meersalz) und lässt alles 3 Stunden sieden, bis die Brühe einen starken Eigengeschmack entwickelt hat. Den Herd ausschalten und mit einer Kelle sorgsam Fleisch, Knochen, Gemüse und Gewürze entfernen. Brühe durch ein mit einem Küchentuch ausgelegtes Sieb ziehen und unter gelegentlichem Umrühren erkalten lassen. Erkaltete Fettschicht abheben. Die Brühe hält sich 3 Tage im Kühlschrank oder mehrere Monate im Tiefkühlfach.

Chinesische Suppenbrühe

1 großes Huhn in vier Teile zerlegt, 300 g chinesischer Schinken, gut 500 g mageres Schweinefleisch grob gehackt

Alle Zutaten in einen großen Topf mit 4–5 l Flüssigkeit geben und mindestens 12 Stunden kochen lassen.

Heller Rinderfond

2–2 1/2 kg Ochsenbein in 5 cm lange Stücke zersägt, 1 1/2 kg Markknochen, 1 1/2 kg minderwertiges Rindfleisch grob gewürfelt, 1 1/2 kg grob zerteilte Kalbsfüße (alles vom Fleischer vorbereiten lassen), 1 kg Hühnerklein (Flügel, Hälse und Rücken), 2 große Zwiebeln geschält, 3 Stangen Porree geviertelt grob zerteilt und gründlich gewaschen, 3 Möhren geputzt und grob zerteilt, 200 g Knollensellerie grob gewürfelt, 1 Bund Petersilie, 3 Zweige frischer Thymian, 3 ungeschälte Knoblauchzehen leicht angedrückt, 2 Lorbeerblätter, 1/2 TL schwarze Pfefferkörner, 1 TL grobes Meersalz

Das Fleisch von allen Knochen (außer dem Geflügel) lösen und beiseite stellen. Alle Knochen in einen Topf füllen und mit kaltem Wasser aufgießen. Zum Kochen bringen und den aufsteigenden Schaum abschöpfen, derart gut 5 Stunden auskochen. Brühe durchseihen und beiseite stellen. Knochen abspülen und wieder in einen großen Topf füllen, zurückbehaltenes Fleisch und Geflügelklein dazugeben und mit der zuerst gewonnenen Brühe aufgießen. Soviel kaltes Wasser dazugeben, dass alles 5–6 cm hoch bedeckt ist. Bei Mittelhitze langsam zum Sieden bringen, auftretenden Schaum wieder regelmäßig abschöpfen (evtl. verloren gegangene Flüssigkeit ersetzen). Auf schwacher Flamme 30 Minuten ziehen lassen (Siedepunkt darf nie erreicht werden). Nun werden Zwiebel, Porree, Möhren, Sellerie, Thymian, Knoblauch, Lorbeer, Pfefferkörner und Salz hinzugefügt und verrührt. Die Brühe teilweise mit einem Deckel abgedeckt mindestens 3 besser 5–7 Stunden simmern lassen. Fleisch, Knochen und Gemüse aus der Brühe heben und diese durch ein mit einem Küchentuch ausgelegten Sieb seihen. Abkühlen lassen. Mit der schützenden Fettschicht kann die Brühe etwa 4 Tage im Kühlschrank aufbewahrt werden; Fettschicht vor der Verwendung entfernen. Will man die Brühe tiefkühlen, entfernt man die Fettschicht und füllt die Brühe in geeignete Gefäße ab.

Gemüsefond

300 g Möhren geputzt und grob zerteilt, 300 g Zwiebeln geschält und in Ringe geschnitten, 1 große Stange Staudensellerie gewaschen und grob gehackt, 1 Stange Lauch geviertelt und gründlich gewaschen (nur das Weiße), 1 große gelbe Rübe geputzt und grob zerteilt, 2 Petersilienwurzeln geputzt und grob zerteilt, 1 Bund Petersilie, 2 Lorbeerblätter, 2 Thymianzweige, 1 Zweig Rosmarin, einige Pfefferkörner

Gemüse und Gewürze in eine Kasserolle füllen, mit 3 l kaltem Wasser bedecken, zum Kochen bringen, Hitze zurückdrehen und gut 1–1 1/2 Stunden leise simmern lassen. Fond durch ein mit einem Küchentuch ausgelegtes Sieb ziehen, dabei Gemüse mit dem Rücken einer Schaumkelle ausdrücken. Der Fond hält sich drei Tage im Kühlschrank oder kann eingefroren werden. Wer den Fond kräftiger mag, kann die fertige Gemüsebrühe etwas reduzieren.

Gewöhnlicher brauner Fond (Estouffade)

In der klassischen französischen Küche verzichtet man weitgehend darauf, die Fleisch- und Gemüseteile all zu stark anzurösten, wie es heute meist geläufig ist. Man ist vielmehr der Ansicht, dass die im Fleisch enthaltenen Stoffe (osmazomhaltige Bestandteile) zum Färben vollkommen ausreichend sind. Deshalb werden Fleisch, Knochen und Gemüse auch nicht in der Pfanne oder Kasserolle geröstet, sondern im Ofen. Wichtig sind hier vor allem zum einen eine große Menge, die zubereitet wird (Reste lassen sich gut einfrieren) und zum anderen eine sehr lange Kochzeit. Übrigens, der klassische braune Fond wird nicht mit Salz und Pfeffer gewürzt!

7 kg Beinfleisch vom Rind, 5 kg mageres minderwertiges Kalbfleisch, 1 1/2 kg frische Markknochen grob zerteilt, 1 1/2 kg Kalbs- und/oder Rinderknochen grob zerteilt, 1 blanchierter Schinkenknochen, 750 g frische Speckschwarte kurz in Salzwasser blanchiert, 700 g Karotten geputzt und grob gewürfelt, 700 g Zwiebeln grob gewürfelt, 1/4 Knolle Sellerie grob gewürfelt, 2–3 EL geklärte Butter, 1 Bund Petersilie, 5 Zweige Thymian, 5 Lorbeerblätter, 4 ungeschälte Knoblauchzehen

Das Rindfleisch ausbeinen. Alle Knochen in einen großen Bräter füllen, Gemüse dazugeben, einige Butterflocken auflegen und alles bei 180 Grad etwa 30–40 Minuten im Backofen rösten, dabei ab und an wenden, damit Gemüse und Knochen rund herum leicht bräunlich werden. Man kann das Gemüse auch separat in einem großen Topf anrösten, doch angegebene Methode macht den Fond feiner. Angeröstete Knochen und Gemüse zusammen mit Petersilie, Thymian, Lorbeer und Knoblauch in einen sehr großen Topf füllen und mit etwa 15 l kaltem Wasser bedecken. Bei Mittelhitze langsam zum Sieden bringen, Schaum abschöpfen. Teilweise bedeckt mindestens 12 Stunden (besser 15–16) bei sehr schwacher Hitze simmern lassen (z. B. über Nacht). Verdunstete Flüssigkeit sollte zeitweise mit heißem Wasser nachgefüllt werden. Diesen Grundfond durch ein mit einem Tuch ausgelegtem feinen Sieb seihen, Gemüse dabei leicht ausdrücken; Knochen und Gemüse wegwerfen. Grundfond erkalten lassen. Das zurückbehaltene Fleisch und die Speckschwarte in grobe Würfel schneiden und portionsweise in etwas geklärter Butter hell andünsten. Angeröstetes Fleisch in einen großen Topf füllen und mit wenig Knochenbrühe aufgießen, den Bratensatz in der Pfanne mit etwas Knochenbrühe lösen und aufkochen. Die Flüssigkeit einkochen lassen, bis sie die Konsistenz einer Glace hat. Den Vorgang 2–3mal wiederholen. Schließlich die restliche Knochenbrühe und den aufgekochten Bratensatz dazugießen und alles einige Stunden langsam simmern lassen (evtl. Schaum abschöpfen). Wenn der Fond dunkel, kräftig und leicht angedickt ist, wird er durch ein Etamin passiert und das Fleisch dabei gut ausgedrückt. Fertigen Fond beiseite stellen oder portionsweise einfrieren. Dieser Fond kann auf die vielfältigste Weise weiter verwendet werden.

Weisse Grundsauce
Beurre blanc

Von dieser gehaltvollen aromatischen Sauce gibt es viele Varianten. Zunächst einmal die einfache Version, welche nur auf einer Reduktion und Butter basiert. Weiter gibt es die Sauce Beurre blanc mit Crème fraîche und Ableitungen, welche mit verschiedenen Kräutern oder Fonds aromatisiert werden.

An dieser Stelle drei geläufige Versionen:

Grundrezept: *500 ml guter trockener Weißwein, 150 ml bester Weißweinessig, 2–3 Schalotten feinst gehackt, 450–500 g frische Bauernbutter, Salz (vorzugsweise fleur du sel), weißer Pfeffer aus der Mühle*

Den Weißwein zusammen mit feinst gehackter Schalotte und bestem Weißweinessig in eine Kasserolle füllen und stark erhitzen. Solange einkochen, bis nur noch ein glänzender Belag am Boden ist. Zwischenzeitlich wird die Butter auf Zimmertemperatur erwärmt und mit Salz und Pfeffer würzig abgeschmeckt. Wenn die Reduktion fertig ist, wird auf kleinster Flamme die Butter portionsweise mit einem Schneebesen in die Reduktion eingearbeitet. Dabei empfiehlt es sich, den Topf immer wieder vom Herd zu nehmen, damit die Hitze nicht zu groß ist. Die fertige Sauce sollte die Konsistenz von dickflüssigem Rahm haben.

Klassische Variante: *5 zerstoßene schwarze Pfefferkörner, 2 mittlere Schalotten feinst gehackt, 6 EL bester Weißweinessig, 180 ml Crème fraîche, 100 g gekühlte Butter in kleine Stücke zerteilt, Salz und Cayennepfeffer*

Pfefferkörner, Schalotten, Essig Salz und Cayennepfeffer in eine Kasserolle füllen und langsam einreduzieren. (Wer mag, kann die fertige Reduktion durch ein Sieb ziehen.) Danach die Crème angießen und alles nochmals um ein gutes Drittel einkochen lassen. Letztlich wird die Sauce vom Herd genommen und mit eiskalten Butterstückchen montiert. Mit Salz und Cayennepfeffer abschmecken, nicht mehr aufkochen!

Variante mit Fischfond für etwa 500 ml: *4–5 Schalotten feinst gehackt, gut 300 ml trockener Weißwein, 200 ml kräftiger Fischfond (S. 233), 5 EL bester weißer Weinessig, 350 g frische Butter eiskalt und in Scheiben geschnitten, 2–3 EL Sahne steif geschlagen, Essig zum Abschmecken, Salz und weißer Pfeffer aus der Mühle*

Weißwein, Essig, Fischfond und Schalotten in eine Kasserolle füllen und bei starker Hitze einkochen lassen, bis nur noch etwa 8 EL übrig sind. Die Reduktion durch ein feines Sieb gießen, danach erneut erhitzen und die eiskalten Butterscheiben portionsweise mit einem Schneebesen einarbeiten. So lange rühren, bis man eine homogene Masse erhalten hat, nicht mehr aufkochen lassen! Die Sauce mit etwas Essig, Salz und Pfeffer abschmecken und mit einem Stabmixer aufschlagen. Um die Sauce zu stabilisieren können noch einige Löffel Schlagsahne untergehoben werden.

Béchamel

Diese berühmte Sauce hat ihren Namen von Louis de Béchamel, dem Haushofmeister Louis XIV. Vermutlich kreierte dieser das Originalrezept jedoch nicht selber, sondern einer der zahlreichen Hofköche, der sie wiederum Béchamel widmete. Streng genommen sind beide hier angeführten Versionen keine klassische Sauce Béchamel, denn das Originalrezept basiert auf einer Velouté, welche mit reichlich Sahne angereichert wird. Heutzutage versteht man unter der Béchamel jedoch eine Mehlschwitze, die mit Milch oder aromatisierter Milch aufgegossen wird.

Grundrezept: *500 ml frische Vollmilch, 30 g Mehl, 30 g Butter, Salz, weißer Pfeffer aus der Mühle, evtl. Prise Muskat*

Milch in einem Topf erhitzen. Butter in einer zweiten Kasserolle bei milder Hitze schmelzen. Das gesiebte Mehl hineinfüllen und bei schwacher Hitze 1–2 Minuten in der Butter rühren, damit es seinen Rohgeschmack verliert. Kasserolle vom Herd nehmen und unter ständigem Rühren die heiße – nicht kochende – Milch nach und nach zugeben. Sauce unter Rühren aufkochen, danach bei mittlerer Hitze zur gewünschten Konsistenz einkochen. Mit Salz, Pfeffer und Muskat würzen.

Variante mit aromatisierter Milch: *500 ml frische Vollmilch, 1 große Zwiebel geschält und in Ringe geschnitten, 2–3 Lorbeerblätter, einige Gewürznelken, einige Pfefferkörner, 35 g Mehl, 35 g Butter, Salz, weißer Pfeffer aus der Mühle und geriebene Muskatnuss*

Milch zusammen mit Zwiebelringen, Lorbeerblättern, Nelken, Pfefferkörnern und einer guten Prise Salz erhitzen, Deckel auflegen und 15 Minuten ohne Flamme ziehen lassen. Zwischenzeitlich Butter in einer Kasserolle schmelzen, gesiebtes Mehl darin 2 Minuten rühren. Milch durch ein feines Haarsieb ziehen. Die heiße gewürzte Milch zur Mehlschwitze geben. Sauce aufkochen lassen, dann bei milder Hitze auf die gewünschte Konsistenz einkochen. Mit Salz, Muskat und geriebenem weißen Pfeffer abschmecken.

Velouté

1 l kräftiger Fond (wahlweise Fischfond, Kalbsfond oder Geflügelfond, siehe oben), 50 g frische Butter, 50 g gesiebtes Mehl

Die Sauce Velouté ist eine Grundsauce, die ihren Geschmack vom verwendeten Fond erhält; so nennt sie sich dann auch z. B. Geflügelvelouté. Ein für nahezu alle Verwendungen geeignetes Mischungsverhältnis sind je 50 g Mehl und Butter auf 1 l Fond. Dabei wird das Mehl in der zerlassenen Butter 2–3 Minuten bei schwacher Hitze gerührt, dann lässt man die Mischung abkühlen und gießt sie unter ständigem Rühren mit heißem Fond nach Wahl auf. Sauce auf den Herd setzen und unter Rühren aufkochen, Hitze reduzieren und knapp 15 Minuten köcheln lassen, dabei den auftretenden Schaum abschöpfen. Diese Grundsauce kann dann nach Wunsch gewürzt und weiterverarbeitet werden.

Rouille

Wie von vielen berühmten Saucen gibt es auch für die Rouille viele Varianten, hier die zwei Gebräuchlichsten:

Variante 1: *200 ml bestes Olivenöl, 2 reife rote Paprikaschoten, 6 Knoblauchzehen, 1 rote Chilischote, 1–2 g echte Safranfäden, 1 große mehlige Kartoffel mit Haut vorgekocht, Meersalz*

Paprikaschoten im Ofen rösten, bis die Haut stellenweise aufplatzt. Schoten kalt abschrecken und häuten, die Kerne und das Weiße im Inneren entfernen. Knoblauch grob hacken, Paprikaschoten klein schneiden, Chili fein hacken und alles zusammen mit Safran und Meersalz nach Geschmack im Mörser (oder einer Küchenmaschine) pürieren. Die Kartoffel schälen und das Fruchtfleisch unter die Masse mengen. Schließlich langsam das Olivenöl dazugießen, bis man eine schöne homogene sämige Sauce hat, die die Konsistenz von dicken Püree aufweist.

Variante 2 (nach Art der Provence): *2–3 Knoblauchzehen, 2 scharfe Chilischoten entkernt und fein gehackt, Cayennepfeffer, etwas Safran, 3 Scheiben entrindetes Baguette oder Weißbrot in etwas Hühnerbrühe eingeweicht, 150 ml bestes Olivenöl, Meersalz*

Knoblauch schälen und grob hacken, danach zusammen mit Chili im Mörser (oder einer Küchenmaschine) zerreiben. Brot sorgfältig ausdrücken und daruntermischen, alles mit Cayennepfeffer, Safran und Meersalz großzügig würzen. Zum Schluss das Öl tropfenweise mit einem Schneebesen einarbeiten, bis die Sauce eine sämige Konsistenz erhalten hat. Abschmecken und im Kühlschrank durchziehen lassen.

Sauce Demi-glace

Die Sauce Demi-glace hat – wie der Name irrtümlich vermitteln könnte – nichts mit einer Glace im klassischen Sinne gemein. Vielmehr handelt es sich um eine Sauce Espagnole, die man durch Wein und weiteren Fond verfeinert. Auch hier ist es wieder notwendig eine größere Menge herzustellen, um geschmackliche Vollkommenheit zu erzielen – und man sollte nicht in Eile sein, denn ihre Zubereitung verlangt nicht Stunden, sondern Tage. Für „Eilige" ist auch ein schnelleres Rezept (siehe unten) angegeben, doch ist die klassische Version geschmacklich unvergleichlich:

12 l brauner Grundfond (Estouffade) oder dunkler Kalbsfond (siehe oben), 300 g geklärte Butter, 325 g gesiebtes Mehl, 150 g magerer Speck klein gewürfelt, 250 g Karotten, 150 g feinst gehackte Schalotten, 3 Zweige Thymian, 3 Lorbeerblätter, 1 Glas guter Weißwein, 1 l ungewürztes Tomatenpüree in einer Kasserolle im Ofen geröstet bis es beinahe braun ist (ersatzweise 2 kg frische reife Tomaten geviertelt)

Für die Demi-glace: *1 l Sauce Espagnol (unten im Rezept beschrieben), 1/2 l kräftiger brauner Grundfond oder Kalbsfond, 1/16 l bester herber Madeira, Salz und Pfeffer aus der Mühle*

Für die Sauce Espagnol aus geklärter Butter und gesiebtem Mehl in einem großen Topf langsam eine Mehlschwitze (Roux) herstellen, die leicht bräunlich sein sollte. 8 l der Estouffade abmessen und mit einem Schneebesen unter den Roux mengen, dabei die Masse langsam zum Kochen bringen. Topf vom Herd nehmen und beständig weiterrühren. Zwischenzeitlich den Speck in einer gusseisernen Pfanne zergehen lassen, dann Karotte, Zwiebel, Thymian und Lorbeer hinzugeben und rösten lassen bis das Gemüse leicht gelb geworden ist. Fett abgießen und das Gemüse in die Sauce geben. Bodensatz in der Pfanne mit Weißwein ablöschen, diesen zur Hälfte einkochen und danach ebenfalls in die Sauce rühren. Nun die Sauce unter ständigem Abschöpfen 3 Stunden langsam köcheln lassen. Danach gießt man die Sauce durch ein Spitzsieb in einen frischen Topf, das Gemüse wird leicht ausgepresst und danach weggeworfen. Weitere 2 l vom Fond in die Sauce geben, danach weitere 3 Stunden langsam und vorsichtig köcheln lassen. Sauce durch ein Haarsieb in eine Schüssel passieren, dann unter Rühren erkalten lassen.

Am nächsten Tag gibt man die Sauce in eine Kasserolle, gibt den restlichen Fond dazu und füllt entweder mit angeröstetem Tomatenpüree oder mit 2 kg geviertelten frischen Tomaten auf. Die Sauce unter fortwährendem Rühren mit dem Schneebesen bei mittlerer Hitze aufkochen lassen, dann eine weitere Stunde langsam und gleichmäßig köcheln lassen, sorgfältig allen aufsteigenden Schaum entfernen. Letztlich wird die Sauce durch ein Passiertuch gezogen, dann rührt man von Zeit zu Zeit um, bis die Sauce erkaltet ist. An dieser Stelle wäre die Sauce Espagnole fertig.

Für die gewünschte Demi-glace sind nun folgende Arbeitsschritte notwendig: 1 l von oben zubereiteter Sauce Espagnol mit 1/2 l kräftigem Fond vermengen und langsam aufkochen lassen, Hitze zurücknehmen und unter ständiger Beobachtung und ab und an Umrühren auf die gewünschte Konsistenz einreduzieren (Die Sauce sollte so dicklich sein, dass sie eigenständig den Rücken eines Löffels überziehen kann). Sauce vom Herd nehmen und mit Salz, Pfeffer und Madeira zur vollendeten geschmacklichen Vollkommenheit bringen.

TIPP:

Man kann das Aroma der Demi-glace noch durch die Beigabe von 1 EL Glace verstärken.

Gewöhnlicher gebundener Fleischfond (Ersatz für die Demi-glace)

Dies ist eine einfache, recht schnelle Version, um die doch sehr zeit- und arbeitsaufwendige Originalversion der Demi-glace zu ersetzen. Sie schmeckt sehr gut, ähnelt auch geschmacklich dem Original, ist aber bei weitem nicht so kräftig und vollkommen.

500 g Rindfleischparüren grob gewürfelt, 500 g Kalbfleischparüren grob gewürfelt, 80 g geklärte Butter oder Öl, 3 Karotten geputzt und klein gewürfelt, 2 Stangen Staudensellerie gewaschen und grob gehackt, 2 Zwiebeln geschält und grob gehackt, 4–5 Knoblauchzehen, 1 kleines Glas Wein, 2 reife Tomaten geviertelt und evtl. entkernt, 1 1/2 EL Mehl, 1–2 EL frisches Rindermark, 2 TL Tomatenmark, 2–3 Gewürznelken, 2 Lorbeerblätter, 2 Zweige Thymian, einige Zweige Petersilie, Meersalz und Pfeffer aus der Mühle, 1 Schuss Madeira zum Vollenden

Die gewaschenen Parüren werden in einer Kasserolle in geklärter Butter angebraten, bis sie rund herum schön gebräunt sind. Dann kommt das geputzte und klein geschnittene Gemüse (ohne Tomaten) hinzu und wird ebenfalls angebräunt. Den Bratensatz entfetten. Nun wird alles mit Mehl bestaubt und dieses ebenfalls angeröstet (jetzt müsste das Fleisch schön kräftig braun sein). Alles immer wieder gut mischen. Danach kommt das Tomatenmark und die Gewürze dazu und werden ebenfalls gut angeröstet. Letztlich gibt man die geviertelten Tomaten hinzu, mischt alles gründlich durch und löscht mit etwas Wein ab. Alles mit so viel Wasser aufgießen, dass alle Zutaten etwa 5 cm hoch bedeckt sind; Gewürze einfüllen. Bei schwacher Hitze 2–3 Stunden köcheln lassen, evtl. auftretenden Schaum sorgfältigst entfernen. Die so gewonnene Sauce durch ein mit einem Etamin ausgelegtes Sieb ziehen und in einem frischen Topf bei milder Hitze langsam einreduzieren, bis die gewünschte dicke Konsistenz erreicht ist; dabei ab und an umrühren. Letztlich die Sauce vom Herd nehmen, mit Salz und Pfeffer abschmecken und mit etwas Madeira geschmacklich abrunden.

Gebundener brauner Kalbsfond (Ersatz für die aufwendige Demi-glace)

4 l dunkler Kalbsfond (siehe oben), 1/8 l guter trockener Weißwein (vorzugsweise Chardonnay) oder 1/16 l bester Madeira, knapp 30 g Stärkemehl

Den braunen Kalbsfond unter öfterem Degraissieren bei milder Hitze gut zur Hälfte einkochen lassen. Danach den reduzierten Fond durch ein Etamin seihen. Das Stärkemehl mit dem Wein oder Madeira verrühren und die Sauce damit binden.

Trockene Grundsauce Duxelles oder trockene Duxelles

500 g feinst gehackte Champignons (für eine helle Duxelles nur die Köpfe verwenden), 200 g fein gehackte Schalotten, 150 g Butter, 50–75 g fein gehackte Petersilie, Salz und Pfeffer aus der Mühle

Bei der Duxelles handelt es sich um eine klassische französische Mischung aus fein gehackten Pilzen und Schalotten, die in Butter sautiert und mit Salz, Pfeffer sowie Petersilie abgeschmeckt wird. Man gart die Mischung, bis sie ziemlich trocken ist und verwendet sie als Gewürz oder Garnitur. Wahrscheinlich wurde sie von La Varenne, dem Chefkoch des Marquis d'Uxelles erfunden.

Die gehackten Schalotten in Butter anschwitzen, feinst gehackte Champignons dazugeben und dünsten. Wenn sämtliche austretende Flüssigkeit verkocht ist, wird mit Salz und Pfeffer gewürzt. Weitergaren, bis die Duxelles trocken ist. Zum Schluß gehackte Petersilie unterheben.

Tomates concassées (Tomatenconcassé, geschmolzene Tomaten)

Tomaten werden abgezogen, die Kerne entfernt und klein gewürfelt. Danach das Fruchtfleisch in etwas Butter weich dünsten, salzen und pfeffern.

Mayonnaise

Auf die hier beschriebene Weise erhält man eine perfekte Mayonnaise, die auch etwas länger aufbewahrt werden kann. Wichtig ist vor allem, um Gerinnen zu vermeiden, dass alle Zutaten Zimmertemperatur haben. Eine wichtige Faustregel ist, je länger die Mayonnaise aufbewahrt werden soll, desto weniger Öl gibt man bei: 1 Eigelb mit 1 1/2 dcl Öl fürs Aufbewahren, 1 Eigelb mit 2 dcl Öl fürs sofortige Verwenden.

3 Eigelb (nur das flüssige Innere und mit entferntem Fruchtknoten), 450–475 ml bestes Öl (man kann z. B. Maiskeimöl, Olivenöl, Traubenkernöl oder auch Erdnussöl – je nach Geschmack – verwenden), Prise Salz, weißer Pfeffer aus der Mühle, einige Spritzer Weißweinessig, etwas Zitronensaft

Zuerst die Eigelbe mit Salz, Pfeffer, etwas Essig und Zitronensaft mit einem Schneebesen verrühren. Nun das Öl zuerst tropfenweise mit dem Schneebesen einarbeiten, bis die Sauce anfängt zu emulgieren. Dann kann das Öl portionsweise eingearbeitet werden. Damit die Mayonnaise nicht zu fest wird, sollte man ab und zu einige Spritzer Zitronensaft dazugeben. Zum Schluss 1 EL kochendes Wasser untermischen, das hilft die einzelnen Bestandteile besser zu binden und verhindert ein Gerinnen, wenn die Mayonnaise aufbewahrt werden soll. Mayonnaise mit Salz und Pfeffer abschmecken, danach ist sie gebrauchsfertig.

Aioli und Knoblauchmayonnaise

Bei der Sauce Aioli scheiden sich die Gemüter, die einen bereiten sie mit, die anderen ohne Ei zu. Klassisch ist sicher die Version ohne Ei, doch um Streit zu vermeiden, hier beide Varianten:

Klassische Variante: *1 Knolle Knoblauch, 300 ml bestes Olivenöl, Prise Salz, Spur Zitronensaft*

Knoblauchzehen aus der Knolle lösen und grob hacken. Danach werden die Zehen klassisch im Mörser zerstoßen, man kann sie aber auch im Mixer pürieren. Dabei unter ständigem Rühren das Olivenöl langsam hinzufügen, wenn die Sauce zu schnell andickt, das Öl schneller dazugießen. Man sollte eine cremige Paste erhalten. Die fertige Paste mit etwas Salz und Zitronensaft abschmecken und über Nacht kalt stellen. Diese Version ist für die Schneckenrezepturen die Geeignetere!

Variante mit Eigelb: *12 kleine aromatische Knoblauchzehen, etwas Meersalz (vorzugsweise fleur du sel), 2 Eigelb ohne Fruchtknoten, 250–300 ml bestes Olivenöl, Saft einer Zitrone, Pfeffer aus der Mühle*

Diese Sauce ist eher eine Knoblauchmayonnaise, weniger ein Aioli. Dennoch erscheint sie überaus aromatisch und wohlschmeckend, wenngleich ihr Einsatzgebiet nicht so umfangreich ist, wie das des Originals. Alle Zutaten auf Zimmertemperatur bringen. Knoblauchzehen schälen und mit Meersalz zerstoßen, bis der Knoblauch breiig ist. Eigelb in eine Schüssel füllen und mit dem Salz-Knoblauchgemisch gründlich vermengen. Das Olivenöl zuerst tropfenweise mit einem Schneebesen einarbeiten, wenn die Masse emulgiert ist, kann das Öl in einem dünnen Strahl eingearbeitet werden. Fertige Knoblauchmayonnaise mit Zitronensaft und weißem Pfeffer aus der Mühle abschmecken und vor Gebrauch mindestens 1 Stunde ziehen lassen.

Teigvarianten (Pasta & Pizza) und Polenta

Ravioli, Canneloni, Tagliatelle

Grundrezept: *400 g Mehl, 4–5 mittelgroße Eier (vorzugsweise aus biologischer Haltung), 1 Prise Salz, 3 EL Olivenöl*

Mehl auf eine Arbeitsplatte sieben, in die Mitte eine Mulde formen. Eier in einem Schälchen mit Salz und Olivenöl verschlagen. Eiermischung in die Mulde gießen. Nach und nach das Mehl von Rand der Mulde in die Mitte schieben und mit der Mischung verrühren. Es sollten sich beim Verrühren nicht unnötig viele Luftblasen bilden. Sobald der Teig fester wird, mit den Händen weiterkneten, bis er geschmeidig wird. Diesen Teig mindestens 10–15 Minuten weiterkneten, dabei darauf achten, dass sich keine Teigkrümelchen bilden oder diese gar in den Teig geraten. Wenn der Teig eine glatte und geschmeidige Konsistenz hat, wird er zu einer Kugel geformt, in Folie geschlagen und für 30–60 Minuten in den Kühlschrank gelegt.

HINWEIS:

Es gibt in Italien auch ein Nudelteig-Grundrezept, in das kein Öl eingearbeitet wird.

Variante: *1 kg Mehl (Typ 00), 4–5 Eier, 1/2 Glas Wein, eine Eischale voll Wasser, Salz*

Mehl in eine Schüssel sieben und mit den Eiern, Salz, Wein und Wasser zu einem Teig mischen. Dabei alle Zutaten gut vermengen, damit ein geschmeidiger, nicht zu fester Teig entsteht. Den fertigen Teig mindestens 30 Minuten rasten lassen, dann in kleine Kugeln zerteilen, diese ausrollen und jeweils zu einer Rolle zusammenrollen. Von diesen Teigrollen schneidet man mit einem scharfen Messer etwa 5 mm breite Streifen ab, breitet diese aus und lässt sie gut 1 Stunde vor dem Kochen auf einem Küchentuch trocknen.

Pizza-Teig

In Italien kennt man verschiedene Arten von Pizzateig. Welche Variante Sie wählen, hängt von Ihrem ganz persönlichen Geschmack ab. Doch sollte das Mehl vor der Teigzubereitung immer gesiebt und die Pizza vorzugsweise sehr heiß auf einer Steinplatte gebacken werden. Hier die drei gängigsten Rezepturen:

Grundrezept: *500 g Mehl (Typ 00), 100 ml bestes Olivenöl, 2 Gläser lauwarmes Wasser, 40 g Hefe, gute Prise Meersalz*

Die Hefe in lauwarmem Wasser auflösen, 1 EL Mehl hinzufügen, 10 Minuten gehen lassen. Das Mehl mit dem Salz in eine Schüssel sieben, eine Vertiefung in die Mitte drücken. Die Hefe und das Öl hineingeben. Alle Zutaten gut vermischen, den Teig 15 Minuten kneten, dabei ziehen und schlagen, bis er geschmeidig geworden ist. Danach den Teig in eine bemehlte Schüssel legen und zugedeckt bei etwa 25 Grad gehen lassen. Er sollte dabei um das Doppelte aufgehen.

Variante 1 (Hefeteig): *400 g Mehl (Typ 00), 24 g Hefe, 8 EL Milch, 1 TL Meersalz, 2 Eier, 120 g Butter oder Olivenöl*

Die Hefe in der lauwarmen Milch auflösen, etwas Mehl hineingeben und aufgehen lassen. Danach das geschlagene Ei und die zerlassene Butter (oder das Öl) beifügen. Mehl und Salz in eine Schüssel sieben, eine Mulde in die Mitte einarbeiten und die vorbereitete Hefemischung hineingeben. Alles schnell mit der Hand verkneten, falls nötig noch etwas Mehl dazugeben. Man sollte einen weichen Teig erhalten, der sich von der Schüssel löst. Teig auf einer bemehlten Arbeitsplatte durchkneten, dann in eine Schüssel legen und bedeckt an einem warmen Ort auf das Doppelte aufgehen lassen.

Variante 2 (Eierteig für Pizza): *500 g Mehl (Typ 00), 4 Eier, 70 g Butter, 1/2 Glas lauwarmes Wasser, 30 g Hefe, 1/2 Glas Milch, gute Prise Salz*

Die Hefe in lauwarmem Wasser auflösen, Mehl in eine Schüssel sieben. Eine Vertiefung ins Mehl einarbeiten und die geschlagenen Eier hineingeben. Zerlassene Butter, Salz und die aufgelöste Hefe dazufüllen und alle Zutaten gut vermengen. Falls nötig etwas Milch hinzufügen, es sollte ein geschmeidiger Teig entstehen. Den Teig 10 bis 15 Minuten bearbeiten, danach in eine bemehlte Schüssel legen. Gut 1 Stunde zugedeckt gehen lassen, der Teig sollte dabei sein Volumen verdoppeln.

Grundrezept Polenta

Wahrscheinlich gibt es in Italien mindestens soviele Polenta-Rezepte wie Regionen.

Hier drei Gängige:

Variante 1: *Klassische Polenta gialla (Grundrezept): 500 g Mais-Polenta, etwa 2 l Wasser, Salz*

Das Maismehl sehr sorgfältig sieben. In einem großen Topf Wasser zum Kochen bringen und salzen. Ganz langsam unter ständigem Rühren das gesiebte Mehl einrieseln und die Polenta 45–90 Minuten köcheln lassen. Dabei immer wieder mit einem langen Holzlöffel rühren. Polenta sofort frisch verwenden (wenn sie noch cremig ist) oder auf ein Brett stürzen und erkalten lassen. Die feste Polenta zerschneidet man mit einem Bindfaden.

HINWEIS:

Die Konsistenz der Polenta hängt von der verwendeten Mehlsorte ab, wobei gilt: je feiner das Maismehl gemahlen wurde, desto kürzer auch die Kochzeit.

TIPP:

Die fertige Polenta kann – noch warm – mit z. B. Pfeffer, Knoblauch, Milch, Butter und/oder Parmesan verfeinert werden.

Variante 2: *Polenta bianca (Weiße Polenta): 500 g weißer Mais-Grieß, etwa 2 l Wasser, Salz*

Wird im Grunde zubereitet, wie die normale Polenta, doch braucht Polenta bianca eine wesentlich kürzere Kochzeit als die klassische Polenta – etwa 30 Minuten sind ausreichend. Verfeinert werden kann sie auf die gleiche Art und Weise, doch sollte Polenta bianca immer all'onda (fließend, also cremig) serviert werden. Damit sie schön cremig wird, sollte gleich zu Kochbeginn ein Teil des Wassers durch Milch ersetzt werden.

Variante 3 (Polenta sarazena): *300 g Buchweizenmehl, 80 g Maisgrieß, 1 1/2–2 l Wasser, Salz, 150 g Butter, evtl. 200 g frischer Veltliner Käse oder geriebener Montasio*

Buchweizenpolenta ist insbesonders im italienischen Norden (z. B. Veltlin, Friaul) beliebt. Wasser zum Kochen bringen, salzen und die beiden Mehlsorten hineinstreuen. Unter häufigem Rühren gut 1 Stunde kochen. Dann portionsweise die Butter und den geraspelten Käse unterziehen, alles weitere 10–15 Minuten kochen lassen. Polenta auf ein Holzbrett gießen und abkühlen.

6.) Grundregeln Paella

Da in der Umgebung Valencias das Paella-Zubereiten eine Philosophie ist, sind noch einige wichtige Tipps angeführt. Für das Gelingen einer perfekten Paella, gibt es einige Regeln, die möglichst beachtet werden sollten:

1. Die Paella sollte in einer geeigneten weiten Paella-Pfanne mit flachem Boden zubereitet werden, damit die aromatische Kruste, „Socarrat" (Reis brät am Boden an) perfekt gelingt.

2. Der Reis sollte nicht gewaschen werden, da sonst die Stärke, wie auch wichtige Inhaltsstoffe weggespült werden würden.

3. Die letztliche Kochzeit muss auf den Reis abgestimmt werden, sie kann von 15 Minuten für normalen Rundkornreis bis hin zu 30 Minuten für Bomba-Reis betragen. Bei sehr saugfähigen Reissorten entsteht bei Unachtsamkeit schnell ein ungenießbarer Brei, vor allem, wenn die Kochzeit überschritten wurde.

4. Wenn der Reis einmal in der Paella ist, wird diese kaum mehr umgerührt, die Garhitze aber kontinuierlich reduziert. Darauf achten, dass der Reis gleichmäßig in der Pfanne verteilt ist.

5. Keine Zwiebeln in die Paella geben, da diese trocken gegessen wird. Zwiebeln könnten die Paella matschig werden lassen.

6. Wichtig ist auch, dass die Wassermenge auf die jeweilige Reissorte abgestimmt wird, daher sich nicht streng an die im Rezept angegebene Flüssigkeitsmenge halten; man rechnet in etwa 3 Teile Flüssigkeit auf 1 Teil Reis.

7. Entscheidend ist weiter die richtige Menge Olivenöl. Paella darf niemals fettig schmecken, was der Fall ist, wenn man zu viel Öl erwischt. Zu wenig Öl macht das Gericht wieder fad.

8. Paella bereitet man am besten über offenem Feuer zu, damit sie ein feines Raucharoma annehmen kann.

Letztlich sei angemerkt, dass es bei der Paella auf den Reis ankommt, der auch zuerst gegessen wird, weil er sonst kontinuierlich aufweichen könnte. Gemüse, Fleisch und Schnecken gelten eher als Beilage.

1 Abalone
2 Bigornaux
3 Stachelschnecke/ Brandhornschnecke
4 Wellhornschnecke
5 Achatschnecke
6 Weinbergschnecke
7 Petit gris
8 Garten-/gemüseschnecken

Anhang 2: Überblick: Die verwendeten Schneckenarten

Allgemeines

Die artenreichste Gruppe der Weichtiere ist die der Schnecken, von denen man mittlerweile mehr als 40.000 Sorten kennt. Allerdings sind nur die wenigsten Arten aus kulinarischer Sicht wertvoll.

Schnecken gibt es überall auf der Welt und sie bewohnen die unterschiedlichsten Lebensräume. Es gibt sie im Meer, im Süßwasser und an Land. Die meisten Schneckenarten haben ein spiralförmig gewundenes Gehäuse, doch es gibt auch Arten ganz ohne und andere mit zurückgebildetem Gehäuse, das auf den ersten Blick wie eine Muschel aussieht; man denke hierbei z. B. an die berühmten Abalone.

Zoologen betrachten Schnecken als Bauchfüßler (Gastropoden), weil nämlich alle Schneckenarten über einen großen Kriechfuß mit Kriechsohle verfügen (jener Kriechfuß ist das Muskelfleisch, das von Gourmets so sehr geschätzt wird). Unterschieden werden die Schnecken eigentlich nur in drei Hauptgruppen: 1. die Vorderkiemer (Prosobranchia), 2. die Hinterkiemer (Opisthobranchia) und 3. die Lungenschnecken (Pulmonata), wobei die Hinterkiemer (zu denen die meisten so genannten Nacktschnecken zählen) aus kulinarischer Sicht kaum eine Rolle spielen, außer in Asien.

Die meisten Meeresschnecken sind Vorderkiemer (z. B. Abalone, Wellhornschnecken etc.), die Landschnecken (wie die berühmte Weinbergschnecke) sind Lungenschnecken, diese können aber auch in Teichen, Seen oder Flüssen leben. Sie kommen zum Atmen an die Wasseroberfläche. Schnecken haben einen deutlich sichtbaren Kopf, an dem sich ein oder zwei Paare von Fühlhörnern befinden. Bei manchen Arten sind diese Fühlhörner mit Linsenaugen ausgestattet. Der Eingeweidesack, welcher bei der Zubereitung entfernt werden sollte, befindet sich spiralförmig aufgewickelt im schützenden Gehäuse. Die meisten Schneckenarten ernähren sich von Pflanzen, doch gibt es auch Aasfresser oder Räuber, die mit Vorliebe frische Austern, Muscheln oder gar andere Schnecken fressen. Die artenreichste Gruppe ist die der Meeresschnecken, doch unübertroffen im Geschmack sind die Weinbergschnecken (auch Burgunderschnecken genannt) und die Petits gris (auch gesprenkelte Weinbergschnecke).

Meeresschnecken/ Vorderkiemer

Abalone/Ohrschnecken/Seeohren *(Abb. 1)*

Es gibt etwa 100 verschiedene Arten von Seeohren auf unserer Erde. Vorzugsweise leben sie in den Brandungsbereichen der Meere, wo sie die Algenböden abweiden. Ihren Namen verdanken sie der Form ihres Gehäuses, die dem menschlichen Ohr gleicht. Je nach Art schillert die Schale die Abalone in intensivem Grün, Blaugrün, Schwarz, Weiß oder sogar Rosa. Sie verfügen über einen sehr großen Saugfuß, der die gesamte Öffnung des Gehäuses ausfüllt. Damit halten sie sich am Meeresgrund fest und können aufgrund ihrer Kraft sogar der stärksten Brandung widerstehen. Die in allen wärmeren Meeren verbreiteten Abalone sind wegen ihres delikaten Geschmacks seit je her in aller Welt begehrt, was leider zur Folge hatte, dass ihre Bestände stark zurückgegangen sind. Um ihre Ausrottung zu verhindern sind sehr strenge Schutzmaßnahmen eingeführt worden, so dürfen z. B. kalifornische Fischer nur 2 Stück am Tag sammeln und brauchen hierfür zusätzlich eine spezielle Genehmigung. Weiter dürfen Abalone in Kalifornien nicht zu Konserven verarbeitet werden und weder frisch noch tiefgefroren den Bundesstaat verlassen; im Handel erhältliche Konserven stammen meist aus Japan oder Kanada. Ähnliche Schutzmaßnahmen versucht man auch in Südafrika durchzusetzen, weil insbesondere hier ein gnadenloser Raubbau an der Natur vollzogen wird. Grund dafür ist wie so oft die reine Profitgier: mit dem Fleisch getrockneter Abalone lässt sich in Asien viel Geld verdienen. Um die starke Nachfrage jedoch befriedigen zu können, kamen findige Unternehmer auf die Idee, die delikaten Abalone zu züchten. Das Fleisch dieser Zucht-Abalone ist vielleicht nicht ganz so aromatisch wie das der wild aufgewachsenen, doch der Umwelt zuliebe sollte man dieses „Opfer" bringen. Reguläre, lebendfrisch verplombte Ware aus Australien ist beim Großhändler (z. B. Paris, Wien) erhältlich.

Das Fleisch vom Gehäuse zu separieren erfordert etwas Geschicklichkeit, denn beide sind eng miteinander verwachsen. Vor der Zubereitung werden alle dunklen Teile und Eingeweide entfernt, nur das weiße Muskelfleisch findet Verwendung. Da das Fleisch einigermaßen zäh ist, muss es sehr lange gekocht oder weichgeklopft werden. Abalone werden beispielsweise gebraten, gekocht oder als Chowder genossen. In Japan ist man ihr Fleisch auch gerne roh.

Napfschnecken

Napfschnecken haben ihren schönen Namen von der Form ihrer Gehäuse, die an einen Napf erinnert. Ähnlich wie die Abalone haben sie einen Saugfuß, mit dem sie sich an den felsigen Küsten der Wasserwelt festklammern. Es gibt nahezu überall Napfschnecken, am verbreitetsten sind sie jedoch in den gemäßigten und tropischen Meeren. Kulinarisch von Bedeutung sind nur die großen Vertreter, denn die meisten Napfschneckenarten werden nicht sehr groß. Sie ernähren sich von den Algen am Meeresgrund, den sie regelmäßig abgrasen. Ihr Fleisch hat einen sehr guten Geschmack, ist aber etwas zäh. Ähnlich wie bei den Abalone sind die Bestände der großen Arten (z. B. mexikanische Napfschnecke) wegen Überfischung sehr stark dezimiert.

Strandschnecke *(Abb.2)*

Die unter ihrem französischen Namen „bigorneaux" bekannten Strandschnecken sind im allgemeinen mit einem Gehäusedurchmesser von knapp 5 cm recht klein. Die dunklen bis schwarzen Gehäuse sind in den meisten Fällen kegelförmig und sehr dickschalig. Die Gemeinen Strandschnecken gelten seit tausenden von Jahren als Delikatesse und erfreuen sich auch heute noch ausgesprochener Beliebtheit. Obwohl sie zu den am stärksten verbreiteten Meeresschnecken gehören, werden sie z. B. an der Atlantikküste in sogenannten Schneckenparks gezüchtet, um die starke Nachfrage befriedigen zu können. Man kann sie auf die vielfältigsten Arten zubereiten; Puristen meinen jedoch, dass man sie nur einige Minuten in Salzwasser kochen sollte.

Kreiselschnecken

Die Familie der Kreiselschnecken ist relativ artenreich, doch die Wenigsten sind von kulinarischer Bedeutung. Ihren Namen haben sie von der Form ihrer Gehäuse, die einem Kinderkreisel ähneln. Meist bewohnen sie die warmgemäßigten und tropischen Meere. Insbesondere in der Karibik ist die sogenannte „Westindische Tigerschnecke" außerordentlich beliebt und wird für zahlreiche Chowders verwendet. Man sagt ihr sogar aphrodisierende Wirkungen nach und verzehrt sie deshalb auch roh.

Rundmundschnecken

Turbanschnecke, Gehörnte Turbanschnecke und Grüner Ölkrug sind wohl die bekanntesten Vertreter dieser Schneckenfamilie, von der es mehrere hundert Arten gibt. Ihre dickwandigen Gehäuse ähneln denen der Strandschnecken. Die gewöhnliche Turbanschnecke wird nur etwa 4 cm groß, die Gehörnte Turbanschnecke erreicht schon einen Durchmesser von bis zu 10 cm, der Grüne Ölkrug kann allerdings bis zu 30 cm groß werden, weshalb er nicht nur gerne gegessen, sondern auch für die Perlmutt und Schmuckherstellung verwendet wird. Turbanschnecken haben vor allem in der koreanischen und japanischen Küche erhebliche Bedeutung. In Europa sind Turbanschnecken nahezu ausschließlich als Konserve im Handel.

Riesenflügelschnecken

Insbesonders in der Karibik und Florida – wo man sie unter der Bezeichnung „Conch" oder „Queen conch" kennt –

sind diese großen Schnecken sehr populär. Sie leben in seichtem Wasser der Korallenbänke und ernähren sich von Algen am Meeresgrund. Kleinere Arten – wie z. B. die Fechterschnecke – findet man in tropischen Gewässern. In der Karibik wurden die natürlichen Bestände durch Überfischung um nahezu 90% dezimiert, weshalb sie heute in speziellen Farmen gezüchtet werden. Einerseits kann man so die Bestände durch Auswilderung regenerieren, andererseits gelangt ein beträchtlicher Teil in den Fischhandel, um den ungeheuren Bedarf zu decken.

Es erfordert Können und Geschick, das Fleisch aus den Schalen zu lösen, doch der Aufwand lohnt sich! Das etwas zähe Schneckenfleisch muss zunächst weichgeklopft oder stundenlang gekocht werden, bevor man es weiterverarbeiten kann. Frisches Conch-Fleisch ist außerhalb der Karibik sehr selten, meist erhält man es nur tiefgefroren. In der karibischen Küche gibt es auch getrocknete oder eingesalzene Conch.

Stachelschnecken *(Abb.3)*

Die zwei bekanntesten Vertreter dieser artenreichen Schnecken sind mit Sicherheit die Herkuleskeule und die Purpurschnecke. Beide wurden im Mittelmeer nahezu ausgerottet (heute haben sich die Bestände etwas erholt), wobei der Grund ausnahmsweise einmal nicht die Gourmets waren. Vielmehr konnte aus diesen beiden Schneckenarten das berühmte Purpur gewonnen werden. Dieser Farbstoff war schon in der Antike begehrt und teuer. Wegen seiner Seltenheit (10.000 Schnecken für etwa 1 g Farbstoff) durften sich zunächst nur die römischen Kaiser in purpurne Gewänder hüllen, später auch reiche Patrizier und hohe Staatsdiener. Silvester I. war übrigens der erste Papst, der im Jahre 314 den edlen Farbstoff in seine Amtstracht einbezog. Stachelschnecken leben im gesamten Mittelmeer sowie tropischen und subtropischen Meeren. Ihre Gehäuse sind stark skulpturiert und mit 3–12 Wülsten versehen, auf denen sich lange Stacheln befinden. Im Gegensatz zu vielen anderen Meeresschnecken ernähren sich die Stachelschnecken nicht von Algen oder Aas, sondern von frischen Muscheln oder anderen kleinen Schneckenarten. Meist gelangen sie als Beifang in die Schleppnetze der Fischer. Ihr Fleisch ist zwar nicht überaus zart, schmeckt aber gekocht ausgezeichnet.

Wellhornschnecken *(Abb.4)*

Kulinarisch gesehen kommt den Wellhornschnecken unter allen Meeresschnecken die wohl größte Bedeutung zu. Es handelt sich bei ihnen um eine der artenreichsten Schneckenfamilien, die in nahezu allen Gewässern anzutreffen sind.

Als Aasfresser gelten sie als die Gesundheitspolizei der Meere, doch lehnen sie auch das Fleisch frischer Austern nicht ab. Kulinarisch interessant sind vor allem die Große Wellhornschnecke, die Spirale von Babylon, die Japanische Wellhornschnecke, Apfelschnecken und Birnenschnecken. Ihre Gehäuse sind oval, birnenförmig, kugelig oder auch spindelig. Wellhornschnecken leben in Tiefen ab etwa 20 m, man findet sie aber auch auf schlammigem und felsigem Untergrund in über 1000 m Tiefe. Manche Arten, so z. B. die Südaustralische Wellhornschnecke, können einen Durchmesser von mehr als 25 cm erreichen, die meisten Wellhornschnecken erreichen aber nur eine Größe von 6–12 cm Durchmesser.

Sie werden überall auf der Welt auf die vielfältigste Art und Weise zubereitet, am beliebtesten sind sie im französischen Teil Kanadas, in Frankreich, Italien und im Pazifikraum.

Landschnecken/ Lungenschnecken

Achatschnecken/ Riesenschnecken *(Abb.5)*

Ursprünglich stammen die Riesenschnecken und Achatschnecken von der ostafrikanischen Küste, waren aber auch in Madagaskar beheimatet. Durch den Menschen sind sie mittlerweile im ganzen asiatischen Raum und sogar in Teilen Amerikas verbreitet (vermutlich haben sie die Japaner hier eingeführt, welche das Achatschneckenfleisch besonders lieben).

Riesenschnecken können bis zu 20 cm hoch und 10 cm breit werden, wobei sie ein Gewicht von bis zu 500 g auf die Waage bringen. Da sie sehr fleischreich sind und ihr festes Fleisch auch delikat schmeckt gilt sie als nahezu vollwertiger Ersatz für die selten gewordenen Weinbergschnecken.

Insbesonders im indonesischen Raum wird diese gefräßige Schneckenart gezüchtet, wo die Erzeugung von Konserven eine bedeutende wirtschaftliche Rolle spielt. Das preiswerte Fleisch von Achatschnecken gelangt nahezu ausschließlich küchenfertig vorbereitet (meist in Form von Dosenware) in den Handel.

Achatschnecken werden in der Küche meist mit den gleichen Rezepten zubereitet wie die echten Weinbergschnecken, haben aber nicht den typisch feinwürzigen Weinbergschneckengeschmack.

Weinbergschnecken *(Abb.6)*

Ihren schönen Namen hat die Weinbergschnecke von der Tatsache, dass sie aufgrund ihrer Gefräßigkeit große Schäden in den Weinbergen angerichtet hat (wo sie mit Vorliebe die jungen Rebentriebe frisst) und daher auch als übler Schädling galt. Heute ist sie in den meisten Weingärten deshalb ausgerottet, mit dem Endeffekt, dass sie zu einer seltenen und teuren Delikatesse geworden ist, früher war sie ein weitverbreitetes Volksnahrungsmittel.

Wenn man selbst auf die Pirsch geht, hat man den besten Erfolg, denn nach Regengüssen findet man sie relativ leicht an Straßenrändern von Gärten, Parks, Hecken- und Felderrainen, auf Feldern sowie in den Randgebieten von Mischwäldern. Schattenspendendes Buschwerk oder hohes Gras bevorzugt sie.

Zu Beginn des Winters gräbt sich die Weinbergschnecke etwa 30 cm tief in die Erde ein und verschließt dabei ihr Haus mit einem Kalkdeckel. In Weingegenden, in denen zumeist auch Schnecken gerne verzehrt werden, kommen die Sammler deshalb im Winter. Man erspart sich nämlich bei Winterschnecken wegen des ruhenden Darmtraktes das recht mühevolle Reinigen.

Obwohl heute im allgemeinen wesentlich weniger Schnecken gegessen werden, kann der Bedarf aus dem Vorkommen in der Natur nicht mehr gedeckt werden. Deshalb werden sie in so genannten Schneckengärten gezüchtet. Dies ist keineswegs eine neuzeitliche Erfindung, denn schon die alten Griechen und Römer liebten das delikate Schneckenfleisch so sehr, dass sie Zuchtanlagen betrieben. Früher kamen hauptsächlich die Winterschnecken in den Handel, da sie sich aufgrund ihrer Winterreserven länger hielten und ihr Fleisch fetter war. Heute werden die so genannten Kriecherschnecken vom Frühjahr vorgezogen. Auf Sommerschnecken sollte man verzichten, da ihr Fleisch zu kalkhaltig ist.

Im Handel werden Weinbergschnecken selten frisch angeboten, meist gelangen sie tiefgefroren oder als bereits vorgekochte Konserve auf den Markt.

Kulinarisch gesehen hat sie von allen Schneckenarten seit je her die herausragendste Bedeutung und Rezepte wie „Escargots de Bourgogne“ sind weltberühmt. Allerdings schmecken Weinbergschnecken auch gegrillt, in Salaten, Ragouts, Suppen oder Eintöpfen sehr gut.

Petits gris/ Gesprenkelte Weinbergschnecke *(Abb.7)*

Diese kleine Verwandte der Weinbergschnecke gilt in vielen Teilen Frankreichs als die beste und aromatischste aller Schnecken. In der Tat schmeckt ihr Fleisch auch überaus aromatisch, insbesondere dann, wenn sie sich von aromatischen Wildkräutern ernährt hat. Sie hat in allen Teilen Europas nahe Verwandte, so findet man sie in Venetien, Kalabrien, Süditalien, Kroatien oder Albanien. Diese Schnirkelschnecke erkennt man an den weißen und gelblichen Einsprenkelungen auf dem Gehäuse. In der Küche wird sie meist wie die Weinbergschnecken zubereitet.

Garten- oder Gemüseschnecken *(Abb.8)*

Die Garten- oder Gemüseschnecken sind relativ kleine, dafür aber hocharomatische Schnirkelschnecken. Insbesonders in Spanien, Südfrankreich, Teilen Italiens und Griechenlands gelten sie als besondere Delikatesse und werden dort in ungeheuren Mengen verzehrt. Ihre kleinen Gehäuse sind weiß bis braun, können aber auch gelblich oder rötlich sein. Meist sind sie hübsch gestreift.

Ihr Fleisch ist meist deshalb so delikat, weil sie sich mit Vorliebe von frischen Kräutern wie Thymian oder Estragon ernähren. In alten spanischen Kochbüchern findet man hunderte verschiedene Rezepte mit den „caracoles“. Sie sind u. a. ein wichtiger Bestandteil der Paella, werden gegrillt, Eintöpfen beigegeben oder süß-scharf gewürzt genossen.